D1721100

FRANCISCO PINA POLO

ROM, DAS BIN ICH

Marcus Tullius Cicero
Ein Leben

Aus dem Spanischen
übersetzt von Sabine Panzram

KLETT-COTTA

Diese deutsche Ausgabe gibt eine leicht gekürzte Fassung
des spanischen Originals wieder.

Klett-Cotta
www.klett-cotta.de
Die Originalausgabe erschien 2005 unter dem Titel
»Marco Tulio Cicerón«
im Verlag Ariel, S. A., Barcelona
© 2005: Francisco Pina Polo
Für die deutsche Ausgabe
© 2010 by J. G. Cotta'sche Buchhandlung
Nachfolger GmbH, gegr. 1659, Stuttgart
Alle Rechte vorbehalten
Printed in Germany
Schutzumschlag: Rothfos & Gabler, Hamburg
Unter Verwendung eines Fotos von © akg-images/Bildarchiv Steffens
Karten: Rudolf Hungreder, Leinfelden-Echterdingen
Gesetzt aus der Sabon von Fotosatz Amann, Aichstetten
Auf säure- und holzfreiem Werkdruckpapier gedruckt
und gebunden von Kösel, Krugzell
ISBN 978-3-608-94645-1

Für meine deutschen Freunde

»Wer die Freundschaft aus dem Leben nimmt, das beste und erfreulichste Geschenk, das wir von den Unsterblichen haben, der nimmt doch gleichsam die Sonne aus der Welt!«

(Cicero, Laelius über die Freundschaft 47)

»Das kannst nur du beantworten, und jetzt, da alles vorbei ist, hast du tatsächlich geantwortet, nämlich mit deinem Leben. Die wichtigen Fragen beantwortet man letztlich immer mit seinem ganzen Leben. Spielt es eine Rolle, was man unterdessen sagt, mit welchen Worten und Prinzipien man sich verteidigt? Am Ende, am Ende von allem, beantwortet man mit den Tatsachen seines Lebens die Fragen, die einem die Welt so hartnäckig gestellt hat.«

(S. Márai, Die Glut. Aus dem Ungarischen von Christina Viragh)

INHALT

VERZEICHNIS DER KARTEN

EINLEITUNG

Eine Biographie über Cicero zu schreiben ist ein Wagnis. Über keine Persönlichkeit der Antike wissen wir so gut Bescheid, über niemanden ist seit der Renaissance so viel geschrieben worden. Dabei stammt die so umfangreiche Bibliographie nicht allein von Historikern, die sich mit seinem Leben und mit seiner Zeit beschäftigt haben, sondern besteht zu einem großen Teil aus seinem eigenen Werk. Ciceros Œuvre ist aufgrund des Rufs überliefert, den es jahrhundertelang genoss; seine Reputation war schon für die mittelalterlichen Kopisten ausschlaggebend gewesen, die Texte abzuschreiben. In dieser Hinsicht unterscheidet sich Cicero von sämtlichen berühmten Persönlichkeiten der Antike: von einem hellenistischen König wie Perseus, einem römischen Feldherrn wie Scipio Aemilianus oder einem athenischen Politiker wie Perikles. Sie kennen wir vor allem – oder ausschließlich – in ihrer Funktion als Heerführer oder Politiker, selten jedoch als Privatmann; Ciceros Leben lässt sich dagegen oft Tag für Tag, wenn nicht Stunde für Stunde nachvollziehen. Vom Ende seiner nur sehr spärlich dokumentierten Kindheit an ist das Leben dieses römischen Politikers aus der Mitte des ersten vorchristlichen Jahrhunderts uns in all seinen Facetten überliefert.

Bekannt ist Cicero als unruhiger Geist und als großer Liebhaber von Büchern und Bibliotheken, der – von beinahe enzyklopädischer Gelehrsamkeit – über fast jeden Bereich menschlichen Wissens schrieb: Abhandlungen über Rhetorik, um den guten Redner und Politiker zu unterweisen; philosophische Traktate nach griechischer Art, aber auf Latein, die nicht nur in ihrer Zeit, sondern auch weit darüber hinaus einen bedeutenden Beitrag zur Gestaltung europäischen Gedankenguts leisteten; Gedichte, die zu seinen Lebzeiten kaum gewürdigt wurden; Bücher, in denen er seine Gedanken über Politik und seine Vorstellungen von der bestmöglichen Organisation einer Gesellschaft entwickelte. Die Vielzahl der erhaltenen Reden macht es möglich, einen großen Sprachkünstler in Aktion zu beobachten, einen wahren Magier der Worte und Meister der Überzeugung, vielleicht den besten Redner seiner Zeit – Cicero selbst hätte nicht gezögert, diesem Urteil zuzustimmen. Seine Reden offenbaren einen intelligenten und schlauen Verteidiger, der es versteht, Argumente in ihr Gegenteil zu verkehren, um Klienten zu retten – und von Zeit zu Zeit auch einen unerbittlichen Staatsanwalt, der nicht lockerlässt, bis er sich der Verurteilung der Angeklagten sicher sein kann. Seine Ansprachen vor dem Senat oder vor dem Volk zeigen einen Politiker, der Argumente der Situation und seinen Zuhörern anpasst; der fähig ist, eine flammende Rede zu halten, um seinen Gegner zu desavouieren, aber auch ein beschwichtigendes Plädoyer, um einen Ausgleich herbeizuführen.

Entscheidend für die Kenntnis von Ciceros Leben ist jedoch die Überlieferung Hunderter von Briefen, die er an Freunde, Familienangehörige und bedeutende Persönlichkeiten seiner Zeit geschrieben oder die er – in geringerem Umfang – erhalten hat. Ciceros umfangreiche Korrespondenz lässt uns die politischen Auseinandersetzungen hinter den Kulissen miterleben, jenseits dessen, was sich im Licht der Scheinwerfer in der Curia, auf dem Forum oder an den Tagungsorten der Volksversammlungen abspielte. Die Briefe erlauben es aber vor allem, Cicero als Menschen kennen zu lernen – mit all seinen Stärken und Schwächen: als einen treuen und loyalen Freund seiner Freunde, worin ohne Zweifel eine seiner größten Tugenden besteht; als einen eitel, aber unsicher und unentschlossen, mitunter wagemutig, mitunter ängstlich und feige Handelnden. Als jemanden, der die Vernunft und die Philosophie zu seinen Lebensmaximen erhoben hat und sich trotzdem von seinen Gefühlen zu blindem Hass wie zu bedingungsloser Liebe verleiten lassen konnte; als sorgenden Familienvater, der sich nicht nur um Frau und Kinder – insbesondere seine geliebte Tochter Tullia, deren unglückliches Schicksal ihm großen Kummer bereitete –, sondern auch um den jüngeren Bruder Quintus und dessen Familie kümmerte, denn Cicero hatte nach dem Tod seines Vaters die Rolle des Patriarchen und Beschützers der Familie übernommen; als Geschäftsmann, der unablässig mit dem Ertrag seines Eigentums, seinen Schulden, Krediten und Erbschaften beschäftigt war. Die Briefe, vor allem jene, die er mit seinem treuen Freund, Ratgeber und Vertrauten Titus Pomponius Atticus wechselte, gewähren das seltene Privileg, das Privatleben eines Politikers kennen zu lernen, sozusagen den Mann hinter der Maske, mit seinen Vorlieben und Ängsten, seinen Freuden und Sorgen. Atticus war vielleicht die einzige Person in seinem Leben – noch vor seiner Frau und selbst vor seinem Bruder –, mit der Cicero immer er selbst sein konnte, ohne seine Gefühle und Sorgen verbergen zu müssen.

Die Biographie, die der Leser nun in Händen hält, hat sich – soweit möglich – auf diesen allzu menschlichen, persönlichen Aspekt von Ciceros Leben konzentriert. Seine politische Laufbahn dient gleichwohl als roter Faden, und Cicero führt – so häufig wie möglich – selbst das Wort: in Form aussagekräftiger Passagen aus seinem literarischen Werk und seiner Korrespondenz. Kapitel rein biographischen Charakters, die der Chronologie der Ereignisse in seinem Leben folgen, wechseln sich also mit solchen monographischen Charakters ab, in denen bestimmte Aspekte des Lebens und der Ideenwelt Ciceros analysiert werden, die keinem konkreten Zeitraum zuzuordnen sind und zum Teil bisher wenig Beachtung gefunden haben: seine Sehnsucht, berühmt zu werden und einen herausragenden Platz in der Geschichte einzunehmen; die finanziellen Aspekte, die ein Leben im Wohlstand ermöglichten, wie es einem privilegierten Mitglied der römischen Aristokratie anstand; sein merklicher Komplex der Unterlegenheit, weil er ein Neuling, ein Emporkömmling *(homo novus)* in Rom war, der einer reichen Familie aus der volskischen Stadt Arpinum entstammte und daher unter ungleichen Bedingungen mit den Reichtümern, den vielfältigen Beziehungen und der ruhmreichen Vergangenheit der großen alten aristokratischen Familien konkurrieren musste; seine religiösen Überzeugungen – oder eher ihr Fehlen – im Kontext des offiziellen städtischen Kultes, um den er sich in seiner Funktion als Priester zu kümmern hatte; sein Bestreben, derjenige zu sein, der als Politiker mit Beredsamkeit und Wissen verhinderte, dass in einer Zeit der Dauerkrise mit ihren Gewaltausbrüchen und Bürgerkriegen die Waffen das Wort und die Diskussion verdrängten; gleichzeitig seine Verteidigung der Staatsgewalt als eines unverzichtbaren Mittels für den Fall, dass die Sicherheit aller auf dem Spiel stand.

Cicero war vor allem ein *zoon politikon* im Sinn von Aristoteles, ein Mann, der sich für die Allgemeinheit engagierte, und aller Wahrscheinlichkeit nach hätte ihn nichts mehr gefreut als die Tatsache, als Patriot berühmt zu werden: »Das Vaterland ist älter als die Mutter«, stellt er zu Beginn seines Traktats »Über den Staat« *(De re publica)* fest. Als Bürger Roms wollte er seiner *civitas* durch die Übernahme von Magistraturen und die Mitgliedschaft im Senat dienen, da er überzeugt war, nur mittels politischer Macht der Allgemeinheit den besten Dienst erweisen zu können. Das ehrgeizige Motto seines Lebens, aus Homers »Ilias«, lautete: »mit Abstand der Beste zu sein und sich auszuzeichnen vor allen anderen« (Briefe an den Bruder Quintus 3,5,4). An diesem so typisch römischen Wunsch, alle an Würde zu übertreffen, hielt er stets fest, konnte ihn aber nur kurzzeitig realisieren, und so wurde er am Ende seines Lebens Ursache für das Gefühl, gescheitert zu sein.

Wie bei nur wenigen Persönlichkeiten der Antike lässt sich in Ciceros Leben eine klare Zäsur – politisch wie privat – ausmachen: das Jahr 63 v. Chr., als er das höchste politische Amt, den Konsulat erlangte. Bis dahin ist die Lebensbeschreibung Ciceros die des triumphierenden *homo novus*, ein Bericht über jemanden, der es geschafft hat, in dem schwierigen politischen Szenario Roms, das Bürgerkriege und der soziale Umbruch infolge der Diktatur Sullas erschüttert hatten, seinen Weg zu gehen. Der junge Mann von glänzender Bildung, die er bei den angesehenen Römern des politischen Lebens seiner Zeit – Rednern und Juristen – erworben und durch Vorlesungen bei großen Lehrern in den berühmten Städten der hellenistischen Welt vervollständigt hatte, gewann seinen Ruf und seine soziale Anerkennung als Redner und Anwalt. Er verteidigte vor allem Angehörige des Ritterstandes und Mitglieder der städtischen Aristokratien Italiens, nahm jedoch anders als die übrigen Honoratioren seiner Zeit freiwillig Abstand von dem Ruhm, den eine erfolgreiche Karriere in der Armee bedeutet hätte. Überraschend für einen *homo novus*, erlangte Cicero, kaum dass er das notwendige Mindestalter erreicht hatte und stets vom Volk als Erster von allen Kandidaten gewählt, beinah systematisch die verschiedenen Ämter der Laufbahn eines Politikers in Rom – die Quästur, die Ädilität, die Prätur –, bis er schließlich die prestigeträchtigste aller Magistraturen bekleidete, den Konsulat. Als er glaubte, den höchsten Grad an Ruhm, Berühmtheit, Würde und Autorität in Rom erreicht zu haben, brach jedoch alles zusammen.

Das traditionelle republikanische System war auf seinem Weg zur Einpersonenherrschaft, die sich schließlich in Rom und damit im gesamten Imperium etablieren sollte, zum Gefangenen der großen Feldherren dieser Zeit geworden: eines Pompeius und eines Caesar, auch eines Crassus. Ihre als der »erste Triumvirat« bekannte Dreier-Allianz bildete jahrelang die eigentliche Regierung Roms vor dem Senat und den Magistraten. Trotz der Aufforderungen Caesars willigte Cicero nicht ein, sich dem Kreis der Personen anzuschließen, die die »Triumvirn« politisch unterstützten. Diese Entscheidung zeigt seine unerschütterlichen Überzeugungen, aber man kann sie auch als schwerwiegenden Fehler werten, seinen Sturz ins Verderben.

Schließlich war der Typus des »Politiker-Redners«, den Cicero propagierte, zum Scheitern verurteilt, wo die Entscheidungsgewalt allmählich in die Hände des Heeres und seiner Generäle glitt: Das Wort hatte zwar im Prozess der politischen Willensbildung noch Bedeutung, aber es erwies sich unbewaffnet als nicht mehr ausreichend. Cicero wollte während seines ganzen Lebens, dass die Macht in den Händen eines umfassend gebildeten Mannes – nicht jedoch eines Philosophen – lag, der fähig sein sollte, seine Mitbürger gerecht und entschlossen mit der eigenen Überzeugungskraft zu leiten. Und er dachte an sich selbst als an den idealen Regierenden eines Roms, das er als *umbilicus mundi* sah, als die große

Hauptstadt des Mittelmeerraums, in der sich die Zukunft der zivilisierten Welt entschied. Cicero war sich vollkommen bewusst, dass hier die Entscheidungen getroffen wurden, die für Millionen von Menschen von Bedeutung waren, innerhalb des kleinen Bezirks, den das Forum, das Comitium und das Marsfeld bildeten, an den Orten, wo sich der Senat versammelte und die Volksversammlungen einberufen wurden. Es war ihm daran gelegen, immer in Rom und für alle sichtbar zu sein. Sich außerhalb der *Urbs* aufzuhalten barg das Risiko, politisch nicht zu existieren. Cicero wusste das und verstand es daher zu vermeiden, dass man ihm nach seiner Prätur und nach seinem Konsulat die Verwaltung einer Provinz übertrug – selbst wenn er damit die Option ausschlug, militärischen Ruhm zu erlangen: Dabei lag während des größten Teils seines Lebens die wirkliche Macht – triumphierend mit Hilfe der Waffen – in Händen von Politikern wie Sulla, Pompeius und Caesar, die sich jahrelang außerhalb von Rom aufgehalten hatten. Unter diesen Bedingungen verkleinerte sich der Handlungsspielraum derjenigen immer mehr, die unabhängig von den Mächtigen Politik machen wollten.

Innerhalb von wenigen Jahren wurde die Unterdrückung der Verschwörung des Catilina, für die man ihn während seines Konsulats bewunderte und die die Senatoren zum Anlass nahmen, ihn zum »Vater des Vaterlandes« *(pater patriae)* zu ernennen, zum Grund seines größten Unglücks: Er musste ins Exil gehen, weil man ihn anklagte, einige der Catilinarier ohne Gerichtsurteil hingerichtet zu haben. Da er sich von denen verlassen fühlte, die er als die Seinigen betrachtete, den »Männern des Guten« *(boni)*, den besten Bürgern Roms *(optimates)*, wurde Cicero nach seiner Rückkehr aus der bitteren Verbannung nie mehr der, der er einst gewesen war: Ohnmacht, Ernüchterung und vor allem die Enttäuschung darüber, dass ihm die Mitbürger nicht die Anerkennung zukommen ließen, die ihm gebührte, nahmen überhand. Als er nach Rom zurückkehrte, glaubte er für einen Moment seine führende Stellung wieder einnehmen zu können, aber das erwies sich als Illusion. Cicero, der der erste Bürger Roms hatte sein wollen, sah sich während des größten Teils der 50er-Jahre in die Rolle eines Untergebenen von Pompeius und Caesar gedrängt.

In den letzten Jahren seines Lebens, nach der Statthalterschaft in Kilikien, bewegte Cicero sich unschlüssig zwischen zwei Welten: Entweder gab er das politische Leben auf und wandte sich der Literatur zu – ein Feld, in dem er sich als äußerst produktiv erweisen sollte – oder aber er führte es fort. Diese Entscheidung hätte jedoch über kurz oder lang von ihm verlangt, Partei zu ergreifen: entweder für Pompeius oder für Caesar. Im Bürgerkrieg, der schließlich im Jahr 49 ausbrach, ergriff er letztlich aufgrund der ideologischen Nähe, aber dennoch zweifelnd, für Pompeius Partei. Dann verließ er diese Seite wieder, noch ohne gekämpft zu haben, um Caesar um Verzeihung zu bitten. In einem für ihn quälenden Balanceakt näherte er sich Caesar an, ohne zu einem Caesarianer zu werden, und begann gleichzeitig das politische System zu hassen, das der Diktator etablierte. Seine Familie, die für sein emotionales Gleichgewicht stets von großer Bedeutung gewesen war, traf eine Reihe von Schicksalsschlägen: die Scheidung von seiner Frau Terentia, der Tod der Tochter Tullia, die Enttäuschung über den nichtssagenden und gleichgültigen Charakter seines Sohnes Marcus, die Entfremdung vom Bruder, der Verrat seines Neffen Quintus; eine zweite Ehe, die scheiterte und in einem Skandal endete. Diese Umstände führten zu Niedergeschlagenheit und Apathie, zugleich aber auch zu einer überaus produktiven intellektuellen Aktivität.

Erst die Ermordung Caesars, die er wie eine Befreiung für sich und Rom, wie den Beginn einer neuen Ära der Freiheit feierte, setzte seiner Gelähmtheit ein Ende und führte dazu, dass er sich wiederum und mit ganzer Kraft ins politische Leben stürzte. Er versuchte auf die Verschwörer und insbesondere auf Brutus Einfluss zu gewinnen, um den römischen Staat wieder auf den alten Weg der traditionellen Republik zurückzuführen, und er wütete angesichts ihrer politischen und militärischen Unfähigkeit, die Machtstrukturen, die die Parteigänger Caesars geschaffen hatten, zu zerschlagen. Schon beinahe verzweifelt ging er in seinen letzten Kampf gegen Marcus Antonius und für eine Republik, an die er noch immer glaubte. Gegen die Waffen setzte er die Worte, auch wenn er nicht zögerte, wiederholt zu einem offenen Krieg gegen Antonius aufzurufen, den er nicht als Bürgerkrieg verstanden wissen wollte, sondern als Befreiungskrieg gegen einen Feind Roms. In diesem Kampf glaubte er sich noch fähig, den jungen Octavian nicht nur bevormunden, sondern sich seiner bedienen zu können – vergeblich. Von seiner Position eines Adoptivsohns Caesars aus gewann dieser in der römischen Gesellschaft derart an Gewicht, dass er schließlich zum allmächtigen Augustus werden konnte. Ciceros Bündnis mit Octavian, das wohl den Umständen des Augenblicks geschuldet war, brachte ihm wie der niedergehenden Republik den eigentlichen Todesstoß.

Sein letzter Kampf gegen Antonius rehabilitierte ihn gewiss vor sich selbst: Noch einmal trumpfte er mit der Schärfe und der Leidenschaft auf, die für sein politisches Engagement in seiner brillanten Zeit so charakteristisch gewesen waren. Er verlor ihn und kam am 7. Dezember 43 v. Chr. unter tragischen Umständen ums Leben. Mit ihm starb der letzte große Redner Roms und endete ein Stil, Politik zu machen.

I

AUF DER SUCHE NACH EINEM
ORT IN DER GESCHICHTE

A ls herausragende Persönlichkeit auf dem Gebiet der Politik wie der Kultur
konnte Marcus Tullius Cicero sich der Aufmerksamkeit der Zeitgenossen
wie der Historiker späterer Generationen sicher sein. Plutarch aus Chaironeia,
dem griechischen »Vielschreiber« aus dem 2. Jahrhundert n. Chr., verdanken
wir die einzige erhaltene Biographie. Er verfasste sie im Rahmen seiner Parallel-
biographien, in dem moralisierenden Ton, der ihn so sehr charakterisierte.
Plutarch verglich Cicero mit einem anderen berühmten Redner – dem Athener
Demosthenes, in dem sich unser Protagonist von Zeit zu Zeit selbst spiegelte,
was so weit ging, dass Cicero die Bezeichnung »Philippicae« – so hatte Demosthenes seine Reden gegen Philipp II. von Makedonien im 4. Jahrhundert genannt – als angemessener Titel für die Reden erschien, die er vor Volk und Senat
in den letzten Monaten seines Lebens hielt. Cicero glaubte sich gegenüber dem
despotischen Regime des Caesar-Anhängers Marcus Antonius in der gleichen
Rolle wie der griechische Rhetor, der versucht hatte, Athen vor der Tyrannis des
Makedonenkönigs zu bewahren.

Der Freigelassene Tiro, Ciceros Sekretär, Vertrauter und Ratgeber auf dem
Gebiet der Literatur, schrieb nach dem Tode seines Patrons ebenfalls eine Biographie. Sie ist nicht erhalten, wenn man auch aufgrund der engen Beziehung
zwischen beiden vermuten kann, dass sie gut dokumentiert und für Cicero
schmeichelhaft war. Es ist schwer einzuschätzen, welcher Verbreitungsgrad dieser Lebensbeschreibung zukam und inwiefern sie spätere Autoren beeinflusste;
Plutarch zitiert sie jedoch als eine seiner Informationsquellen.

Tiro, ein intellektuell unruhiger Geist, von dem es heißt, er habe das Steno-
graphieren erfunden, verbrachte quasi sein gesamtes Leben an der Seite Ciceros,
zunächst als Sklave und ab dem Jahr 53 als Freigelassener; da nahm er das *prae-*

nomen und *nomen* seines Beschützers an und nannte sich nun offiziell Marcus Tullius Tiro. Zwischen Patron und Sklave wird ganz allmählich und trotz des Unterschieds hinsichtlich ihres Rechtsstatus eine echte Freundschaft entstanden sein. Tiro hatte die Aufgabe, die Worte Ciceros zu verschriftlichen – seine umfangreiche Korrespondenz wie seine literarischen Werke. Diese Tatsache beförderte die Entwicklung blinden Vertrauens und einer engen geistigen Beziehung zwischen ihnen, so dass Tiro, obwohl er in seinem Schatten stand, ein überaus wichtiger Mensch im Leben Ciceros war. Zudem muss es sich um jemanden gehandelt haben, den die Familie Tullia sehr in ihr Herz geschlossen hatte, denn als Tiro freigelassen wurde, beglückwünschte Quintus Cicero zu diesem Akt:

> Quintus grüßt seinen Bruder Marcus. [...] mit Tiro hast du mir einen ganz großen Gefallen getan, dass du ihn lieber als unsern Freund denn als Sklaven betrachtet wissen willst! Glaub' mir, als ich deinen und seinen Brief gelesen hatte [es sind Briefwechsel zwischen Quintus Cicero und Tiro überliefert], bin ich hochgesprungen vor Freude! Ich danke dir und beglückwünsche dich! (An seine Freunde 16,22,1)

Aber den Großteil der sehr ausführlichen Informationen über Cicero verdanken wir ihm selbst, seiner außerordentlichen literarischen Produktivität. Insgesamt sind etwa dreißig seiner Werke unterschiedlichsten Inhalts bekannt: Im Laufe seines Lebens verfasste er Abhandlungen über Rhetorik, Philosophie, politische Theorie und Religion, er schrieb sogar Gedichte. Viele dieser Schriften sind auf uns gekommen, denn man hat sie dank des Rufes, den ihr Autor nicht nur in der Antike, sondern auch im Mittelalter genoss, aufbewahrt und vielfach kopiert. Zu Beginn des zweiten Buches »Über die Wahrsagung«, das er Ende 44 und damit ein Jahr vor seinem Tode schrieb, liefert Cicero einen Abriss seiner wichtigsten Werke:

> Während ich der Frage nachhing und ausführlich und lange bedachte, womit ich möglichst viele Menschen fördern könne – um meinen Dienst am Staat niemals zu unterbrechen –, da wollte mir nichts Bedeutsameres in den Sinn kommen, als den Mitbürgern die Denkweisen der vortrefflichsten Wissenschaften zugänglich zu machen; und dies glaubte ich auch bereits mit mehreren Werken erreicht zu haben. So spornte ich, so gut ich es vermochte, zur Beschäftigung mit der Philosophie in dem Buch an, das den Titel »Hortensius« trägt; welche Art zu philosophieren ich als am wenigsten anmaßend beurteile, anderseits als am meisten in sich gefestigt und sachgerecht, stellte ich

in den vier Büchern »Academica« dar. Und da die Bestimmung des äußersten Guten und des äußersten Schlechten die Grundlage der Philosophie bildet, wurde dieses Thema von mir in fünf Büchern erschöpfend abgehandelt [...]. Es folgten ebenso viele Bücher »Gespräche in Tusculum«; sie klärten, welcher Dinge es zum glücklichen Leben am meisten bedarf. [...] Nach der Behandlung dieser Gegenstände brachte ich die drei Bücher »Über das Wesen der Götter« zu Ende, welche die Fragen, die dieses Thema aufgibt, allseitig erörtern. Damit die betreffende Untersuchung aber vollkommen und restlos abgeschlossen sei, machte ich mich daran, in den vorliegenden Büchern »Über das Wahrsagevermögen« zu schreiben; und wenn ich ihnen noch, wie beabsichtigt, ein Buch »Über das Schicksal« beigeselle, dann wird diesem ganzen Fragenkreis reichlich Genüge getan sein. Ferner gehören zu den genannten Werken auch die sechs Bücher »Über den Staat«, die ich damals verfasste, als ich noch an der Lenkung des Staates beteiligt war [...]. Nun, was soll gerade ich von meiner »Trostschrift« sagen? Mir selbst jedenfalls verschafft sie durchaus einige Linderung; ebenso wird sie anderen Leuten – nehme ich an – vielfach nützlich sein. Neulich fügte ich auch das Buch »Über das Alter« in die Reihe und widmete es meinem Freund Atticus. Und weil es die Philosophie ist, die den guten und tapferen Mann bildet, gilt es insbesondere meinen »Cato« der Zahl dieser Schriften zuzurechnen. Schließlich haben Aristoteles und ebenso Theophrast [...] mit der Philosophie auch Anleitungen zum Reden verbunden; deshalb muss man auch meine rhetorischen Werke – scheint mir – in denselben Kreis von Büchern aufnehmen. Das ergibt dann drei Bücher »Über den Redner«, als viertes kommt der »Brutus« dazu, als fünftes »Der Redner«. Soviel bis zu diesem Zeitpunkt. (Über die Wahrsagung 2,1–4)

Dennoch war Cicero vor allem Politiker und entwickelte in dieser Funktion eine produktive Rednertätigkeit, auf den drei Bühnen, auf denen ein Redner in Rom Gebrauch vom Wort machen konnte: im Senat, in den Gerichten und in den Volksversammlungen *(contiones)*, die keine Entscheidungskompetenz hatten. Hier hielt er Hunderte von Reden über Aspekte der Legislative, über Fragen der Politik und der Jurisdiktion, von denen wir nur etwa 160 sicher kennen. Von diesen sind 58 ganz oder in Teilen erhalten. Im Vergleich mit jedem anderen berühmten Rhetor der Antike ist diese Anzahl außergewöhnlich hoch. Der Rest ist nur aufgrund der Erwähnung des Titels oder eines aus dem Kontext gerissenen Zitats bekannt. Cicero selbst kümmerte sich darum, dass seine Reden – zumindest die bedeutsamsten – publiziert wurden: Manchmal wandelte er den Text etwas ab, manchmal gab es große Unterschiede zu der Rede, die er gehalten hatte. Das konnte zum einen der Verbesserung des Stils gelten, zum andern den neuen politischen Bedingungen, die sich in der Zeit zwischen der Rede und ihrer Veröffentlichung ergeben hatten.

Überliefert ist auch ein bedeutender Teil von Ciceros privater Korrespondenz. Er erlaubt die beste Annäherung an Ciceros Persönlichkeit, bis dahin, dass wir sein Leben in bestimmten Phasen Tag für Tag rekonstruieren können. Mehr als 900 Briefe sind erhalten, den größten Teil schrieb er an Atticus (nämlich 575), 27 stammen aus der Korrespondenz zwischen den Brüdern Cicero, Marcus und Quintus. Die gleiche Anzahl belegt die Launenhaftigkeit der Korrespondenz, die Cicero mit Marcus Iunius Brutus, einem der Caesarmörder, in den letzten Monaten seines Lebens geführt hat.

Und erneut verdanken wir Tiro die Zusammenstellung und Ordnung der Briefe Ciceros, die offensichtlich aber wesentlich später, zur Zeit Neros, publiziert worden sind. Cicero äußert sich zu dieser Aufgabe der Katalogisierung, die natürlich unter seiner Aufsicht stattfand, in einem Brief an Atticus vom 9. Juli 44:

> Eine Sammlung meiner Briefe existiert nicht, aber Tiro hat etwa 70 beieinander. Auch du könntest welche beisteuern. Ich muss sie aber erst durchsehen und korrigieren, ehe sie herausgegeben werden. (Atticus-Briefe 16,2,5)

Zu Beginn des Dialogs »Über die Gesetze« legt Cicero dem Freund Atticus ein hartes Urteil über beinahe alle Historiker in den Mund, die sich je mit der Geschichte Roms auseinandergesetzt haben – »Gibt es jemand Bemitleidenswerteren als sie alle zusammen?« –, um im Anschluss auszuführen, dass allein Cicero das intellektuelle Format habe, eine Abhandlung zu verfassen, die sich mit jenen der großen griechischen Geschichtsschreiber messen könne. Sie müsse sich ausschließlich auf die Zeitgeschichte beziehen, um einerseits die Taten des Pompeius, andererseits das erinnerungswürdige Jahr von Ciceros Konsulat zu rühmen:

> Atticus: Schon lange verlangt oder besser noch fordert man von dir ein Geschichtswerk. […] Und damit du hörst, was ich selber darüber denke: In meinen Augen bist du die Erfüllung dieser Aufgabe nicht nur deinen literarischen Bewunderern, sondern auch deinem Vaterland schuldig, damit es ebenso, wie es durch dich gerettet wurde, auch noch durch dich geehrt wird. […] Deshalb bitten wir dich, entschließ' dich und nimm dir die Zeit für diese Aufgabe, die unsere Mitbürger bisher entweder nicht gesehen oder aus den Augen verloren haben. (Über die Gesetze 1,5–6)

Geschichtsschreibung war in Rom seit jeher eine Frage moralischer Autorität *(auctoritas)*; in einer aristokratischen Gesellschaft wie der römischen konnte es nicht anders sein, als dass sie allein in den Händen der Elite lag. Bevor die römische Geschichtsschreibung einsetzte, kontrollierten Teile der Aristokratie die Überlieferung des historischen Wissens und propagierten mustergültige Beispiele *(exempla)*. Jahrhundertelang war es die Aufgabe des Kollegiums der *pontifices* gewesen, des bedeutendsten aller Priesterämter, das sich um die offizielle Religion kümmerte, die Informationen auszuwählen, die für die Gemeinschaft von Bedeutung waren und die den Ausgangspunkt für die spätere Verschriftlichung bildeten. Auf diese Weise entstanden die »Haupt-Jahrbücher« *(annales maximi)*, die Jahr für Jahr die kargen Daten von Kriegen, Siegen, Sonnenfinsternissen, dem Bau von Tempeln *et cetera* sammelten. Diese Nachrichten bewahrten die Priester mit großer Sorgfalt auf: »[...] der Oberpriester *(pontifex maximus)* hielt alle Ereignisse der einzelnen Jahre schriftlich fest, übertrug sie auf eine weiße Tafel und stellte diese Tafel in seinem Haus auf, damit das Volk die Möglichkeit hatte, Einsicht zu nehmen« (Über den Redner 2,52). So blieb das kollektive Gedächtnis der Stadt in den Händen der Aristokratie, die für die Beziehungen zwischen den Göttern und der Gemeinschaft verantwortlich war. Durch diese »Spezialisten« vergewisserte sich der römische Staat der Herrschaft über die gemeinsamen Traditionen; und die Traditionen waren es, die dem kollektiven Gedächtnis ihrerseits Autorität verliehen.

Vor dem Hintergrund des zweiten Punischen Krieges, als Rom Karthago in den letzten Jahren des 3. Jahrhunderts besiegt hatte und sich anschickte, die tonangebende Macht im Mittelmeerraum zu werden, schrieb ein bekannter römischer Senator, Fabius Pictor, die erste Nationalgeschichte Roms. Er schrieb sie nicht auf Latein, sondern auf Griechisch, der damals allgemein anerkannten Kultursprache, damit das gebildete Publikum im östlichen Mittelmeerraum die ruhmvolle Vergangenheit der Stadt kennen lernen konnte, die von Romulus gegründet worden war. Andere Männer des öffentlichen Lebens schrieben daraufhin ebenfalls Geschichten Roms; seit Cato dem Zensor vorzugsweise auf Latein. Diese Historiker werden »Annalisten« genannt, da sie als Grundlage ihrer Schriften die »Haupt-Jahrbücher« der Priester nutzten. Mit *Ab Urbe condita*, der großen Nationalgeschichte Roms, die Titus Livius unter Augustus schrieb, erreichte diese Gattung ihren Höhepunkt.

Es war der Moment gekommen, eine Vergangenheit zu schaffen, die den politischen und moralischen Ansprüchen der herrschenden Aristokratie, der *nobilitas*, entsprach. Sie verbarg sich hinter der Bezeichnung *mos maiorum*, den sprichwörtlichen »Sitten der Vorfahren«, also dem Komplex von Bräuchen, Normen und ethischen Werten, die die römische Zivilisation ausmachten; das ethische Erbe einer sozialen Gruppierung, die so ihre Herrschaft legitimierte und die von den römischen Historikern als Ursprung der Macht Roms dargestellt wurde. Der *mos maiorum*, das Leitmotiv der Geschichte Roms, kann als Element des sozialen Zusammenhalts der Aristokratie gelten.

Im Dialog »Über den Redner« spricht sich Cicero für eine Geschichtsschreibung aus, die dem Vorbild der seit Jahrhunderten in Griechenland praktizierten Form im Stil eines Herodot, Thukydides, Theopompus, Ephoros oder Timäus folgt. Und dies, ohne die bisherige römische Historiographie, die auf dem Prestige ihrer Autoren beruht, und ohne den *mos maiorum* zurückzuweisen, von denen er sagte, sie leiteten ihn in seinen Handlungen an. Auf die Frage, die er einem seiner Gesprächspartner in den Mund legt: »Welche Art von Redner und welcher Typus von Mensch ist notwendig, um Geschichte zu schreiben?«, antwortet Marcus Antonius, der im Jahr 99 Konsul und berühmt für seine brillante Redekunst war, dass er den Stil der Annalisten ablehne. »Sie legten nämlich allein Zeugnis von dem ab, was vorgefallen sei, von Zeitpunkt, Ort und Protagonisten«, so dass sie nicht als Künstler der Vergangenheit, sondern nur als ihre Notare zu bezeichnen seien. Cicero schlug eine Geschichtsschreibung vor, deren Stil dem der Rede entsprach und die sich inhaltlich auf die Wahrheit stützte. Damit hatte sie nichts mit der Dichtkunst zu tun, denn in der Geschichte »steht die Wahrheit im Mittelpunkt«, während sich in der Dichtkunst »alles am Vergnügen ausrichtet«. Sie sollte von Männern ausgeübt werden, die die Ausbildung eines Redners erfahren hatten:

> Seht ihr nicht, was für eine schwierige Aufgabe für den Redner die Geschichtsschreibung ist? […] Denn wer wüsste nicht, dass das erste Gesetz für die Geschichtsschreibung lautet, sie dürfe nicht wagen, etwas Falsches zu sagen, das zweite, sie dürfe nicht wagen, etwas Wahres nicht zu sagen, damit nicht der Verdacht entsteht, beim Schreiben habe Sympathie eine Rolle gespielt oder Feindschaft? (Über den Redner 2,62–64)

Für den vielseitigen Cicero war es eine Versuchung, über die Geschichte Roms zu schreiben. Er kam jedoch nie dazu, dieses Vorhaben systematisch zu realisieren, ihm fehlte die Zeit. Allein das zweite Buch seines Werks »Über den Staat« *(De re publica)* kann als praktisches Beispiel für den Typus von Geschichtsschreibung gelten, den er in seiner Abhandlung »Über den Redner« *(De oratore)* propagiert hatte. Cicero fasst die Geschichte des archaischen Roms zusammen –

von der angeblichen Gründung durch Romulus bis zur »Zehnmännerherrschaft« 450 v. Chr. über die Beschreibung der Regierungszeiten der sieben römischen Könige und die Abschaffung der Monarchie nach der Vertreibung des Tarquinius – und präsentiert sie als Modell des Organisationsprozesses eines Staates in der Antike. Das war es, was ihn eigentlich interessierte, mehr als konkrete Einzelheiten aus einer dunklen Zeit, von der auch er sagen musste, »dass wir kaum mehr als die Namen der Könige wissen«.

Methodisch gesehen, interessierte sich Cicero weniger für Historiographie als für Studien, die der antiquarischen Tradition nahe standen; solche, wie sie einige seiner Zeitgenossen, allen voran Marcus Terentius Varro, betrieben. Cicero fühlte sich von den großen Männern der römischen Vergangenheit angezogen, davon, wie sie eine Zivilisation schufen, aus der ein Imperium entstehen konnte, und von den öffentlichen und religiösen Institutionen, die dazu beitrugen. In gewisser Weise ist der Prozess, in dem Rom durch eigene Kraft zur Weltmacht wurde, mit dem eines Emporkömmlings *(homo novus)* vergleichbar, der wie Cicero zu höchsten Ehren in seiner Gemeinschaft gelangt. In »Über den Staat« nimmt Cicero in einem Exkurs über das archaische Rom eine der wichtigsten Ideen von Cato dem Zensor auf, nach der das Wohlergehen einer Gemeinschaft das Resultat kollektiven Handelns ist. Und er führt die Haupttugend der politischen Verfassung Roms – ihre Mischung aus Monarchie, Aristokratie und Demokratie – auf die Tatsache zurück, dass es sich um das Resultat einer Entwicklung und der Beiträge vieler Personen und nicht nur eines einzigen Individuums handelt.

Cicero war ein großer Verteidiger der Bedeutung der Geschichte, einerseits als unverzichtbarem Fundus eines guten Redners, der ihr die Beispiele zu entnehmen hatte, die er in seinen Reden verwandte, und andererseits als »Licht der Wahrheit, Verwalterin der Erinnerung und Lehrmeisterin des Lebens«, die den guten Bürger zu entsprechendem Verhalten anhielt. Geschichte, wie er sie propagierte, wirkte erzieherisch und war moralisch wertvoll. Wenn Cicero von der Ausbildung des Redners spricht, weist er darauf hin, dass eine gute Kenntnis von Philosophie, Recht und Geschichte unentbehrlich ist, und hebt die identitätsstiftende Bedeutung der Geschichte hervor: »Nicht zu wissen, was vor unserer Geburt geschehen ist, das heißt sein Leben lang infantil zu bleiben! Was ist denn des Menschen Leben, wenn es nicht durch die Erinnerung an frühere Geschehnisse mit der Vergangenheit verwoben ist?« (Der Redner 120)

Cicero war sich bewusst, dass die Erinnerung, die von einem Menschen bleibt, niemals gleichgültig sein kann: »Was aber werden auf Jahrhunderte hinaus die Geschichtsbücher von mir berichten? Davor habe ich viel mehr Angst als vor dem Geschwätz unserer Zeitgenossen.« (Atticus-Briefe 2,5,1) Die Bürger von Rom bat er in seiner dritten Rede gegen Catilina, als er sich dem Volk als Retter und Triumphator über die Verschwörung darbot, nicht um Auszeichnungen, sondern darum, ihn durch ihre Erinnerung an diesen Tag unsterblich werden zu lassen: »In eurem Gedächtnis, Quiriten, werden meine Taten weiterleben, in euren Gesprächen wachsen, in schriftlichen Denkmälern sich erhalten und immer wieder neue Kraft gewinnen.« (Reden gegen Catilina 3,26)

Schließlich sei es die Hoffnung auf den Ruhm in der Nachwelt und die, einen Ort in der Geschichte zu finden, die einen Patrioten in seinen Handlungen leite und ihn bewege, alle Gefahren für das Wohlergehen seiner Gemeinschaft auf sich zu nehmen. Nur das erlaube ihm, die Flüchtigkeit der Existenz zu überwinden und mittels Ruhm Unsterblichkeit zu erlangen:

> Doch unter allen Belohnungen für Verdienste sei [...] die herrlichste der Ruhm: Er allein tröste uns durch das Andenken der Nachwelt über die Kürze des Lebens hinweg; er allein habe die Wirkung, dass wir als Abwesende anwesend, als Tote lebendig seien; endlich scheine er allein den Menschen zu erlauben, sich wie auf Stufen bis in den Himmel zu erheben. (Rede für T. Annius Milo 97)

Für Cicero, der sich nicht gerade durch Bescheidenheit auszeichnete, ging es darum, dass ihm Gerechtigkeit widerfuhr, denn er hielt sich nicht nur für eine der herausragenden Persönlichkeiten seiner Zeit, sondern auch für das Vorbild eines römischen Patrioten für künftige Generationen. Er sah sich selbst als berühmte Persönlichkeit, die durch ihr heroisches Handeln gegenüber Catilina oder durch ihr aufopferndes gegenüber Clodius die römische Epik vergrößerte. In beiden Fällen hatte er nur ein Ziel gehabt: die Rettung Roms. Aus diesem Grund mühte er sich seit seinem Konsulat im Jahr 63, dass das Bild, das die Nachwelt sich von ihm machen konnte, so positiv wie nur irgend möglich ausfiel.

Um die Überlieferung dieser und anderer Ereignisse nicht dem Zufall, also den Meinungen irgendeines Historikers zu überlassen, entschied Cicero, sich selbst darum zu kümmern: Eine Erzählung der Geschehnisse sollte seinen Interessen entgegenkommen. Daher schrieb er selbst einige Abhandlungen über seinen Konsulat und versuchte außerdem – wenn auch ohne Erfolg – einige befreundete Historiker zu gewinnen, unter seiner Anleitung einen Abschnitt der Geschichte Roms zu behandeln, in der seine Leistungen in hellem Licht erstrahlten. Das war für ihn von ungleich größerem Interesse, als die ferne Vergangenheit zu erforschen.

Ciceros Anliegen war nicht außergewöhnlich: Im 1. Jahrhundert hatte sich die Gattung der Autobiographie zu etablieren begonnen, parallel zum wachsenden Individualismus und dem Wettbewerbsgeist, der die Politik der Zeit charakterisieren, zur Zerstörung der Republik beitragen und sie durch die Monarchie ersetzen sollte. Cicero nennt Marcus Aemilius Scaurus, den Konsul des Jahres 115, den Ersten, der gezielt eine Autobiographie geschrieben habe. Ihm folgten andere berühmte Männer wie Publius Rutilius Rufus, der Konsul des Jahres 105, der später ins Exil nach Smyrna ging, wo der junge Cicero ihn auf seiner Reise durch das östliche Mittelmeergebiet besuchte. Aber es war der Diktator Lucius Cornelius Sulla, der dieser Gattung den Ritterschlag gab. Er war, wie auch in anderen entscheidenden Bereichen – etwa dem Einsatz des Heeres zur Durchsetzung der eigenen politischen Ansichten –, hier wegweisend: Nach seinem Rückzug aus dem öffentlichen Leben schrieb Sulla 22 Bücher einer Autobiographie, die gleichzeitig eine parteiische Version der letzten 40 Jahre der Geschichte Roms bot. Von ihr ist nichts erhalten.

Die beiden großen Generäle der Zeit, die sich schließlich um die Macht streiten sollten, Gnaeus Pompeius und Gaius Iulius Caesar, griffen ebenfalls – wenn auch auf unterschiedliche Weise – zu propagandistischen Zwecken auf das Mittel der Biographie zurück. So nahm Pompeius seinen Freund und Historiker Theophanes aus Mytilene mit sich in den Orient und gab ihm den Auftrag, einen Bericht seiner militärischen Feldzüge gegen Mithridates zu schreiben. Damit stellte er sich in die Tradition Alexanders des Großen, den der Historiker Kallisthenes auf seinen Eroberungszügen begleitet hatte. Caesar schließlich wusste sehr erfolgreich Autobiographisches mit Geschichtsschreibung zu kombinieren. Den Erinnerungen *(Commentarii)* kam zum einen die Funktion zu, seine Tugenden als General *(imperator)* im Gallischen Krieg, aber auch im Bürgerkrieg zu verherrlichen, zum andern rechtfertigten sie das Verhalten gegenüber Pompeius und oktroyierten der Nachwelt seinen Standpunkt.

Insofern sind die Bemühungen Ciceros, in der großen Geschichte den Ort zu finden, von dem er glaubte, dass er ihm gebühre, mehr als verständlich. Und es gab nun einmal in seinem Leben keinen ruhmvolleren Augenblick als den Konsulat, den er mit allen ihm zur Verfügung stehenden Mitteln publik zu machen suchte. Zunächst griff er auf den autobiographischen Bericht zurück. Atticus berichtete er am 15. März 60 von seiner intensiven literarischen Aktivität und ließ keinen Zweifel an deren Ziel:

Die griechisch abgefasste Denkschrift über meinen Konsulat habe ich dir zugestellt. [...] Die lateinische Fassung schicke ich dir, sobald sie fertig ist. Als drittes darfst du ein Epos erwarten, denn ich möchte keine Literaturgattung ungenutzt lassen, mein Lob zu singen. [...] gibt es auf Erden etwas, das eher Lob verdient, so mag man mich tadeln, dass ich nicht lieber fremdes Verdienst rühme. Im übrigen schreibe ich ja gar keine Lobreden, sondern Geschichte. (Atticus-Briefe 1,19,10)

Cicero wollte, dass seine Heldentaten auch in Griechenland bekannt würden, und schrieb deshalb eine Abhandlung auf Griechisch. Da er mit dem Ergebnis zufrieden war, schickte er seine Arbeit Posidonius, den er offensichtlich gebeten hatte, selbst etwas über die Zeit seines Konsulats zu schreiben. Der berühmte griechische Philosoph und Historiker lehnte jedoch ab – liebenswürdig, aber bestimmt, wie auch die beiden Freunde Ciceros, Tilius und Archias, bereits abgelehnt hatten (Atticus-Briefe 1,16,15):

Jedoch habe ich aus Rhodus von Posidonius schon eine Antwort. Ich hatte ihm meine Denkschrift zugeschickt, damit er über diese Ereignisse etwas Geschmackvolles schriebe; nun hat ihn deren Lektüre nicht nur nicht zum Schreiben angeregt, sondern ihn vollends eingeschüchtert. Was sagst du dazu? Ich habe die griechische Welt in Verlegenheit gebracht. So hören sie, die mich allenthalben um einen Stoff angingen, den sie geschmackvoll behandeln könnten, nun wohl auf, mich zu belästigen. Wenn dir mein Buch gefällt, sorg' doch dafür, dass man es in Athen und den anderen Griechenstädten bekommen kann. Das könnte wohl zur Verbreitung meiner Taten beitragen. (Atticus-Briefe 2,1,2)

Wahrscheinlich kam Atticus der Bitte seines Freundes nach und sorgte für die Verbreitung seines Kommentars in ganz Griechenland. Plutarch dürfte ihn benutzt haben, als er seine Cicero-Biographie schrieb, denn die Version, die er von den Geschehnissen des Jahres 63 gibt, entspricht so weitgehend der des damaligen Konsuls, dass er Äußerungen benutzt, die dieser in seinen Briefen und Reden in diesem Kontext verwendet. Wie auch immer es sich verhalten haben mag – von allen Abhandlungen sind uns allein knappe Fragmente einer poetischen Komposition erhalten, die Cicero im Jahr 60 über seinen Konsulat schrieb und die unter dem Titel »Über mein Konsulat« bekannt sind. Da er dem Modell der lateinischen epischen Dichtkunst folgte, die Ennius zum ersten Mal in seinen »Annalen« verwandt hatte, verfasste er das Werk in Hexametern und teilte es in drei Bücher ein. Er wählte die Gattung der Dichtkunst, weil sein Ziel die Selbstverherrlichung war. Gewöhnlich für die Verherrlichung von Personen und Kriegszügen verwandt, gewährte sie ihm eine Freiheit im Ausdruck, die ihm die Geschichte nicht zugestand, verpflichtete sie ihn doch, nach der objektiven Wahrheit zu suchen.

Cicero wollte seinen Konsulat als heroischen Akt verstanden wissen, daher näherte sich das Gedicht der Gattung des Heldenepos. Er integrierte – wahrscheinlich nach dem Bericht über den Triumph über Catilina – eine Rede der Urania, der Muse der Astronomie. Damit brachte er göttliches Eingreifen bei der Unterdrückung der Catilinarier ins Spiel und machte sich selbst zu einem Boten der Götter mit moralischem Rückhalt für seine Taten. In der Abhandlung »Über die Wahrsagung« findet sich die erwähnte Rede der Muse; man kann sich hier ein Bild vom Stil des Gedichts machen, das gleichzeitig vorgab, eine Chronik historischer Ereignisse zu sein. Es spricht Urania:

> Alle zeigen an, dass den Bürgern – verursacht durch den
> Spross eines edlen Stammes [er bezieht sich auf den Patrizier Catilina,
> Mitglied der Familie der Sergii] –
> ein ungeheures Unglück und Verderben drohe […].
> […] wenn nicht zuvor, geziemend zu einer mächtigen Säule gebildet,
> Iuppiters heiliges Bild dem strahlenden Aufgang entgegenblicke. […]
> Dieses Bild, dessen Entstehung lang verzögert und vielfach aufgehalten
> worden war,
> wurde in deinem Konsulat endlich auf seinem erhabenen Sitz aufgestellt,
> und in ein und derselben Stunde, zur bestimmten und schicksalshaft angezeigten Zeit,
> ließ Iuppiter von der erhabenen Säule sein Szepter leuchten
> und lag das Verderben der Vaterstadt, das mit Feuer und Schwert betrieben
> wurde,
> dank der Aussage der Allobroger offen vor Augen der Väter und des Volkes.
> (Über die Wahrsagung 1,20–21)

Das Gedicht dürfte in den intellektuellen und politischen Kreisen der römischen Gesellschaft kaum Widerhall gefunden haben, was Cicero aber keineswegs bewog, darauf zu verzichten, seinem Namen einen ausgezeichneten Ort in der Erinnerung der Nachwelt zu verschaffen. Als er im Jahr 57 aus dem für ihn sehr schmerzlichen Exil zurückkehrte, sah er sich erneut als Triumphator und dachte irrtümlich, dass für ihn nun wiederum eine Zeit der Einflussnahme auf das politische Leben Roms begann. Er verfasste ein weiteres autobiographisches Gedicht, das unter dem Titel *De temporibus meis* bekannt ist und zumeist als »Von meinen Schicksalen« übersetzt wird. Der Aufbau entsprach sehr wahrscheinlich dem des vorherigen: Im ersten Teil berichtete Cicero von den Ereignissen aus den Jahren nach seinem Konsulat, die – forciert durch seinen Gegner Clodius – zu seiner Verbannung führten. Der aus seinen Briefen und Reden bekannten Argumentation folgend, dürfte er, unversöhnlich wie er war, Clodius angegriffen und sein Opfer, seinen Weggang aus Rom, als große Gefahr für das Überleben der Republik dargestellt haben. Zudem wird er die beiden Konsuln des Jahres 58, Piso und Gabinius, beschuldigt haben, erachtete er sie doch als verantwortlich für sein ungerechtfertigtes Exil:

> So gehe ich denn mit dem Gedanken um, eine wunderbare Einlage in das zweite Buch von »Meine Zeiten« [Von meinen Schicksalen] einzuschieben: Apollo schildert im Rate der Götter, wie sich die Heimkehr zweier Feldherren gestalten wird [Piso und Gabinius], von denen der eine sein Heer verloren, der andre es verkauft hat. (Briefe an den Bruder Quintus 3,1,24)

Das Gedicht endet mit der triumphalen Rückkehr Ciceros nach Rom. Auch in diesem Werk findet sich die Rede eines Gottes integriert – Iuppiter. Auch er hat – wie schon Apoll – die Aufgabe, die Argumente Ciceros zu stärken und seine Handlungen in eine übernatürliche Sphäre zu heben. So konnte er suggerieren, dass Piso und Gabinius von den Göttern für ihre Treulosigkeit zu bestrafen seien.

Beide Gedichte ergänzten sich, und in den Jahren zwischen 64 und 57 wurde zudem eine weiterführende historische Abhandlung veröffentlicht, deren Protagonist Cicero war, um den sich die gesamte Geschichte Roms zu drehen schien. Auch diesem poetischen Text war – wie schon den vorhergehenden – kein Erfolg beschieden. Es ist nicht einmal sicher, ob er überhaupt veröffentlicht worden ist; vielleicht war seine Lektüre nur Angehörigen des engsten Kreises um Cicero vorbehalten. Während er die Abhandlung fertigstellte, kam es zu einer politischen und intellektuellen Annäherung zwischen ihm und Caesar, und so interessierte ihn insbesondere dessen Meinung. Quintus Cicero begleitete ihn gerade als Legat nach Gallien; und in einem der Briefe an den Bruder zeigt Cicero seine Unsicherheit über Caesars Urteil. Er vermutet eine wesentlich negativere Kritik, als Quintus eingestehen will:

Aber hör' mal, ich glaube, du verheimlichst mir etwas. Was sagt Caesar eigentlich zu meinem Epos, lieber Bruder? Neulich schrieb er mir doch, er habe das erste Buch gelesen, und der erste Teil sei so vortrefflich, dass er selbst bei den Griechen nie etwas Besseres gelesen zu haben meint. Der Rest bis zu einer gewissen Stelle sei etwas matt – so drückt er sich aus. Sag mir die Wahrheit, findet er am Inhalt oder an der Form etwas auszusetzen? Du brauchst kein Blatt vor den Mund zu nehmen, denn ich bin trotzdem nicht um ein Haar weniger mit mir zufrieden. Also darüber schreib mir freimütig und, wie immer, in brüderlicher Liebe! (Briefe an den Bruder Quintus 2,16,5)

Wir haben sogar Zeugnisse der Scherze, die das maßlose Streben nach Ruhm und die Geltungssucht des Autors unter seinen Gegnern provozierten. In einer Streitschrift gegen Cicero, die trotz großer Zweifel Sallust zugeschrieben wird, macht der Redner sich über dessen Verse lustig; seine Gedanken fassen sie jedoch sehr treffend zusammen:

Oh glückseliges, unter meinem Konsulat wiedergeborenes Rom! (Pseudo-Sallust, Invektive gegen Cicero 5)

Der Ruf Ciceros als Dichter war jedenfalls außergewöhnlich schlecht; das galt für seine Zeitgenossen wie für die gesamte Antike. Davon zeugt auch das wenig schmeichelhafte Urteil des Tacitus:

Denn sie [er bezieht sich auf Caesar und Brutus] haben auch Gedichte gemacht und in die Bibliotheken gebracht; sie haben es nicht besser als Cicero getan, aber glücklicher, weil wenige Leute wissen, dass sie »welche« gemacht haben. (Tacitus, Das Gespräch über die Redner 21,7)

Cicero scheint jedoch die Kritik, die gegen seine poetischen Kompositionen geäußert wurde, nicht tangiert zu haben. Zumindest war das das Bild, das der Nachwelt von ihm blieb. Die Bemerkung Senecas: »[...] Cicero, wenn du dich über seine Gedichte lustig machtest, wäre dein Feind« (Seneca, Philosophische Schriften 5,37,5), dürfte der Realität entsprochen haben. So verachtete Cicero Lucius Calpurnius Piso, einen der Konsuln des Jahres 58, seit dieser ihm nicht gegen Clodius beigestanden hatte, um sein Exil zu verhindern. Aber das war nicht der einzige Vorwurf: Cicero konnte ihm nicht verzeihen, dass er sich über sein geringes Talent als Dichter lustig gemacht hatte. So bemerkte er mit dem ihm eigenen Sarkasmus, der eigentliche Grund seines Exils sei nicht der Hass seiner politischen Gegner gewesen, sondern das schlechte Gedicht über seinen Konsulat.

Cicero wusste jedenfalls, dass er der Unterstützung eines Historikers bedurfte, damit das Bild, das er der Nachwelt hinterlassen wollte, glaubhaft war. Nur ein derart autorisierter Bericht würde als Resultat objektiver Nachforschungen gelten. Aus diesem Grund wandte er sich an Lucius Lucceius. Dieser hatte das Amt eines Prätors bekleidet, war aber bei dem Versuch gescheitert, zum Konsul gewählt zu werden. In den 50er-Jahren hatte er begonnen, eine zeitgenössische Geschichte Roms zu schreiben, die mit den Kriegen gegen die italischen Bundesgenossen einsetzte (91–88 v. Chr.). Seit Jahren war er mit Cicero befreundet, den er während seines Wahlkampfs um den Konsulat unterstützt hatte. Die Freundschaft währte bis zu dessen Lebensende; so schickte er ihm einen zartfühlenden Beileidsbrief, als dessen Tochter Tullia starb. Aus diesem Grund bat Cicero Lucceius im Juni 56, eine Monographie zu schreiben, deren Protagonist er sein sollte. Der Brief an ihn ist ein gutes Beispiel für die Mentalität Ciceros. So schmeichelt er Lucceius zunächst, um seinen Wunsch zu rechtfertigen, seine Heldentaten in einem Werk aus dessen Feder niedergeschrieben zu sehen:

> Ich bin rein versessen darauf – und es besteht, meine ich, kein Anlass, mich dessen zu tadeln, meinen Namen durch deine Schriften verherrlicht und gefeiert zu sehen. [...] Die Produkte deiner Feder haben mich schon immer brennend interessiert; jetzt jedoch fühle ich mich über alles Erwarten so gepackt und begeistert, dass ich so bald wie möglich meine Taten durch deine Schriftwerke der Menschheit nahegebracht sehen möchte. (An seine Freunde 5,13,1)

Er versucht den Historiker davon zu überzeugen, die strikt chronologische Gliederung seines Berichts aufzugeben, um sich mit ganzer Aufmerksamkeit der Zeit zwischen seinem Konsulat und der Rückkehr aus dem Exil zu widmen. Diese Jahre waren seiner Meinung nach von größerem historischem Interesse als die, die der Historiker gerade bearbeitete. Der Brief endet mit einer Anspielung auf die Autorität, über die Lucceius verfüge, als Autor, dessen Glaubwürdigkeit und Ruf bekannt seien; eben diese Gründe hatten Cicero ja auch bewogen, sich mit seiner Bitte an ihn zu wenden.

> Solltest du meinen Wunsch nicht erfüllen [...] sehe ich mich vielleicht genötigt, etwas zu tun, was manche unter Umständen tadeln: Ich würde selbst über mich schreiben, immerhin nach dem Vorbild vieler berühmter Männer. Aber diese Literaturgattung krankt, wie dir nicht verborgen ist, an folgenden

Gebrechen: Es bleibt nicht aus, dass man von sich selbst zurückhaltender spricht, wenn es etwas zu loben gibt, und manches übergeht, was man eigentlich tadeln müsste. (An seine Freunde 5,13,8)

Wenn es auch im ersten Moment so aussah, als ob Lucceius den Wünschen seines Freundes nachkommen wollte, gibt es keinen Beleg, dass er ein Werk über Cicero geschrieben hätte. Vielleicht hat er nicht einmal damit angefangen, denn die Aufgabe als solche stellte sich mehr als schwierig dar: War doch offensichtlich, dass es sich bei dem Ergebnis nicht um das Resultat objektiver historischer Forschungen handeln konnte, sondern dass er sich der Version der Ereignisse anzupassen haben würde, die sein Protagonist und der Veranlasser seines Werks vertrat. Das zeigt auch das Angebot, mit dem dieser seinen Brief beschließt: »Nimmst du sie auf dich, dann stelle ich dir einen Abriss aller meiner Taten zusammen; vertröstest du mich auf später, spreche ich noch einmal persönlich mit dir darüber.«

Cicero sah sich schließlich als zentrale Persönlichkeit in einer entscheidenden Epoche der Geschichte Roms. Er ging davon aus, dass sein Leben als Retter Roms mit den Heldentaten eines Romulus vergleichbar war, sein Unglück mit dem des Atheners Themistokles oder dem des Römers Marius, denn beide waren wie er von ihren Mitbürgern ungerechtfertigt in die Verbannung geschickt worden. Aber trotz aller Versuche gelang es ihm zu Lebzeiten nicht, einen Historiker dafür zu gewinnen, ihn zum Mittelpunkt einer historischen Abhandlung zu machen. Nach seinem Tod jedoch erfüllte sich sein Wunsch, einen privilegierten Ort in der Geschichte Roms und sogar der Menschheit zu erhalten. Tatsächlich wird die erste Hälfte des ersten vorchristlichen Jahrhunderts häufig als die »Ciceronianische Zeit« bezeichnet und damit auf die Omnipräsenz seines Werks als Quelle für die Rekonstruktion der Geschichte der Zeit verwiesen. Dies steht aber in keinem Verhältnis zu der tatsächlichen Bedeutung, die Cicero in der römischen Politik und Gesellschaft zukam.

2

DIE AUSBILDUNG ZUM POLITIKER
(103–77 v. Chr.)

Marcus Tullius Cicero wurde am 3. Januar 106 v. Chr. in Arpinum geboren, im gleichen Jahr wie Gnaeus Pompeius, sechs Jahre vor Gaius Iulius Caesar und ein Jahr nachdem Gaius Marius – auch er ein Mann aus Arpinum und ein *homo novus* – Konsul geworden war, das heißt die höchste aller römischen Magistraturen erlangt hatte und damit für Cicero zum Ansporn und Vorbild werden konnte. Arpinum war eine Stadt volskischen Ursprungs, etwa 120 km südöstlich von Rom gelegen. Ihre Einwohner waren seit Beginn des 2. Jahrhunderts v. Chr. römische Bürger; der Status eines *municipium* wurde der Stadt nachträglich zuerkannt. Insofern war Cicero römischer Vollbürger, obwohl er nicht in Rom geboren und vom Gesetz her in den Wahlbezirk *(tribus)* Cornelia eingeschrieben war. Er war einer von ungefähr einer halben Million Menschen im Imperium, die diesen bevorzugten Status genossen, und wuchs in einer Umgebung auf, die zuvörderst von der lateinischen Sprache und Kultur geprägt war.

In seinen Schriften ist diese enge Bindung, die er zwischen dem Schicksal Roms und dem ganz Italiens sah, klar zu erkennen, aber er fühlte sich nicht als Mitglied einer einheitlichen »italischen Nation«, die ja auch noch gar nicht existierte. Rom, das große imperiale Rom, war von Rechts wegen sein Vaterland und für ihn das bedeutendste von allen. Trotzdem leugnete er seine Herkunft aus Arpinum nicht und hatte eine starke emotionale, aber auch wirtschaftliche Bindung an seinen Geburtsort, den er stets als Heimat bezeichnete und in den er gern und häufig zurückkehrte. Diese Haltung spiegelt einer seiner Dialoge, ein fiktives Gespräch mit Atticus, in dem beide sehr eindringlich den Integrationsprozess Italiens und auch die Idee darlegen, dass jenseits aller lokalen Besonderheiten eine allen gemeinsame römische Nationalität existiert:

Atticus: [...] Aber was bedeutet es, dass du kurz zuvor gesagt hast, dieser Ort – ich nehme nämlich an, du meinst damit Arpinum – sei eure eigentliche Heimat? Habt ihr etwa eine doppelte Heimat oder ist damit jene einzige Heimat gemeint, die allen gemeinsam ist? Es sei denn, die Heimat jenes weisen Cato [der Zensor] war nicht Rom, sondern Tusculum [sein Geburtsort].

Marcus: Ich meine tatsächlich, beim Herkules, dass Cato und überhaupt alle Bürger aus Landstädten eine doppelte Heimat haben: eine natürliche und eine politische. Wie jener Cato [...] besaß er einerseits die Heimat des Geburtsortes und andererseits die Heimat des gemeinsamen Rechts [...] so halten wir den Ort, wo wir geboren wurden, als auch jene Gemeinschaft, von der wir aufgenommen wurden, für unsere Heimat. Aber mehr Liebe verdient die Heimat, von der die gesamte Bürgerschaft ihren Namen hat, für die wir sterben, der wir uns ganz hingeben und der wir alle unsere Fähigkeiten zur Verfügung stellen und gleichsam als Opfer darbringen müssen. (Über die Gesetze 2,5)

Sein Vater, ein Ritter *(eques)*, ebenfalls mit Namen Marcus Tullius Cicero, gehörte einer der alteingesessenen Familien von Arpinum an, deren Reichtum vor allem im Ertrag der Ländereien gründete. Von seiner Mutter, Helvia, weiß man kaum etwas, denn ihr berühmter Sohn erwähnt sie im Gegensatz zu seinem Vater nicht ein einziges Mal. Ihre Familie wird aber ohne Zweifel ebenfalls der lokalen Aristokratie angehört haben. Marcus hatte einen Bruder, Quintus, der vier Jahre jünger war als er.

Von der Kindheit Ciceros, die dieser in Arpinum verbrachte, ist nichts bekannt. Geht man von der Sorgfalt aus, mit der der Vater die Erziehung seiner Söhne vorbereitet zu haben scheint, so ist es wahrscheinlich, dass beide nicht nur die Grundfertigkeiten erlernten, sondern auch Griechisch. Vermutlich fungierte im väterlichen Haushalt ein griechischer Sklave als Lehrer, wie das in den wohlhabenden römischen Familien in den letzten Dekaden üblich geworden war. Die Eroberung und der Anschluss des östlichen Mittelmeerraums im 2. Jahrhundert v. Chr. hatten Rom in engen Kontakt mit der griechischen Zivilisation gebracht, die in vielen Aspekten wie der Rhetorik, der Geschichte, der Kunst oder der Philosophie über eine lange und äußerst schöpferische Tradition verfügte, der gegenüber Rom nichts aufzuweisen hatte. Das führte in gewisser Weise zu einem Prozess der Hellenisierung der römischen Kultur, insbesondere der Elite, aber auch zu der Forderung, eine zu weit gehende Akkulturation zu vermeiden, da diese die traditionelle *romanitas* in Gefahr bringe. Tatsächlich aber erhöhte sich Jahr für Jahr die Zahl griechischer Pädagogen in Rom und die korrekte Kenntnis der griechischen Sprache wurde für jeden, der Zugang zur klassischen Kultur und zur Politik haben wollte, zu einer unverzichtbaren Voraussetzung. Der nächste Schritt für viele junge römische Aristokraten war dann, eine gewisse Zeit mit griechischen Lehrern in der hellenistischen Welt zu verbringen. Genau das tat auch Cicero.

Aber bevor er die in jeder Hinsicht initiatorische Reise nach Griechenland antrat, musste er zunächst die Ausbildung abschließen, die er in Arpinum erfahren hatte. Dazu brachen Marcus und Quintus Ende der 90er-Jahre nach Rom auf. Im Haus des berühmten Redners Lucius Licinius Crassus auf dem Palatin, unter seiner Anleitung und gemeinsam mit einigen seiner Verwandten, erhielten sie eine fundierte Ausbildung, in der die Rhetorik und die Philosophie eine maßgebliche Rolle spielten. Dieser Tatsache können wir nicht nur entnehmen, dass Cicero von hochqualifizierten Lehrern unterrichtet wurde, wahrscheinlich von Griechen und in griechischer Sprache. Sie zeigt auch, dass die jungen, unerfahrenen Heranwachsenden aus einer Kleinstadt Italiens in die Aristokratenkreise der Hauptstadt des Imperium eingeführt wurden. Handelte es sich bei Crassus, Konsul des Jahres 95 und 92 Zensor, doch um einen der meistrespektierten Politiker von Rom – die Tullii aus Arpinum verfügten offensichtlich über gute Kontakte in der *Urbs*. Crassus übernahm nicht nur die Aufgabe eines Patrons für den jungen Cicero und führte ihn in die intellektuellen Kreise Roms ein, sondern beeinflusste wohl auch auf entscheidende Weise sein politisches Denken. Cicero leugnete nie, was er dem Mentor seiner Jugendzeit verdankte, und zeigte seine Anerkennung und Bewunderung, indem er ihm die herausragende Rolle in seinem Dialog »Über den Redner« gab.

Die Poesie gehörte zu den verzichtbaren Elementen in der Erziehung eines römischen Aristokraten, aber durch Crassus lernte Marcus Archias kennen, einen Dichter aus dem syrischen Antiochia. Er war vor etwa zehn Jahren nach Rom gekommen und hatte sich insofern vollständig in die römische Gesellschaft integriert, als er das römische Bürgerrecht erlangt und seinen Namen gewechselt hatte: Er nannte sich jetzt Aulus Licinius Archias. Von ihm dürfte Cicero alles über griechische Literatur erfahren und dadurch Gefallen an der Poesie gefunden haben, aber er war wohl auch eine der entscheidenden Personen, die ihn zu einem politischen Leben ermunterten, wenn man den lobenden Worten in einer Verteidigungsrede für seinen alten Lehrer Glauben schenken darf:

Wenn ich, ihr Richter, einiges Talent (ich spüre, wie gering es ist) oder einige Fertigkeit in der Redekunst (ich leugne nicht, dass ich es darin zu etwas gebracht habe) oder auch einige Einsicht in deren Prinzipien besitze, wie man sie durch das eifrige Studium der angesehensten Wissenschaften erwirbt (ich versichere, dass ich hiervon zu keiner Zeit meines Lebens abgelassen habe), dann hat gewiss der Angeklagte A. Licinius an erster Stelle ein Recht darauf, die Früchte dieser Fähigkeiten für sich zu beanspruchen. (Rede für den Dichter A. Licinius Archias 1)

Vielleicht erklärt der Einfluss des Archias, dass die erste Schrift Ciceros, von der wir wissen, weder etwas mit Philosophie noch mit Rhetorik zu tun hat, sondern mit Poesie. Es handelt sich um eine poetische Komposition, von der nicht eine einzige Zeile überliefert ist und die den Titel »Pontius Glaucus« trug. Seinem Biographen Plutarch zufolge handelte es sich um ein hellenistisches, das heißt in Tetrametern verfasstes Gedicht, in dem der Autor die Abenteuer eines Fischers erzählt, der aus der griechischen Region Böotien stammt und sich, weil er Zauberkraut zu sich nimmt, in ein unsterbliches Fischwesen verwandelt, das über die Gabe der Prophetie verfügt. Cicero dürfte dieses Gedicht um das Jahr 92 verfasst haben, als er gerade 14 Jahre alt war – eine Tatsache, die bestätigt, dass es sich um einen herausragenden und frühreifen Schüler handelte, den seine Mitschüler bewunderten.

Marcus trug aller Wahrscheinlichkeit nach bereits im folgenden Jahr nicht mehr die *toga praetexta*, die weiße Toga, die ein purpurfarbenes Band einfasste und die von den Jugendlichen getragen wurde, sondern er legte die *toga virilis* der Männer an. Dieser Wechsel symbolisierte den Beginn des Erwachsenenlebens; nun standen ihm alle Rechte offen, hatte er sich aber auch allen Verpflichtungen des römischen Bürgerrechts zu stellen. Der Festakt fand für gewöhnlich am 17. März statt, während der Feierlichkeiten der Liberalia, eines religiösen Fests, das dem Liber Pater gewidmet war, dem italischen Gott der Fruchtbarkeit, den man schließlich mit Bacchus gleichsetzte.

Zum Politiker fehlte Marcus noch das Studium des römischen Rechts. Also kam er zu einem der angesehensten Politiker der Zeit, Quintus Mucius Scaevola, dem Schwiegervater des bereits erwähnten Crassus. Er war im Jahr 117 Konsul gewesen, Schüler des griechischen Philosophen Panaitios und Augur und war nun schon um die 80. Vor allem aber war Scaevola ein exzellenter und berühmter Jurist.

Das Studium des römischen Rechts bestand, da es jeder Systematik entbehrte, in praktischen Übungen. Scaevola war – wie andere Juristen auch – daran gewöhnt, in seinem Haus täglich Personen zu empfangen, die ihn in Rechtsangelegenheiten um Rat baten. An diesen Gesprächen nahm Cicero zusammen mit anderen jungen Männern nun teil. Auf diesem Weg erhielten die Schüler neben der theoretischen Unterweisung in Jurisprudenz Lektionen, die auf tatsächliche Fälle zurückgingen. Und wenn die Gerichte öffentlich – wie es Brauch war – auf dem Forum tagten, begleiteten die Schüler Scaevola als Hörer. So vervollständigten sie ihre juristischen Kenntnisse und hörten die besten Redner ihrer Zeit. In der römischen Gesellschaft überließ man die jungen Männer der sozialen Eliten, die in Zukunft den Staat leiten sollten, der persönlichen Fürsorge und Anleitung durch Angehörige der Aristokratie. Auf diese Weise sorgte man für eine kontinuierliche Anerkennung der *auctoritas* der Älteren und schuf hierarchisch geprägte Patronagestrukturen.

Unter den Schülern Scaevolas befand sich ein junger Mann, einige Jahre älter als Cicero, mit Namen Titus Pomponius. Er sollte unter dem Beinamen Atticus bekannt werden, den er nach seinem langen Aufenthalt in Athen annahm. Atticus' Lebensweise spiegelte epikureisches Gedankengut; er war ein kultivierter Mann, ein perfekter Kenner der griechischen Sprache und Kultur, aber auch der römischen Geschichte und stammte aus einer angesehenen und reichen römischen Familie. Atticus wurde der beste Freund Ciceros und blieb es bis zu seinem Tod, sein »zweiter Bruder«, wie dieser von ihm sagte. Aber er war auch der Verwalter der Güter, Herausgeber der Werke und Kritiker der Schriften Ciceros. Atticus fungierte zudem als dessen Ratgeber und Beistand in den Wechselfällen des politischen Lebens, von dem er selbst sich fern hielt. In einem Brief vom 5. Dezember 61, als Cicero sich wegen der politischen Wirren in Rom und seiner fortschreitenden Isolierung immer unwohler fühlte, erklärte er Atticus voller Bewunderung seine Freundschaft:

Ich kenne doch deine Lauterkeit und Seelengröße, und den einzigen Unterschied zwischen dir und mir habe ich von je nur in der Verschiedenheit unserer Lebensrichtung gesehen: Während mich ein gewisser Ehrgeiz trieb, die Laufbahn des Politikers zu ergreifen, hat dich deine andersgeartete Veranlagung, die ich deswegen durchaus nicht tadeln will, dazu geführt, in ehrenvoller Muße dein Ideal zu suchen. Was echte Vorzüge angeht, Rechtschaffenheit, Umsicht und Gewissenhaftigkeit, so stelle ich weder mich selbst noch sonst jemanden über dich; aber erst in der Liebe zu mir gebe ich, abgesehen von der Liebe meines Bruders und meiner Familie, dir den ersten Preis. […] Und jetzt

gar, wo du fern bist, wie fehlt mir dein guter Rat, den du so trefflich zu erteilen weißt, wie sehr auch die persönliche Unterhaltung, die ich so gern mit
dir pflege [...]. (Atticus-Briefe 1,17,5–6)

Cicero bewahrte eine so gute Erinnerung an diese Zeit seiner Ausbildung, dass
er Scaevola zu einem der Redner seiner späteren Dialoge machte: So froh war er,
aufgrund der glücklichen Umstände Atticus kennen gelernt, und so dankbar,
diese Erziehung genossen zu haben.

Die Erziehung Ciceros, die sein Vater so sorgfältig geplant hatte, wurde durch
den kriegerischen Konflikt gestört, dem sich der römische Staat mit einem großen Teil seiner italischen Verbündeten ausgesetzt sah, dem ersten all dieser
Bürgerkriege, die Italien im Lauf des 1. Jahrhunderts erschüttern sollten. Die
verschiedenen italischen Stämme, die Rom vor Jahrhunderten erobert hatte,
unterstützten nun seine Expansion mit Kontingenten von Hilfstruppen an der
Seite der Legionen römischer Bürger. Ihre Aristokratie nahm am Handel im
Mittelmeergebiet teil; generell erfuhr die gesamte Bevölkerung Italiens einen
wachsenden Romanisierungsprozess. Aber die letzte Konsequenz der einst gewaltsamen Eroberung trat in Form schwerwiegender Probleme zutage: Diese
betrafen vor allem die Nutzung des öffentlichen Bodens *(ager publicus)* und
den Zugang zum römischen Bürgerrecht. Die Forderungen nach Gleichberech-
tigung wurden lauter. Der Volkstribun Marcus Livius Drusus versuchte dem
mit einem breit angelegten Reformprogramm mit der Verleihung des Bürgerrechts an alle Italiker nachzukommen, sah sich aber mit einer entschiedenen
Opposition der Mehrheit des Senats und der Bevölkerung Roms konfrontiert.
Nachdem der Volkstribun ermordet worden war, verloren viele Italiker endgültig die Hoffnung, ihr Ziel mit friedlichen Mitteln erreichen zu können: Die
italische Frage wurde zum Bundesgenossenkrieg, der in den letzten Wochen des
Jahres 91 ausbrach.

Die Anwärter auf eine politische Karriere dienten – auch wenn es nicht ver-
pflichtend war – für gewöhnlich einige Jahre als Militärtribune in den Legionen.
Da Rom sich in diesem Moment in einem Ausnahmezustand befand, blieb
Cicero keine andere Wahl, als zeitweise die Toga und die Bücher gegen den
Brustpanzer und das Schwert einzutauschen. Da er für Militaria während seines
ganzen Lebens wenig bis keine Begeisterung zeigen sollte – Titus Livius sprach
später von ihm als einem Mann, »der für alles, nicht aber für den Krieg« geboren war –, können wir sicher sein, dass Cicero diese Unterbrechung seiner intellektuellen Entwicklung als unbequemes, aber notwendiges Opfer im Dienste

Roms empfand. Marcus scheint sich bis zu diesem Zeitpunkt überhaupt nicht für körperliche Ertüchtigung interessiert zu haben und schildert sich in einer Selbstbeschreibung als schwachen und kränkelnden Jüngling:

> Ich war damals überaus schmal und von schwacher körperlicher Konstitution, mein Hals war langgestreckt und dünn, ein Zustand und ein Aussehen, die, wie man glaubt, nicht weit von Lebensgefahr entfernt sind, wenn Arbeit und starke Beanspruchung der Lungen hinzutreten. (Brutus 313)

Cicero trat 89 in das Heer ein, das an der Nordfront, in der Region von Picenum, unter dem Oberbefehl des Konsuls Gnaeus Pompeius Strabo stand, dem Vater des Feldherrn, der schon bald Pompeius der Große genannt werden sollte. Als Ritter gehörte Cicero zum Führungsstab des Konsuls, wenn er auch aufgrund seines Alters und seiner Unerfahrenheit eher in der zweiten Reihe gestanden haben dürfte. Nach der Einnahme von Asculum und der Niederschlagung der italischen Erhebung im Norden fand das militärische Abenteuer Ciceros eine kurze Fortsetzung: Er schloss sich den Legionen an, die unter dem Kommando von Lucius Cornelius Sulla standen. Seit 89 stand Sulla den Truppen vor, die in Kampanien versuchten, den Widerstand der Samniten zu brechen, des Volkes, das sich Rom am hartnäckigsten widersetzte. Zu Beginn des Jahres 88 stand beinahe ganz Italien erneut unter der Kontrolle des römischen Staates. Trotz seines Sieges auf dem Schlachtfeld sah Rom sich jedoch schließlich gezwungen, allen Italikern das römische Bürgerrecht zuzugestehen.

In diesen kurzen Episoden lässt sich die gesamte militärische Erfahrung Ciceros zusammenfassen, bis er sich fast 40 Jahre später verpflichtete, die Statthalterschaft in der Provinz Kilikien zu übernehmen. Über diese Erfahrungen hat er lediglich ein paar Notizen zu Papier gebracht, die ihn in der Rolle des Beobachters zeigen.

Außenpolitisch sah Rom sich gezwungen, in Anatolien Krieg mit Mithridates, dem König von Pontos, zu führen, um seine wirtschaftlichen Interessen in der Provinz Asia gegen die gefährlichen Expansionsbestrebungen des Monarchen zu verteidigen. Innenpolitisch war es fortwährend Gewaltakten ausgesetzt, die in der Einrichtung der Diktatur durch Sulla gipfelten. Sulla agierte mit den Soldaten unter seinem Befehl wie mit einer Privatarmee und gelangte an die Macht, nachdem er Rom zweimal mit Gewalt eingenommen hatte, das erste Mal im Jahr 88 mit dem Ziel, den Oberbefehl über die Operationen gegen Mithridates wiederzuerlangen, den der alte Gaius Marius ihm abspenstig gemacht hatte. Der Staatsstreich, den Sulla damit unternahm, schuf einen gefährlichen Präzedenzfall mit unvorhersehbaren Konsequenzen. Und das zweite Mal im Zusammenhang mit einem blutigen Bürgerkrieg, der in ganz Italien in den Jahren 83 und 82 wütete und in dessen Folge Sulla, nachdem er viele seiner Gegner eliminiert hatte, eine konstituierende Diktatur etablierte, die einen Wendepunkt in der Geschichte Roms bedeutete. Dazwischen erlebte Rom die Herrschaft des Lucius Cornelius Cinna und erlitt dessen gewalttätige Willkür, so dass die gesamte römische Gesellschaft, je nach politischer Orientierung – ängstlich oder sehnsüchtig – auf die Rückkehr Sullas aus dem Osten wartete.

Wenn sich auch Cicero nicht in die politischen Querelen einmischte, so erlebte er das Ende seines Landsmanns Gaius Marius doch mit besonderer Intensität. Marius, Triumphator im Jugurthinischen Krieg in Afrika, zum Retter des Vaterlands erklärt, als er in den letzten Jahren des 2. Jahrhunderts über die germanischen Invasoren siegte, ging schon auf die 70 zu, als er das Kommando im Krieg gegen Mithridates an sich ziehen wollte. Sullas Staatsstreich vereitelte diesen Plan und zwang ihn, zeitweise ins Exil zu gehen. Sullas Marsch nach Osten aber ermöglichte es ihm dann, nicht nur nach Rom zurückzukehren, sondern auch zum siebten Mal zum Konsul gewählt zu werden, für das Jahr 86, gemeinsam mit Cinna.

Der junge Cicero sah in Marius ein Vorbild, weniger in ideologischer Hinsicht – Marius war ein Emporkömmling gewesen und hatte es, aus einer Kleinstadt stammend, geschafft, aus eigener Kraft die höchste Würde in der Hauptstadt des Imperium zu erlangen. Von ihm zeichnete Cicero das idealisierte Bild, das schließlich seiner eigenen Lebenserfahrung entsprach. Das gilt hauptsächlich für die Zeit nach seinem Exil, als er sich in Reden insbesondere vor dem Volk häufig auf seinen Landsmann bezog. Wahrscheinlich unmittelbar nach dessen Tod komponierte Cicero ihm zu Ehren ein Elogium, ein Gedicht in Hexametern in einem epischen Ton, das vielleicht unter der Anleitung oder dem Einfluss von Archias entstanden ist. Auf ihn bezieht Cicero sich zu Beginn seines Werks »Über die Gesetze«, und von ihm zitiert er in »Über die Wahrsagung« 13 klar von Homer inspirierte Verse, in denen er ein Vorzeichen beschreibt, das Marius künftigen Ruhm verkündet:

Da gelang es plötzlich dem gefiederten Begleiter Iuppiters, der hoch oben dröhnt,
vom Stamm des Baumes aus, durch den Biss der Schlange verwundet,
sich hochzuziehen aus eigener Kraft und mit grausamen Krallen zu durchbohren die Schlange,

die schon halbtot war und mit ihrem schillernden Nacken schwer zuckte.

Er zerfleischte sie, die sich krümmte, und schlug sie mit dem Schnabel blutig.

Endlich hatte er seinen Zorn gesättigt, endlich die harten Schmerzen gerächt:

Da schleuderte er sie, die verendende, weg und warf sie verstümmelt in die Flut,

und wandte sich vom Untergang der Sonne zu ihrem strahlenden Aufgang.

Auf glückverheißenden Schwingen und gleitend flog er einher; als ihn Marius erblickte, der Deuter des göttlichen Willens,

und die günstigen Zeichen, die auf seinen Ruhm und seine Heimkehr wiesen, wahrnahm,

da ließ es der Himmelsvater selbst donnern, auf der linken Seite.

So bestätigte Iuppiter des Adlers deutliches Zeichen.

(Über die Wahrsagung 1,106)

Auch wenn Cicero die Poesie weiterhin zum Vergnügen betrieb, so konzentrierten sich seine Interessen doch auf jene Disziplinen, die ihm für seine politische Karriere nützlich sein konnten. Er hatte während der turbulenten 80er-Jahre die Gelegenheit, auf dem Forum den erbitterten politischen Debatten in den Volksversammlungen *(contiones)* zu folgen, in denen man sich zu Wort melden konnte. Cicero hat offensichtlich die herausragenden Reden von Sulpicius Rufus, dem Volkstribun des Jahres 88, Verbündeten von Marius und Gegner von Sulla, sowie Marius selbst gehört, und zwar diesen, als er nach der Rückkehr aus dem Exil seine Leiden beschrieb und damit den Willen demonstrierte, sich nicht den Widrigkeiten zu beugen. Auch hatte er Gelegenheit, Quintus Hortensius Hortalus zu hören, einen der bekanntesten Redner, mit dem er später bei verschiedenen Anlässen seine Redefähigkeit messen, ja, sogar eine Art »ideologisches Tandem« bilden sollte: Als Verteidiger politischer Persönlichkeiten vertraten sie den konservativsten Teil der Aristokratie.

Die theoretischen Unterweisungen, in denen er das Privileg hatte, den Lektionen von Apollonius Molo aus Rhodos beizuwohnen, vernachlässigte er ebenfalls nicht. Dieser Meister in Rhetorik und Grammatik besuchte Rom in den Jahren 87 und 81 als Mitglied einer Gesandtschaft. Er war der erste Ausländer gewesen, dem der Senat erlaubte, sich auf Griechisch an die Senatoren zu wenden, ohne dass ein Dolmetscher die Worte ins Lateinische übersetzte. Das spricht für die Verbreitung und Anerkennung, die dem Griechischen als Sprache der Kultur und der Gebildeten inzwischen zuteil wurde. Cicero selbst betont, dass gute Griechischkenntnisse unverzichtbar seien, um bei den besten Meistern der Rhetorik lernen zu können.

Mit dem Ziel, seine Kenntnis der griechischen Sprache zu verbessern, das Vokabular zu erweitern und den literarischen Stil im Lateinischen zu vollständigen, übersetzte er einige bekannte griechische Werke: verschiedene Dialoge von Platon, deren Struktur später in einigen seiner Schriften aufscheinen sollte, den »Oikonomikos« des Xenophon und die »Phainomena« des Aratos, eines hellenistischen Dichters aus dem 3. Jahrhundert. Es handelte sich um ein Lehrgedicht, das die Vorzeichen thematisierte, die sich auf Sternbilder und Wetterzeichen stützten, einen in der griechischen Welt sehr populären Text, von dem es bereits verschiedene lateinische Übersetzungen gab.

Daneben vertiefte er sein Studium des Rechts, jetzt unter Anleitung des *pontifex* Scaevola, eines Cousins des verstorbenen Auguren Scaevola und wie dieser ein guter Freund von Crassus. Der *pontifex* Scaevola, Autor eines berühmten Kompendiums für Zivilrecht, wurde nach dem Tod seines Verwandten zum einflussreichsten Juristen in Rom.

Am meisten beeindruckte ihn jedoch die Welt der Philosophie, in die man ihn einführte. Im Jahr 87 kam Philon von Larisa, der Direktor der Akademie, die Platon zu Beginn des 4. Jahrhunderts in Athen gegründet hatte, nach Rom. Wie andere Griechen auch war er aus seinem Vaterland vor den Gefahren geflohen, die Mithridates im Osten heraufbeschwor; der Krieg gegen Mithridates führte zu einem Wandel im Verhältnis der Römer zur hellenistischen Kultur, kamen doch viele griechische Intellektuelle nach Italien. Für Cicero war es geradezu eine Offenbarung, Philon, der die Lehre der Philosophie mit der Rhetorik verband, persönlich kennen lernen zu können. Denn über den Einfluss hinaus, den er von ihm auf dem Gebiet der Philosophie empfing, überzeugte er ihn, dass ein guter Redner ein akzeptabler Philosoph sein müsse – und das versuchte der Mann aus Arpinum sein Leben lang umzusetzen.

Philon war ein Vertreter der Skepsis, wie Karneades sie als Leiter der Akademie Mitte des 2. Jahrhunderts gelehrt hatte. Spuren dieses philosophischen Gedankenguts finden sich in den philosophischen Werken Ciceros, vor allem in den *Academica priora*, die er gegen Ende seines Lebens verfasste. Wie stark auch immer der Einfluss Philons gewesen sein mag – Cicero begnügte sich nicht damit, aus erster Hand die Thesen einer der griechischen Philosophenschulen kennen zu lernen, sondern er schaute sich die Alternativen ebenfalls gründlich an. Bevor er näheren Kontakt zu Philon bekam, hatte er – vielleicht über Phaedrus – Epikur und seine Lehren sowie die Ideen des Aristoteles studiert; letztere mit Hilfe des Staseas von Neapolis, eines Peripatetikers, der im Haus des Marcus Pupius Piso lebte, mit dem Cicero eine enge Beziehung verband. In diesen Jahren begann er sich zudem mit der Stoa auseinanderzusetzen und hörte bei dem Philosophen Diodotos, den er schließlich sogar über viele Jahre in seinem Haus beherbergte, wo dieser, im Alter erblindet, um das Jahr 60 starb. Es war nicht ungewöhnlich, dass bedeutende Mitglieder der römischen Aristokratie Philosophen als persönliche Ratgeber und zum geistigen Anreiz beherbergten, wie dies schon die hellenistischen Könige getan hatten.

Während der 80er-Jahre bildete sich Cicero also in einem umfassenden Sinne philosophisch: Er eignete sich die Ideen der vier großen griechischen Philosophenschulen an, und diese Kenntnis war nicht nur für seine Zukunft als Redner von Bedeutung, sondern auch für die Art entscheidend, in der er sich im Leben mit leidvollen Erfahrungen auseinandersetzte. Am Ende seines Lebens, als die Ereignisse dazu führten, dass er selbst philosophische Schriften verfasste, verteidigte er sich gegenüber denen, die seine Schriftstellerei mit Skepsis betrachteten – die Philosophie sei schon immer das Fundament seiner Existenz gewesen:

> Ich habe indessen weder plötzlich angefangen zu philosophieren, noch habe ich von frühester Jugend an diesem Studium etwa nur mäßige Mühe und Sorgfalt entgegengebracht. Vielmehr befasste ich mich gerade dann am meisten mit der Philosophie, wenn ich es am wenigsten zu tun schien. Dies zeigen auch meine Reden, die mit Gedanken der Philosophen vollgestopft sind, weiterhin mein freundschaftlicher Umgang mit den gebildetsten Männern, der mein Haus immer belebte, sowie jene Männer von höchster Autorität: Diodotos, Philon, Antiochos, Poseidonios [...]. (Vom Wesen der Götter 1,6)

Dieser junge Cicero, der von Natur aus neugierig und begierig war, seinen unruhigen Geist zu kultivieren, und sich der Rhetorik, Dichtkunst, Juristerei und Philosophie widmete, schrieb, als er gerade einmal 20 geworden war, ein ehrgeiziges Werk über Rhetorik –»Über die Auffindung« *(De inventione)* des Redestoffs; einen der ersten Traktate über Rhetorik in Latein und das erste von Cicero erhaltene Werk, das sein Autor später als unreif bezeichnen sollte, wenn es auch bereits einige der Grundsätze enthielt, die er stets als wesentlich für den guten Redner hervorhob. Dabei ging er immer von der Tatsache aus, dass die Redetechnik von strikten moralischen Prinzipien begleitet werden müsse.

Am 1. November 82 siegten die Truppen von Sulla in der Schlacht an der Porta Collina. Dieser Sieg öffnete ihm die Tore von Rom und beendete den Bürgerkrieg. Wenige Wochen später wurde Sulla zum »konstituierenden« Diktator und es begann die physische Eliminierung von Hunderten seiner Gegner mittels sogenannter Proskriptionen. Diese Listen enthielten die Namen der Personen, die zum Staatsfeind erklärt worden waren und deren Ermordung man insofern als »Gunsterweis« für das Vaterland erachtete. Ihre Güter und die ihrer Familien wurden konfisziert.

Als Sulla seine Diktatur etablierte, war Cicero 25 Jahre alt und hielt sich für ausreichend vorbereitet, um an die Öffentlichkeit treten zu können. Wie es unter den unzähligen Mitgliedern der römischen Aristokratie, die eine politische Karriere anstrebten, üblich war, führte Cicero sich in die Gesellschaft ein, indem er in diversen Prozessen auf dem Forum auftrat. Als Ankläger von berühmten Persönlichkeiten gelang es einigen schnell, in der römischen Gesellschaft bekannt zu werden, ging doch deren Ruf auf sie über. Cicero zog es jedoch vor, sein öffentliches Leben im Jahr 81 als Verteidiger zu beginnen; auf diesem Gebiet sollte er sich während seines ganzen Lebens mit größerer Sicherheit als auf dem der Anklage bewegen. Es handelte sich um einen Zivilprozess, in dem sein Mandant Publius Quinctius die Herausgabe einer Erbschaft forderte, die ein gewisser Naevius ihm verweigerte. Dieser Fall konnte nur mit einem bescheidenen gesellschaftlichen Widerhall rechnen, wenngleich Cicero sich mit dem berühmten und erfahrenen Redner Hortensius auseinanderzusetzen hatte. Seine Rede, voller Stolz von ihm veröffentlicht, ist die erste uns überlieferte.

Die Prozesse in den ständigen Gerichtshöfen *(quaestiones perpetuae)* waren in der zweiten Hälfte des 2. Jahrhunderts aufgekommen und ersetzten die Prozesse, die bis dahin vor den Volksversammlungen abgehalten worden waren. Sofort wurden sie zu einer wichtigen Arena des politischen Kampfes zwischen der alten und der neuen Aristokratie, zwischen Senatoren und Rittern, die sich um das Recht stritten, als Richter zu amtieren. Die Gerichte, denen einer der Prätoren vorstand, die jedes Jahr gewählt wurden, sollten neben anderen Verbrechen die Wahlkorruption *(ambitus)* unterdrücken, den Verrat am Staat *(crimen maiestatis)*, Münzfälschungen und solche offizieller Dokumente *(falsum)*, persönliche Beleidigungen *(iniuria)* und Veruntreuungen *(repetundae)*. Im Jahr 70 wurde während des Konsulats von Pompeius und Crassus eine endgültige Reform beschlossen: Fortan trugen Ritter und Senatoren gemeinsam die Verantwortung, als Richter zu amtieren. Die Sitzungen jedes Prozesses fanden öffentlich auf dem Forum statt, so dass jeder ihnen beiwohnen konnte, wie Cicero es selbst während seiner Ausbildungszeit getan hatte. Ankläger und Verteidiger hielten ihre Plädoyers, mögliche Zeugen wurden vorgerufen.

Im Jahr 80 ergab sich für Cicero die erste Gelegenheit, in einem öffentlichen

Prozess zu plädieren: einem Fall von Totschlag. Dieser Fall stieß in Rom auf wesentlich größeres Interesse als der des Quinctius. Cicero war für die Verteidigung von Sextus Roscius zuständig, der angeklagt war, seinen Vater getötet zu haben. Tatsächlich aber ging es um den Besitz des Verstorbenen. Zwei Familienangehörige und Chrysogonos, ein Freigelassener, der Sulla nahe stand, hatten dafür gesorgt, dass der Vater von Roscius, als er bereits tot war, in die Proskriptionslisten des Diktators aufgenommen wurde. Das bedeutete, dass sämtliche Besitztümer an den römischen Staat übergingen, der diese anschließend öffentlich versteigern musste. Die Verschwörer hofften, sie zu einem niedrigen Preis zu erwerben, so, wie sich bereits einige dem Regime nahe stehende Persönlichkeiten dank der Proskriptionen bereichert hatten, unter ihnen Crassus, einer der zukünftigen »Triumvirn«. Unter diesen Bedingungen hieß eine Verurteilung wegen Totschlags, Roscius sein Erbe zu nehmen.

Der Prozess brachte nicht nur die zu erwartenden juristischen Komplikationen mit sich, sondern auch ein beträchtliches politisches Risiko. Chrysogonos stand in enger Beziehung zu Sulla, der zwar sein Amt als Diktator niedergelegt hatte, aber weiterhin der starke Mann in Rom blieb, der er als Konsul des Jahres 80 war. Außerdem handelte es sich um den ersten Prozess wegen Totschlags seit Sullas Triumph, so dass ihm schon deshalb größere Bedeutung beigemessen wurde, weil er das reibungslose Funktionieren des Rechtssystems zeigen sollte, das der Diktator erst kürzlich reformiert hatte. All das erklärt die vornehme Zurückhaltung, die Cicero in seiner gesamten Rede an den Tag legt. So bringt er Argumente zur Verteidigung des Angeklagten und gibt vor, dass der Verstorbene das Opfer eines Finanzkomplotts war. Die Verantwortung für die Tat schiebt er Chrysogonos zu, Sulla bleibt vollkommen außen vor, ja, er entschuldigt ihn sogar, indem er darlegt, dass so, wie allen Sterblichen gegen den Willen von Iuppiter ein Unglück widerfahren könne, der Diktator nicht für alles, was in seinem Umfeld geschehe, verantwortlich gemacht werden könne, »da er schließlich allein den Staat lenken, die Welt verwalten und mit Gesetzen den Glanz eines Imperiums konsolidieren müsse, das er mit Waffen erobert habe«. Cicero hält die Bestrafung von Sullas Gegnern für legitim, verurteilt aber gleichzeitig den unzulässigen Gebrauch, den einige von den Proskriptionen gemacht hatten, um sich unrechtmäßig zu bereichern:

> Dass man die bestraft, die mit allen Mitteln Widerstand leisteten, darf ich nicht tadeln; dass man den tapferen Männern Ehre erwies, die sich während der Kriegshandlungen durch ihren Einsatz auszeichneten, lobe ich. [...] Wenn

es aber darum ging und man deshalb zu den Waffen gegriffen hat, damit sich das ärgste Gesindel an fremdem Vermögen bereichern und über eines jeden Besitz herfallen könne, und wenn es nicht nur verboten ist, derlei durch die Tat zu verhindern, sondern gar, es mit Worten zu geißeln, dann ist das römische Volk in diesem Krieg wahrhaftig nicht wiedererschaffen und aufs neue gegründet, sondern geknechtet und unterdrückt worden. Doch es verhält sich ganz anders; nichts von alledem trifft zu, ihr Richter. Der Sache des Adels widerfährt keine Schande, wenn ihr euch solchem Gesindel entgegenstellt, sondern sogar eine Auszeichnung. (Rede für Sex. Roscius aus Ameria 137–138)

Unabhängig von den Argumenten, die er im Prozessverlauf vorbrachte, weil er sie als opportun erachtete, vertrat Cicero sein Leben lang die Meinung, dass im Schutz der Sullanischen Proskriptionen ein grausamer Raub vonstatten gegangen sei. Schließlich handelte es sich um einen Anschlag gegen das aus seiner Sicht geheiligte Recht auf privates Eigentum. Diese Handlungsweise des Diktators offen und hart zu kritisieren traute er sich erst, nachdem Sulla nicht mehr in der Öffentlichkeit stand:

Demnach hatte bei Sulla ein moralisch gerechtfertigtes Anliegen einen moralisch nicht mehr vertretbaren Sieg zur Folge. Denn als er auf dem Forum das Eigentum von anständigen Männern versteigerte, die wohlhabend und ohne Zweifel Mitbürger waren, wagte er […] zu erklären, dass er seine Kriegsbeute versteigere. (Vom rechten Handeln 2,27)

Die Strategie des Verteidigers hatte Erfolg und Roscius wurde freigesprochen. Aus Cicero wurde über Nacht ein berühmter Anwalt und Redner. Genau in diesem Augenblick entschloss er sich jedoch, Rom zu verlassen, um eine Reise in den östlichen Mittelmeerraum zu unternehmen. Plutarch ist der Meinung, dass er das aus Angst vor Repressalien aus dem näheren Umkreis von Sulla tat, die auf den Urteilsspruch im Fall Roscius hätten folgen können. Er selbst nennt als Grund das Bestreben, sein Sprechen vor Publikum zu verbessern; die leidenschaftliche Art, in der er Reden hielt, verursachte ihm gesundheitliche Probleme, die er behoben wissen wollte. Mit diesem Ziel suchte er auf der Reise, die zwei Jahre dauern sollte, verschiedene Meister der Rhetorik und Philosophie auf. Er reiste in Begleitung seines Bruders Quintus und des Cousins Lucius, vielleicht auch des später berühmten Juristen Servius Sulpicius, der gemeinsam mit ihm auf Rhodos weilte; und selbstverständlich begleiteten ihn Sklaven, die sein Vertrauen genossen und für sein Wohlbefinden sorgten.

Eine solche Grand Tour etablierte sich unter den jungen Mitgliedern der römischen Elite und wurde in den folgenden Jahrzehnten geradezu ein Muss: Wenig später folgte Iulius Caesar Ciceros Spuren und Jahre später der Mann, der sein Mörder sein sollte – Marcus Iunius Brutus. Die Reisen erlaubten nicht nur eine Vervollkommnung von Kenntnissen, weil man zeitweise zum Schüler großer Meister wurde, die nie nach Rom gekommen wären. Vor allem konnte man einige der berühmten Orte und Monumente persönlich erleben, die im Mittelpunkt der Geschichte vergangener Jahrhunderte gestanden hatten – und zudem seine griechischen Sprachkenntnisse ausprobieren. Abgesehen von diesem praktischen Bildungswert wurden sie zu einem Zeichen sozialer Distinktion.

Die Gruppe, die unter der Führung Ciceros reiste, verbrachte sechs Monate in Athen. Die Stadt bot den Besuchern die betrüblichen Zeichen der Zerstörung, die sie unter Sulla im Krieg gegen Mithridates erlitten hatte. Aber für Gebildete war sie vor allem die Stadt großer Historiker und Philosophen wie Thukydides, Aristoteles und Platon, auf den Cicero sich später in einem Brief an Atticus mit Bewunderung als »unseren Göttlichen« beziehen sollte, der Sitz von Denkschulen wie der Akademie, der Ort, an dem einige der besten Redner der Geschichte wie der bewunderte Demosthenes gesprochen hatten; Ort von Monumenten mit Weltruf, wie sie auf der Akropolis standen, unter anderem der Parthenon und das Erechtheion. Die Gefühle, die die jungen Reisenden bewegt haben, als sie über die Agora gingen und die Straßen der Stadt entlangspazierten, die eine ruhmreiche Zeit lang die berühmteste der zivilisierten Welt gewesen war und sicher den größten kulturellen Einfluss ausgeübt hatte, sind leicht nachzuvollziehen:

> In diesem Augenblick jedoch bewegt mich trotz der vielen Spuren hervorragender Männer, die es in jedem Teil Athens an den entsprechenden Schauplätzen gibt, der Hörsaal dort [innerhalb der Akademie]. Vor kurzem war er nämlich noch der des Karneades; mir ist, als sähe ich ihn noch – das Bild ist ja bekannt –, und dabei habe ich den Eindruck, dass der Schauplatz selbst, der eines so großen Geistes beraubt ist, seine Stimme nun vermisst. (Über das höchste Gut und das größte Übel 5,4)

In Athen übte sich Cicero mit dem Syrer Demetrius, einem bekannten Meister der Rhetorik, in der Redekunst, hauptsächlich aber widmete er sich der Philosophie. Er hörte die Lehren des Akademikers Antiochos von Askalon, der sehr von der Stoa beeinflusst war, aber von Zeit zu Zeit auch Epikureer wie Phaedrus und Zenon. Vermutlich ließ er sich dabei von Atticus leiten, der dieser philosophischen Richtung immer zuneigte. Das Wiedersehen mit seinem Jugendfreund war sicher eines der schönsten Ereignisse auf dieser Reise. Atticus hatte es in den 80er-Jahren vorgezogen, nach Athen zu gehen und damit der politischen und ökonomischen Unsicherheit zu entfliehen, die Rom in diesen Jahren erlebte. Er blieb bis Mitte der 60er-Jahre dort. Als guter Kenner der Athener Gesellschaft war er die geeignete Person, Cicero und seine Gruppe in die kulturellen Kreise der Stadt einzuführen.

Mehr aus Wissensdurst und Neugier denn aus religiöser Überzeugung ließ Cicero sich in die berühmten Mysterien von Eleusis einführen. Er hielt sich im Apollo-Heiligtum von Delphi auf und unternahm eine Fahrt über die Peloponnes, wo er Sparta besuchte und sich von den Ruinen von Korinth beeindrucken ließ: Das römische Heer hatte die Stadt 146 zerstört und geplündert. Nach dem Aufenthalt in Athen wandten sich die Reisenden einigen der wichtigsten griechischen Orte an der Küste Kleinasiens zu: Milet, Smyrna und Rhodos. In Smyrna besuchten sie Publius Rutilius Rufus, einen berühmten römischen Politiker, der im Jahr 92 ins Exil hatte gehen müssen. In Rhodos traf Cicero wieder auf seinen alten Meister Apollonius Molo und lernte Posidonius kennen, den einflussreichsten stoischen Philosophen der Zeit, der aber offensichtlich keine bemerkenswerten Spuren in seinem Gedankengut hinterließ, obwohl Cicero ihn unter seinen Meistern erwähnt.

Wieder in Rom, war Cicero mit sich und dem, was er erlebt hatte, vollkommen zufrieden:

> So konnte ich nach zwei Jahren nicht nur besser ausgebildet, sondern fast völlig verwandelt zurückkehren. Die allzu starke Anspannung meiner Stimme hatte sich verloren, meine Redeweise war nun gleichsam ausgegoren und meine Lungen hatten an Kraft, meine Statur einigermaßen an Stärke gewonnen. (Brutus 316)

Cicero ging eine Ehe mit Terentia ein, die wahrscheinlich – wie es der Brauch wollte – einige Jahre jünger war als er. Die Hochzeit hatte im Jahr 77 bereits stattgefunden, im Jahr darauf wurde das erste Kind geboren, Tullia. Wie in der römischen Gesellschaft üblich, handelte es sich um eine Vernunftehe. Die Eheschließung mit Terentia, die der Biograph Plutarch als »von starkem Charakter und Cicero dominierend« charakterisiert, währte 32 Jahre und schloss auf ihre Art Ciceros Bildungsjahre ab, gab sie ihm doch ein doppelt solides Fundament: Terentia gehörte einer bekannten Familie der römischen Aristokratie an, und somit integrierte sich der Mann aus Arpinum in die hauptstädtische Elite. Zudem brachte sie eine beträchtliche Mitgift in die Ehe.

Cicero stand kurz vor seinem 30. Geburtstag, dem Mindestalter in Rom, öffentliche Ämter zu übernehmen, verfügte über ein bemerkenswertes enzyklopädisches Wissen, war wohlbetucht und in der *Urbs* bereits bekannt – er war also auf die politische Auseinandersetzung und sein erstes Amt im römischen Staat gut vorbereitet.

3

DIE FINANZEN EINES
INTELLEKTUELLEN

Cicero lehnte wie die führenden griechisch-römischen Kreise allgemein körperliche Arbeit ab, akzeptierte die Sklaverei als eine soziale Realität, die nicht zur Diskussion stand, und verteidigte die Einteilung der Gesellschaft in Reiche und Arme als natürliche Gegebenheit, die dafür sorgte, dass jedem ein Ort in der Gesellschaft entsprach; aus dieser Stellung resultierten verschiedene Rechte und Pflichten, die wegen der Gefahr, dass alles in sich zusammenstürzte, nicht angerührt werden durften. Die Akzeptanz der sozialen Position, die einem Individuum qua Geburt zukam, galt als Fundament gesellschaftlicher Stabilität und Eintracht zwischen ihren Mitgliedern:

> Es gibt aber von Natur aus kein privates Eigentum, sondern entweder durch weit zurückliegende Inbesitznahme [...] oder durch einen Sieg [...] oder durch eine gesetzliche Maßnahme, einen Vertrag, eine Vereinbarung, ein Los [...]. Weil auf diese Weise jeder Einzelne persönliches Eigentum an dem erwarb, was ursprünglich allen gemeinsam gehört hatte, soll jeder auch das behalten, was ihm zugefallen ist; wenn sich jemand davon etwas wegnehmen will, wird er das Recht der menschlichen Gemeinschaft verletzen. (Vom rechten Handeln 1,21)

Deshalb stellte sich Cicero jeder politischen Initiative entgegen, die versuchte, diese Ungleichheit einzuebnen. Die subventionierte oder kostenlose Verteilung von Getreide an das stadtrömische Volk hielt er für ein unnötiges Eingreifen des Staates, wo doch Privatinitiative wünschenswert war, die Wohltätigkeit und paternalistische Freigebigkeit der Patronage und der Klientel. Bis zuletzt verweigerte sich Cicero Agrarreformen:

Diejenigen aber, die als sozial gelten wollen und aus diesem Grund entweder eine Bodenreform in Angriff nehmen, um die Eigentümer von ihren Grundstücken zu vertreiben, oder meinen, dass man den Schuldnern die Schulden erlassen müsse, bringen die Grundlagen des Gemeinwesens ins Wanken: an erster Stelle die Eintracht, die nicht mehr vorhanden ist, wenn den einen Geld fortgenommen und den anderen geschenkt wird, ferner die Gerechtigkeit [...]. Was ist das aber für eine Gerechtigkeit, dass jemand ein Stück Land, das viele Jahre lang oder sogar seit Jahrhunderten jemandem gehört hat, besitzt, der vorher kein Land besessen hat, derjenige aber es verliert, der es besaß? (Vom rechten Handeln 2,78–79)

Schließlich gehörte Cicero selbst zu den Landbesitzern, seine Politik begünstigte sie systematisch und er fand unter ihnen große Unterstützung. Dies drückt er klar in einem Brief an Atticus aus, worin von einem geplanten Agrargesetz die Rede ist, das die Veteranen des Pompeius aus dem Jahr 60 mit Landlosen versorgen soll:

Für das Ackergesetz wird vom Volkstribun Flavius heftig Stimmung gemacht, und dahinter steht Pompeius. Das ist aber auch das einzig Populäre an der Sache. Aus diesem Gesetz suche ich unter Zustimmung der Volksversammlung alle die Punkte zu beseitigen, die für die Privatleute nachteilig sind [...] die begüterten Leute sind, wie du weißt, meine Leibgarde [...]. (Atticus-Briefe 1,19,4)

Es soll einerseits Güter geben, die von allen Mitgliedern einer Gemeinschaft genutzt werden können, wie zum Beispiel das Wasser: »[...] den gemeinsamen Besitz aller Dinge zu bewahren, die die Natur zum allgemeinen Gebrauch der Menschen hevorgebracht hat« (Vom rechten Handeln 1,51). Aber ebenso ist es der menschlichen Natur eigen, sich mit all dem zu versorgen, was für das persönliche Überleben und das der Familie notwendig ist. Dieses Bestreben stand am Anfang des Privateigentums, das aus der permanenten Besetzung von Land nach einem Sieg, durch Konvention oder einen Vertrag entsteht und mithin gerechtfertigt ist. So machte Cicero sich zum Beschützer des Privateigentums als dem Fundament einer zivilisierten Gesellschaft; diese Idee war für ihn zentral: Der Staat war keine moralische Instanz, dessen Funktion im Schutz der Individuen bestand, sondern ein Organismus, der ihr Eigentum schützte – das bezeichnete er als das Fundament der Freiheit: »Denn auch wenn sich Menschen unter Anleitung der Natur zusammenschlossen, suchten sie dennoch in der Hoff-

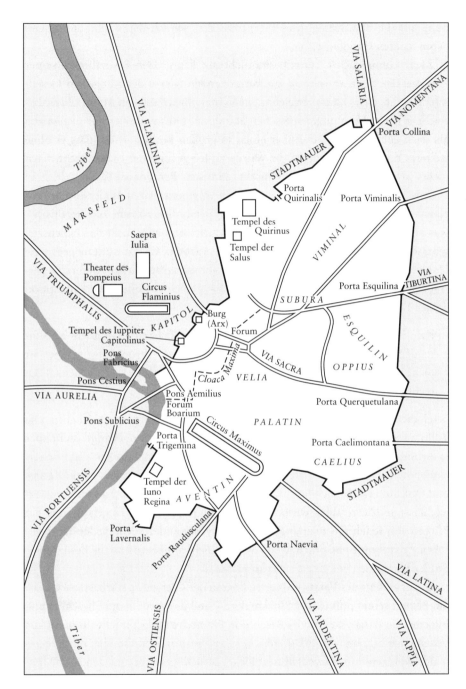

Karte 1: Rom im 1. Jahrhundert v. Chr.

nung auf die Bewahrung ihres Eigentums den Schutz, den die Städte boten«
(Vom rechten Handeln 2,73).

Zwar konnte sich Ciceros Besitz nicht mit den großen Besitztümern seiner
Zeit messen, doch er gehörte zur vermögenden Klasse der römischen Gesellschaft und hätte es kaum abgelehnt, wenn man ihn als reichen Mann *(dives)* bezeichnet hätte. Vom philosophischen Standpunkt aus wollte er nur denjenigen
als reich gelten lassen, »der über einen so großen Besitz verfügt, dass er ohne
weiteres dazu in der Lage ist, in Würde zu leben, und der nichts sucht, nach
nichts strebt und nichts weiter wünscht« (Stoische Paradoxien 6,42).

Sein Verhalten stand zu diesen Worten in einem klaren Widerspruch. Für
einen Aristokraten war es völlig legitim, den persönlichen Besitz zu vergrößern –
was auch sein persönliches Ziel war. Das durfte nun aber nicht das Lebensziel
sein, sollte sich doch nur der Weise als reich erachten. Cicero wetterte gegen die
Habgier und verurteilte vor allem den Missbrauch öffentlicher Ämter zur persönlichen Bereicherung, ein virulentes Problem in einer Zeit, in der Korruption
an der Tagesordnung war:

> Kein Laster ist also abstoßender […] als Bestechlichkeit – vor allem bei füh-
> renden Staatsmännern. Das Gemeinwesen zur Erwerbsquelle zu machen ist
> nicht nur schändlich *(turpis)*, sondern auch ein ruchloses Verbrechen. (Vom
> rechten Handeln 2,77)

Nach diesem Grundsatz handelte er im öffentlichen wie im privaten Leben. Die
Tullii waren zu Beginn des 1. Jahrhunderts zwar in Rom unbekannt, nicht aber
in Arpinum, wo sie einen herausragenden Platz in der städtischen Gesellschaft
einnahmen. Erst die gefestigte wirtschaftliche Position des Vaters hatte Marcus
und Quintus erlaubt, den Sprung in die Hauptstadt zu wagen. Einmal dort, vernachlässigte Cicero seine wirtschaftlichen Interessen nicht. Es gelang ihm, ein
Niveau von Reichtum zu erlangen, das dem vieler anderer Mitglieder der römischen Aristokratie entsprach, wenn es auch nicht annähernd an die Besitztümer
großer Potentaten wie Crassus heranreichte.

Die Erbschaft des Vaters – als er zu Beginn der 60er-Jahre starb, stand Cicero
am Beginn seiner politischen Blitzkarriere – und die vorteilhafte Eheschließung
bildeten die Basis von Ciceros Reichtum. Plutarch zufolge brachte Terentia die
bedeutende Summe von mindestens 400 000 Sesterzen in die Ehe, dazu Nutz-
wald, Weideland und zwei Häuserblöcke, *insulae* genannt, aus denen er Miet-
einkünfte bezog. Diese lagen auf dem Aventin und im Argiletum, hauptsächlich
von der Plebs bewohnten Vierteln. Die Ländereien, die er von seinem Vater erbte,

wurden unterschiedlich bewirtschaftet: Getreide-, Wein- und Olivenanbau, wahrscheinlich auch Weidewirtschaft wurden betrieben, vermutlich von Pächtern, die mit einem Teil der Produktion zahlten. Außerdem erbte er ein Haus im stark bevölkerten Viertel Carinae, im Gebiet des Esquilin, in dem er seit seiner Ankunft in Rom wohnte.

Zum Kronjuwel seiner Besitzungen wurde das Haus, das er 62 auf dem Palatin erwarb. Dem Freund Publius Sestius berichtete Cicero im Dezember 62 voller Stolz darüber, aber mit dem ihn auszeichnenden Anflug von Humor erwähnte er auch die enormen Schulden, die er hatte machen müssen, um sich den Kauf leisten zu können:

> Vorlängst hast du mir einmal geschrieben, du beglückwünschtest mich dazu, dass ich das Haus von Crassus gekauft hätte. Das ist der Anlass geworden, dass ich – beträchtlich nach deinem Glückwunsch – das Haus wirklich für dreieinhalb Millionen gekauft habe. Deshalb habe ich jetzt, wie du dir denken kannst, so hohe Schulden, dass ich eine Verschwörung anzetteln möchte, wenn jemand mich haben will [...]. (An seine Freunde 5,6,2)

Die Wahl war nicht zufällig auf dieses Haus gefallen. Cicero lehnte, wohl aufgrund seiner philosophischen Ideen und aus einem konservativen Geschmack heraus, jede übermäßige Bekundung von Wohlstand ab. Gleichzeitig musste er seiner politischen Ziele wegen ein Bild moderaten Reichtums vermitteln, um den Platz einzunehmen, den er in der Gesellschaft anstrebte. Das Wohnhaus übernahm in der sozialen Selbstdarstellung die Rolle eines großen, öffentlichen Schaufensters, das dem Urteil aller offenstand. Daher hatte Cicero sich, nachdem er im Jahr 62 als Senator den lebenslangen Status eines Konsulars erlangt hatte und insofern zu einem Mitglied der exklusiven römischen Nobilität geworden war, um ein standesgemäßes Haus zu kümmern:

> Denn die Würde sollte durch das Haus erhöht und nicht ausschließlich aus dem Haus gewonnen werden, und der Hausherr sollte nicht durch das Haus Glanz und Ehre gewinnen, sondern das Haus durch den Hausherrn. Und wie man auch in den sonstigen Dingen nicht nur auf sich selbst Rücksicht nehmen darf, sondern auch auf andere achten muss, so muss auch im Haus eines bedeutenden Menschen, in das viele Gäste aufzunehmen sind und eine Menge Menschen jeder Art hereinzulassen ist, Wert auf Weiträumigkeit gelegt werden. [...] Man muss aber darauf achten, besonders wenn man es selbst bauen lässt, dass man nicht mit Aufwand und Pracht jedes Maß überschreitet; auf

diesem Gebiet gilt manches Übel sogar als Vorbild. [...] Bei diesen Bauwerken darf man aber auf jeden Fall nur einen maßvollen Aufwand betreiben, und er muss wieder auf die Mitte zwischen den Extremen zurückgelenkt werden! Dieselbe Mitte zwischen den Extremen hat auch für unseren Aufwand und unsere Lebensführung insgesamt zu gelten! (Vom rechten Handeln 1,138–140)

Das neue Haus von Cicero befand sich an einem privilegierten Ort im Zentrum Roms, von dem aus er das Forum und weite Teile der Stadt im Blick hatte, nämlich im nordwestlichen Bereich des Palatin, sehr wahrscheinlich neben der Via Sacra, in der Nähe der Kreuzung der Via Nova und der Porta Mugonia. Auf diesem Grundstück hatte schon Marcus Livius Drusus sein Haus gebaut, der Volkstribun des Jahres 91, dann hatte es Crassus gehört. Aber von Bedeutung war für den neuen Besitzer vor allem die Tatsache, dass es von einer Reihe von Wohnhäusern der berühmtesten Familien der römischen Aristokratie umgeben war. Unter den unmittelbaren Nachbarn waren Publius Lentulus Spinther, Lucius Piso Caesoninus und Gaius Marcelus, die den Adelsfamilien der Cornelii, Calpurnii und Claudii angehörten. Sehr nah lebte Publius Clodius, der wenig später zu einem roten Tuch für Cicero werden sollte, und im Jahr 58 gesellte sich zu diesem illustren Kreis von Aristokraten noch sein Bruder Quintus. Aufgrund der Lage – in dieser Gegend entstanden später die Paläste der julisch-claudischen und flavischen Kaiser – und der Nachbarschaft kostete das neue Anwesen Cicero die astronomische Summe von dreieinhalb Millionen Sesterzen. Das Haus in Carinae überließ er nun dem Bruder, doch im Jahr 45 erbte Cicero von seinem Freund Cluvius in Rom noch einige *insulae*.

Außerhalb von Rom, an Orten, die gut zu erreichen waren, kaufte Cicero zwischen 68 und 45 verschiedene Landhäuser *(villae)* – »Die Juwelen Italiens, meine kleinen Landhäuser« sollte er sie am Ende seines Lebens nennen. Er wählte Orte in Latium und Kampanien, in sehr wohlhabenden und bevölkerungsreichen Regionen Italiens, in denen alle römischen Aristokraten ihre Landhäuser hatten. Denn auch diese Anwesen waren Prestigeobjekte, die im Wert durch berühmte Nachbarn stiegen.

Auf den Gutshöfen herrschte im 1. Jahrhundert v. Chr. die Sklavenarbeit vor, je nach Jahreszeit unterstützt durch freie Arbeiter. Angebaut wurden vor allem Weizen, Wein und Oliven, wie es ein Jahrhundert zuvor Cato in seinem Handbuch »Über die Landwirtschaft« empfohlen hatte. Cicero richtete sich strikt nach dieser Anleitung, die eine maximale Rentabilität zum Ziel hatte, nicht nur

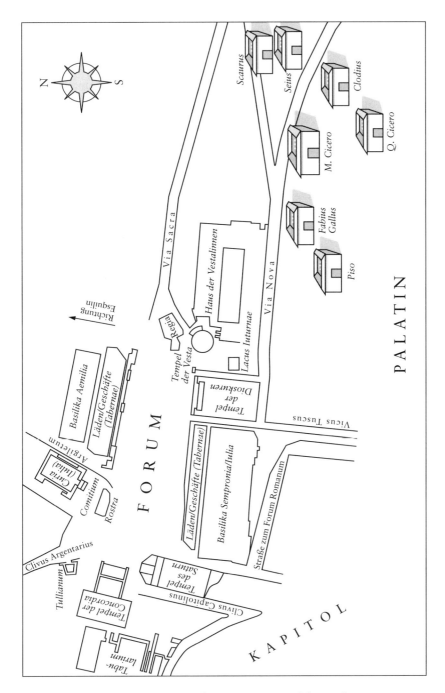

Karte 2: Das Zentrum Roms und Ciceros Haus auf dem Palatin

mit Blick auf den lokalen Markt, sondern auch auf den Export. Dennoch verteidigte er – wie schon Cato selbst in dem Vorwort seines Handbuchs – das Ideal des Kleinbauern, der sein Land selbst bewirtschaftet und zugleich seinen politischen und militärischen Pflichten gegenüber dem Vaterland nachkommt. Genau diese Art der Subsistenzwirtschaft ging aber angesichts der großen Ländereien, die mit Hilfe von Sklaven bewirtschaftet wurden, immer weiter zurück. Für Cicero stand die Landwirtschaft, für die er im Übrigen nie ein wirkliches persönliches Interesse zeigte, im Einklang mit der traditionellen aristokratischen Ethik. Er sah sie als eine würdige, ehrenvolle wirtschaftliche Tätigkeit, die einem »guten Mann« *(vir bonus)* entsprach, als die einzige, die mit der Kultur zu vereinbaren war und eine angemessene Beziehung zu den Göttern erlaubte. Dagegen hielt er schon aus Prinzip alle Beschäftigungen, die körperliche Arbeit einer Person durch einen Lohn entgolten, für eines freien Mannes nicht würdig, denn diese Form der Abhängigkeit brachte einen Menschen in die Nähe des Sklavenstatus, auch wenn es sich um eine nach juristischem Begriff freie Person handelte:

> Über die Berufe und die Möglichkeiten des Geldverdienens, von denen man einerseits annehmen muss, dass sie mit der Würde eines freien Mannes vereinbar sind, und die andererseits als schmutzig gelten, ist uns nun etwa die folgende Auffassung überliefert: Zunächst stehen die Erwerbsmöglichkeiten, die die heftige Ablehnung der Menschen hervorrufen, in keinem guten Ruf; dazu gehören zum Beispiel die Tätigkeiten der Zöllner und der Geldverleiher. Eines freien Mannes unwürdig und schmutzig sind die Erwerbsmöglichkeiten aller Tagelöhner, die man für ihre körperliche Arbeit und nicht für ihre handwerklichen Tätigkeiten bezahlt; bei ihnen ist nämlich der Lohn als solcher ein Handgeld für die Abhängigkeit. Für schmutzig sind auch diejenigen zu halten, die bei den Großhändlern kaufen, was sie sofort weiterverkaufen; denn sie würden nichts verdienen, wenn sie nicht in hohem Grade schwindelten; nichts aber ist schändlicher als Lug und Trug. Und alle Handwerker treiben ein schmutziges Gewerbe. Denn eine Werkstatt kann nichts Anständiges haben. Und am wenigsten sind die Gewerbe anzuerkennen, die sich als Dienerinnen der Lüste betätigen. (Vom rechten Handeln 1,150)

Der Würde des Kleinbauern stand die des Händlers diametral entgegen. Diese Einstellung hinderte Cicero aber nicht, die indirekte, sich immer weiter ausbreitende Teilhabe von Senatoren und Rittern an den großen geschäftlichen Unternehmungen zu billigen, die im Zug der römischen Expansion in den kontrollierten Gebieten möglich geworden war: Teilhabe in jedweder Größenordnung am Mittelmeerhandel, Steuererhebungen in den Provinzen, Gewinn von Rohstoffen aus Minen, Steinbrüchen et cetera. Denn er unterschied zwischen denen, die den Handel als Beruf ausübten, und den großen Händlern oder *negotiatores*, die durch ihre Betätigung der Gemeinschaft nutzten, indem sie die erworbenen Reichtümer in den Erwerb von Land investierten und durch die Rückkehr zur Landwirtschaft die traditionelle Sozialordnung wiederherstellten:

Der Handel aber ist eine schmutzige Sache, wenn er eng begrenzt und beschränkt ist; wenn der Händler aber weiträumig und ausgedehnt agiert, viele Waren aus aller Welt importiert und an viele Menschen ohne Lug und Trug weiterverteilt, ist er keinesfalls zu tadeln; und wenn er genug Gewinn erzielt hat oder vielmehr saturiert ist und sich genauso, wie er vom Meer aus in den Hafen eingelaufen war, sich aus dem Hafen auf das Land und auf seine Landgüter begeben hat, kann man ihn offensichtlich sogar mit höchstem Recht loben. Aber unter allen Dingen, mit denen ein Gewinn erstrebt wird, ist nichts besser, ergiebiger, angenehmer, menschenwürdiger und einem freien Mann angemessener als die Landwirtschaft. (Vom rechten Handeln 1,151)

Die Inschutznahme dieser privilegierten Gruppe der Ritter *(equites)*, aus der schließlich neben dem der Senatoren ein eigener Stand *(ordo)* hervorgehen sollte und zu der auch die privaten Gesellschaften der Steuerpächter zählten, die für die wirtschaftliche Ausbeutung der Provinzen des Imperium von großer Bedeutung waren, wurde zu einer Konstanten im politischen Leben Ciceros. Schon in seiner ersten Rede vor dem Volk, die er als Prätor im Jahr 66 in der Befürwortung eines Gesetzes hielt, das Pompeius die Möglichkeit geben sollte, mit einem außerordentlichen Kommando den Krieg gegen Mithridates im Orient fortzuführen, betonte Cicero die Notwendigkeit des Schutzes der privatwirtschaftlichen Interessen in der Provinz Asia (dem westlichen Teil Anatoliens) und erklärte diesen zu einer Überlebensfrage der Republik:

Denn erstens haben die Steuerpächter, sehr angesehene und vermögende Leute, ihre Gelder und Mittel in dieser Provinz angelegt. Deren Interessen und Verhältnisse müssen um ihrer selbst willen eure Teilnahme erregen. Denn wenn uns die Steuereinnahmen stets als der Nerv des Staates gegolten haben, so dürfen wir mit Recht behaupten, dass der Stand, der sie verwaltet, die Stütze der übrigen Stände sei. Da sind zweitens Angehörige der übrigen Stände, tüchtige und regsame Leute; sie treiben zum Teil selbst in Asien Handel, und ihr müsst euch in ihrer Abwesenheit um sie kümmern; [...] Wenn nämlich in einem Staate viele Leute Geld und Vermögen einbüßen, so kann es nicht ausbleiben, dass sie noch andere mit sich in dasselbe Verderben ziehen [...]. (Rede über den Oberbefehl des C. Pompeius 17–19)

In den 60er-Jahren besaß Cicero Ländereien in Tusculum: Land, das zuvor Sulla gehört hatte. In Antium besaß er ein Haus, das er später Marcus Aemilius Lepidus verkaufte, dem Stellvertreter des Diktators Caesar. In Pompeji lagen seine südlichsten Besitzungen und in Formiae, unweit des Tyrrhenischen Meeres, lag das Haus, in dessen Nähe er im Jahr 43 ermordet werden sollte. Später kaufte oder erbte er Häuser in Cumae, Alba, Astura, Puteoli und Frusinum sowie einen zweiten Gutshof in Tusculum. In einigen dieser luxuriösen *villae* hielt Cicero sich allein oder in Gesellschaft guter Freunde mitunter Monate auf, um sich zu erholen und zu meditieren. Atticus schrieb er aus Astura im Jahr 46:

Hervorragend geht es mir hier, jeden Tag besser [...]! Es gibt nichts Wunderbareres hier als diese Einsamkeit [...]. Glaube nicht, dass der Rest attraktiver sein könnte: das Landhaus, der Strand, der Blick aufs Meer, das alles eben [...]. (Atticus-Briefe 12,9)

Er kümmerte sich persönlich darum, dass diese Häuser mit allen Annehmlichkeiten der Zeit ausgestattet waren, und sparte nicht an Aufwand. Sein erstes Haus in Tusculum verfügte über ein Gymnasium, Statuen, Portikus und Exedra und die gleichen Vorzüge wie das Haus auf dem Palatin. In einigen Landhäusern, so in Tusculum, Antium und Formiae, besaß er Bibliotheken. In einer Zeit, in der es selbst in Rom noch keine öffentlichen, sondern nur private Bibliotheken gab, war das geradezu kultureller Prunk. Sie ermöglichten Cicero auch auf dem Land das Schreiben. Was den damals nicht gerade einfachen Erwerb von Büchern betrifft – häufig stammten sie aus Kriegsbeute aus den eroberten Territorien im östlichen Mittelmeerraum –, konnte er immer auf die Hilfe von Atticus zählen und investierte große Summen:

Herrlich wäre es, wenn du zu mir kämest. Du findest hier meine Bibliothek von Tyrannio prachtvoll geordnet; was von ihr noch vorhanden ist, befindet sich in viel besserem Zustande, als ich erwartet hatte. Schick' mir doch bitte zwei von deinen Kopisten, die Tyrannio beim Zusammenleimen und sonst wie helfen können, und gib ihnen den Auftrag, ein Pergamentblatt zu nehmen und daraus die Etiketten zu machen; *sittubas* nennt ihr Griechen diese Dinger ja wohl. (Atticus-Briefe 4,5,1 – Juni 56)

Aber seit Tyrannio mir meine Bücherei geordnet hat, scheint mein Haus eine Seele bekommen zu haben. Und dabei haben dein Dionys und Menophilus prächtige Dienste geleistet: Deine Regale machen sich ganz reizend, nachdem die Zettel die Bücher verschönt haben. (Atticus-Briefe 4,9,2)

In der Hauptsache waren die Landhäuser Ciceros jedoch als Geldanlagen gedacht. Üblicherweise kümmerte sich ein Verwalter *(vilicus)* um den Gutshof, meist ein Freigelassener, der zum Vertrauten des Besitzers geworden war. Er sorgte für die Sklaven und beaufsichtigte ihre Arbeit. Zieht man die Größe seiner Besitzungen und seinen Lebensstandard in Rom in Betracht, dürfte Cicero in den Zeiten seines größten wirtschaftlichen Erfolgs Herr über mehr als 100 Sklaven gewesen sein.

In keiner seiner Schriften rechtfertigt er die Sklaverei, das war in einer Zeit, in der ihre Existenz nicht in Frage gestellt wurde, auch nicht zu erwarten, war sie doch die Grundlage aller produktiven Sektoren der römischen Wirtschaft. Genauso wenig gibt es Hinweise auf konkrete Sklaven, die Cicero zu Diensten waren, ausgenommen diejenigen, die schließlich in besonderer Vertrautheit zu ihm standen wie Tiro, sein persönlicher Sekretär. Aber es gibt Indizien dafür, dass er sie stets korrekt behandelt hat, etwa die Tatsache, dass seine Bediensteten in den Tagen vor seiner Ermordung treu zu ihm hielten und ihn auf seinen Irrwegen durch Tusculum, Astura und Cajeta begleiteten – trotz der Proskriptionen der Triumvirn, die ihn zum Tode verurteilt hatten. Seinen Bruder Quintus dagegen verließen die eigenen Sklaven. Bei einer Gelegenheit bekundet Cicero Trauer um einen jungen Sklaven, der ihm gewöhnlich vorgelesen hatte:

Weiter weiß ich dir nichts zu schreiben; überdies bin ich nicht recht bei der Sache. Mein netter Diener, unser Vorleser, Sositheus, ist nämlich gestorben. Das nimmt mich doch mehr mit, als es der Tod eines Sklaven gemeinhin tut. (Atticus-Briefe 1,12,4 – Januar 61)

Cicero erwarb auch eine Reihe von Häusern bescheideneren Ausmaßes *(deversoria)*, um sich ein regelrechtes Netz von privaten Unterkünften entlang der Straßen zu schaffen, die Rom mit seinen *villae* verbanden. Das machte das Reisen in einer Zeit, in der die Gasthäuser über wenig Komfort verfügten, wesentlich angenehmer. In seinen Häusern an der Via Appia, in Lanuvium, Minturnae und Sinuessa, übernachtete er auf dem Weg nach Kampanien. Das Haus in Anagnia befand sich zwischen Rom und Arpinum, Aquinum lag zwischen seiner Geburtsstadt und der tyrrhenischen Küste.

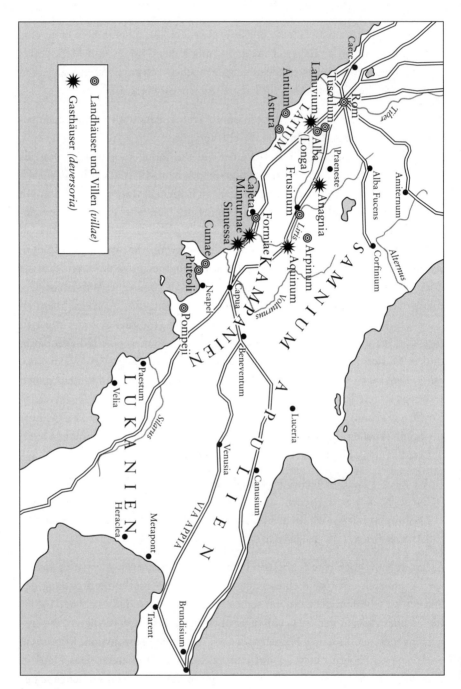

Karte 3: Besitzungen Ciceros in Italien

Neben den Erträgen der diversen Ländereien verfügte Cicero über weitere beträchtliche Einkünfte: An herausragender Stelle sind die Erbschaften von Freunden, Klienten und wahrscheinlich Freigelassenen zu nennen, die sich auf diese Weise für die Unterstützung oder Hilfeleistungen Ciceros erkenntlich zeigten. Zumindest fünfzehn dieser Legate sind uns bekannt, weil er sie in seiner Korrespondenz erwähnt und weil er im Jahr 44 in einer der »Philippicae« darlegt, dass er im Lauf seines Lebens mehr als 20 Millionen Sesterzen in Form von Erbschaften empfangen habe, mehr als das Sechsfache des Preises für sein luxuriöses Domizil auf dem Palatin. Der erste bekannte Fall ist der des griechischen Philosophen Diodotos, den Cicero in seinem Haus beherbergte, bis er starb, und der seinem Wohltäter 100 000 Sesterzen hinterließ. Im Jahr 48 vermachte ihm sein Freund Fufidius, wie er Landbesitzer in Arpinum und zudem Händler mit Verbindungen nach Griechenland, einen Teil seiner Güter. Vier Jahre später überließ der Arzt Alexio, vielleicht ein Freigelassener Ciceros, ihm seine gesamte Habe.

Die vermutlich größte Erbschaft war jedoch die seines Freundes Cluvius, eines reichen Bankiers und Geschäftsmanns aus Puteoli, die aus dem bereits erwähnten Landhaus ebendort, einer nicht bekannten Summe Geldes – »In dem Haus gab es viel Bargeld und eine beachtliche Menge Silber«, informierte er Atticus im August 45 – und einer Reihe von Läden *(tabernae)* bestand, aus deren Verpachtung er hohe Einnahmen bezog:

> Zunächst bin ich hoch erfreut über Cluvius' Zuwendung. Und dann willst du wissen, warum ich den Chrysipp habe kommen lassen [ein Freigelassener, der als Architekt arbeitete]? Mir sind zwei Baracken eingestürzt, und die übrigen ziehen Risse. Daraufhin haben nicht nur die Mietsleute, sondern auch die Ratten das Weite gesucht. […] Immerhin mache ich es mir auf Vestorius' Rat und Anweisung [ein Bankier aus Puteoli] beim Neubau zum Grundsatz, dass bei dem Schaden schließlich noch etwas herausspringt. (Atticus-Briefe 14,9,1 – April 44)
>
> Für die Cluvius-Erbschaft interessierst du dich ja wirklich stärker als ich selbst, den es eigentlich angeht. So werden es sicher 100 000 werden. Der Einsturz hat das Objekt nicht entwertet, vielleicht gar noch einträglicher gemacht. (Atticus-Briefe 14,11,2)

Diese Legate standen in einem Zusammenhang mit der politischen Karriere Ciceros und seinem Ruf als Redner vor Gericht. Die Lex Cincia, die im Jahr 204 verabschiedet worden war, verbot es den Klienten, ihre Anwälte zu bezahlen oder mit Geschenken zu bedenken. Theoretisch erhielt weder Cicero noch ein anderer Anwalt, der die Verteidigung von Angeklagten vor Gericht übernahm, dafür eine Gegenleistung. Auch wäre der regelmäßige Bezug eines Gehalts im Kontext der aristokratischen Ethik ehrenrührig gewesen. Die Klienten fühlten sich jedoch gegenüber ihrem Repräsentanten vor Gericht verpflichtet und fanden eine Möglichkeit, das Gesetz zu ignorieren, ohne offen mit ihm zu brechen.

Mindestens zwei Fälle sind bekannt, in denen es sich klar um Gefälligkeiten zwecks Kompensation handelte. Im Jahr 69 schickten verschiedene Städte Siziliens ihrem Wohltäter prächtige Geschenke als Ausgleich für die Vertretung ihrer Interessen im Prozess gegen den korrupten Verres. Diese großzügigen Schenkungen kamen Cicero, der in diesem Jahr das Amt eines Ädils bekleidete, gerade recht, denn sie erlaubten ihm, sich vor dem Volk als relativ großzügiger Politiker zu präsentieren. Im Jahr 62 verteidigte Cicero mit Erfolg Publius Cornelius Sulla, den Neffen des Diktators, der zuvor wegen Korruption angeklagt worden war und dem man sogar nachgesagt hatte, er stehe mit der Verschwörung des Catilina in Verbindung. Sulla lieh seinem Anwalt als Entschädigung für dessen Bemühungen zwei Millionen Sesterzen. Mit dieser Summe konnte Cicero, der sich immer geweigert hatte, an der Verschwörung Beteiligte zu verteidigen, im selben Jahr den Kauf seines neuen Domizils auf dem Palatin in Angriff nehmen. Es gibt keinen Beleg, dass diese Anleihe zurückgezahlt worden wäre.

Kredite zwischen Angehörigen der herrschenden Klassen Roms waren normal; sie bewegten große Mengen von Kapital. Für gewöhnlich wurden zwar Zinsen verlangt, von Zeit zu Zeit aber auch nicht, denn unter Adligen ging man von einer freundschaftlichen Verpflichtung aus und hielt Zinsgeschäfte für moralisch verächtlich *(sordidus)*. Daher war die von Sulla offerierte Anleihe nicht als solche rechtswidrig, aber vom ethischen Standpunkt aus konnte man Zweifel haben, und deshalb nutzten die Feinde des ehemaligen Konsuls sie in ihren Anschuldigungen. Die Korrespondenz Ciceros erlaubt uns, bis zu 20 Kreditgeber zu identifizieren, darunter auch Iulius Caesar, bei dem er mit 800 000 Sesterzen in der Kreide stand. Die Rückzahlung erfüllte ihn mit Sorge im Moment seines Abmarschs nach Kilikien im Jahr 51. Aber ebenso lassen sich Personen ausmachen, denen er selbst Bargeld lieh. Und im Kontext des Hauskaufs auf dem Palatin nennt er Namen verschiedener Geldverleiher, bei denen er vorstellig werden wollte, und die Zinsen, die er wohl würde zahlen müssen:

[...] wahrscheinlich muss ich meine Zuflucht zu Considius, Axius oder Seli-
cius nehmen [zumindest Q. Considius und Q. Axius waren Senatoren], denn
bei Caecilius [der Onkel von Atticus] kann sein eigenes Blut keinen Groschen
für weniger als 12 % flüssig machen. (Atticus-Briefe 1,12,1 – 1. Januar 61)

Als Politiker, der er war, versuchte Cicero jedenfalls sein ganzes Leben lang, sich
den Ruf eines ehrbaren und unbestechlichen Mannes zu bewahren. In einer Zeit
zunehmender Wahlbestechung hat er sich offensichtlich nicht des Stimmenkaufs
schuldig gemacht und er hat es stets vermieden, ein öffentliches Amt zur persönlichen Bereicherung zu nutzen. Das heißt jedoch nicht, dass er die Möglichkeiten nicht wahrgenommen hätte, die seine politische Karriere ihm bot, um
sein Vermögen zu mehren.

Ebenfalls 62 widerfuhr ihm eine weitere unangenehme Geschichte, die mit
Gaius Antonius Hybrida, seinem Kollegen aus dem Konsulat im vorhergehenden Jahr, zu tun hatte. Ende 64, schon bevor sie den Konsulat innehatten, hatte
Cicero mit seinem Kollegen die Provinzen des Imperium getauscht, die beide
verwalten sollten. So wurde Antonius Statthalter von Makedonien, der Region,
die eigentlich Cicero hätte übernehmen sollen. Schnell wurden in Rom Klagen
aus Makedonien laut: einerseits über die Unfähigkeit des Statthalters in administrativen Angelegenheiten und andererseits über die Unmäßigkeit, mit der er
die Provinzialen wirtschaftlich ausbeutete. Antonius rechtfertigte sich damit,
dass ihm keine andere Wahl bliebe, als die Zahlungen der Provinzialen zu erhöhen, schließlich müsse er einen Teil seiner Gewinne an Cicero abgeben:

Ich habe da einen Freigelassenen, einen ganz nichtsnutzigen Kerl, den Hilarus, deinen Buchhalter und Klienten; von dem berichtet mir mein Agent Valerius [...] der Mann halte sich bei Antonius auf, und Antonius seinerseits lasse
bei der Eintreibung der Gelder verlauten, ein Teil gehe in meine Tasche, und
als Kontrolleur für die gemeinsamen Einnahmen hätte ich den Freigelassenen
geschickt. Ich bin recht empört, habe es jedoch nicht glauben wollen; aber ge-
redet worden ist schon etwas. (Atticus-Briefe 1,12,2)

Tatsächlich diskutierte man im Senat, ob Antonius in seiner Funktion als Prokonsul der Provinz nicht abzulösen sei – und unter seinen Verteidigern befand
sich interessanterweise Cicero. Antonius kehrte 59 nach Rom zurück, unterzog
sich einem Gerichtsverfahren wegen Erpressung und wurde ins Exil geschickt.
Auch wenn sich das nicht mit Sicherheit beweisen lässt, so sieht es doch so aus,
als ob zwischen den Konsuln des Jahres 63 eine geheime Vereinbarung existiert

hätte, die den Tausch der prokonsularischen Provinzen zum Gegenstand hatte. Auf diese Weise war es Cicero möglich, in den Genuss der wirtschaftlichen Vorteile einer Statthalterschaft zu kommen, also einer bedeutenden Geldsumme, die ihm als ehemaligem Konsul zustand, ohne Rom verlassen zu müssen.

Später sollte ihm sein Aufenthalt als Statthalter in Kilikien, dem er sich nicht entziehen konnte, große Reichtümer einbringen; offensichtlich jedoch nicht durch die Ausbeutung der Provinzialen, wie sie gemeinhin üblich war, sondern dank der Beute aus seinen Militärkampagnen. Unter den Provinzialen genoss Cicero einen guten Ruf, an dem nicht zu zweifeln ist. Ein Beispiel seines Verhaltens findet sich in einem Brief, in dem er berichtet, wie er seinen Soldaten die Beute aus der Eroberung von Pindenissus überlassen hatte, mit Ausnahme der Gefangenen, die als Sklaven verkauft wurden. Das Geld aus deren Verkauf beanspruchte Cicero für sich, ohne Zweifel eine hohe Summe. Und das wird nicht die einzige Einnahmequelle in seiner Provinz gewesen sein. Zu Beginn des Jahres 48 informiert er Atticus, der während Ciceros Abwesenheit dessen wirtschaftliche Interessen wahrnahm, dass er eine großen Geldbetrag bei den Steuerpächtern der Provinz Asia in Ephesos hinterlegt habe. So wollte er einen Teil seiner Besitztümer vor der Willkür schützen, die der Bürgerkrieg zwischen den Anhängern Caesars und Pompeius' provozierte: »In Asien habe ich etwa 2 200 000 Sesterzen in Zistophoren stehen. Wenn du mir diese Summe bevorschusst, kannst du damit meinen Kredit leicht stützen [...]« (Atticus-Briefe 11,1,2).

Die Politik half Cicero nicht nur, seine Besitztümer zu vergrößern, sie stürzte ihn auch zweimal in Krisen: die eine bedingt durch sein Exil, die andere durch die gescheiterte politische, aber auch materielle Unterstützung des Pompeius während des Bürgerkriegs. Im ersten Fall verstand Cicero es nach der Rückkehr aus der Verbannung, den Senat zu bewegen, von Staats wegen für die Schäden aufzukommen, die Publius Clodius und seine Anhänger ihm zugefügt hatten. Im zweiten Fall, also den Konsequenzen, die seine unglückliche Parteinahme im Bürgerkrieg hatte, war die Folge klar: Das Geld, das er Pompeius geliehen hatte, war für immer verloren. Aber dank der Milde Caesars konnte er seinen Immobilienbesitz nicht nur retten, sondern durch Käufe und Erbschaften noch vergrößern.

Der vielseitige Cicero, der große Redner und Philosoph, der Rechtsexperte und Liebhaber der Kultur, war also auch ein schlauer Investor, der sich ein weites Netz wirtschaftlicher Beziehungen schuf. Die Korrespondenz zeigt, dass er sich persönlich um die Geldgeschäfte kümmerte, die tägliche Verwaltung seiner

Finanzen aber Vertrauten überließ, Freigelassenen wie Philotimus, Hilarus und Eros, die sich um das Eintreiben der Mieten aus den Häusern und Läden kümmerten, was unser Protagonist für schäbig gehalten hätte. Der wichtigste finanzielle Berater aber war sein Freund Atticus, der viel eher als Cicero dem Typus eines Geschäftsmanns entsprach. Er kaufte und verkaufte Besitzungen für Cicero, unterstützte ihn finanziell in Momenten wirtschaftlicher Not und handelte für ihn wahrscheinlich auch die Konditionen von Krediten aus. Womöglich agierte er sogar generell als Verwalter sämtlicher Besitztümer.

4

AUF DEM WEG ZUM KONSULAT
(76–64 v. Chr.)

Ciceros sorgfältige Ausbildung hatte aus seiner Sicht nur dann Sinn, wenn er sie seinem Vaterland zur Verfügung stellte. Ein Gelehrter, der sich nicht in den Dienst der Gemeinschaft stellte, vergeudete seine Weisheit: »[...] ihre größte Betätigung aber ist die Lenkung des Staates und eben dieser Dinge, die diese Leute in ihren Winkeln deklamieren, Verwirklichung durch die Tat, nicht durch die Rede« (Über den Staat 1,2). Und wer Rom dienen wollte, musste Macht und Einfluss gewinnen, denn nur wenn man ein verantwortliches Amt ausübte, konnte man dem Vaterland beistehen: »Es ist also keine Möglichkeit, [...] dem Gemeinwesen Hilfe zu bringen, mag es von Gefahren bedrängt werden, wenn du nicht an der Stelle stehst, dass dir dies zu tun erlaubt ist« (Über den Staat 1,10).

Seine Erwartungen führten ihn zwangsläufig zur Ausübung der verschiedenen Magistraturen, die den *cursus honorum* bildeten. Gestützt auf eine Verfügung aus dem 2. Jahrhundert, die Lex Villia, hatte Sulla während seiner Diktatur eine obligatorische Reihenfolge und ein Mindestalter für die Übernahme der Ämter eingeführt. So musste der Kandidat 30 Jahre alt sein, um die Quästur bekleiden zu können, 37 für die Ädilität oder den Volkstribunat, 40 für die Prätur und schließlich 43, um den Konsulat innehaben zu können. Cicero war gerade 30 Jahre alt, als er sich im Jahr 75 den Wahlen zum Quästor stellte und mit der höchsten Stimmenanzahl von allen Kandidaten gewählt wurde.

Die 20 Quästoren, die die Verantwortung für das Finanzwesen trugen, wurden jedes Jahr in den Comitien von den jeweiligen *tribus* gewählt. Nach der Wahl blieben einige in Rom, andere begaben sich in die Provinzen, um dort die Statthalter zu unterstützen. Cicero trat sein Amt am 1. Januar 75 an und begab sich sofort nach Sizilien, in den Westteil der Insel, dessen Verwaltung ihm unter der Statthalterschaft von Sextus Paeducaeus oblag. In den folgenden Monaten residierte er im administrativen Zentrum Lilybaeum (dem heutigen Marsala).

Sizilien hatte seit dem Ende des 3. Jahrhunderts den Status einer Provinz inne und war damit die älteste aller Provinzen des Imperium Romanum. Die Insel war aus wirtschaftlicher Sicht für Rom wichtig, denn sie versorgte die Hauptstadt mit einem großen Teil des benötigten Getreides. Zu Ciceros vorrangigen Aufgaben gehörte es, den zehnten Teil der Ernte von den jeweiligen Städten für den römischen Staat einzutreiben. Er verwandte einen großen Teil seiner Zeit darauf, freundschaftliche und Patronageverhältnisse mit römischen und italischen Geschäftsleuten zu etablieren, die sich auf Sizilien aufhielten, aber auch mit Angehörigen der lokalen Aristokratie und verschiedenen sizilischen Gemeinden. Seine beständige intellektuelle Unruhe ließ ihn den in Vergessenheit geratenen Ort wieder entdecken, an dem sich das Grab des Archimedes in Syrakus befand. Dieser Fund bewegte ihn und erfüllte ihn mit Stolz; er glaubte, den Siziliern damit einen Dienst erwiesen zu haben.

Aus seiner Amtszeit als Quästor in Sizilien zieht er die Bilanz: »Ich glaube nicht, dass sich jemand trauen wird zu sagen, dass es in Sizilien je eine brillantere oder anerkanntere Quästur gab.« Er glaubte nun eine wichtige Persönlichkeit der römischen Gesellschaft geworden zu sein, die seine Verdienste sofort anerkennen würde, musste indes bald feststellen, dass er für sein Publikum weiterhin ein Unbekannter war:

> […] ich glaubte damals, die Leute in Rom sprächen von nichts anderem als von meiner Quästur. […] Da hätte ich beinahe die Fassung verloren, ihr Richter, als jemand mich fragte, vor wie vielen Tagen ich aus Rom abgereist sei und ob es etwas Neues gäbe. Als ich ihm antwortete, ich kehrte aus der Provinz zurück, da sagte er: »Ach, richtig, ich glaube, aus Afrika.« Da ärgerte ich mich, und ich sagte entrüstet zu ihm: »Nein, aus Sizilien.« Da mischte sich jemand ein, der sich den Anschein gab, alles zu wissen: »Was«, sagte er, »du weißt nicht, dass er Quästor in Syrakus war?« [Es gab einen zweiten Quästor in Sizilien, mit Sitz in Syrakus] Kurz und gut, ich hörte auf mich zu ärgern und tat so, als wäre ich einer von denen, die zur Badekur gekommen waren. (Rede für Gn. Plancius 64–65)

Cicero lernte seine Lektion: Rom war das Zentrum der Macht, dort musste er sich aufhalten, um bekannt zu werden und auf politische Entscheidungen Einfluss nehmen zu können. Daher fährt er fort:

Doch vielleicht hat mir dieses Erlebnis mehr genützt, ihr Richter, als wenn mir damals jedermann seine Anerkennung ausgesprochen hätte. Denn als ich erst gemerkt hatte, dass das römische Volk ziemlich taube Ohren, hingegen scharfe und durchdringende Augen hat, da dachte ich nicht mehr darüber nach, was die Leute wohl von mir erfahren würden; ich legte es darauf an, dass sie mich nunmehr Tag für Tag vor sich hatten, ich lebte förmlich unter ihren Augen, ich ließ nicht vom Forum [...]. (Rede für Gn. Plancius 66)

Er verließ die *Urbs* nur noch, um sich auf seine Besitzungen zu begeben, dann wegen seines Exils und noch einmal als Statthalter von Kilikien. Sowohl nach der Prätur als auch nach dem Konsulat verzichtete er auf die Statthalterschaft in einer Provinz, die ihm zugestanden hätte.

Die Ausübung der Quästur als des niedrigsten in der Abfolge der römischen Ämter brachte automatisch den Zugang zur Curia mit sich, so dass Cicero nach der Rückkehr von Sizilien bereits für den Rest seines Lebens Senator war. Für den Mann aus Arpinum war das eine große Ehre:

[...] weil die Vorrechte sehr zahlreich seien [...]: der Rang, das Ansehen, der Glanz in der Heimat, der Name und Einfluss bei den auswärtigen Völkern, die purpurbesäumte Toga, der Amtssessel, die Ehrenzeichen, die Rutenbündel, die Truppen, Befehlshaberstellen und Provinzen; unsere Vorfahren wünschten, dass in diesem Bereich für richtiges Verhalten die höchsten Belohnungen, für Vergehen aber desto größere Gefahren bereitstünden. (Rede für A. Cluentius Habitus 154)

Der wichtigsten Institution des politischen Systems Roms und damit des Imperium anzugehören erfüllte den jungen Cicero zwar mit großer Zufriedenheit, stillte seine Ambitionen aber bei weitem nicht. Schließlich intervenierten die Senatoren, die nur eine der niedrigen Magistraturen bekleidet hatten, kaum in den Senatssitzungen und hatten damit auch nur geringen Einfluss auf Entscheidungen. Um in der senatorischen Hierarchie aufsteigen zu können, war es notwendig, eine der höheren Magistraturen zu bekleiden, die Prätur und den Konsulat – das war Ciceros Ziel.

Der nächste Schritt in der politischen Karriere war daher jetzt die Wahl zu einem der jeweils jährlich wechselnden zehn Volkstribunen oder aber zu einem der vier Ädile. Cicero konnte sich für beide Ämter zur Wahl stellen, da er aus keiner Patrizierfamilie stammte, denen die Wahl zum Volkstribun untersagt war. Er zog die Ädilität vor, vielleicht weil – wie der Historiograph Cassius Dio am

Anfang des 3. Jahrhunderts vermutete – die Wahl zum Volkstribun politische Komplikationen mit sich bringen konnte, gerade zu einem Zeitpunkt, als dieses Amt wieder im Vollbesitz der Kompetenzen war, die man ihm unter der Diktatur Sullas genommen hatte. Die Ädile waren für die allgemeine Versorgung der Stadt zuständig, die Erhaltung von Straßen und Bauten, die Lebensmittelbeschaffung, die Beschickung der Märkte und die Organisation der öffentlichen Spiele. Dieser Aufgabenbereich bot eine hervorragende Gelegenheit, populär zu werden, und eignete sich insofern wesentlich besser als der mit Risiken behaftete Volkstribunat als »Sprungbrett« für die höheren Magistraturen.

In den letzten Julitagen des Jahres 70 wurde Cicero in den Comitien von den *tribus* zum Ädil für das folgende Amtsjahr gewählt. Zu diesem Zeitpunkt war er intensiv damit beschäftigt, die Verurteilung von Verres zu erreichen. Gaius Verres war drei Jahre lang Statthalter von Sizilien gewesen, von 73 bis 71, zur gleichen Zeit, als der Sklavenaufstand des Spartacus ganz Italien in Atem gehalten hatte. Offensichtlich war es ihm gelungen, durch die schamlose Ausbeutung der Provinzialen seine Taschen gut zu füllen. Als seine Amtszeit beendet war, entschieden sich die Sizilier, sein Verhalten vor das Gericht zu bringen, das sich mit der Plünderung der Provinzen befasste *(quaestio repetundum)*; mit Hilfe einer Repetundenklage hofften sie ihre Reichtümer zurückzugewinnen.

Die Sizilier baten Cicero, der während seiner Quästur zum Patron verschiedener Städte geworden war, ihr Anliegen zu vertreten. Er akzeptierte die für ihn in seiner Karriere als Gerichtsredner ungewöhnliche Rolle des Anklägers – ungewöhnlich, weil sie im Gegensatz zur Verteidigung das Risiko in sich trug, sich Feinde zu machen, die mittel- oder langfristig gefährlich werden konnten. Der Fall erfuhr bemerkenswerte Beachtung, nicht nur wegen der Details des Vergehens und wegen der sozialen Stellung des Beschuldigten, sondern auch wegen des Prestiges der Anwälte, die an dem Verfahren teilhatten. Cicero hatte sich unter den relevanten Rednern seiner Zeit einen Namen gemacht, aber Verres hatte erreicht, dass ihn Hortensius verteidigte, der Berühmteste von allen, der zudem für das Jahr 69 zum Konsul gewählt worden war. Es handelte sich um ein Duell zwischen großen Rednern, die außerdem gewählte Magistrate waren – eine Tatsache, die dem Prozess eine unerwartete politische Dimension gab.

Cicero sondierte mit äußerster Sorgfalt das Terrain und sammelte jede Art von Indizien gegen den Angeklagten im Lauf der Wochen, die seine Reise durch Sizilien in Anspruch nahm. Die Schnelligkeit, mit der er seine Untersuchung durchführte, trug maßgeblich zum Ausgang des Verfahrens bei. Denn die Verteidigung von Verres versuchte, den Prozess möglichst langwierig zu gestalten, damit das Urteil erst im kommenden Jahr gesprochen würde, wenn Hortensius bereits Konsul war. Seine Autorität und ein neuer Vorsitzender des Gerichts hätten die Verteidigung begünstigt. Cicero hatte auf der Basis seiner Indizien und Zeugenaussagen für die erste Sitzung des Verfahrens eine vernichtende Rede vorbereitet, deren Bedeutung das Auftreten zahlreicher Belastungszeugen unterstrich, die tagelang gegen den Angeklagten aussagten. Dieses Vorgehen machte Hortensius im wahrsten Sinn des Wortes sprachlos, ja, er verzichtete sogar auf sein Plädoyer.

Ciceros Strategie bestand hauptsächlich darin, den Angeklagten als einen Kriminellen hinzustellen, der im Laufe seines Lebens aller nur denkbaren Laster und Sittenwidrigkeiten fähig gewesen war. Die Plünderung Siziliens war insofern nur eine logische Konsequenz. Er begann seine Rede mit einer Aufzählung der Verfehlungen, die Verres während seiner politischen Karriere begangen hatte, und hob insbesondere seinen mangelnden Respekt gegenüber Göttern und geheiligten Orten hervor, um auf die nicht vorhandene *pietas* hinzuweisen:

Denn wo fände sich ein so großes Talent, wo eine solche Gewandtheit und Fülle des Vortrags, das Leben dieses Mannes, das derart mit Lastern und Missetaten beladen, das schon längst durch aller Wunsch und Urteil verdammt ist, in irgendeinem Punkte zu rechtfertigen? [...] Sein Legatenamt war das Verderben von ganz Asien und Pamphylien, hat er doch in diesen Provinzen viele Häuser, sehr viele Gemeinden und sämtliche Heiligtümer ausgeplündert. [...] Seine Stadtprätur brachte die Verwüstung der Heiligtümer und der öffentlichen Bauten [...]. Doch von allen seinen Lastern hat er die meisten und größten Denkmäler und Wahrzeichen in der Provinz Sizilien errichtet, die er drei Jahre lang so schlimm heimsuchte, dass sie den alten Zustand überhaupt nicht mehr zu erreichen vermag [...] Eben dieser Prätor hat noch so alte Kunstdenkmäler [...] samt und sonders geplündert und ausgeleert. Und das tat er nicht nur mit öffentlichen Bildwerken und Schmuckstücken, er raubte auch sämtliche durch die heiligen Riten geweihten Tempel aus [...]. (Die Reden gegen Verres 1,10–14)

Die Argumentation mündete in folgende Anklage:

Wir behaupten: C. Verres hat nicht nur viele willkürliche, viele grausame Handlungen gegen römische Bürger und gegen Bundesgenossen sowie viele Freveltaten gegen Götter und Menschen verübt; er hat überdies 40 Millionen Sesterzen widerrechtlich aus Sizilien erpresst. Das werden wir durch Zeugen, durch private Aufzeichnungen und öffentliche Urkunden so zwingend beweisen, dass ihr feststellen müsst: Es hätte selbst dann, wenn wir zur Genüge über Redezeit und freie Tage geboten hätten, keines ausführlichen Vortrags bedurft. Ich habe gesprochen. (Die Reden gegen Verres 1,56)

Gleichzeitig bemühte sich Cicero, die Geschworenen dafür zu sensibilisieren, dass sie an der Rehabilitierung von Gerichten mitzuwirken hätten, die unter dem schlechten Ruf einiger ihrer Amtsträger litten und deren Zusammensetzung jetzt zur Debatte stand. Unter diesen Bedingungen gab es nur eine mögliche Entscheidung, die Verurteilung des Angeklagten, die der Redner als einstimmige Forderung der öffentlichen Meinung präsentiert – ein Freispruch, so Cicero, hieße, den wiederholten Triumph von Korruption und Wählerbestechung zu akzeptieren.

Verres wurde verurteilt, hatte es aber bereits vorgezogen, freiwillig ins Exil zu gehen. Er verbrachte den Rest seines Lebens in Massilia (Marseille), wo er starb, ohne nach Rom zurückzukehren, konnte sich aber an einem Großteil seiner »Kriegsbeute« erfreuen. Der Sieg über Hortensius ließ Cicero endgültig zu einer berühmten Persönlichkeit und einem hoch im Kurs stehenden Redner werden. Um aus seinen Bemühungen Profit zu schlagen, publizierte er nicht nur sofort den Text der Rede, die er vor Gericht gehalten hatte, sondern auch noch eine schriftliche Fassung dessen, was er gesagt hätte, wenn das Verfahren seinen normalen Gang genommen hätte. Es handelt sich um die Texte, die als »Reden gegen Verres« bekannt sind – eine hervorragende Informationsquelle zur Verwaltung der Provinzen im Imperium.

Cicero hatte sich in seiner Funktion als Ädil um die Organisation der öffentlichen Spiele *(ludi)* zu kümmern, die verschiedenen Gottheiten des römischen Pantheon zu Ehren gefeiert wurden und für gewöhnlich aus szenischen Darbietungen bestanden, Zirkusspielen ebenso wie Gladiatorenkämpfen. Wenn auch der größte Teil der Ausgaben vom Staat übernommen wurde, so trugen die Ädile doch meist mit ihrem eigenen Vermögen dazu bei, diesen eine individuelle Note zu geben, um ihre Popularität zu steigern. In dieser Hinsicht scheint Cicero nicht durch besondere Großzügigkeit aufgefallen zu sein – was er später als klug und vorausschauend rechtfertigte. Er sorgte jedoch dafür, dass die Preise der Grundnahrungsmittel während seiner Amtszeit akzeptabel blieben, mit Hilfe der beträchtlichen Mengen, die die sizilischen Städte ihm als Dank für seinen Einsatz gegen Verres zukommen ließen.

Gegen Ende des Jahres 68 beginnt sein Briefwechsel mit Atticus, der sich zu dieser Zeit in Griechenland aufhielt. Ab diesem Zeitpunkt ist uns das Privatleben Ciceros in allen Einzelheiten bekannt. Atticus war nicht nur sein bester Freund, sondern nun auch mit ihm verwandt, denn seine Schwester Pomponia hatte vor kurzem Quintus Cicero geheiratet. Tullia, die Tochter Ciceros, wurde – wie in der römischen Gesellschaft üblich – noch als Kind dem Gaius Calpurnius Piso versprochen. Diese Verbindung mit einem Mitglied der Calpurnii, einer der angesehensten Familien der Nobilität, konnte in der Zukunft politisch nützlich sein; sie bedeutete für die Tullii auf ihrem Weg zu einer Integration in die Aristokratie einen großen Schritt nach vorn. Die Ehe wurde im Jahr 63 geschlossen, sollte aber nur wenige Jahre dauern, da Piso bereits nach sechs Jahren starb. Im Jahr 65 hatte Terentia dem einzigen Sohn des Paares, der wie der Vater Marcus Cicero heißen sollte, das Leben geschenkt.

Die Briefe aus den Jahren vor dem Konsulat zeigen Ciceros Leidenschaft für Kunst. In beinahe jedem seiner Briefe bittet er Atticus, ihm aus Griechenland ohne Rücksicht auf die Kosten all das zu schicken, was interessant sein könnte und seinem Geschmack entspreche, den sein Freund ja schließlich gut kennen müsse. Wie viele andere römische Aristokraten handelte Cicero als vermögender Sammler, der griechische Kunstwerke suchte, damit sie seinen Anwesen Prestige verliehen. Mit der gleichen Häufigkeit bat er Atticus, niemandem außer ihm seine Bibliothek zu überlassen – sie eines Tages besitzen zu können bezeichnet er als eine seiner größten Hoffnungen:

> L. Cincius habe ich für die megarischen Standbilder die von dir abgegebene Summe, 20 400 Sesterzen, überwiesen. Auf deine pentelischen Hermen mit den Bronzeköpfen, von denen du schreibst, freue ich mich schon jetzt; darum schick' sie mir, und Standbilder und was sonst für den Platz passt und meiner Schwärmerei sowie deinem Geschmack entspricht, möglichst viel und möglichst bald, vor allem solche Stücke, die sich für das Gymnasium und die Arkaden eignen. […] Wird es mit Lentulus' Schiff nichts, dann verlade die Sachen, wie du es für richtig hältst. (Atticus-Briefe 1,4,2)
>
> Deine Bibliothek versprich um Gottes willen niemandem, magst du auch einen noch so feurigen Liebhaber finden; ich halte alle meine kleinen Ersparnisse fest, um mir in ihr eine Zufluchtsstätte für das Alter zu schaffen. (Atticus-Briefe 1,6,4)

Cicero verfolgte seine Anwaltskarriere und bereitete gleichzeitig seine Wahl zur nächsten Magistratur, der Prätur, vor. Nach der Diktatur Sullas wurden jedes Jahr acht Prätoren gewählt: Alle hatten während des gesamten Amtsjahrs in Rom zu bleiben und sich ausschließlich zivilen Belangen zu widmen; im Anschluss daran, in ihrer Stellung als Promagistrate und mit militärischem Mandat versehen, kümmerten sie sich um die Verwaltung der Provinzen. Cicero wurde in den Comitien von den Zenturien zum Prätor für das Jahr 66 gewählt, mit der höchsten Stimmenanzahl. In dieser Funktion wurde er zum Verantwortlichen des Gerichts für Repetundenklagen ernannt, vor dem er vor Jahren Verres angeklagt hatte.

Als Prätor bestand seine herausragende Leistung in der Unterstützung des Gesetzesvorschlags des Volkstribuns Gaius Manilius, Gnaeus Pompeius mit einem neuen außerordentlichen militärischen Kommando auszustatten. Das Prestige des Pompeius Magnus beruhte auf seinen militärischen Erfolgen. Während des Bürgerkriegs zwischen den Anhängern Sullas und Cinnas Ende der 80er-Jahre war seine bedeutsame Unterstützung von Sulla aufgefallen, die ihm schließlich während der Diktatur zu einer vorteilhaften Position verhalf. Auch wenn er die legalen Voraussetzungen nicht erfüllte, konnte er im Jahr 79 seinen ersten Triumph feiern, eine außergewöhnliche Ehre für einen jungen Mann von kaum 27 Jahren. Zu dieser Zeit übernahm Cicero, der das gleiche Alter wie Pompeius hatte und freiwillig von einer militärischen Karriere, die ihn nicht interessierte, Abstand nahm, seine ersten Fälle als Anwalt, bevor er dann nach Griechenland aufbrach, um seine Ausbildung abzuschließen.

In den folgenden Jahren wurde Pompeius zu einem treuen, loyalen Anhänger der Politik des Senats. Mit außerordentlichen militärischen Kommanden ausgestattet, verbrachte er die 70er-Jahre im Kampf für den Senat: zuerst in Italien, um den Aufstand des Lepidus gegen das jüngst etablierte Regime Sullas zu unterdrücken, und dann in Hispanien, um gegen den Rebellen Sertorius vorzugehen. Sertorius hatte es sich zum Ziel gesetzt, die Republik wiederherzustellen, die er durch die Diktatur Sullas zerstört sah, welche er nie als legal anerkennen sollte. Pompeius »befriedete« Hispanien und schlug nach seiner Rückkehr 71 auch den gefährlichen Sklavenaufstand unter Spartacus endgültig nieder.

Er wurde zum »starken« Mann von Rom, dem man gestattete, sich als Konsul zur Wahl zu stellen, obwohl er weder das Mindestalter erreicht noch irgendeine der regulären Magistraturen bekleidet hatte, also keine der gesetzlichen Vorschriften erfüllte: Der Senat tat es für die Dienste, die Pompeius dem Staat erwiesen hatte. Seine enorme Popularität führte dazu, dass er wie erwartet zum Konsul gewählt wurde, noch vor Crassus. Als Konsul initiierte er bedeutsame Reformen, die einige der umstrittenen Gesetze, die Sulla ein Jahrzehnt zuvor eingeführt hatte, außer Kraft setzten; so gab er dem Volkstribun sämtliche Kompetenzen zurück und sorgte dafür, dass sich die Gerichte gleichberechtigt aus

Rittern und Senatoren zusammensetzten. Es war unter dem Konsulat des Pompeius, im Jahr 70, als Cicero mit seiner brillanten Anklage gegen Verres die Aufmerksamkeit der römischen Gesellschaft erregte und zum Ädil für das Jahr 69 gewählt wurde.

Ausgestattet mit weiteren militärischen Kommanden, hielt Pompeius sich beinahe die gesamten 60er-Jahre außerhalb von Rom auf, so dass seine Autorität in innenpolitischen Belangen schwand. Im Jahr 67 schlug der Volkstribun Gabinius ein Gesetz vor, um Pompeius mit absoluter Autorität auszustatten, damit er dem Piratenproblem im Mittelmeer ein Ende setze. Die Piratengefahr war ein häufig wiederkehrendes Übel und hatte sich im 2. Jahrhundert mit dem Niedergang der hellenistischen Königreiche der Antigoniden in Makedonien, der Seleukiden in Syrien und der Lagiden in Ägypten noch verschärft. Der römische Staat hatte schon verschiedentlich versucht, dieses Problems Herr zu werden, aber mit sehr begrenztem Erfolg. Insofern nahm das Risiko für den Personen- und Handelsverkehr im Mittelmeer immer noch zu, ja, benachteiligte die Interessen der römischen und italischen Händler wie des römischen Staates, aber auch der Plebs, denn die Aktivitäten der Piraten ließen den Preis für Grundnahrungsmittel in Rom steigen oder machten ihren Import unmöglich, sorgten sogar für Hungersnöte. Das Gesetz kam – wenn auch nicht ohne Widerstand – durch und Pompeius bekam für drei Jahre den Oberbefehl über Tausende von Soldaten. In nur drei Monaten hatte er das Piratenproblem gelöst; sein unaufhaltsamer Zug von Westen nach Osten endete mit der Einnahme der anatolischen Enklaven der Freibeuter in Kilikien.

Dieser neue Erfolg war für den Volkstribun Manilius im Jahr 66 Grund genug, die Verleihung eines weiteren außerordentlichen militärischen Kommandos an Pompeius vorzuschlagen, dieses Mal für mehrere Jahre und in Kleinasien, um den Krieg gegen Mithridates, den König von Pontos, zu beenden. Denn von seinem kleinen Königreich aus, das im Süden des Schwarzen Meeres lag, hatte der Monarch seinen Einfluss auf ganz Anatolien ausdehnen und somit auch Asia in Gefahr bringen können, die nicht nur für die römische Staatskasse, sondern auch für private Händler und Kaufleute ertragreichste der römischen Provinzen. Der Konflikt zog sich bereits über 20 Jahre hin und bedeutete für die politische Hegemonie Roms in dieser Region eine ständige Gefährdung.

Trotz der militärischen Effizienz des Pompeius bei der Lösung von Problemen kritisierte man in Rom die Abhängigkeit des römischen Senats von ihm und wandte sich generell dagegen, dass eine Person so viel Macht auf sich vereinte. Aus diesem Grund sprachen sich einige aus der Nobilität wie Catulus und Hortensius gegen den Vorschlag von Manilius aus. Caesar befürwortete ihn, er war damals noch Senator niedrigen Ranges. Auch der Prätor Cicero sprach sich für den Vorschlag aus; diese Rede war die erste, die er in einer Volksversammlung *(contio)* hielt, von der Rednerbühne *(rostra)* aus, die sich zwischen Forum und Comitium befand.

Seine Ansprache vor dem Volk bestand aus zwei sehr verschiedenen Teilen. Im ersten Teil unterstrich er die enorme Bedeutung des Krieges gegen Mithridates – und seinen Verbündeten Tigranes, den König von Armenien – aufgrund der vielfältigen wirtschaftlichen Interessen, die in der reichen Provinz Asia verteidigt werden mussten.

> Der Krieg ist so beschaffen, dass er in höchstem Grade eure Entschlossenheit, ihn durchzufechten, erwecken und entflammen muss. Es geht dabei um den Ruhm des römischen Volkes, der euch, in allem bedeutend, doch am bedeutendsten im Kriegswesen, von den Vorfahren hinterlassen wurde; [...] es geht um die sichersten und größten Steuereinkünfte des römischen Volkes, deren Verlust euch den Rückhalt des Friedens und die Hilfsmittel des Krieges vermissen ließe; es geht um das Hab und Gut vieler Bürger, denen ihr um ihret- und des Staates willen helfen müsst. (Über den Oberbefehl des Cn. Pompeius 6)

Unter Hinweis auf die letzten Niederlagen herausragender Militärs in dieser Region verteidigte er die Ernennung eines Feldherrn, der es verstand, die Truppen angemessen zu führen:

> Doch was die Befähigung des Cn. Pompeius angeht, welche Worte lassen sich ersinnen, die ihr gerecht würden? [...] Denn nicht nur die Vorzüge machen den Feldherrn, die jedermann für erforderlich hält: angestrengte Tätigkeit im Dienst, Beherztheit in Gefahren, Rührigkeit beim Handeln, Raschheit bei der Ausführung, Weitblick bei der Planung. All dies besitzt der eine Pompeius in einem Maße, wie es alle anderen Feldherren, die wir sahen oder von denen wir hörten, nicht besessen haben. (Über den Oberbefehl des Cn. Pompeius 29–31)

Gewiss war Cicero in diesem Moment von der Notwendigkeit überzeugt, die Militärpräsenz im Osten stärken zu müssen, um Mithridates auszuschalten. Für ihn wie für den größten Teil des römischen Volkes war es klar, dass Pompeius der geeignete Feldherr war, um die Legionen zum Sieg zu führen. Als Cicero sich jedoch so bedingungslos für die Lex Manilia einsetzte, dachte er auch an die eigene Zukunft. Zwei Jahre später würde er sich für den Konsulat zur Wahl stellen können, und Pompeius war eine einflussreiche Persönlichkeit, dessen Unterstützung ihm dann von großem Nutzen war. Seine Feindschaft jedoch – und das war vielleicht noch wichtiger – würde ihn vernichten können. Pompeius war äußerst beliebt, und es war für alle ersichtlich, dass die *rogatio Manilia* als Gesetz durchkommen würde, so dass Cicero nicht bereit war, den Fehler zu begehen, sich dem Willen des Volkes entgegenzustellen, schon gar nicht in einer Rede vor dem Volk. Daher identifizierte er sich mit den Zielen des Pompeius, um für seine künftige Kandidatur nicht nur dessen persönliche Unterstützung, sondern vor allem die zahlreichen Stimmen seiner Anhänger zu gewinnen. Cicero beendete die Rede mit dem überflüssigen Hinweis, dass er die Lex Manilia keineswegs aus persönlichen Interessen befürwortete:

> Und ich versichere bei allen Göttern, bei denen zumal, die diese geweihte Stätte beschützen [...] ich tue dies nicht, um jemandem zu willfahren, noch weil ich glaube, ich könne aus diesem Anlass die Gunst des Cn. Pompeius gewinnen, noch weil ich darauf bedacht bin, mir durch den Einfluss einer angesehenen Persönlichkeit Schutz gegen Bedrängnisse und Unterstützung für Ämter zu verschaffen. (Über den Oberbefehl des Cn. Pompeius 70)

Aus einem beachtenswerten politischen Opportunismus heraus entwickelte der Mann aus Arpinum plötzlich diesen Enthusiasmus für eine Persönlichkeit wie Pompeius – mit dem er bisher kaum zu tun gehabt hatte – und für eine Praxis wie die der außerordentlichen militärischen Kommanden. Dass diese sich mit der Tradition der römischen Verfassung nicht vertrug, war dem Redner sehr genau bewusst, und er versuchte sie zu rechtfertigen:

> Indes, meinte Catulus, man dürfe keine Neuerung einführen, die nicht mit den vorbildlichen Grundsätzen der Vorfahren in Einklang stehe. Ich will an dieser Stelle nicht erwähnen, dass sich unsere Vorfahren im Frieden stets vom Herkommen, jedoch im Kriege von der Zweckmäßigkeit haben leiten lassen, dass sie die Grundsätze für neue Entschlüsse stets von neuen Zeitereignissen abhängig machten. (Über den Oberbefehl des Cn. Pompeius 60)

Die Ernennung von Pompeius, der bis zum Jahr 62 nicht nach Rom zurückkehren sollte, hatte sofort die gewünschte Wirkung: Mithridates wurde besiegt und nahm sich schließlich selbst das Leben, der Sieger ordnete die römischen Besitzungen im Orient neu und schuf die Provinz Syria. Die Tatsache, dass bestimmte Personen wie Pompeius im Lauf des 1. Jahrhunderts mehrfach außerordentliche Kommanden erhielten, sollte jedoch unweigerlich zur Auflösung der Republik beitragen und schließlich eine Einpersonenherrschaft möglich werden lassen. Denn genau diese Praxis ließ charismatische Politiker, die sich auf Klientelheere stützten, in Ausnahmesituationen wiederholt zu Rettern werden. Ciceros spätere Schriften verweisen darauf, dass er mehr als einmal bereute, in diesem Moment ein Gesetz unterstützt zu haben, das zur Konsolidierung von Praktiken führte, die sich als derart gefährlich für die Ordnung der Republik erwiesen.

Am Ende seiner Prätur begann Cicero an sein nächstes Ziel zu denken, den Konsulat, die höchste der jährlich zu bekleidenden Magistraturen des römischen Staates. Die Konsuln, die mit ziviler und militärischer Macht ausgestattet waren, repräsentierten in Rom die oberste Exekutivgewalt. Sulla hatte im Zuge seiner Reformen die Anzahl der Prätoren erhöht, aber die der Konsuln war seit Anbeginn der Republik die gleiche geblieben: Jedes Jahr wurden zwei in den Comitien von den Zenturien gewählt. Folgerichtig konnten nur wenige, die die »ehrenvolle Laufbahn« eingeschlagen hatten, den Konsulat erreichen, während der größere Teil nur bis zur Prätur gelangte oder sich mit einer der niedrigeren Magistraturen zufrieden geben musste.

Altersbedingt war das Jahr 63 das erste, für das Cicero kandidieren konnte. Damit musste er sich ganz auf die Wahlen konzentrieren, die im Sommer 64 stattfanden, und befand sich zwei Jahre lang in einem permanenten Wahlkampf, beobachtete sorgfältig, was potentielle Gegner taten, und war klug genug, selbst so zu handeln, dass er mögliche Wähler nicht vergraulte. Er suchte jede Unterstützung, die ihm nützlich sein konnte, vor allem aber die Hilfe von Atticus, den er bat, nach Rom zurückzukehren, damit er seine wichtigen Freunde – vor allem aus dem Ritterstand – von seiner Kandidatur überzeugte. Der treue Atticus kam tatsächlich zu Beginn des Jahres 64 nach Rom und damit zeitig genug, um dem Freund im Wahlkampf beizustehen. Da sich aber nun beide gleichzeitig drei Jahre in der *Urbs* befanden und also keine Briefe mehr schrieben, fehlt uns eine wichtige vertrauliche Quelle. Ein Brief vom Juli 65, mithin ein Jahr vor den Wahlen abgefasst, gibt die Sorgen des Bewerbers treffend wieder:

Mit meiner Bewerbung, die dir, wie ich weiß, sehr am Herzen liegt, steht es folgendermaßen, soweit man das jetzt schon vermutungsweise übersehen kann: Auf Stimmenfang ist einzig P. Galba aus [...] als Vorwand für seine Ablehnung gibt man allgemein an, man sei mir verpflichtet. So springt hoffentlich für mich etwas dabei heraus, wenn es sich herumspricht, dass sich viele als meine Freunde bekennen. Mit meiner Werbung gedenke ich in dem Augenblick zu beginnen, in welchem nach Cincius' Angabe sich dein Bote mit diesem Brief auf den Weg macht, und zwar auf dem Marsfeld bei den Tribunenwahlen am 17. Quintilis. Meine Mitbewerber sind, um nur die zu nennen, von denen man es bestimmt zu wissen glaubt, Galba, Antonius und Q. Cornificius [...]. Manche denken auch [...] an Caesonius; Aquilius wohl kaum [...]. Catilina wird sich bestimmt bewerben, falls das Urteil lautet, am Mittag sei es nicht hell; von Aufidius und Palicanus hast du es dir wohl schon selbst gedacht, ehe du es durch dies mein Schreiben erfährst. [...] Bei der Erledigung all der Verpflichtungen eines Bewerbers werde ich mit höchster Gewissenhaftigkeit verfahren und vielleicht im September – dann wird es ja in Rom auf dem Forum vor Prozessen ziemlich still geworden sein – als Legat zu Piso nach Gallien gehen, das ja wohl für die Abstimmungen von großer Bedeutung ist, und im Januar zurückkehren. [...] für die Gefolgschaft unseres Freundes Pompeius musst du mir einstehen – du hast es ja näher zu ihm als ich –; sag' ihm, ich würde es ihm nicht verübeln, wenn er zu meiner Wahl nicht erschiene. (Atticus-Briefe 1,10,1–2)

Bei dem letzten Satz handelt es sich selbstverständlich um einen Scherz. Pompeius hielt sich zu dieser Zeit im Orient auf und die Wahl Ciceros zum Konsul war für den Feldherrn und Triumphator nur von nachrangiger Bedeutung. Man merkt aber, dass er Pompeius als Schlüsselfigur in der aktuellen Politik ansah und sich um ihn bemühte. Das erklärt auch, warum er die Verteidigung von Cornelius übernahm, einem ehemaligen Volkstribun, der Pompeius nahe stand, unter dessen Befehl er Jahre zuvor in Hispanien gekämpft hatte. Cornelius war des Verrats angeklagt *(maiestas)*. Pompeius zeigte großes Interesse, dass die Verteidigung von Cornelius ohne Überraschungen verlief, und Cicero sah in diesem Prozess erneut eine Gelegenheit, sich den Feldherrn zu Dank zu verpflichten, ohne sich vom Willen der Senatsmehrheit zu entfernen.

Er vertrat zu dieser Zeit noch andere Personen größerer oder geringerer Bedeutung vor Gericht. So heißt es in einem Brief an Atticus, dass er im Sommer 65 daran dachte, Catilina in einem Prozess zu verteidigen, den Publius Clodius angestrengt hatte. Offensichtlich dachte er an ein mögliches informelles Bündnis *(coitio)* zwischen beiden, wie es in der römischen Politik relativ häufig war:

Augenblicklich denke ich daran, meinen Mitbewerber Catilina zu verteidigen. Ich habe die gewünschten Richter und der Ankläger ist ganz damit einverstanden [Publius Clodius]. Ist Catilina freigesprochen, dann wird er hoffentlich hinsichtlich der Bewerbung mehr mit mir zusammenarbeiten [...]. (Atticus-Briefe 1,11,1)

Seine Absicht, wiederum Ergebnis des politischen Pragmatismus, der Cicero in diesem Lebensabschnitt mehr als alle ideologischen Überzeugungen charakterisiert, scheint er nicht umgesetzt zu haben; vielleicht weil er schließlich dachte, dass eine Verteidigung Catilinas ihm eher Unpopularität als Nutzen bescheren würde. Aber es ist schon merkwürdig, dass dieser Brief Catilina und Clodius auf verschiedenen Seiten zeigt, sollten sie doch wenig später zu den großen politischen Gegnern Ciceros werden.

Am 29. Juli 64 fanden die Wahlen statt. Cicero wurde als Erster mit großer Stimmenzahl gewählt. Gaius Antonius Hybrida, der ebenfalls im Jahr 66 Prätor gewesen war, wurde an zweiter Stelle gewählt, noch vor Lucius Sergius Catilina, der erneut bei seinem Versuch scheiterte, den Konsulat zu erlangen. Cicero hatte sehr wohl erkannt, dass es sich bei Antonius und Catilina um seine wichtigsten Rivalen handelte. Deshalb hatte er nur wenige Tage vor den Wahlen im Senat eine Rede gehalten *(in toga candida)*, in der er beide scharf attackierte: Er bemühte alte Schreckgespenster wie Catilinas Rolle während der Strafmaßnahmen Sullas mit dem Ziel, unmissverständlich klarzumachen, dass nur er der Republik Anständigkeit und Stabilität verleihen könne. Cicero hatte als *homo novus*, als Emporkömmling aus einer Familie ohne Tradition und Präsenz in Rom bis zu diesem Moment, die höchste aller Magistraturen erlangt, unter Beifallsrufen und »in seinem Jahr«, das heißt in dem ersten, in dem er von der Gesetzeslage her überhaupt darauf hoffen konnte, Konsul zu werden. Da das im politischen Leben Roms die Ausnahme war und immer mehr werden sollte, handelte es sich um einen enormen Erfolg.

Cicero hatte also das Ziel erreicht, für das er gekämpft hatte, seit er als junger Mann seine Heimatstadt verlassen hatte und nach Rom gekommen war. Sein Name würde in den Konsularsfasten unter denen der berühmtesten Römer zu lesen sein und auf diese Weise der Nachwelt überliefert – so, wie er es sich schon als Kind gewünscht hatte. Cicero schwebte wie auf Wolken, als das triumphale Jahr seiner Karriere begann.

5

EIN EMPORKÖMMLING
EROBERT ROM

In Rom gab es keinen Wahlkampf in dem Sinn, wie wir ihn heute kennen, also einen Zeitraum vor der Wahl mit Veranstaltungen, auf denen sich die verschiedenen Kandidaten für ein Amt vorstellten. Eigentlich war ein römischer Bürger wie Cicero, der sich seit frühester Jugend mit dem Gedanken an eine politische Karriere trug, permanent im Wahlkampf, schließlich zielten seine Handlungen in der Öffentlichkeit – Reden im Senat, vor dem Volk oder in den Gerichten, militärische Aktivitäten et cetera –, aber auch im Privatleben darauf ab, ein Bild zu schaffen, das aus den unterschiedlichen Wahlen, denen er sich zu stellen hatte, jeweils siegreich hervorging. Er selbst weist auf die Bedeutung hin, die die wankelmütige und unbeständige öffentliche Meinung für einen Kandidaten im Wahlkampf hat:

> [...] und in dieser Zeit – ich weiß ja, wie vorsichtig der Ehrgeiz ist und welch große Sorge sich mit dem Streben nach dem Konsulat verbindet! – fürchten wir alles: nicht nur, was öffentliche Kritik, sondern auch was Nachdenklichkeit im Stillen hervorrufen kann; ein harmloses Gerücht, eine erfundene Geschichte lässt uns zusammenfahren, und wir durchforschen jedermanns Miene und Blick. Denn nichts ist so verletzbar, so empfindlich, so brüchig oder so launisch wie die Einstellung und Haltung unserer Mitbürger uns gegenüber [...]. (Rede für T. Annius Milo 42)

Deshalb hatten Begriffe wie *fama* und *existimatio* (der »Ruf«, in direkter Beziehung zur öffentlichen Meinung) im politischen Wortschatz ein derart großes Gewicht. Das galt auch für *gloria* – ein Wort, das allgemein im Zusammenhang mit militärischen Erfolgen benutzt wurde – und *dignitas*, verstanden als persönliche Tugend, aber auch verwendet im Kontext der Ausübung öffentlicher Ämter: Dieses Wort personifizierte die individuellen Verdienste geradezu. Da die Wahlen vor allem als *contentio dignitatis*, als Auseinandersetzung um die Würde, verstanden wurden, ergaben das Verdienst, der Ruf, der Ruhm und die Würde schließlich *auctoritas*, unter der man moralische Integrität, Sozialprestige und Vertrauenswürdigkeit verstand. In der römischen Gesellschaft war die *auctoritas patrum* der oberste Wert, der allein den *patres*, das heißt den Senatoren zukam, den Wächtern der Tradition und der römischen Verfassung, die nie schriftlich niedergelegt worden war.

Die Familien, die den Konsulat im Lauf der Geschichte der römischen Republik innegehabt hatten, gehörten von Rechts wegen zur *selecta nobilitas* (der »Nobilität«). Ihre Angehörigen genossen allein aufgrund ihrer Namen ein Prestige, das sie von ihren berühmten Vorfahren geerbt hatten und auf deren Verdienste und Heldentaten sie sich in öffentlichen Akten bezogen, um sich selbst zu rühmen. Begräbnisse herausragender Aristokraten waren regelrechte Zeremonien des Todes, Demonstrationen des Ruhms der großen römischen Familien, die sich selbst als Mittelpunkt der Geschichte Roms sahen. Die Tugenden des Verstorbenen und seiner Vorfahren wurden gerühmt *(laudationes funebres)* und man stellte deren Abbilder *(imagines maiorum)* öffentlich zur Schau, um die Kontinuität des eigenen Geschlechts zu betonen.

Zu Beginn ihrer politischen Karriere waren die Angehörigen der Nobilität qua Geburt klar im Vorteil, verfügten sie doch über eine gefestigte materielle Situation und einen Platz in der sozialen Hierarchie, der den Patronat über eine breite Klientel sicherte, welche sich aus Angehörigen aller Bereiche der Gesellschaft zusammensetzte. Doch führte die Zugehörigkeit zur Nobilität nicht automatisch zu politischem Erfolg. Senator zu sein oder den Konsulat zu bekleiden waren keine Ehrungen, die man in Rom erben konnte. Man hatte seine Tugenden in Leistungen für das Gemeinwesen unter Beweis zu stellen und sich dem Urteil seiner Mitbürger in zahlreichen Wahlen zu unterziehen.

Ein Kandidat für eine Magistratur hatte zunächst vor dem Magistraten, der den Wahlprozess leitete, zu erklären, dass er sich in den entsprechenden Wahlen präsentieren wolle; im Fall der Wahlen zum Konsul war das einer der Amtsinhaber. Der Verantwortliche hatte sicherzustellen, dass der Kandidat über alle notwendigen Qualitäten verfügte: Er musste in den Zensus der römischen Bürger eingeschrieben sein, das Mindestalter für die Ausübung des betreffenden Amtes haben, durfte zu diesem Zeitpunkt keine weitere Magistratur bekleiden, sollte aber im Falle des Konsulats zuvor alle niedrigeren Ämter innegehabt haben. Außerdem durfte er in keinen Prozess verwickelt sein. Wenn die Kandidatur erst einmal angenommen war, wurde der Name auf die Liste gesetzt, mündlich in einer der zu diesem Zweck einberufenen Volksversammlungen und schriftlich an den meistfrequentierten Orten in Rom, also insbesondere auf dem Forum, verkündet. Von da an trug der Kandidat (*candidatus* oder *petitor*) in der Öffentlichkeit eine eigens geweißte Toga *(toga candida)*, die ihm den Namen gab und mit der er überall Aufmerksamkeit und Interesse erregte.

Sobald die Kandidaten öffentlich bekannt gegeben worden waren, begann der Wahlkampf, der im Lateinischen als *ambitus* bezeichnet wird. Das Substantiv ist auf das Verb *ambio* zurückzuführen: »jemanden umrunden, um ihn um etwas zu bitten«. Damit ist das Wesentliche des Wahlkampfs in Rom wiedergegeben: Entscheidend war die persönliche Bitte des Kandidaten um die Stimme; auch die Bedeutung des Wortes für die Kandidatur, *petitio*, zeigt diesen Bittcharakter. Die steigende Zahl von Betrügereien in den Wahlprozessen, in denen Bestechungen und Stimmenkauf an der Tagesordnung waren, führte jedoch dazu, dass der Terminus *ambitus* eine pejorative Bedeutung bekam. Fortan bezeichnete er allgemein Wahlbetrug und die Annahme von Gesetzen, die ohne viel Erfolg erlassen wurden, um dieser Praxis entgegenzuwirken.

Wie nun ein Wahlkampf in Rom vonstatten ging und welche die Umstände der Konsulwahlen waren, zu denen Cicero antrat, ist uns aufgrund eines außergewöhnlichen Zeugnisses bekannt, eines langen Briefes, den Quintus verfasst hatte. Bei diesem Schreiben, das als »Empfehlungen zur Bewerbung um den Konsulat« *(Commentariolum petitionis)* bekannt ist, handelt es sich um ein Handbuch für den Kandidaten, aber nicht um irgendeines, denn alle dort aufgeführten Ratschläge waren für eine einmalige Konstellation gedacht – nämlich die im Rom des Jahres 64 – und für einen Kandidaten mit bestimmten Charakteristika, einen *homo novus* und herausragenden Redner und Anwalt, Marcus Tullius Cicero: »Wenn dieses auch so geschrieben ist, dass es nicht für alle, die sich um die Ämterlaufbahn bewerben, sondern nur für dich und für diese deine Bewerbung Bedeutung hat« (Empfehlungen zur Bewerbung um den Konsulat 58).

Es sind Zweifel an der Authentizität und Autorschaft dieser Schrift laut geworden, doch handelt es sich aller Wahrscheinlichkeit nach um ein echtes Zeugnis, das wenige Monate vor den Konsulwahlen vermutlich auf die Initiative von Marcus selbst hin verfasst worden ist. Vom Inhalt her scheint der Text als eine Art offener Brief konzipiert gewesen zu sein, der innerhalb der Elite zirkulieren sollte.

In den »Empfehlungen« findet sich wiederholt folgender Satz, der wie eine Losung klingt: »Bedenke, um welche Bürgerschaft es sich handelt, um welches

Amt du dich bewirbst, wer du bist. Nahezu täglich musst du, während du auf das *forum* hinabsteigst, an folgendes denken: ›Ich bin ein politischer Aufsteiger, ich bewerbe mich um das Amt des Konsuls, es handelt sich um Rom‹« (Empfehlungen zur Bewerbung um den Konsulat 2). Der Kandidat durfte nie aus den Augen verlieren, dass er sich in einer Stadt mit Hunderttausenden Einwohnern und unterschiedlichsten Bedürfnissen befand und dass er der oberste Amtsinhaber Roms werden wollte. Daher hatte er – wenn nur eben möglich – diesen Interessen entgegenzukommen und einen breiten Konsens zu schaffen, vor allem unter den führenden sozialen Gruppierungen, denen letztlich die Entscheidungsgewalt in den Wahlen zukam. Zugleich durfte er nie vergessen, dass er selbst ein Emporkömmling war. Das war das Hauptproblem, dem Cicero ins Auge zu sehen hatte, und daher fungiert es in dieser Schrift wie ein Leitmotiv, um das sich alle Argumente gruppieren. Um dem Nachteil zu begegnen, der von seiner Herkunft rührte, hatte der Kandidat Cicero die Tugenden hervorzukehren, die ihn berühmt gemacht hatten, also in erster Linie seine Redekunst:

> Die Tatsache, dass dein Name in der Politik noch unbekannt ist, wirst du vor allem durch deinen Ruhm als Redner ausgleichen. Stets hat dieser Sachverhalt besonders viel Würde bedeutet; keiner, der für einen würdigen Sachbeistand von Männern gehalten wird, die den Konsulat bekleidet haben, kann selbst als unwürdig des Konsulats gelten. (Empfehlungen zur Bewerbung um den Konsulat 2)

Aber es war auch entscheidend, die zahlreichen Freundschaften vorzuweisen, die er in seinem politischen Leben eingegangen war:

> Ferner stelle sicher, dass die Anzahl und die Art deiner Freunde öffentlich deutlich werden; du hast das nämlich auf deiner Seite, worüber nicht viele politische Aufsteiger verfügen: alle Steuerpächter, beinahe den gesamten Reiterstand, viele Landstädte, die dir ergeben sind, viele Menschen eines jeden Ranges, die von dir verteidigt worden sind, ziemlich viele Kollegien, außerdem sehr viele junge Menschen, die du durch die Unterweisung in der Redekunst für dich gewonnen hast, und eine täglich in Erscheinung tretende große und anhängliche Anzahl von Freunden. (Empfehlungen zur Bewerbung um den Konsulat 3)

Da der Wahlkampf in Rom keine öffentlichen Massenveranstaltungen kannte, waren die Kandidaten von der Notwendigkeit befreit, Ideen und Programme zu entwickeln. Quintus empfiehlt dem Bruder im Gegenteil, auf keinen Fall einen

Standpunkt öffentlich darzulegen, der ihn in Zukunft würde kompromittieren können – er sollte sich auf die Mehrdeutigkeit als politische Taktik verlassen, um allen freund zu sein. Eigentlich ging es für Cicero darum, die Linie weiterzuverfolgen, die er eingeschlagen hatte: schwerwiegende Fehler vermeiden, sich keine großen Feinde machen, den Eindruck von Mäßigung und Ausgeglichenheit vermitteln, eben eine gewisse Unbestimmtheit. Der Wahlkampf stellte sich also nicht als Kampf von Programmen dar, sondern vor allem von Bildern. Es ging darum, der Gesellschaft ein konsensfähiges Bild zu vermitteln, das es dem Kandidaten erlaubte, sich der Unterstützung unterschiedlicher sozialer Gruppierungen zu vergewissern; zu zeigen, dass man bereit war, die jeweiligen Erwartungen zu erfüllen, selbst wenn das zu Widersprüchen führen sollte. Diese waren im Kontext des Wahlkampfs zu entschuldigen:

> [...] doch darf man weder bei der Bewerbung noch im Senat oder in der Volksversammlung einen politischen Standpunkt ergreifen. Sondern an folgende Regel musst du dich halten: Der Senat soll von dir in Folge dessen, wie du bisher gelebt hast, denken, du werdest ein Verteidiger seines Einflusses sein, die römischen *equites*, die rechtgesinnten und reichen Männer sollen aufgrund deines bisherigen Lebenswandels glauben, du werdest dich leidenschaftlich für innenpolitische Ruhe und Stabilität einsetzen, die Masse soll deswegen, weil du bisher höchstens in einer Rede in Volksversammlungen und im Gerichtsverfahren beliebt gewesen bist, glauben, du werdest auch weiterhin für ihre Vorteile sorgen. (Empfehlungen zur Bewerbung um den Konsulat 53)

Es war unabdingbar, sich der Stimme seiner Mitbürger persönlich zu versichern. Der öffentliche Raum schlechthin, das politische, rechtliche, religiöse und wirtschaftliche Zentrum der Stadt war in Rom das Forum. Quintus empfiehlt seinem Bruder wiederholt, sich täglich dort sehen zu lassen, am besten, immer um dieselbe Stunde. Nur so konnte er auf eine größtmögliche Menge von Menschen treffen und sich denen zugänglich zeigen, die etwas von ihm wollten.

> [...] denn Leutseligkeit fehlt dir nicht, wie sie für einen guten und liebenswerten Menschen angemessen ist, aber es ist sehr viel Schmeichelei nötig, die, auch wenn sie im übrigen Leben lasterhaft und schändlich ist, bei der Bewerbung erforderlich ist [...]. Es gibt noch keine Vorschrift zu beständiger Aufwartung, doch der Begriff des Dabeiseins, der *adsiduitas*, selbst lehrt, was die Sache bedeutet; freilich nützt es sehr, von keinem Ort zu weichen, aber den-

noch ist dies der Lohn für die ständige Aufwartung, und zwar nicht nur in Rom und auf dem *forum*, sondern beständig um Stimmen zu werben, oft dieselben Leute anzurufen und es nicht dahin kommen zu lassen, dass irgendeiner sagen kann, soweit dies möglich ist, er sei von dir nicht gebeten worden, und zwar inständig und sorgfältig. (Empfehlungen zur Bewerbung um den Konsulat 42–43)

In einer Stadt wie Rom, die für eine antike Stadt längst außergewöhnliche Ausmaße angenommen hatte, nutzte man während des Wahlkampfs einen »Einflüsterer« *(nomenclator)*. Es handelte sich um einen Sklaven, der ein ausgezeichneter Kenner der guten römischen Gesellschaft war. Seine Aufgabe bestand darin, dem Kandidaten nicht von der Seite zu weichen, ihn zu begleiten, wenn er über das Forum flanierte oder sich an einem anderen öffentlichen Ort sehen ließ, um ihm den Namen und andere Angaben zu einer Person zu soufflieren, die seinem Herrn gerade begegnete und ihm politisch von Nutzen sein konnte. Dieser konnte ihn dann persönlich begrüßen und Belange ansprechen, welche ihn seinem Gesprächspartner sympathisch machten und ihn insofern bei den Wahlen an ihn denken ließen. In seiner späteren Verteidigungsrede für Lucius Murena wettert Cicero gegen diese Sitte und bezeichnet sie als unwürdig:

> Was bedeutet es, dass du einen Bediensteten hast, der dir die Namen nennt? In dieser Hinsicht betrügst und täuschst du jedenfalls. Denn wenn es sich gehört, dass du deine Mitbürger namentlich begrüßest, so ist es eine Schande, dass dein Sklave sie besser kennt als du. (Rede für L. Murena 77)

Eine Möglichkeit, das Bild des Kandidaten in der Öffentlichkeit zu stärken, bestand darin, sich von einer großen Zahl von Gefolgsleuten umgeben zu lassen, die einen den ganzen Tag über begleiteten und auf diese Weise ihre Unterstützung kundtaten. Der Tag eines Kandidaten begann mit der Begrüßung *(salutatio)*. Jeden Morgen kamen Anhänger in sein Haus, Freunde und Klienten, die dem Kandidaten ihre besten Wünsche aussprachen und im Austausch eine kleine Entschädigung erhielten. Quintus verweist auf die Bedeutung eines vollen Hauses zu Tagesbeginn und empfiehlt Cicero, stets seine größte Dankbarkeit gegenüber allen zu bekunden, die ihm einen Besuch abstatten, ja, selbst gegenüber jenen, die alle Kandidaten aufsuchen, denn durch eine gute Behandlung würde er sie für sich einnehmen können.

Auf die morgendliche Begrüßung folgte der tägliche Spaziergang des Kandidaten von seinem Wohnhaus zum Forum, auf dem ihn seine Freunde und Anhänger begleiteten. Es handelte sich um einen öffentlichen Akt von großer Bedeutung, mit dem der Kandidat seinen Rückhalt in der Gesellschaft zeigte. Das Ziel war, die Aufmerksamkeit der Passanten zu wecken, und diese war umso größer, je höher der soziale Rang der Begleiter war. Einige von ihnen bildeten in den Wochen, die der Wahlkampf offiziell dauerte, ein geradezu permanentes Gefolge *(adsectatio)*. Es ist nicht sehr wahrscheinlich, dass herausragende Mitglieder der Elite ständig an diesem Zug teilnahmen, aber Quintus besteht darauf, dass es für alle, die dank seinem Bruder vor Gericht freigesprochen worden waren, eine moralische Pflicht war, an der *adsectatio* teilzunehmen, um ihre Dankbarkeit gegenüber ihrem Wohltäter auszudrücken:

> [...] von denen aber, die dir noch einen Gefallen schuldig sind, fordere diese Schuldigkeit offen ein, wer aufgrund von Alter oder einer dringenden Verpflichtung nicht in der Lage sein wird, beständig bei dir zu sein, soll seine nächsten Verwandten zu dieser Verpflichtung aufbieten. Ich wünsche mir sehr und meine, dass es zweckdienlich ist, dass du immer von einer Menschenmenge umgeben bist. Außerdem bringt es große Anerkennung und größte Würde ein, wenn diejenigen bei dir sein werden, die von dir verteidigt, durch dich gerettet und in Gerichtsverfahren freigesprochen worden sind [...]. (Empfehlungen zur Bewerbung um den Konsulat 37–38)

In einem Wahlkampf, in dem das Bild entschied, waren die Anzahl und die soziale Zusammensetzung dieses Gefolges von großer Bedeutung, denn, wie Quintus unterstreicht, »von seinem Ausmaße lässt sich darauf schließen, wie viel Kraft und Stärke du auf dem Marsfeld haben wirst« – dem Ort, an dem die Wahlen zum Konsul stattfanden. Diese Praxis artete schließlich dahingehend aus, dass man begann, arbeitslose Angehörige der stadtrömischen Plebs als Begleiter unter Vertrag zu nehmen. Die Lex Fabia hatte – wahrscheinlich im Jahr 66 – begonnen, diese Praxis zu unterbinden und die Anzahl der Begleiter zu begrenzen. Zwei Jahre später verabschiedete der Senat mit tatkräftiger Unterstützung Ciceros erneut einen Beschluss; offensichtlich hatte sich dieses Verbot also nicht durchsetzen können.

Cicero hatte sein ganzes öffentliches Leben darauf ausgerichtet, in dem politischen Sinne, den das Wort *amicitia* in der römischen Gesellschaft hatte, Freundschaft mit Angehörigen der Elite Roms und Italiens zu pflegen: Diente diese doch Personen ebenbürtiger sozialer Kreise dazu, sich einander zu verpflichten. Als Angehöriger des Ritterstandes hatte er immer, wenn es die Situation erforderte, die ökonomischen und politischen Interessen der Ritter vertreten. Quintus hebt in verschiedenen Abschnitten auch klar hervor, dass das ein Vorteil des Kandidaten bei der Wahl sein würde. Cicero hatte jedoch vermieden, sich dem Senat und der alteingesessenen Aristokratie entgegenzustellen, und suchte stattdessen eine ausgewogene Meinung zu vertreten, um sich in den Wahlen der Unterstützung beider tonangebender Stände sicher sein zu können.

Cicero solle sich um einen möglichst breiten sozialen Rückhalt kümmern, der nicht nur die verschiedenen Teile der Bevölkerung Roms umfassen sollte, sondern auch die Italiens:

> Anschließend musst du ganz Italien, wie es in *tribus* eingeteilt und zusammengefasst ist, stets im Sinn haben und dir präsent halten, um nicht zuzulassen, dass es noch eine Landstadt, eine Siedlung, eine Präfektur und schließlich eine einzige Stelle in Italien gibt, in der du keinen ausreichenden Stützpunkt hast [...] Die Menschen, die in Landstädten und auf dem Land leben, werden, wenn sie uns von ihrem Namen her bekannt sind, glauben, sie seien mit uns befreundet; wenn sie aber sogar glauben, dass sie sich irgendeinen Schutz verschaffen, lassen sie sich keine Gelegenheit entgehen, sich um uns verdient zu machen. (Empfehlungen zur Bewerbung um den Konsulat 30–31)

In diesem Spiel der Erscheinungen, in dem der Schlüssel zum Erfolg im Gewinn der Schlacht um die öffentliche Meinung lag, die die Römer bezeichnenderweise *rumor* (Gerücht) nannten, konnte Cicero sich als überzeugten Parteigänger einer konservativen politischen Richtung präsentieren, deren Anhänger sich selbst als *optimates* bezeichneten, also als »die Besten«. Dennoch wies sein Lebenslauf durchaus Handlungen auf, die ihn in Volksnähe rückten, das heißt zu den *populares* – eine Bezeichnung, die der Mann aus Arpinum stets negativ und synonym zu »Demagogen« benutzte.

Quintus bringt Ciceros Vorstellungen klar zum Ausdruck; dieser sollte stets taktisch und also »flexibel« agieren und so vermeiden, dass die anderen sozialen Gruppierungen ihm mit Abneigung begegneten. Letztlich, so Quintus, seien seine eher populistischen Handlungen – die Rede vor dem Volk zugunsten der Lex Manilia, die Verteidigung des Pompejaners Cornelius und eben des Manilius – durch die Notwendigkeit gerechtfertigt gewesen, sich der Unterstützung von Pompeius zu versichern oder zumindest zu verhindern, dass der große Feldherr, der sich auf dem Höhepunkt seiner Popularität befand, zu einem gefährlichen Feind wurde. Die Freundschaft mit Pompeius war ein hervorragendes Empfehlungsschreiben für Cicero vor der stadtrömischen Plebs, vor der er als Kandidat bisher nur sporadisch in Erscheinung getreten war:

Auch jenes muss bewirkt werden, dass alle wissen, dass die Zuneigung des Gnaeus Pompeius dir gegenüber besonders groß ist und dass es sich ganz klar auf den Plan jenes Mannes bezieht, dass du das erreichst, worum du dich bewirbst. (Empfehlungen zur Bewerbung um den Konsulat 51)

Als Gegenleistung für eine sorgfältige Ausbildung und eine politische Karriere, in der er es zu Berühmtheit gebracht hatte, ohne bei seinen Mitbürgern auf unüberwindbaren Hass zu stoßen, wurde Cicero 64 zum Konsul gewählt. Für ihn war das die Erfüllung seiner politischen Karriere. Der Status eines Konsuls machte ihn und seine Familie zu Angehörigen der Nobilität, wenn Cicero auch für viele dieser Aristokraten nie mehr als ein Emporkömmling aus einer Kleinstadt in Italien sein sollte. Quintus weist bereits in seinen »Empfehlungen« darauf hin, dass eine mögliche Wahl zum Konsul Neid provozieren würde, zum einen unter den anderen Neulingen, die diese Würde niemals erlangten, zum andern unter den Aristokraten, die sich von einem Emporkömmling düpiert fühlten. Genau das geschah ja dann auch auf dramatische Weise im Fall von Catilina, einem ihm in den Wahlen unterlegenen Gegner; und auch die anderen beiden, die Quintus erwähnt, Lucius Cassius und Publius Galba, gehörten zur Nobilität.

Zu seiner Zeit als Konsul, in einer Rede zur Verteidigung von Murena, reagierte er mit Härte auf Kritik, die sich gegen die Herkunft der Familie des Angeklagten richtete. Er griff sie auf, um erneut über seinen eigenen Status als *homo novus* im politischen Leben Roms zu reden:

Indes, ich glaubte schon, ihr Richter, ich hätte durch meine Anstrengung erreicht, man werde einer großen Zahl von tüchtigen Männern keinerlei Vorwurf mehr aus ihrer unbekannten Herkunft machen […]. Ich hatte aber die Schranken des Adelstitels nach so langer Pause durchbrochen, dass der Zugang zum Konsulat nunmehr wie bei unseren Vorfahren ebenso der Tüchtigkeit wie dem Adel freigegeben war […]. Denn auch bei mir traf es sich, dass ich mich zugleich mit zwei Patriziern bewarb; der eine war von äußerster Skrupellosigkeit und Verwegenheit, der andere ein sehr bescheidener und vortrefflicher Mann; gleichwohl übertraf ich Catilina an Würdigkeit, Galba an Einfluss. (Rede für L. Murena 17)

Als er sich im Jahr 50, während seines Aufenthalts in Kilikien, brieflich an Appius Claudius Pulcher wandte, der einer der berühmten Familien Roms angehörte, ließ er keinen Zweifel darüber aufkommen, dass er sich ihm auch ohne berühmte Vorfahren ebenbürtig fühlte:

Auch als ich noch nicht im Besitz der Ehren war, die in den Augen der Leute die glänzendsten sind, hat mir euer bloßer Name [der der Nobilität] doch niemals imponiert; die Männer, von denen ihr ihn übernommen habt, galten mir groß. Nachdem ich aber selbst die höchsten Stellungen erklommen und so ausgefüllt hatte, dass ich mit Ehre und Ruhm wohl zufrieden sein durfte, hoffte ich zwar niemals höher als ihr, aber doch jedenfalls euch gleichzustehen. (An seine Freunde 3,8,5)

Er erreichte nicht immer die Anerkennung dieser Leute. Im Gegenteil musste er von Zeit zu Zeit hören, wie man ihn wegen seiner Herkunft verachtete. So berichtet Sallust (Die Verschwörung des Catilina 31), dass Catilina, nachdem Cicero seine erste Rede vor den Senatoren gegen ihn gehalten hatte, sich mit dem Hinweis zur Wehr setzte, es sei undenkbar, dass ein Patrizier wie er aus der *gens* Sergia, dessen Vorfahren alles für das Wohlergehen der Republik getan hätten, gegen diese konspiriere. Und er fügte verächtlich hinzu, dass es ebenso wenig zu akzeptieren sei, dass sich hier jemand als Retter geriere, der »ein hergelaufener Eindringling in der Stadt Rom« sei. Und Cicero selbst bestätigt, dass sein Freund Lucius Manlius Torquatus, der Ankläger von Publius Sulla im Jahr 62, versuchte ihn zu disqualifizieren, indem er ihn »König« (rex) nannte, in der negativen Konnotation von »Tyrann« und »Fremder« *(peregrinus)*, weil er nicht in Rom zur Welt gekommen war. In seiner Antwort maß Cicero der ersten Beleidigung, die in politischer Hinsicht sehr schwer wog, keine Bedeutung bei, wohl aber der zweiten, die ihn persönlich traf. Und also fragte er, ob man denn auch so berühmte und für die Geschichte von Rom entscheidende Männer wie Cato den Zensor oder Gaius Marius »Fremde« nennen solle, weil sie aus Tusculum bzw. Arpinum stammten. Sich direkt an Manlius Torquatus wendend, fügt er stolz hinzu:

Indes, ich glaube – in Anbetracht der engen Bande unserer freundschaftlichen Beziehung –, dass ich dich nachdrücklich warnen muss. Nicht alle können Patrizier sein, und wenn du die Wahrheit hören willst: Sie machen sich gar nichts daraus, und auch deine Altersgenossen glauben nicht, dass du ihnen schon deshalb etwas voraus hast. (Rede für P. Sulla 23)

Daraus spricht die Selbstzufriedenheit eines »Selfmademan«, aber auch der Groll des brillanten *homo novus*, der sich von denen schlecht behandelt fühlte, die mitnichten besser waren als er. In seiner zweiten Konsulrede gegen das Agrargesetz vor dem Volk hebt er seinen Status als großes persönliches Verdienst hervor:

Ich habe keine Vorfahren, die sich für mich vor dem römischen Volke verbürgten; man hat mir vertraut; ihr müsst bei mir einfordern, was ich schulde, müsst die Mahnung an mich selber richten. Wie ich euch bei meiner Bewerbung von keinerlei Gewährsleuten meines Stammbaumes empfohlen wurde, ebenso habe ich, wenn ich versage, keine Ahnenbilder [imagines maiorum], die euch für mich um Vergebung bitten. (Über das Siedlergesetz 2,100)

Im Jahr 55, zu Beginn seiner Rede gegen Piso, der 58 Konsul gewesen war und der berühmten plebejischen *gens* der Calpurnii angehörte, deren Vorfahren im 2. Jahrhundert verschiedentlich den Konsulat bekleidet hatten, legte Cicero seine Meinung klar und deutlich dar:

Du hast dir die Ämter erschlichen, weil die Leute sich täuschen ließen, weil dich die rauchgeschwärzten Bilder deiner Ahnen empfahlen, mit denen du nichts gemein hast – außer der Farbe. Und der wollte mir damit imponieren, dass er alle Ämter im ersten Anlauf erlangt habe! Ich habe das Recht, mich dessen mit wirklichem Stolz zu rühmen; denn mir hat das römische Volk alle Ämter um meiner Person willen übertragen. Du aber erhieltest, als man dich zum Quästor wählte, dieses Amt auch von denen, die dich nie gesehen hatten, um deines Namens willen. Du wurdest Ädil: irgendein Piso war's, den das römische Volk aussersah, nicht dieser Piso dort. Ebenso hat man auch deine Prätur deinen Vorfahren übertragen: Sie, die Toten, waren bekannt; dich, den Lebenden, kannte noch niemand. (Rede gegen L. Piso 1–2)

Das war die typische Rede eines *homo novus*. Dieser Terminus wird in der lateinischen Historiographie nicht rechtlich, sondern als ein politisches Konzept verstanden, das auf sozialer Anerkennung beruht. Plutarch definiert »Neulinge« als diejenigen, »die nicht aus einer berühmten Familie stammen, sondern sich durch sich selbst zu erkennen geben«. Als Neuling in der Politik galt das erste Mitglied einer Familie, das in den Senat aufgenommen wurde, nachdem es eine Magistratur bekleidet hatte, aber auch derjenige, der bereits senatorische Vorfahren hatte und als Erster aus seiner Familie das Amt eines Prätors oder Konsuls bekleidete. Dieses Ziel war in einer derart wettbewerbsorientierten Gesellschaft wie der römischen, in der dem Namen und der sozialen Hierarchie eine enorme Bedeutung zukam, nur schwer zu erreichen. Tatsächlich war es im Lauf des 1. Jahrhunderts zu einer Ausnahme geworden, dass ein *homo novus* Konsul wurde; diese Tatsache begründet den Stolz, den Cicero zeigte, als er wusste, dass seine Mitbürger ihn in der nach Zenturien geordneten Versammlung gewählt hatten. Insofern überrascht es nicht, dass er die erste Rede vor dem Volk nach der Wahl zum Konsul beginnt, indem er auf seinen sozialen Hintergrund und die Außergewöhnlichkeit seiner Wahl hinweist:

> Ich, Quiriten, habe keinen Anlass, vor euch über meine Vorfahren zu reden; sie waren gewiss ebenso, wie ihr mich hier seht, der ich von ihrem Blute abstamme und in ihrer Zucht aufgewachsen bin; doch ihnen wurde nie eine Auszeichnung des Volkes und der Glanz eines von euch verliehenen Amtes zuteil. […] Und trotzdem kann nichts großartiger und auszeichnender sein als dies, dass ihr bei meiner Wahl nicht nur die Stimmtafeln als geheime Bürgen eurer Freiheit abgegeben habt, sondern in laute Rufe als Zeichen eurer Geneigtheit und eures Vertrauens zu mir ausgebrochen seid. So hat mich nicht erst der Schluss der Stimmenauszählung, sondern bereits euer erstes Zusammenströmen, nicht das Rufen der einzelnen Herolde, sondern ein einziger Ruf des gesamten römischen Volkes zum Konsul erklärt. (Über das Siedlergesetz 2,1–4)

Seit genau dreißig Jahren hatte kein *homo novus* mehr den Konsulat bekleidet. Cicero folgte also dem Weg von so berühmten Emporkömmlingen wie Cato dem Zensor oder Gaius Marius, mit dem feinen Unterschied zu Letzterem, dass er immer als Erster aus allen Wahlen hervorging, denen er sich gestellt hatte. Indem er die Tatsache, das höchste Amt in der römischen Republik trotz seines sozialen Standes erlangt zu haben, derart hervorhob, machte Cicero seine Schwäche und politische Unterlegenheit gegenüber den Aristokraten zu einem Zeichen seines sozialen Erfolgs.

6

DER KONSULAT: DAS JAHR DES
TRIUMPHS (63 v. Chr.)

Die Ereignisse des Jahres 63 sind in großen Zügen gut bekannt. Das gilt insbesondere für die Verschwörung des Catilina; sie ist uns zum einen aus den Reden Ciceros gegen Catilina und zum andern aus der Monographie vertraut, welche der Historiker und Politiker Sallust dem widmete, der als Verkörperung der moralischen Korruption zu gelten hatte, die seiner Meinung nach für das Scheitern dieser letzten Generation der Republik verantwortlich war. Vor allem Ciceros Reden erlauben es, den Ereignissen bis in die kleinsten Details zu folgen, wenn sie auch allein seine – und mithin eine nicht immer objektive – Sichtweise wiedergeben. Zudem wurden sie drei Jahre nach seinem Konsulat publiziert – er dürfte nicht nur den Stil korrigiert, um seine Texte ästhetisch zu verbessern, sondern auch Änderungen vorgenommen haben, um sich selbst als tapferen Retter Roms und als Held der Freiheit und Eintracht unter den römischen Bürgern darzustellen.

Rom sei in großer Bedrängnis, aber nicht durch äußere Feinde, sondern durch innere Gefahren, so Cicero in einer Rede vor dem Senat – durch Verschwörungen, die die Ordnung zu zerstören und an ihrer Stelle eine Tyrannis zu etablieren drohten: »[…] wir haben keinen König, keinen Stamm, kein Volk zu fürchten; das Übel hat sich hier eingenistet, es sitzt im Inneren und im eigenen Hause« (Über das Siedlergesetz 1,26). Vor dem Volk, von der Rednerbühne herunter, hatte er die gleiche Idee entwickelt, aber mit wesentlich drastischeren Bildern:

Ich sehe, was für ein Gemeinwesen ich am 1. Januar übernommen habe, Quiriten: erfüllt von Besorgnis, erfüllt von Angst; […] allerlei aufrührerische Anschläge gegen unsere Verfassung und gegen eure Ruhe würden, so hieß es, vorbereitet oder seien schon vorbereitet worden, nachdem man uns zum

Konsul erklärt hatte; vom Forum war der Kredit verschwunden [...] wegen der Unsicherheit und Verwirrung der Gerichte, wegen der drohenden Entkräftung von Urteilen; die Leute glaubten, man trachte nach neuen Gewalten, nicht nach außerordentlichen Befugnissen, sondern nach unbeschränkter Herrschaft. (Über das Siedlergesetz 2,8)

Dieses Bild wirkt klar übertrieben, aber im Nachhinein, als die Reden veröffentlicht wurden und ihre Texte damit für immer verschriftlicht vorlagen, ermöglichten sie es, den Konsul quasi als Visionär zu sehen – fähig, dank seiner immensen politischen Fähigkeiten das Chaos vorauszusehen, das Catilina Monate später provozieren sollte – und selbstverständlich als den Protagonisten des Jahres. Er war der Führer, dessen die römische Gesellschaft bedurfte, um gerettet zu werden. Diese Rolle hatte er vor dem Senat beansprucht und gleichzeitig an dem Bild gearbeitet, das er seinen Mitbürgern und der Nachwelt von sich vermittelt wissen wollte:

Alle, die sich vor Schaden bewahren wollen, werden dem Gebot eines Konsuls folgen, der unbehindert ist von Eigennutz und frei von Vergehen, behutsam in Gefahren und nicht ängstlich im Streite. (Über das Siedlergesetz 1,27)

Die Unsicherheit und die Gefahren im Blick, die die Situation in Rom Anfang 63 wahrscheinlich mit sich brachte, versprach Cicero, der sich als Konsul bezeichnete, »der tatsächlich und nicht nur dem Schein nach populär *(popularis)* ist«, was das Volk wirklich wünschte:

Wie könnte ich daher nicht volkstümlich sein, Quiriten; ich sehe doch, dass all dies, der äußere Friede, die mit eurem Stamme und Namen verbundene Freiheit, die Ruhe im Inneren, kurz alles, was euch wert und wichtig ist, der Verlässlichkeit und gewissermaßen der Schutzmacht meines Konsulats anvertraut ist. (Über das Siedlergesetz 2,9)

Jahre nach seinem Konsulat zog Cicero in einer vernichtenden Rede gegen Lucius Calpurnius Piso ein sehr persönliches Fazit aus den wichtigsten seiner Taten im Jahr 63:

Ich habe den Senat und alle Rechtschaffenden am 1. Januar von der Furcht vor einem Siedlergesetz und vor riesigen Schenkungen befreit. Ich habe die kampanische Mark, wenn es nicht recht war, sie aufzuteilen, gerettet, wenn es recht gewesen wäre, für einen besseren Gesetzgeber aufbewahrt. Ich habe im Prozess gegen C. Rabirius, der wegen Hochverrats angeklagt war, eine 40 Jahre vor meinem Konsulat vom Senat getroffene Entscheidung gegen gehässige Angriffe in Schutz genommen und mit Erfolg verteidigt. [...] Ich habe meinen Kollegen Antonius, der auf eine Provinz erpicht war und sich an zahlreichen politischen Umtrieben beteiligte, durch Geduld und Nachgiebigkeit gebändigt. Ich habe die Provinz Gallien, die einem Senatsbeschluss gemäß mit Truppen und Geld versehen und ausgerüstet war und die ich durch Tausch von Antonius erhalten hatte, in öffentlicher Versammlung trotz der Proteste des römischen Volkes abgelehnt, weil mir die politischen Verhältnisse die Ablehnung nahe legten. Ich habe L. Catilina, der nicht insgeheim, sondern vor aller Augen die Ausrottung des Senats und den Untergang der Stadt vorbereitete, aufgefordert, die Stadt zu verlassen, damit wir vor einem Menschen, gegen den uns die Gesetze nicht zu schützen vermochten, wenigstens durch die Mauern geschützt wären. Ich habe im letzten Monat meines Konsulats den abscheulichen Händen der Verschwörer die Waffen entrissen, die gegen die Kehlen der Bürger gezückt waren. Ich habe die Fackeln, die schon brannten, diese Stadt einzuäschern, ergriffen, hervorgeholt, gelöscht. (Rede gegen L. Piso 4–5)

Cicero sah sich unmittelbar nach seiner Amtseinführung mit dem Projekt eines Agrargesetzes konfrontiert, das der Volkstribun Publius Servilius Rullus eingebracht hatte, der sein Amt – wie üblich – einige Tage zuvor, nämlich am 10. Dezember, übernommen hatte. Cicero vertrat die konservativen Angehörigen der römischen Aristokratie. Der Vorschlag von Rullus erfreute sich wohl der Unterstützung eines Gaius Iulius Caesar, der im Lauf des Jahres eine ungewöhnliche Popularität für jemanden erreichen sollte, der bis zu diesem Zeitpunkt nur niedrige Magistraturen bekleidet hatte. Er reihte sich in eine Linie von Reformen aus vorhergehenden Dekaden ein, die einst die Brüder Gracchus, Tiberius und Gaius, in ihrer Funktion als Volkstribune in den Jahren 133 und 123 angestoßen hatten. Wie die Gracchen und andere Reformer gab Rullus vor, das Problem der wachsenden Proletarisierung eines Teils der römischen Bürgerschaft lösen oder zumindest teilweise beheben zu wollen. Es resultierte aus der Konkurrenz zu einer fortschrittlichen, mit Sklaven betriebenen Landwirtschaft auf Gütern, deren Besitzer – wie Cicero selbst – ständig abwesend waren. Diese römischen Bürger sahen sich auf der Suche nach Arbeit gezwungen, in die Städte abzuwandern, vorzugsweise nach Rom, das im 1. Jahrhundert ein rasantes Bevölkerungswachstum erfuhr. Damit vergrößerte sich in der Hauptstadt des Imperium die

Plebs, die zum Großteil am Rande der Armut lebte und in den folgenden Jahrzehnten maßgeblich die Politik bestimmen sollte – instrumentalisiert von Politikern unterschiedlicher Couleur.

Aber Rullus wollte sich noch einem anderen Problem stellen, das sich am politischen Horizont abzuzeichnen begann und in den folgenden Jahren zur zentralen Frage in einem Spiel von Allianzen und Rivalitäten werden sollte: der Wiedereingliederung der Soldaten in die italische Gesellschaft. Sie hatten unter Pompeius siegreich im Osten gekämpft, zuerst in der Expedition gegen die Piraten in Kilikien und dann in dem Krieg gegen Mithridates, der zu einer vollständigen Reorganisation der Verwaltung der Territorien unter Kontrolle des römischen Staates im östlichen Mittelmeergebiet geführt hatte. Zu Beginn des Jahres 63 war der Krieg praktisch beendet und stand die Rückkehr der Truppen unmittelbar bevor. Ein Teil der Veteranen kehrte nach der Entlassung auf seine alten Ländereien zurück, aber viele andere forderten, wie es üblich geworden war, seit man verstärkt Proletarier für die Legionen rekrutierte, Land als Kompensation für die Mühen, die sie für die Gemeinschaft auf sich genommen hatten.

Rullus' Agrargesetz sah die Gründung von neuen Kolonien in Italien vor, in denen sowohl Familien der stadtrömischen Plebs als auch die Veteranen des Pompeius angesiedelt werden sollten. Problematisch war der Mangel an öffentlichem Land, das dafür zur Verfügung stand. Rullus schlug die Nutzung von Territorium im fruchtbaren Kampanien vor, das sich noch in staatlichen Händen befand, sowie jener Ländereien, die ihre Besitzer freiwillig verkaufen wollten, um auf jeden Fall eine gewaltsame Enteignung zu verhindern. Diese wie jede andere Landreform bedurfte zu ihrer Durchführung beträchtlicher öffentlicher Gelder. Um die immensen Kosten zu decken, beabsichtigte Rullus, direkt auf die der imperialistischen Expansion Roms zu verdankenden Guthaben zuzugreifen.

Obwohl der Vorschlag moderat und die Notwendigkeit der seit langem erwarteten Landreform offensichtlich war, widersetzte sich die Mehrheit des Senats vehement, wie das bei dieser Art von sozialen Maßnahmen üblich war. Der Konsul Cicero nahm die Rolle eines entschiedenen Gegners der Landreform mit Begeisterung ein. Er hielt vier überzeugende Reden, sowohl vor dem Volk als auch im Senat; die erste am 1. Januar und damit an dem Tag, an dem er Konsul wurde, so dass sie zudem als Erklärung seiner politischen Absichten und Prämissen zu werten ist. Von dreien der erwähnten Reden ist der gesamte Text auf uns gekommen, von der ersten fehlt der Anfang; damit handelt es sich um unsere wichtigste – wenn auch subjektiv gefärbte – Quelle für die Kenntnis des Projekts dieses Volkstribuns.

Cicero vermied es stets, den eigentlichen Punkt der Frage zu thematisieren, das heißt die während der letzten Jahrzehnte verschleppte Notwendigkeit, eine effiziente Agrarreform einzuleiten, die der Masse der Kleinbauern auf dem Land das Überleben sowie denjenigen, die vom Land in die Städte abgewandert waren, die Rückkehr aufs Land ermöglichen würde. Der Konsul konzentrierte sich darauf, die Gesetzeseingabe politisch zu unterlaufen, aber er bot weder eine Alternative zur Lösung der evidenten sozioökonomischen Probleme, noch schien er sehr beunruhigt. Seine Argumentation stellt sich wie folgt dar: Die Befugnisse, die man der Zehnmännerkommission verliehen hatte, welche das Land zu erwerben, zu verteilen und die Begünstigten zu bestimmen hatte, seien zu groß; die Mittel, die man verwenden wollte, um dieses Land zu erwerben und die Reform zu finanzieren, brächten horrende Kosten für den römischen Staat mit sich, denn er verlor in unmittelbarer Zukunft einen Großteil seiner jährlichen Einnahmen; die Ländereien, die man verteilen würde, seien von geringem Ertrag und die Begünstigten nur einige wenige, die ideologisch dem Volkstribun Rullus nahe standen, also aufrührerische Individuen, die in ihren jeweiligen Städten zukünftig für Rom eine Bedrohung darstellten. Im Übrigen richte sich das Projekt gegen den abwesenden Pompeius, dessen Einfluss wohl gemindert werden solle.

Mehr oder minder finden sich alle diese Argumente in den ersten beiden Reden gegen das Vorhaben von Rullus: in der Rede im Senat, der sich im Tempel des Iuppiter auf dem Kapitol versammelt hatte, eher knapp, in der Rede vor dem Volk ausführlich dargelegt. Bei Letzterer handelt es sich um eine ungewöhnlich lange Rede vor einem Publikum, das kaum bereit war, ausführliche Abhandlungen zu ertragen; das lässt vermuten, dass es sich um einen für die Veröffentlichung gezielt überarbeiteten Text handelt.

Besorgnis erregte unter den Senatoren vor allem das Risiko, das der römische Staat auf sich nahm, wenn er Einnahmequellen wie die Steuern verlor – sowie die Unzufriedenheit, die eine exzessive und ungerechte Ausbeutung bei Untergebenen und Verbündeten Roms hervorrufen würde:

> Du wagst es, an irgendeine Staatseinnahme zu rühren, du willst dem römischen Volk die Hilfsmittel des Krieges, du ihm das Rüstzeug des Friedens entreißen? Dann werde ich wirklich glauben, dass ich ein unfähigerer Konsul sei als die tüchtigen Männer, die zur Zeit unserer Vorfahren Konsuln waren, und zwar umso mehr, als man erklären wird, die Einnahmequellen, die das römische Volk unter ihrem Konsulat erworben habe, hätten sich unter meinem Konsulat nicht einmal erhalten lassen. (Über das Siedlergesetz 1,3)

Vor dem Volk widmete sich Cicero dem Thema der unverhältnismäßigen Macht, der sich die Zehnmännerkommission mit dem einzigen Ziel erfreuen würde, sich zu bereichern und persönliche Vorteile zu verschaffen:

> Und ich finde, Quiriten, dass man vom ersten bis zum letzten Kapitel des Gesetzes nichts anderes erdacht, nichts anderes bezweckt, nichts anderes unternommen hat, als unter dem Vorwand und Titel eines Siedlergesetzes zehn Könige zu Herren über die Staatskasse, die Steuern und alle Provinzen zu machen, über den gesamten Staat, die Fürstentümer, die unabhängigen Völker, kurz, über die ganze Welt. (Über das Siedlergesetz 2,15)

Schließlich würde sie die Regierungsform der Freiheit durch eine der Tyrannis ersetzen; das war ein eindeutig überzogenes Katastrophenszenario, dürfte seine Wirkung beim Publikum jedoch nicht verfehlt haben.

Pompeius sei derjenige, der politisch gesehen am meisten unter der Annahme des Agrargesetzes zu leiden hätte. Diese Behauptung, ohne Grundlage und eher demagogisch, verwendet er in der Rede im Senat nicht, aber in der Ansprache vor dem Volk, bei dem Pompeius aufgrund seiner Erfolge sehr beliebt war. Ihn zu übervorteilen konnte gefährlich für das Gemeinwesen sein:

> Deshalb will ich, da ich bemerke, dass fast das ganze Gesetz einer Maschine gleich darauf abzweckt, seine Macht [die des Pompeius] zu vernichten, den Anschlägen dieser Leute Widerstand leisten […]. (Über das Siedlergesetz 2,50)
>
> […] man stellt ein Heer zusammen, gegen euch, gegen eure Freiheit, gegen Cn. Pompeius; gegen unsere Stadt bietet man Capua auf, gegen euch die Scharen der verwegensten Gesellen, gegen Cn. Pompeius die zehn Anführer. (Über das Siedlergesetz 3,16)

Mit diesen Schlussworten seiner zweiten, wesentlich kürzeren Rede vor dem Volk wollte Cicero die Angst vor neuen Bürgerkriegen und Umbruchphasen schüren, von denen die Plebs immer als Erste betroffen war.

Wir wissen nichts über die Einstellung von Pompeius zu dem Gesetzesvorschlag des Rullus, aber es ist nicht ersichtlich, warum er ihn als Bedrohung für sich empfunden haben sollte – vor allem nicht, wenn man in Betracht zieht, dass eines seiner wichtigsten Ziele nach der Rückkehr die Umsetzung einer ähnlich gearteten Maßnahme für seine Veteranen war. Es macht eher den Eindruck, dass Cicero sich einseitig und ohne dessen Kenntnis als Sprachrohr und Beschützer des abwesenden Feldherrn gerieren wollte, um seinen Rang in den Augen des Volkes zu erhöhen: Der Politiker zeigte sich als Freund des großen Generals seiner Zeit. Es liegt nicht fern, einen der Gründe, warum Pompeius sich am Ende von Ciceros Konsulat diesem gegenüber distanziert und kühl verhielt, in dessen eigennützigem Missbrauch seines Namens zu sehen.

Der Gesetzesvorschlag wurde nicht angenommen. Offensichtlich gelangte er nicht einmal zur Abstimmung in die Comitien, sondern wurde von dem Volkstribun zu einem bestimmten Zeitpunkt in der für die Diskussion des Projekts vorgesehenen Periode zurückgezogen, und zwar während man die drei Tage des wöchentlich in Rom stattfindenden Marktes *(trinundinum)* feierte, an denen die Bewohner der umgebenden Regionen in die *Urbs* strömten. Ohne Zweifel hatten die Argumente Ciceros auf diesen Ausgang Einfluss gehabt. Entscheidender aber dürfte die Drohung eines der anderen Volkstribune, des Lucius Caecilius Rufus, gewesen sein, sein Veto einzulegen, und als er das dann tatsächlich tat, beendete er das Verfahren. Dazu kam die unzureichende Unterstützung, die Rullus von führenden Kreisen erfuhr, deren große Mehrheit sich jeder Reform entgegenstellte, die ihre Privilegien in Gefahr bringen konnte, aber auch von Seiten der stadtrömischen Plebs, die wenig Begeisterung zeigte, Rom zu verlassen und in die Unsicherheit des Landlebens zurückzukehren. Auch wenn Cicero diesen Verlauf als persönlichen Sieg verbuchen konnte – was er in gewisser Weise sicherlich war, denn Ciceros Verhalten stärkte seine Überzeugungs- und Führungsqualitäten –, so blieb das soziale Ungleichgewicht in Italien doch als ungelöstes Problem bestehen. Insbesondere die Frage der Rückkehr und der Wiedereingliederung der Soldaten von Pompeius blieb offen und war in den Folgejahren von entscheidendem Einfluss auf die römische Politik.

Der Chronologie der Geschehnisse folgend, die Cicero selbst in seinem Bericht über den Konsulat vorgibt, musste er sich – ausgestattet mit der *auctoritas* seines Amtes – noch in der ersten Jahreshälfte im Gericht der Anklage gegen den betagten Senator Gaius Rabirius stellen. Diese hatte der Volkstribun Titus Labienus eingereicht, der später, im Gallischen Krieg, Offizier Caesars wurde, aber während des Bürgerkriegs auf Seiten der Pompeianer kämpfte. Rabirius war wegen des Mordes an dem Volkstribun Lucius Appuleius Saturninus angeklagt, der im Jahr 100, vor 37 Jahren, stattgefunden haben sollte. Seinerzeit hatte dieser Maßnahmen ergreifen wollen, die die Mehrheit des Senats für »revolutionär« hielt; daher hatte der Senat das *senatus consultum ultimum* ausgerufen und mithin den Staatsnotstand erklärt. Gaius Marius, der damals Konsul war, hatte daraufhin seinen ehemaligen politischen Verbündeten zusammen mit einigen Anhängern ermorden lassen, obwohl Saturninus angesichts des Versprechens des Konsuls, sein Leben zu schonen, kapituliert hatte. Vermutlich hatte Rabirius den

Volkstribun mit eigenen Händen umgebracht. Da jeder Volkstribun als Repräsentant des Volkes als unverletzlich galt *(sacrosanctitas)*, war Rabirius nicht des Mordes, sondern des Hochverrats gegen den Staat *(perduellio)* angeklagt.

Es handelte sich ohne Zweifel um eine politische Operation, hinter der man Caesar zu erkennen glaubt. Durch die erneute Thematisierung dieser Ereignisse sollte vor allem eines erreicht werden: die Legitimität der außergewöhnlichen Maßnahmen in Frage zu stellen, die vom Senat ergriffen worden waren und de facto die Bürgerrechte außer Kraft gesetzt hatten. Sie konnten zur »legalen« Ermordung von Menschen führen, die die Senatsmehrheit für gefährlich hielt, wie es in den letzten Jahrzehnten bei Gaius Gracchus, Saturninus und anderen Reformern der Fall gewesen war. Der Prozess wollte in der Person des Rabirius Missbräuche im Namen des *senatus consultum ultimum* öffentlich verurteilen und das Anrecht jedes römischen Bürgers auf einen Prozess vor Gericht und auf Berufung *(provocatio)* im Fall eines Schuldspruchs durchsetzen.

In erster Instanz wurde Rabirius von zwei Richtern *(duumviri perduellionis)* für schuldig erklärt – Gaius Iulius Caesar und seinem Neffen Lucius, die vom Prätor bestimmt worden waren, in diesem Fall zu urteilen. Gegen das Urteil wurde Einspruch erhoben und die Berufungsverhandlung in die nach Zenturien geordneten Comitien verlegt, so dass die endgültige Entscheidung in den Händen des Volkes lag. Die Bedeutung des Prozesses zeigt sich klar an der Prominenz der Redner, die Rabirius verteidigten, nämlich Hortensius und der Konsul Cicero, dessen Rede erhalten ist. Da Cicero sich der Tragweite des Falls sehr wohl bewusst war, konzentrierte er sich eher auf die politischen Konsequenzen als auf eine strikt juristische Verteidigung des Angeklagten; darum hatte sich bereits Hortensius gekümmert, der abgestritten hatte, dass Rabirius Saturninus ermordet habe.

Die Intervention Ciceros war ein feuriges Plädoyer für das *senatus consultum ultimum*, die Gewalt des Staates als legitimes Mittel, um die Ordnung aufrechtzuerhalten – und mithin für den Senat als Wächter von Rom. Deshalb begann und schloss Cicero seine Rede mit der Feststellung, dass es sein Status als oberster Beamter des Gemeinwesens war, der ihn dazu geführt habe, die Verteidigung des Rabirius zu übernehmen, denn schließlich stand nicht seine Unschuld, sondern das Wohlergehen und das Überleben des römischen Staates auf dem Spiel:

> Gewiss haben mich teils alte Freundschaft, teils die angesehene Stellung der Person, teils mitmenschliche Regungen, teils mein stets ausgeübter Lebensberuf aufgefordert, für C. Rabirius einzutreten; doch dass ich dies mit größtem

Nachdruck tue, dazu zwangen mich das Staatswohl, der Pflichtenkreis des Konsuls, überhaupt der Konsulat, den ihr mir zusammen mit dem Wohl des Staates anvertraut habt. (Rede für C. Rabirius 2)

Rabirius war aus zwei Gründen unschuldig: erstens, weil er Saturninus nicht ermordet hatte, und zweitens, weil er, wenn er ihn ermordet hätte, nichts anderes als die Anerkennung der Bürgerschaft verdient habe, hätte er doch als Patriot gehandelt, um Rom vor einem bösartigen, gefährlichen Individuum zu bewahren, das dem Gemeinwesen nur Schaden zufügen wollte: »Doch nein, Rabirius hat ja den Saturninus getötet. Hätte er es nur getan! Ich würde nicht eine Strafe abzuwenden suchen, sondern eine Belohnung verlangen« (Rede für C. Rabirius 31).

Die Redegewandtheit Ciceros war für den Ausgang des Urteils in letzter Instanz nicht entscheidend, sondern eine List. Diese, auf legalem Weg in das Procedere der Abhaltung von Volksversammlungen eingebracht, erlaubte es, die Comitien zu suspendieren, die über Schuld oder Unschuld von Rabirius zu entscheiden hatten, der letztlich freikam. Cicero erlebte diese Episode jedenfalls als zweiten großen politischen Erfolg seines Konsulats.

Ein weiterer Gesetzesvorschlag von Seiten der Volkstribunen, hinter dem vermutlich wiederum Caesar stand, ließ ein politisches Problem zum Tagesordnungspunkt werden, das noch aus der Zeit der Diktatur Sullas stammte und die einflussreichen Familien entzweite. Der Diktator hatte, um der Aristokratie seine Ideen nahe zu bringen und jeglichen Widerstand aus diesen Reihen zu unterbinden, mittels Proskriptionen die Ermordung Hunderter Personen und das Exil vieler anderer verfügt. Außerdem hatte er, um in Zukunft Probleme zu vermeiden, verboten, dass die Söhne von Opfern seiner Proskriptionen öffentliche Ämter und Magistraturen bekleideten. 20 Jahre später war dieses Verbot, obwohl die politischen Bedingungen sich geändert hatten und die Verfassung Sullas zu einem Großteil reformiert worden war, noch immer in Kraft.

Man gab vor, das Verbot aufheben zu wollen, um die Eintracht der römisch-italienischen Elite zu stärken. Cicero widersetzte sich dem Vorhaben: Die Übernahme einer Magistratur durch junge Nachkommen von Proskribierten mit dem Ziel einer politischen Karriere galt ihm als eine Gefahr für das innere Gleichgewicht. Wie auch in anderen Fällen war die Aufrechterhaltung der traditionellen Ordnung für Cicero das wichtigste Argument, das seine Opposition angesichts einer Maßnahme rechtfertigte, die zu dieser Zeit den römischen Staat eigentlich nicht in Bedrängnis hätte bringen können. Die Diskriminierung hielt an, bis ein Gesetz des Volkstribunen und Caesarianers Marcus Antonius im Jahr

49, zu Beginn des Bürgerkriegs, die wenigen noch lebenden Proskribierten und ihre Nachkommen wieder in ihre Rechte einsetzte.

Es war qua Gesetz festgelegt, dass der Senat, noch bevor die Konsuln ihre Magistratur übernahmen, die Provinzen festlegte, um die sie sich zu kümmern hatten. Cicero teilte das Los Makedonien zu, seinem Kollegen Antonius die Gallia Cisalpina, die Region im Norden Italiens, die sich entlang der fruchtbaren Po-Ebene erstreckte. Noch während sie designierte Konsuln waren, tauschte Cicero mit Antonius die Provinz, so dass die Gallia Cisalpina unter sein Mandat fiel. Sie war zwar weniger ertragreich als Makedonien, lag Rom aber wesentlich näher. Cicero stellte den Tausch als einen erneuten Dienst am Wohle Roms dar, war es ihm doch auf diese Weise gelungen, den ehrgeizigen Antonius zufrieden zu stellen, der Makedonien bevorzugte. Monate später wurden Gerüchte laut, das Abkommen habe die Vereinbarung beinhaltet, dass Antonius Cicero einen Teil der Güter zukommen lassen würde, die er sich in Makedonien anzueignen gedachte. Zudem sei darin ein Passus gewesen, in dem Antonius sich bereit erklärte, sich in Rom diskret zurückzuhalten und seinem Kollegen während des Jahres 63 in jeder Hinsicht die politische Szene zu überlassen.

Cicero verzichtete später in einer Rede vor der Volksversammlung auch auf die Gallia Cisalpina: Er wolle die Stadt nicht verlassen, während sich der Staat in Gefahr befinde. Tatsächlich aber zog unser Protagonist es nach der negativen Erfahrung im Anschluss an die Quästur einfach vor, in Rom zu bleiben. So hatte er es ja auch gehalten, nachdem er Prätor gewesen war. Er wollte der Macht nahe sein, statt in eine Provinz abzureisen, in der seine Arbeit unbeachtet bleiben und sein Konsulat schnell dem Vergessen anheim fallen würde. Seine Präsenz in der Hauptstadt des Imperium erlaubte es ihm dagegen, eine enorme propagandistische Tätigkeit zu entfalten, um sein Konsulat zu verherrlichen.

In den letzten Monaten des Jahres 63 wurde die Verschwörung des Catilina zu dem alles beherrschenden Faktor der politischen Szene Roms und ihre Unterdrückung durch Cicero, die dieser hervorragend publik zu machen verstand, zum Höhepunkt seines Konsulats und seiner politischen Karriere. Wenn auch die konkreten Umstände der Verschwörung hinreichend bekannt sind, so hat man die Interpretation der Beweggründe und Ziele wie auch die Verurteilung der Hauptperson wiederholt diskutiert. Lucius Sergius Catilina, Mitglied einer alten Patrizierfamilie, hatte sich in den vorangegangenen Jahren erfolglos der Wahl zum Konsul gestellt. Im Jahr 63 präsentierte er sich erneut. In den Wochen vor den Comitien hatte er sich, als Kernstück seines Programms im Fall einer Wahl, für die Notwendigkeit eines Schuldenerlasses ausgesprochen. Das Problem war in immer größeren Bereichen der römischen Gesellschaft anzutreffen. Diese Tatsache wie die spätere Unterstützung, die er in Etrurien von Seiten der Bauern erfuhr, hat dazu geführt, dass einige in Catilina einen Sozialreformer gesehen haben. Ciceros Sichtweise mag übertrieben negativ gewesen sein, doch kann man ihn als Ehrgeizling bezeichnen, der zu allem bereit war, um an die Macht zu gelangen.

Die Wahlen wurden wie gewöhnlich im Sommer und unter dem Vorsitz des Konsuls Cicero abgehalten. Und Catilina verlor erneut. Zu Konsuln des Jahres 62 wurden Lucius Licinius Murena und Decimus Iunius Silanus gewählt. Da Catilina außerstande war, seine wiederholten Wahlniederlagen zu akzeptieren, und ihm klar wurde, dass er die höchste Magistratur nicht auf legalem Weg würde erreichen können, begann er in Rom und Italien gemeinsam mit weiteren angesehenen Politikern einen regelrechten Staatsstreich vorzubereiten. Unter diesen befanden sich Mitglieder der römischen Nobilität, die berühmten Familien angehörten, einige bekleideten sogar aktiv ein Amt. Der Bekannteste war der damalige Prätor Publius Cornelius Lentulus Sura, der 71 Konsul gewesen und von den Zensoren des Jahres 70 aus dem Senat ausgeschlossen worden war. Auch andere bekannte Verschwörer waren Opfer der politischen und moralischen »Säuberung« gewesen, die diese Zensoren durchgeführt hatten. Die antiken Quellen erwähnen Lucius Cassius Longinus, der 66 zusammen mit Cicero Prätor gewesen und diesem in den Konsulwahlen für 63 unterlegen war; Publius Autronius Paetus, der 66 zum Konsul gewählt worden war, aber sein Amt nicht angetreten hatte, weil man ihn wegen Wahlbestechung verurteilt hatte, und schließlich den Senator Cornelius Cethegus, in dessen Haus man später ein Waffendepot der Verschwörer fand. Sallust erwähnt neben diesen Angehörigen des Senatorenstandes als Verbündete Catilinas zudem einige Ritter und Aristokraten aus verschiedenen Städten Italiens.

Es handelt sich bei der Verschwörung des Catilina also um etwas anderes als ein persönliches Abenteuer. Die Frustration, hervorgerufen durch politische Marginalisierung und Beleidigungen, die er nicht hinnehmen konnte, ließ Catilina zum Mittelpunkt einer sehr heterogenen Gruppe von Aristokraten werden. Mit Sicherheit hatte jeder verschiedene persönliche Ziele, aber um diese zu erreichen, war die Erlangung der politischen Macht unabdingbar notwendig. Seiner »Propaganda« zufolge wollte man dem römischen Volk die Freiheit wiedergeben, welche ihm von einer Gruppe genommen worden war, die die Macht jenseits der Verfassung innehatte. Die Unterstützung, die dieser Aufstand von Seiten des Volkes erhielt, war jedoch eher gering. Nur in Etrurien erhob sich eine größere Zahl von Bauern in Waffen und machte damit dieses Territorium nördlich des Tiber zum Zentrum einer Revolte, die in diesem Fall eine klar sozialrevolutionäre Komponente hatte. Einige Catilinarier wurden in verschiedene Teile Italiens geschickt, um die Bevölkerung dazu zu bewegen, sich der Verschwörung anzuschließen, aber ihr Erfolg war kaum der Rede wert. Gerade in Rom genossen die Verschwörer wenig Unterstützung, obwohl ein Teil der stadtrömischen Plebs im ersten Moment das Versprechen eines Schuldenerlasses mit Begeisterung zur Kenntnis genommen hatte. Diese Aussicht führte jedoch zu keiner Mobilisierung der Massen auf den Straßen, und der kluge Gebrauch, den Cicero von einem Schreckensszenario für den Fall machte, dass die Rebellen siegten, endete mit einer definitiven Distanzierung der Plebs.

Die großen Verdienste Ciceros bei seinem »Krisenmanagement« bestanden in der Fähigkeit, sich Informationen zu beschaffen, die ihn über die Vorbereitung der Verschwörung auf dem Laufenden hielten, und seiner Fähigkeit, die Ereignisse vorauszusehen. Das machte es zusammen mit seiner klug eingesetzten Rednergabe sowie der moralischen und politischen Autorität, die ihm sein Amt als Konsul verlieh, möglich, die Revolte zu einem frühen Zeitpunkt zu ersticken, so dass Rom selbst keinen Ausbruch sozialer Gewalt erleben musste.

Schon im September soll der Konsul im Senat gewarnt haben, dass Catilina in verschiedenen Teilen Italiens eine Verschwörung vorbereite, aber die Senatoren hielten seine Worte für maßlos übertrieben. Am 21. Oktober konnte Cicero jedoch handfeste Beweise in der Curia vorlegen: Er las aus einigen anonym verfassten Briefen, die Crassus und andere Angehörige der Nobilität ihm hatten zukommen lassen und aus denen die Gefahr eines Aufstands in Etrurien und die Vorbereitungen für die Ermordung bekannter Angehöriger der römischen Elite klar hervorgingen. Da der Konsul darauf beharrte, erklärte der Senat den Ausnahmezustand *(senatus consultum ultimum)* mit Präventivcharakter.

Am 27. dieses Monats kam es dann tatsächlich unter der Führung von Gaius Manlius, einem ehemaligen Zenturio von Sulla, der nach der Diktatur zum Landbesitzer in dieser Region geworden war, zur Rebellion. Aber in Rom selbst waren keine verdächtigen Anzeichen zu beobachten und deshalb blieb Catilina in Freiheit, während einige Senatoren verlautbaren ließen, es handle sich um ein Produkt der Phantasie des Mannes aus Arpinum. Die Situation änderte sich am 7. November schlagartig. In der Nacht zuvor hatte sich der harte Kern der Verschwörer versammelt, um die unmittelbar bevorstehenden Aktionen zu koordinieren: Catilina würde Rom verlassen, um sich den bereits unter Waffen stehenden Männern in Etrurien anzuschließen, die anderen sollten den Aufstand in

Rom anführen, Cicero ermordet werden. Aber der Konsul wurde dank seiner privilegierten Informationsquelle in diesen letzten Wochen, einer Frau namens Fulvia, die die Geliebte eines der Verschwörer war, sofort von diesen Plänen in Kenntnis gesetzt.

Er reagierte prompt: Die Sorge um sein Leben und das Gemeinwesen ließ ihn eine Senatssitzung in den Tempel des Iuppiter Stator einberufen, der am Fuß des Palatin neben der Via Nova lag. Die Auswahl dieses Ortes – und nicht der Curia, in der sich die Senatoren regelmäßig zu versammeln pflegten – war symbolträchtig. Wie bei anderen Gelegenheiten auch suchte Cicero nach einem Effekt, der seinen Worten mehr Gewicht verlieh, und brachte sie mit einem Ort oder einem Monument in Verbindung, dem im kollektiven Gedächtnis Roms Bedeutung zukam. Der Tradition zufolge hatte Romulus diesen Tempel errichtet, um der Gottheit für ihre Hilfe im Krieg gegen die Sabiner unter Titus Tatius zu danken. Eine andere Überlieferung spricht die Dedikation Marcus Atilius Regulus Anfang des 3. Jahrhunderts zu. Die Erklärung des Beinamens Stator ist jedoch ähnlich: Als die Römer sich angesichts des Vormarschs ihrer Feinde zurückziehen mussten, hielt Iuppiter die Verfolger auf und verhinderte so ihre Niederlage. Daher rührt der Beiname der höchsten Gottheit, Stator, »der die Feinde zum Stehen bringt«. Die Botschaft, die mit der Zusammenkunft des Senats in seinem Tempel verknüpft werden sollte, war eindeutig: Es war notwendig, die Verschwörung aufzuhalten, um Rom zu retten.

Überraschenderweise nahm an der Sitzung des Senats auch Catilina selbst teil. Cicero hielt hier seine erste Rede gegen ihn, eine unversöhnliche Schmährede, die mit diesen berühmten Worten einsetzte:

> Wie lange noch, Catilina, willst du unsere Geduld missbrauchen? Bis wann soll deine Tollheit uns noch verhöhnen? Wie weit wird zügellose Dreistigkeit sich noch vermessen? [...] Spürst du nicht, dass deine Anschläge aufgedeckt sind? Siehst du nicht, dass die Kenntnis aller derer, die hier sind, deine Verschwörung bereits gebändigt hat? (Reden gegen Catilina 1,1)

Der Konsul klagte Catilina an, bereits bei verschiedenen Gelegenheiten seine Ermordung beabsichtigt zu haben, aber vor allem bemühte er sich, ihn zu einem Feind der gesamten Gesellschaft zu machen, zu einer Gefahr für Rom, zum Anführer einer Gruppe von Rebellen, die sich in Etrurien gegen das römische Volk erhoben hatte:

Jetzt greifst du schon offen das gesamte Staatswesen an; die Tempel der unsterblichen Götter, die Dächer der Stadt, das Leben aller Bürger, ganz Italien weihst du dem Untergang und der Verwüstung. (Reden gegen Catilina 1,12)
Ein Heerlager ist in Italien, in den Pässen Etruriens, gegen das römische Volk aufgeschlagen; von Tag zu Tag wächst die Zahl der Feinde; doch den Befehlshaber dieses Lagers und Anführer der Feinde sehen wir innerhalb der Mauern und gar im Senat, wie er täglich von innen her einen verderblichen Schlag gegen den Staat ausheckt. (Reden gegen Catilina 1,5)

Seine Verbrechen rechtfertigten ein Todesurteil; schließlich seien herausragende römische Bürger ebenso mit den Gracchen oder mit Saturninus verfahren, um das Vaterland zu retten. Die sofortige Vollstreckung des Urteils sei außerdem durch die Verkündung des Ausnahmezustands legitimiert:

Zum Tode hätte man dich schon längst, Catilina, auf Befehl des Konsuls abführen, auf dich das Verderben lenken sollen, das du gegen uns alle seit langem anstiften willst. (Reden gegen Catilina 1,2)
Denn wir haben ja einen derartigen Senatsbeschluss; er liegt jedoch verriegelt in der Kanzlei; er steckt wie ein Schwert in der Scheide. Hiernach hättest du auf der Stelle tot sein sollen, Catilina. (Reden gegen Catilina 1,4)

In Wahrheit gab es keinen solchen Senatsbeschluss. Zu diesem Zeitpunkt befürwortete Cicero auch nicht offen eine Hinrichtung Catilinas und der Mitverschwörer – weil er sich gewiss darüber im Klaren war, dass es für ein derartiges Vorgehen keine Mehrheit gab. Im Gegenteil drängte der Konsul Catilina immer wieder, Rom zu verlassen:

Da es so steht, Catilina, führe aus, was du begonnen hast; verlass endlich die Stadt; die Tore sind geöffnet; brich auf! Allzu lange schon wartet dein manlisches Lager auf dich, auf den Feldherrn. Nimm auch alle deine Leute mit, oder jedenfalls möglichst viele; säubere die Stadt. (Reden gegen Catilina 1,10)
Denn wenn ich deine Hinrichtung befehle, so wird die übrige Schar der Verschworenen in unserem Staate zurückbleiben; wenn du jedoch abziehst, wozu ich dich schon lange auffordere, dann entleert sich die Stadt auch von dem Haufen deiner Genossen, von dem verderblichen Abschaum unseres Gemeinwesens. (Reden gegen Catilina 1,12)

Es ist schwierig zu bestimmen, inwieweit die Rede Ciceros auf Catilina Einfluss hatte, aber tatsächlich entschied sich dieser sofort, Rom zu verlassen und sich nach Etrurien zu begeben, wo er sich Manlius und den 20 000 Männern anschloss, die Plutarch zufolge unter dessen Befehl standen. Catilina stellte sich an die Spitze der Truppen und zeigte sich mit den Symbolen, die einem legitimen Feldherrn der römischen Armee zustanden. Diese Ereignisse ließen die Behauptungen des Konsuls Gewissheit werden. Er berief für den Tag nach der Senatssitzung eine Volksversammlung ein und hielt eine Rede, mit der er das Volk gegen Catilina aufhetzen und gegenüber Parteigängern im Innern der Stadt sensibilisieren, aber auch zeigen wollte, dass er die Lage in Rom unter Kontrolle hatte. Cicero benutzte – wie generell in seinen Reden vor dem Volk – eine klare Sprache mit dramatischer Färbung, um seinem Publikum eingängige Botschaften zu vermitteln. Er bestätigte den Abmarsch Catilinas und verkündete ihn als großen Triumph:

> Er ging weg, er entwich, er verschwand, er stürzte davon. Jetzt kann das Scheusal und Ungeheuer den Mauern der Stadt im Innern der Mauern kein Verderben mehr bereiten. Und diesen einen Anführer des Aufruhrs im eigenen Lande haben wir unzweifelhaft besiegt. (Reden gegen Catilina 2,1)

Er fuhr fort, ein Bild von Catilina zu zeichnen, das kaum negativer hätte sein können, ließ er ihn doch zu einem wahrhaften Monster werden. Und wie er waren auch alle seine Anhänger Kriminelle und verkommene Wesen:

> Denn welches Unheil oder Verbrechen kann man sich vorstellen und ausdenken, das er nicht geplant hätte? Welcher Giftmischer lässt sich in ganz Italien ausfindig machen, der nicht zugäbe, dass er mit Catilina auf vertrautestem Fuße stand? […] Welche Mordtat wurde in diesen Jahren ohne ihn begangen, welche frevelhafte Unzucht nicht durch ihn? (Reden gegen Catilina 2,7)

Der Krieg, von dem man sich nun befreien musste, war ein Kampf zwischen dem Guten, das Cicero repräsentierte, und dem Bösen, das die Catilinarier verkörperten. In dieser ungleichen Auseinandersetzung standen die Götter zweifelsohne auf der Seite des Konsuls:

> Denn auf dieser Seite kämpft die Gewissenhaftigkeit, dort der Leichtsinn, hier die Keuschheit, dort die Unzucht, hier die Treue, dort der Trug, hier die Pflicht, dort das Verbrechen, hier die Beständigkeit, dort die Raserei, hier die Ehre, dort die Schande, hier die Selbstbeherrschung, dort die Zügellosigkeit

[...]. Wenn nun in einem derartigen Kampf und Streit die Bemühungen der Menschen erlahmen sollten, werden dann nicht die unsterblichen Götter selbst darauf dringen, dass diese glänzenden Tugenden so viele und so schwere Laster überwinden? (Reden gegen Catilina 2,25)

Catilina verdiente den Tod, aber Cicero hatte seine Gutmütigkeit gezeigt, indem er ihn hatte gehen lassen. Wichtig war, dass die Verschwörung hatte aufgedeckt werden können und der römische Staat von nun an mit allen ihm zur Verfügung stehenden Mitteln gegen die Aufständischen vorging. Der Konsul zeigte sich noch bereit, den Rest der Verschwörer gehen zu lassen:

Was ich erhoffte, habe ich jetzt erreicht: Ihr alle seht, dass man sich offen gegen den Staat verschworen hat, es sei denn, jemand bezweifelt, dass, wer Catilina gleicht, auch mit Catilina zusammenhält. Jetzt ist kein Platz mehr für Milde; die Lage selbst erheischt strenge Maßnahmen. Eines will ich auch jetzt noch gestatten: Sie mögen fortgehen und davonziehen; sie sollen nicht zulassen, dass Catilina aus Sehnsucht nach ihnen elend verschmachtet. Ich will den Weg weisen: Er zog auf der aurelischen Straße davon; wenn sie geneigt sind, sich zu beeilen, dann können sie ihn gegen Abend einholen. (Reden gegen Catilina 2,6)

In einer Art Ultimatum drängte er die Aufständischen, ihre Pläne aufzugeben oder aber sich auf Konsequenzen gefasst zu machen:

Denn es gibt kein Volk mehr, das wir fürchten müssten, und keinen König, der Rom mit Krieg überziehen könnte. Dem gesamten auswärtigen Machtbereich hat die Tatkraft eines Mannes [Pompeius] zu Wasser und zu Lande Frieden verschafft; der Krieg im Inneren dauert an; hier drinnen lauert der Hinterhalt, hier steckt die Gefahr, hier ist der Feind. [...] Für diesen Krieg biete ich mich als Führer an, Quiriten; [...] was man heilen kann, werde ich auf jede Weise heilen, was man fortschneiden muss, werde ich nicht bis zum Untergang des Staates bestehen lassen. Daher mögen sie verschwinden oder Ruhe halten, oder, wenn sie in der Stadt bei derselben Gesinnung verharren, dann sollen sie das gegenwärtigen, was sie verdienen. (Reden gegen Catilina 2,11)

Als Catilina sich mit dem Aufrührer Manlius in Etrurien zusammengeschlossen hatte, erklärte der Senat beide zu öffentlichen Feinden *(hostes)* des römischen Staates. Er ging damit in der Legitimation jeder gewalttätigen Handlung, die gegen jene unternommen werden konnte, einen Schritt weiter. Gleichzeitig beauftragten die Senatoren Cicero, als Wächter der Stadt in Rom zu bleiben, während sein Kollege Antonius Truppen rekrutieren sollte, um gegen die Catilinarier zu ziehen.

Im November, aller Wahrscheinlichkeit nach in der zweiten Monatshälfte, führte ein Urteil zu einer weiteren Verschlechterung der politischen Lage. Es drohte Personen gegeneinander aufzubringen, die sich ideologisch nahe standen, zu einem Zeitpunkt, als ihre Einheit notwendig war: nicht nur um Catilina, sondern auch Individuen wie Caesar aufzuhalten, die sich den konservativsten der Senatoren entgegenstellten. An diese Einheit als grundsätzlichen Wert appellierte Cicero in seiner Rede zur Verteidigung von Lucius Murena, den man wegen Wahlbestechung in der Kampagne angeklagt hatte, die einige Wochen zuvor mit seiner Wahl zum Konsul für das Jahr 62 zu Ende gegangen war. Ciceros Situation war kompromittierend. Einerseits handelte es sich bei den Anklägern um den mit ihm befreundeten Servius Sulpicius, der in den Wahlen Murena unterlegen war, und um Marcus Porcius Cato, der später den Beinamen Uticensis erhalten sollte – nach dem Ort, an dem er sich nach dem Kampf gegen die Caesarianer im Bürgerkrieg das Leben nahm. Beide waren für ihre Ehrenhaftigkeit bekannt, so dass sich mit der Anklage Reputation und Legitimität verbanden. Andererseits basierte diese auf einem neuen Gesetz – der Lex Tullia gegen Wahlbestechung *(de ambitu)* –, das ausgerechnet auf die Initiative von Cicero selbst hin angenommen worden war.

Cicero musste also gleich zu Beginn rechtfertigen, dass er die Verteidigung von Murena gegen seine politischen Freunde und Verbündeten übernommen und damit in gewisser Weise die Autorität seines eigenen Gesetzes gegen Wahlbestechung unterminiert hatte. Er hob die moralische Verpflichtung hervor, die aus seiner Stellung als Konsul resultierte: In diesem Verfahren stand nicht die Würde des Angeklagten auf dem Spiel, sondern die des Staates. Auf die Frage, ob die Anklage auch nur annähernd berechtigt sein konnte, ging er gar nicht erst ein. Kernpunkt seiner Ausführungen war, dass das Gemeinwesen es sich angesichts der Verschwörung des Catilina und der Seinigen nicht leisten konnte, einen seiner gewählten Konsuln zu verurteilen und das Jahr 62 mit nur einem anzufangen, der ordnungsgemäß sein Amt würde bekleiden können. Das würde zweifelsohne den Staat schwächen und Catilina beflügeln, der versuchen könnte, seine Handlung zu legitimieren, indem er auf die vermeintliche Korruption verwies, die ihn vom Konsulat ferngehalten habe. Wegen der politischen Brisanz dieses Prozesses intervenierten weitere angesehene Persönlichkeiten des öffentlichen Lebens – Hortensius und Crassus – als Verteidiger Murenas. Und wir können vermuten, dass die Argumente, die Cicero benutzte, denen der Richter nicht fern standen, die den Angeklagten für unschuldig befanden, so dass er sein Amt als Konsul am 1. Januar 62 antreten konnte.

Währenddessen waren die in Rom verbliebenen Verschwörer nicht untätig, aber ein falscher Schritt beschleunigte die Geschehnisse und gab dem Konsul die Möglichkeit, schließlich mit der Schlagkraft zu handeln, die er sich gewünscht hatte. Die Verschwörer nahmen zu Gesandten der Allobroger Kontakt auf, einer gallischen Ethnie aus der Rhône-Gegend, die im letzten Viertel des 2. Jahrhunderts v. Chr. unterworfen worden war. Diese befanden sich nämlich gerade in Rom, um vor dem Senat den römischen Statthalter der Gallia Narbonensis wegen Auspressung der Provinz zu verklagen. Sie baten sie, Catilina zu unterstützen und sich seinem Heer mit ihrer Kavallerie anzuschließen sowie zudem in Gallien eine Revolte anzuzetteln, um das römische Heer abzulenken. Die Allobroger, überrascht durch die unerwartete Einbeziehung in ein innerrömisches Anliegen und erschrocken angesichts möglicher Konsequenzen, zogen es vor, ihrem Patron und dem Verteidiger ihrer Interessen in Rom, Fabius Sanga, Bericht zu erstatten, der seinerseits Cicero informierte. Dieser bat die Gesandten, auf die Verschwörer einzugehen und sich wie Verbündete zu verhalten. Es fehlten greifbare Beweise, die die Verschwörer selbst aber prompt lieferten: Sie gaben den Galliern Briefe, die der Prätor Lentulus und Cethegus – zwei der führenden Catilinarier – geschrieben hatten, und stellten ihnen einen Führer, der sie zu Catilina persönlich bringen sollte. Cicero handelte schnell. Er postierte Truppen unter dem Befehl der beiden Prätoren an der Milvischen Brücke, auf der jeder den Tiber überqueren musste, der die Stadt Richtung Norden verließ. Dort nahm man die Allobroger und die Catilinarier, die sie begleiteten, gefangen, und die Briefe, die ihre Pläne bezeugten, wurden beschlagnahmt. Die wichtigsten Verschwörer wurden verhaftet. Im Haus des Cethegus fand man eine große Menge Waffen.

Cicero, der nun endlich über alle notwendigen Beweise verfügte, um frei handeln zu können, wollte sich trotzdem der größtmöglichen Unterstützung vergewissern, bevor er zu drastischen Mitteln griff. Deshalb befahl er für den 3. Dezember den Senat in den Tempel der Concordia, der das Forum auf der Westseite dominierte und in seiner momentanen Form errichtet worden war, als nach dem Tode des aufrührerischen Gaius Gracchus und der Niederschlagung von Hunderten seiner Anhänger im Jahr 121 die Ordnung wiederhergestellt worden war. Die Symbolik des Ortes und die Parallelen zwischen beiden Ereignissen lagen auf der Hand. Vor dem Senat berichteten die Allobroger von ihren

Kontakten zu den Verschwörern; die Briefe, die sie bei sich hatten, wurden verlesen und ihre Verfasser sahen sich schließlich gezwungen, ihre Pläne zu gestehen. Man entschied, die Verschwörer unter Arrest zu stellen, und Lentulus wurde gezwungen, von seinem Amt als Prätor zurückzutreten. Der Senat beschloss die Feier eines Dankesopfers gegenüber den Göttern *(supplicatio)*; diese Zeremonie fand eigentlich nur statt, wenn es einen militärischen Sieg zu feiern galt. Vielleicht war es zu diesem Anlass, dass man Cicero auf Initiative von Quintus Lutatius Catulus, dem damaligen Vorsitzenden des Senats *(princeps senatus)*, zum »Vater des Vaterlandes« *(pater patriae)* erklärte.

Als die Senatssitzung beendet war, versammelte der Konsul das Volk, das sich bereits auf dem Forum befand:

> Ihr seht, Quiriten: Der Staat und euer aller Leben, euer Hab und Gut, eure Frauen und Kinder sowie dieser Wohnsitz des herrlichsten Reiches, die gesegnetste und schönste Stadt, all dies wurde am heutigen Tag durch die unsterblichen Götter, die euch ihre übergroße Liebe erzeigten, sowie durch meine Mühen, Vorkehrungen und Fährnisse der Flamme und dem Schwert und fast dem Rachen des Schicksals entrissen und auch erhalten und wiedergegeben. (Reden gegen Catilina 3,1)

Für den Konsul war der Konflikt beendet, obwohl der Aufstand in Etrurien noch im Gange war, und er rühmte sich, das »ohne Gemetzel, ohne Blutvergießen«, ohne die Toga gegen den Brustpanzer tauschen zu müssen, erreicht zu haben. Die Verschwörung sollte aber dennoch ein blutiges Ende nehmen, das seinerseits einen Wendepunkt in der politischen Karriere und im Leben Ciceros markierte.

Denn noch galt es die Frage zu lösen, wie mit den Verschwörern zu verfahren sei, die unter Arrest standen; handelte es sich bei einigen doch um Persönlichkeiten von hohem Rang. Deshalb berief Cicero erneut den Senat zu einer Sitzung ein, am 5. Dezember. Der Erste, der das Wort ergriff, war Silanus, einer der gewählten Konsuln, der sich für die Todesstrafe aussprach. Ihm antwortete Caesar, einer der gewählten Prätoren, der für Milde votierte und eine Verurteilung zum Tode ohne vorherige Verhandlung als ungesetzlich zurückwies; diese stehe den Grundrechten jedes römischen Bürgers diametral entgegen. Er war aber klug genug, sich politisch von den Verschwörern zu distanzieren, für die er als Alternative zur Todesstrafe das Exil und die Konfiskation ihres Besitzes vorschlug.

Wahrscheinlich intervenierte als Nächster Cicero. Er sprach sich weder offen für den Vorschlag von Silanus noch für den von Caesar aus – er sei bereit, jede Entscheidung des Senats zu akzeptieren und auszuführen. Aber er beurteilte dennoch die Option Caesars weitaus kritischer, und es schien klar, dass er selbst es vorzog, Strenge walten zu lassen und die Todesstrafe anzuwenden. Er hob die Schwere der begangenen Verbrechen hervor, setzte sich für eine harte Bestrafung ein und fragte, ob es nicht besser wäre, zukünftigen Kritikern dieser Strenge entgegentreten zu müssen als Anklagen, nicht sorgfältig genug gehandelt zu haben, um Rom zu retten: »Dieses Übel hat sich weiter verbreitet, als man denken möchte […] Durch Aufschieben und Hinhalten kann man es keineswegs beseitigen; wie ihr euch auch entscheiden wollt, ihr müsst rasch durchgreifen« (Reden gegen Catilina 4,6).

Nach antiker Überlieferung sprach als Letzter der Volkstribun Marcus Porcius Cato, dessen Rede das Pendel eindeutig in Richtung der Todesstrafe ausschlagen ließ: Der Senat habe mit Autorität und ohne Pietät zu handeln; die Verschwörer hätten ihr Verbrechen gestanden und für dieses zu sterben; ihre Strafe habe denen als Warnung zu dienen, die sich immer noch mit Catilina in Etrurien aufhielten. Cicero stellte schließlich den Vorschlag von Cato zur Abstimmung. Die Senatoren stimmten mehrheitlich für die Todesstrafe.

Der Konsul sträubte sich nicht. Im Gegenteil: Er beeilte sich, die Empfehlung des Senats noch am gleichen Tag umzusetzen. Man brachte die Verschwörer zum Tullianum, dem alten Kerker am Fuße des Kapitols, der in unmittelbarer Nähe des Tempels der Concordia lag, wo sie hingerichtet wurden. Anschließend wandte sich der Konsul an die Anwesenden auf dem Forum und teilte ihnen kurz und bündig den Tod der Verschwörer mit. »Sie haben gelebt«, sagte er lakonisch. Dann begab er sich in Begleitung der führenden Politiker der Zeit in sein Anwesen im Viertel Carinae. Auf diese Weise hatte man die Verschwörung in Rom endgültig unterdrückt. Weitere Beteiligte wurden in den folgenden Monaten verurteilt und bestraft. In Etrurien hielt der Aufstand noch bis zu Beginn des Jahres 62 an, als Antonius, der bis dahin beinahe unsichtbar geblieben war, die Truppen Catilinas in Pistoria vernichtend schlug. Catilina selbst starb in der Schlacht.

Sehr wahrscheinlich hatte Cicero die Bedeutung der Verschwörung überschätzt, so, wie er sich mit der Zeit beinahe allein ihre Aufdeckung und Vereitelung zuschrieb, um den Ruhm seines Amtes zu vergrößern. Sicher ist, dass sie stattfand und für die politische Stabilität Roms eine Gefahr darstellte, der er mit Umsicht begegnete.

Das Jahr 63 ging zu Ende und damit auch der Konsulat Ciceros. Der Mann aus Arpinum, der seit seiner Jugend davon geträumt hatte, die oberste Magistratur des römischen Staates zu bekleiden, fühlte sich als großer Triumphator, am

Gipfel angelangt, ein von der großen Mehrheit des römischen Volkes – insbesondere von Senatoren und Rittern – für die Dienste, die er seinem Vaterland geleistet hatte, bewunderter Staatsmann: »[...] warum soll ich mich nicht freuen, dass mein Konsulat geradezu schicksalhaft für die Rettung des römischen Volkes geworden ist?« (Reden gegen Catilina 4,2)

Cicero ließ von da an nicht eine Gelegenheit aus, an seine Taten als Konsul zu erinnern und sie zu verkünden; das galt für seine Reden wie für seine private Korrespondenz und seine zu diesem Zweck verfassten Schriften. Er tat das so häufig und mit einer derartigen Beharrlichkeit, dass Seneca kritisch von ihm als demjenigen sprechen sollte, »der sein Konsulat nicht ohne Grund lobte, aber ohne Ende«. Zu seinem Unglück sollten die Ereignisse in den kommenden Monaten und Jahren zeigen, dass er sich nach der Beendigung des Konsulats weder des Einflusses, der Führungskapazität und der Autorität in der römischen Gesellschaft würde erfreuen können, die er zu haben und zu verdienen glaubte, noch seine Taten als Konsul die Zustimmung erfuhren, die er sich gewünscht hatte. Das galt nicht zuletzt für die Unterdrückung der Verschwörung des Catilina.

Durch sein Amt war Cicero zu einem Angehörigen der exklusiven römischen Aristokratie, der Nobilität, geworden und nahm dank seines Status als lebenslanger Konsular einen herausragenden Platz im Senat ein. In einer derart hierarchisch strukturierten Gesellschaft wie der römischen bedeutete dieser Status, eine moralische Überlegenheit zur Schau zu stellen, die sich in den Sitzungen des Senats daran zeigte, dass man von seinem Recht, das Wort zu ergreifen, immer in der ersten Runde der Interventionen Gebrauch machen konnte, das heißt zusammen mit den anderen ehemaligen Konsuln. Doch war die politische Präsenz Ciceros, der von weiteren Amtsübernahmen ausgeschlossen war und keine militärischen Aufgaben übernahm, weit weniger maßgeblich als die der großen Feldherren der 50er-Jahre und sollte aus diesem Grund kaum dem entsprechen, was er erwartet hatte.

7

»DAS WOHL DES VOLKES ALS OBERSTES GESETZ«

Die Geschichte der römischen Republik ist innen- wie außenpolitisch von Gewalttätigkeiten geprägt. Die kleine latinische Stadt hatte von einer hervorragenden geographischen Lage aus ihre Position im Zentrum Italiens zunächst gefestigt, um dann die Eroberung der gesamten italischen Halbinsel und des Mittelmeerraums in Angriff zu nehmen. Jahrhundertelang konnte der Tempel des Ianus, der symbolisch offen stand, wenn sich der römische Staat im Krieg befand, nicht geschlossen werden. Die Heere Roms kämpften zunächst gegen alle italischen Völker – Etrusker, Volsker, Aequer, Samniten, die im Süden Italiens siedelnden Griechen et cetera – und später gegen Karthager, Hispanier, Gallier, Makedonier und andere. Die jährliche Rekrutierung der Soldaten, die als römische Bürger die Legionen bildeten, wurde unter dem Vorsitz der Konsuln zu einer regelmäßigen Praxis und der Krieg zu einem wesentlichen Bestandteil im Dasein eines Römers.

Viele politische Veränderungen in Rom – wie soziale und gesellschaftliche Reformen – waren von Massenaufläufen und gewaltsamen Unruhen begleitet. Der Überlieferung nach hatte ein Volksaufstand unter Führung der Aristokraten die tyrannische Monarchie abgelöst und diese sich dann selbst der Herrschaft bemächtigt. Der darauf folgende Konflikt zwischen Patriziern und Plebejern zog sich über fast zwei Jahrhunderte hin, bis die Plebejer in gleichem Maße in die politischen und religiösen Institutionen der Republik integriert wurden. Dieser Prozess war von ständigen sozialen Auseinandersetzungen begleitet. Anschließend stabilisierte sich die innenpolitische Situation in der *Urbs*, wenn es auch weiterhin zu spontanen Gewalttätigkeiten kam.

Der Kriegszustand wie die Gewalt in der Politik waren für die Mitglieder der römischen Gesellschaft also gewohnte Faktoren. Aber im Laufe der späten Republik und besonders während des 1. Jahrhunderts v. Chr. wurde die facetten-reiche und dauerhafte institutionelle wie von der Straße ausgehende Gewalt zu einer der entscheidenden Triebkräfte der Zeit: Sie erklärt den Auflösungsprozess des traditionellen republikanischen Systems, diese Desintegration, aus der heraus sie gleichzeitig entstand. Man nahm sie durchaus als ein in diesem Ausmaß neues Problem wahr – in den 70er- oder 60er-Jahren wurde zum ersten Mal ein Gesetz gegen Gewalt angenommen und schuf man einen ständigen Gerichtshof, der nur für diese Art von Delikten zuständig war. Im Jahr 52 brachte Pompeius ein neues Gesetz ein, allerdings kein allgemein gültiges: Es richtete sich gegen die Unruhen, die nach dem Tod des Publius Clodius ausgebrochen waren und die Ernennung zum alleinigen Konsul *(consul sine collega)* bewirkt hatten.

Trotz der Verabschiedung einer besonderen Gesetzgebung gegen die politische Gewalt ließ diese sich nicht kontrollieren – aus zwei Gründen: einerseits der Tatsache, dass keine adäquaten Institutionen existierten, um die Proteste der diversen sozialen Gruppierungen zu kanalisieren, vor allem nicht für die am stärksten benachteiligten. Insofern sah man in der Anwendung von Gewalt den einzig möglichen Ausweg. Andererseits gab es auch gar keinen realen Willen, der Gewalt in all ihren Erscheinungsformen ein Ende zu setzen, war sie doch als Dienst am Gemeinwesen gerechtfertigt, wenn die äußerst konservative Aristokratie sie als notwendig erachtete. Diese folgte dem Prinzip, dass Argumentation und Diskussion in Ausnahmefällen durch die physische Eliminierung des politischen Gegners ersetzt werden konnten oder sogar mussten: eine Art der Problemlösung, die ihrerseits davon ausging, dass es sich bei den Problemen der römischen Republik weniger um strukturelle – also institutionelle, politische oder sozioökonomische – als vielmehr um personelle Probleme handelte. Diese Einstellung spiegeln auch das Werk und die politische Praxis Ciceros. Sie sollte sich langfristig in einer Entwicklung, in der die Waffen die Worte verdrängten, als Irrtum erweisen.

Zur Zeit Ciceros wurden die Massenaufläufe häufiger. Sie gingen vielfach aus gewaltsamen Auseinandersetzungen hervor, zum Beispiel im Verlauf der Volksversammlung oder einer Theateraufführung, in den Straßen von Rom, auf dem Forum oder dem Marsfeld. Die stadtrömische Plebs trat vor allem in Aktion, um gegen ihr Leben in Armut zu protestieren – der zeitweilige Mangel an Grundnahrungsmitteln, die Mietpreise, aber auch erdrückende Schulden gehörten zu den drängendsten Problemen. Manchmal wollte sie aber auch auf bestimmte politische oder juristische Entscheidungen Einfluss nehmen oder als volksnah erachtete Politiker bei ihren Gesetzesinitiativen unterstützen.

In direktem Zusammenhang damit steht das Auftauchen von bewaffneten Banden, die manchmal unter Vertrag standen und bei deren Mitgliedern es sich um ehemalige Soldaten handelte, Angehörige der stadtrömischen Plebs und immer öfter auch um professionelle Gladiatoren. Cicero zufolge gab es in den Banden seiner Feinde, zum Beispiel von Clodius, auch Sklaven, aber mit dieser Behauptung wollte er wahrscheinlich nur dessen politische Ziele als illegitim erscheinen lassen: War es doch undenkbar, dass Bürger und Sklaven, die sich vom juristischen und sozialen Status derart unterschieden, gemeinsam handelten. Wie dem auch gewesen sein mag – Politiker unterschiedlicher Couleur schufen sich ihre eigenen Banden zur Selbstverteidigung und diese wurden vor allem während der 50er-Jahre zu einem echten politischen und sozialen Problem. Man tolerierte ihre Existenz jedoch, wie sich einigen Passagen der Reden von Cicero zur Verteidigung seiner Freunde Sestius und Milo entnehmen lässt:

[...] dass sie, wenn die Gesetze keine Kraft haben und die Gerichte nicht arbeiten, wenn ein aufrührerisches Komplott von Skrupellosen den Staat mit Waffengewalt unterdrückt, genötigt sind, Leben und Freiheit durch eine Leibwache und Mannschaften zu schützen. (Für Publius Sestius 86)

Welchen Sinn hat unser Gefolge, unser Schwert? Dergleichen dürften wir bestimmt nicht haben, wenn wir unter keinen Umständen Gebrauch davon machen dürften. (Rede für T. Annius Milo 10)

In einem Brief vom Februar 56 beschrieb Cicero dem Bruder Quintus sehr lebendig das Klima der Gewalt, das in Rom herrschte, ließ aber keinen Zweifel daran, dass er die Rekrutierung bewaffneter Männer von Seiten des Pompeius und Milo begrüßte. Hier zeigt sich einmal mehr die Doppelzüngigkeit hinsichtlich des Gebrauchs von Gewalt, die Ciceros Äußerungen immer dann charakterisierte, wenn seine Freunde und politischen Verbündeten Gewalt ausübten:

Pompeius merkt es und spricht mit mir darüber, dass ein Anschlag gegen sein Leben beabsichtigt sei [...] So trifft er denn seine Gegenmaßnahmen, holt Leute vom Lande heran. Aber auch Clodius verstärkt seine Banden; für die Quirinalien wird ein Handstreich vorbereitet. Doch für diesen Fall sind wir durch Milos eigene Gefolgschaft besser gerüstet; außerdem erwarten wir noch starken Zuzug aus Picenum und Gallien, so dass wir auch Catos Anträgen gegen Milo und Lentulus entgegentreten können. (Briefe an den Bruder Quintus 2,3,4)

Es ist wenig überraschend, dass einige Politiker zur Selbsthilfe griffen, um sich zu schützen; schließlich gab es keine ständige Einrichtung im Sinne einer Polizei, die im Namen des Staates gehandelt hätte. Auch unter den jährlichen Magistraten, die die Verwaltung des römischen Staates bildeten, gab es keine, die eigens für die Aufrechterhaltung der öffentlichen Ordnung zuständig gewesen wären – nur die Ädile und die weniger bekannten *tresviri capitales* scheinen sich unter anderem um den Schutz vor Gewaltanwendung gekümmert zu haben. Die höheren Magistrate verfügten zudem während ihrer Amtszeit über eine Gruppe von Helfern *(apparitores)*, unter denen sich die Liktoren befanden, die sie bei allen öffentlichen Akten als Ausdruck ihrer Amtsgewalt begleiteten. Zudem waren sie für die Aufrechterhaltung der Ordnung während des Ablaufs der Volksversammlungen oder öffentlichen Prozesse sowie für die Verhaftung von Personen zuständig. Im republikanischen Rom existierte jedoch kein institutionalisiertes Strafsystem; Gefängnisaufenthalte galten nicht als eine reguläre Strafmaßnahme. Es gab Kerker wie das Tullianum in unmittelbarer Nähe des Forums – hierhin waren die Catilinarier verbracht worden –, in denen die Angeklagten die kurze Zeit bis zu ihrer Verurteilung oder der Ausführung des Urteilsspruchs verbrachten.

Wenn man also diesen permanenten Mangel an staatlicher Organisation in Betracht zieht, dann lag im Fall eines Ausnahmezustandes alles in den Händen des Senats und den Maßnahmen, die er ergriff, sowie in deren Umsetzung durch die amtierenden Magistrate, insbesondere die Konsuln. In Ausnahmefällen wie im Jahr 52 konnte das den Einsatz von Militärkräften, deren Präsenz in Rom selbst verboten war, einschließen. Die Maßnahmen hingen ihrerseits von Bürgern ab, die sie freiwillig ausführten, weil sie von deren Notwendigkeit überzeugt waren oder weil ihr sozialer oder juristischer Status als Klienten, Freigelassene und Sklaven sie aus ihrer Situation der Abhängigkeit heraus verpflichtete zu intervenieren. So hielt sich der Konsul Cicero zum Beispiel während der Zeit des Arrestes und der Hinrichtung der Verschwörer eine Art private Leibwache aus ihm treu ergebenen Leuten, herausragenden Personen des öffentlichen Lebens und seinen Klienten.

Das Klima politischer Gewalt entlud sich auch in regelmäßigen Attentaten gegen einzelne bekannte Politiker, in erster Linie jene, die sich durch Versuche hervorgetan hatten, institutionelle oder sozioökonomische Reformen zu realisieren, die die herrschende Aristokratie als gefährlich für die etablierte Ordnung ansah. Schon Tiberius und Gaius Gracchus waren in den Jahren 133 und 121 eines gewaltsamen Todes gestorben. Sie hatten versucht eine Agrarreform durchzusetzen – Gaius sogar eine umfassende Reorganisation des römischen Staates. Auch der Volkstribun Saturninus und sein Verbündeter, der Prätor Glaucia, hatten verschiedene Sozialmaßnahmen eingeführt und waren im Jahr 100 ermordet worden. Bei Gaius Gracchus wie bei Saturninus kam es zur Anwendung eines *senatus consultum ultimum*; in beiden Fällen folgte auf den Tod der Sozialreformer die Hinrichtung Hunderter ihrer Anhänger ohne Gerichtsurteil. Als der junge Cicero bereits in Rom lebte, ermordete man im Jahr 91 den Volkstribun Livius Drusus – dessen Haus auf dem Palatin er später kaufen sollte – in Folge seines Vorschlags, allen Italikern das römische Bürgerrecht zu verleihen. Sein Scheitern beschleunigte den Beginn des sogenannten Bundesgenossenkrieges. Nach dem Ende dieses Konflikts starb der Volkstribun Sulpicius Rufus im Zusammenhang mit dem Staatsstreich Sullas im Jahr 88. Er hatte die Wahlbezirke *(tribus)* sowohl für die neuen italischen Bürger wie auch für die Freigelassenen öffnen wollen. Bei allen diesen Anschlägen hatte Cicero nur zugeschaut, aber in den gewaltsamen Tod seines Feindes Clodius im Jahr 52 und den Caesars an den Iden des März 44 war er involviert – entweder stiftete er diese an oder aber er rechtfertigte sie, wie wir sehen werden. Fast alle diese Politiker waren angeklagt worden, in Rom eine Tyrannis *(regnum)* errichten zu wollen.

In diesem Kontext politischer Gewalt sind auch die Proskriptionen zu sehen. Sulla hatte sie als »ideologische Säuberung« begonnen, um seine Macht nach dem Ende des Bürgerkrieges gegen die Parteigänger von Marius und Cinna zu festigen. Sie brachten in den Jahren 81 und 80 Hunderten von herausragenden Mitgliedern der römischen Gesellschaft den Tod oder das Exil: Senatoren wie Rittern, deren Name auf diesen Listen stand – nicht, weil sie gegen ein römisches Gesetz verstoßen hätten, sondern weil sie sich Sulla widersetzt hatten. Dem Beispiel Sullas folgten mit dem gleichen Ziel die Triumvirn Antonius, Lepidus und Octavian nach dem Tode Caesars. Eines der Opfer ihrer Proskriptionen sollte Cicero sein, der von den Männern des Marcus Antonius ermordet wurde.

Das Resultat dieses Klimas von Gewalt waren die Bürgerkriege, die aber teilweise auch erst die erwähnten Episoden provozierten. Tatsächlich lebte man im 1. Jahrhundert in einem permanenten oder zumindest latenten Bürgerkrieg. Als ersten Bürgerkrieg könnte man den sogenannten Bundesgenossenkrieg *(bellum sociale)* bezeichnen, der von 91 bis 88 zwischen dem römischen Staat und einem Großteil seiner italischen Verbündeten andauerte. Diesem Krieg folgte eine Reihe militärischer Konflikte, die die römisch-italische Gesellschaft zermürbten und zum Zusammenbruch des republikanischen Systems beitrugen: der Staatsstreich von Sulla im Jahr 88; die Eroberung von Italien durch Sulla und der folgende Bürgerkrieg von 83 bis 82; die Rebellion des Lepidus gegen das Regime Sullas und seine Niederlage gegen Pompeius in den Jahren 78 bis 77; der Krieg in Hispanien gegen Sertorius in den 70er-Jahren, bei dem es sich ebenfalls um ein Ergebnis der Diktatur Sullas handelte und den der omnipräsente Pompeius schließlich beendete; die Militärkampagne in Etrurien gegen Catilinas Truppen in den Jahren 63 und 62 und als Letzter der Bürgerkrieg, der Caesar und Pompeius entzweite und schließlich zum Untergang des republikanischen Regimes führte.

Wenn sich in diesen Wirren überhaupt ein Politiker in seinen Werken für den Frieden einsetzte, dann ist das ohne Zweifel Cicero. Aber er ist es auch, der Argumente vorträgt, die den Einsatz der Gewalt von Seiten oder im Namen des Staates rechtfertigen. Theoretisch verurteilte er den Einsatz von Gewalt, aber moralisch sah er ihn als gerechtfertigt an, wenn die Gewalt sich gegen Aufrührer wandte, zugunsten der *boni*, der »guten Männer«, und um den Staat und die traditionelle Ordnung zu sichern.

»Was sollte ein Verteidiger des Friedens wie ich mit einer Statue des Gottes Mars machen?«, fragt er in einem Brief aus dem Jahre 46 Fadius Gallus. Der Frieden war dem Krieg immer vorzuziehen, handelte es sich doch um einen der Zivilisation nicht angemessenen Zustand:

> Denn für die Bürgerschaft ist nichts verderblicher, nichts steht zu Recht und Gesetz in größerem Widerspruch, nichts ist schädlicher für die Gemeinschaft der Bürger und unmenschlicher, als in einem in jeder Hinsicht geordneten Staatswesen etwas mit Gewalt durchzusetzen. (Über die Gesetze 3,42)
>
> Denn da es zwei Arten des Entscheidens gibt, die eine durch Auseinandersetzung, die andere durch Gewalt, und da jene dem Menschen eigentümlich ist, diese den Tieren, darf man zur zweiten erst seine Zuflucht nehmen, wenn man die erste nicht anwenden kann. (Vom rechten Handeln 1,34)

Cicero versuchte, zwischen Caesar und Pompeius zu vermitteln, um einen Bürgerkrieg zu verhindern. Er suchte jede Form der Verständigung, die es erlaubte, den Frieden zu bewahren:

> Und als Pompeius schon alle Machtmittel – die eigenen und die des römischen Volkes – in Caesars Hände gegeben hatte, als ihm zu spät aufgegangen war, was ich schon lange Zeit vorher hatte kommen sehen, und als ich nun erkannte, dass das Vaterland in einen entsetzlichen Krieg verwickelt zu werden drohte, da war wiederum ich derjenige, der unaufhörlich zum Frieden, zur Verständigung, zum Ausgleich riet […]. (Philippische Rede 2,24)

Aber der »Bürgerfrieden«, den Cicero verteidigte, bedeutete nicht, dass man die Waffen einfach fallen ließ. Der Mann aus Arpinum wies den Krieg nicht zurück, wenn er für das Wohlergehen der Gemeinschaft notwendig war, denn der innere Frieden, für den er eintrat, war von der Freiheit schlicht nicht zu trennen, ohne sie nicht zu akzeptieren. Die enge Beziehung zwischen Frieden und Freiheit, das Fundament der Sicherheit, Eintracht und inneren Stabilität, ist eine der grundlegenden Ideen Ciceros, die er ein um das andere Mal wiederholt:

> […] aber man muss sich hüten, dass wir es mehr aus Furcht vor dem Kriegführen als aus Erwägung des Nutzens tun. Ein Krieg aber soll so unternommen werden, dass nichts anderes als der Friede gesucht scheint. […] Leichtsinnig aber am Kampf teilzunehmen und mit dem Feinde handgemein zu werden ist etwas Ungeheuerliches und Tierähnliches. Wenn es aber Lage und Notwendigkeit verlangen, muss man mit dem Schwert die Entscheidung suchen und den Tod der Knechtschaft und Schande vorziehen. (Vom rechten Handeln 1,80–81)

Diese Worte sind bemerkenswert, wenn man bedenkt, dass sie seiner Schrift »Vom rechten Handeln« entstammen, die er in den letzten Monaten des Jahres 44 nach der Ermordung Caesars, der er selbst zugestimmt hatte, verfasste und zu deren Höhepunkten ein postumer Angriff auf den Diktator zählt. Zu diesem Zeitpunkt hatte er mit den Philippischen Reden bereits eine Hetzkampagne für einen Krieg gegen Marcus Antonius begonnen, den er für unbedingt notwendig hielt, um die Freiheit Roms zu erhalten. Cicero, der die Welt des Militärs stets gemieden hatte, verteidigte nun ohne Unterlass, dass den zivilen Beamten ein ebenso hoher oder sogar höherer Rang als den Generälen zukäme. Er rechtfertigte damit offensichtlich seine eigene politische Karriere.

> Das Ehrenvolle aber, das wir erforschen, ruht ganz in der Sorge und dem Denken des Geistes. Darin bringen nicht kleineren Nutzen die, welche als Politiker dem Gemeinwesen vorstehen, als die, welche Krieg führen. (Vom rechten Handeln 1,79)

In seiner dritten Rede gegen Catilina, als die Verschwörung zwar bereits aufgedeckt, aber die Entscheidung, die Schuldigen hinzurichten, noch nicht getroffen worden war, rühmte sich Cicero, diese Herausforderung bewältigt zu haben, ohne einen einzigen Tropfen Blut eines Bürgers vergossen zu haben. Er bezeichnete sich selbst als »togatragenden Konsul«, um den zivilen und explizit nichtmilitärischen Charakter seines Konsulats zu unterstreichen:

Denn ihr seid der grausamsten und elendsten Vernichtung entrissen; ihr seid ihr entrissen ohne Mord, ohne Blutvergießen, ohne Heer, ohne Kampf; als Bürger in Zivil habt ihr gesiegt, einzig von mir, dem Zivilbeamten, geleitet und befehligt. (Reden gegen Catilina 3,23)

Zwei Tage nachdem er diese Worte ausgesprochen hatte, ordnete der togatragende Konsul die Hinrichtung der Catilinarier an, die der Senat beschlossen hatte, und vergoss damit letztlich, ohne Gerichtsurteil und ohne dass ihnen die Möglichkeit zur Berufung gegeben worden wäre, das Blut römischer Bürger. Seinen Diskurs änderte er trotzdem nicht. Bei verschiedenen Gelegenheiten zitierte er einen Vers aus seinem Gedicht »Über mein Konsulat«, der in der Antike wegen seines Inhalts und aus ästhetischen Gründen stark kritisiert worden ist. Dort betont er den Vorzug des Wortes und des Zivilen gegenüber dem Militärischen, so dass es gleichsam als Fazit seines Konsulats heißt: »Die Waffen mögen weichen vor der Toga; der Lorbeer möge weichen vor dem Bürgerlob« (*cedant arma togae, concedat laurea laudi*; Gegen Lucius Calpurnius Piso 74). Bis zum Ende seines Lebens unterstrich er den aus seiner Sicht friedlichen Charakter der Unterdrückung der Verschwörung.

Gewalt zwischen Bürgern sei nicht wünschenswert, denn letztlich nehme das Gemeinwesen dadurch Schaden. Aber gleichzeitig gebe es Momente, in denen der Gebrauch von Gewalt gerecht und notwendig sei und als legitime und natürliche Handlungsweise auf den Einsatz von Gewalt anderer antworte:

Doch wenn es überhaupt einen Grund gibt, rechtmäßig einen Menschen zu töten (und es gibt viele), dann ist dieser hier nicht nur rechtmäßig, sondern sogar zwingend: dass man einen gewaltsamen Angriff mit Gewalt abwehrt. [...] Wie kann es vollends Unrecht sein, einen Wegelagerer und Räuber zu töten? [...] Dies ist also kein geschriebenes, sondern ein angeborenes Gesetz [...], von dem wir nicht unterrichtet, sondern durchdrungen sind: dass wir, wenn unser Leben durch einen tückischen Anschlag, durch die bewaffnete Gewalt von Räubern oder Feinden bedroht ist, in Ehren jedes Mittel verwenden dürfen, das uns vor Schaden bewahrt. (Rede für T. Annius Milo 9–10)

Ciceros Rechtfertigung der Anwendung von Gewalt ist in einigen seiner Reden fassbar, die er in den 50er-Jahren hielt, nach der traumatischen Erfahrung seines Exils. In einer Zeit, in der die Gewalt sich der politischen Bühne bemächtigt hatte, machte er seine Freunde und politischen Verbündeten Publius Sestius und besonders Titus Annius Milo zu Vorbildern, wie eine adäquate Antwort von Seiten der »guten Männer« auszusehen habe:

> Was soll ich von einem ganz hervorragenden Manne, von T. Annius, sagen
> [...]? Er sah ein, dass man einen verruchten Bürger oder vielmehr inneren
> Feind, wenn es möglich sei, die Gesetze anzuwenden, durch einen Prozess be-
> seitigen, dass man jedoch, wenn der Terror auch die Gerichte behindere und
> zum Schweigen bringe, die Verwegenheit durch Mut, den Aberwitz durch
> Tapferkeit, das blinde Wüten durch ruhige Überlegung, die Banden durch
> Schutztruppen und die Gewalt durch Gewalt bezwingen müsse. (Danksa-
> gung an den Senat 19)
>
> Zwischen unserer durch Menschlichkeit veredelten Lebensweise und je-
> nem wilden Dasein besteht kein größerer Gegensatz als der von Recht und
> Gewalt. Wenn wir das eine nicht haben wollen, dann haben wir mit Notwen-
> digkeit das andere. Wir wollen, dass die Gewalt verschwindet: Das Recht
> muss sich durchsetzen, das heißt die Gerichtsbarkeit, die allem Recht zur Gel-
> tung verhilft. Die Gerichtsbarkeit wird abgelehnt oder ist gar nicht vorhan-
> den: Unvermeidlicherweise herrscht Gewalt. (Für Publius Sestius 92)

Milo hatte in den 50er-Jahren eine bewaffnete Bande zu seinen Diensten, mit der
er der Gewalt des Clodius entgegenzutreten versuchte. Cicero bemüht sich nicht
einmal, das zu leugnen. Im Jahr 52 stirbt Clodius schließlich in einer Auseinandersetzung zwischen seiner Bande und der Milos. Aufgrund der Popularität, die
Clodius genoss, rief sein Tod eine Welle von Unruhen in Rom hervor. Der Senat
gab das *senatus consultum ultimum* aus, bestellte Pompeius in einer kaschierten
Form von Diktatur zum einzigen Konsul und beauftragte ihn damit, die Ordnung in der Stadt wiederherzustellen. Pompeius begegnete den Anhängern des
Clodius mit harten Mitteln, zeigte sich jedoch, um die Gemüter zu beruhigen,
durchaus zu Konzessionen bereit. Daher wurde Milo formal angeklagt, den Tod
des Clodius angestiftet zu haben, und man machte ihm den Prozess. Wegen seiner politischen Ansichten und ihrer Freundschaft erbot sich Cicero, ihn vor Gericht zu verteidigen. Er fühlte sich bemüßigt, die Anschuldigung abzustreiten,
dass er selbst an der Vorbereitung des Attentats beteiligt gewesen sei oder dazu
angestiftet habe:

> Außerdem [...] ist euch bekannt, ihr Richter, dass einige von den Befürwor-
> tern des neuen Gesetzes behauptet haben, der Mord sei zwar von Milos Hand
> verübt worden, jedoch auf Anstiften eines Mächtigeren. Offensichtlich such-

ten sie mich als Banditen und Mörder hinzustellen – diese verworfenen, abscheulichen Menschen. Sie sind durch ihre eigenen Zeugen widerlegt [...]. Ich atmete auf, ich war entlastet; ich brauche nicht mehr zu fürchten, dass ich geplant zu haben scheine, was ich mir nicht einmal vorzustellen vermochte. (Rede für T. Annius Milo 47)

Doch dass er überhaupt glaubt, sich verteidigen zu müssen, ist ein Hinweis darauf, dass man es ihm zutraute. Der Verdacht wurde nie bestätigt, aber Cicero wurde davon auch nie befreit. Noch zehn Jahre später hatte er sich erneut wegen dieser Beschuldigung zu verantworten, die jetzt von Marcus Antonius erhoben wurde:

P. Clodius sei auf mein Betreiben getötet worden, sagtest du. [...] Aber ich war darüber erfreut. Und? Hätte ich inmitten solcher Freude der ganzen Bürgerschaft als Einziger traurig sein sollen? Immerhin ist dem Tode des P. Clodius ein Prozess gefolgt [...] was damals, als die Sache verhandelt wurde, niemand gegen mich vorbrachte, das zu behaupten hat man so viele Jahre auf dich warten müssen? (Philippische Rede 2,21–22)

In dem Prozess gegen Milo argumentierte der Redner in seinem Plädoyer zur Verteidigung, dass das Attentat nicht geplant worden und der Tod des Clodius in jedem Fall als Folge seiner Selbstverteidigung zu werten sei. Aber die eigentliche Argumentation, mit der er die Unschuld seines Klienten beweisen wollte, war die folgende: Clodius war ein Staatsfeind, ein Tyrann, der größten Greueltaten fähig, und insofern war es ohne Belang, ob sein Tod auf legale Art und Weise herbeigeführt worden war oder nicht. Der einzige Vorwurf, den man Milo tatsächlich machen könne, sei der, warum er es nicht schon viel früher zum Tode des Clodius habe kommen lassen. »Gesetzt, Milo hätte ihn ermordet: Müsste er im Falle eines Geständnisses fürchten, dass die ihn strafen könnten, deren Befreier er wäre? Die Griechen erweisen den Männern göttliche Ehren, die einen Tyrannen getötet haben [...]« (Rede für T. Annius Milo 79–80).

Ein Verbrechen, das im Namen des Staates begangen worden war, sei also nicht nur nützlich, sondern notwendig, um diesen gegen die Feinde des Gemeinwesens zu schützen. Es sei die Pflicht eines jeden Patrioten, gegen diese anzugehen, wie es Pflicht war, an einem Krieg gegen äußere Feinde teilzunehmen. Die Sicherheit des Staates stand über allem: »Ihnen soll das Wohl des Volkes das oberste Gesetz sein« (*salus populi suprema lex esto*; Über die Gesetze 3,8).

Diese legitime Gewalt im Namen des Staates auszuüben sollte allein dem Senat vorbehalten sein, der Institution der »guten Männer« *(boni)*, der »Besten« *(optimates)*, als Garanten der traditionellen Ordnung. Es war die Verpflichtung eines jeden Bürgers, zur Bewahrung der politischen und sozialen Ordnung in Rom beizutragen, insofern war es nicht anzuklagen, sondern zu bewundern, wenn einer von ihnen die Waffen gegen einen Aufrührer ergriff. Genau das hatte Cicero ja auch getan, als er Konsul gewesen war, und so wie er sollte jeder Bürger handeln, auch wenn er kein Magistrat war. Die Aufrührerischen galten automatisch als verkappte Tyrannen, als Zerstörer von Rom, während diejenigen, die sie ermordeten, zu Tyrannenmördern wurden, zu Rettern von Rom, die eine Lobrede verdienten. Deshalb bot der Mann aus Arpinum in seinen Schriften wiederholt eine wahrhafte Apologie dessen, was er als Tyrannenmord verstand.

Wenn wir das *senatus consultum ultimum* in die heutige Zeit übertragen, dann müssen wir uns darunter die stillschweigende Erklärung des Ausnahmezustands in Rom vorstellen. Es handelte sich um ein Dekret des Senats, in dem dieser bestätigte, dass der Staat sich in Gefahr befand, und die Magistrate konkret ermahnte, die notwendigen Maßnahmen zu ergreifen, damit der Staat keinen Schaden leide und die Ordnung wiederhergestellt werde. Diese allgemeine Aufforderung beinhaltete keine konkrete Initiative; es waren die Magistrate, an die man appellierte, dass sie die allgemeinen Entscheidungen des Senats umzusetzen verstanden. Als letzten Schritt erklärte man – implizit oder explizit – die Bürger, die man für subversiv hielt, zu Staatsfeinden *(hostes)*. Damit entsprachen sie äußeren Feinden; sie waren aus der Gemeinschaft ausgeschlossen und standen nun außerhalb des Gesetzes. Dieser Status erlaubte jede gewalttätige Handlung gegen sie. Er setzte die Grundrechte eines Individuums außer Kraft, ermöglichte die Beschlagnahmung seiner Güter und bedeutete in der Tat die Todesstrafe.

Das *senatus consultum ultimum* hatte nie eine Einschränkung durch ein Gesetz erfahren, das die Kompetenzen der Magistrate festlegte, ihren Handlungsspielraum oder die Dauer dieser außerordentlichen Maßnahme eingrenzte. Es war eine willkürliche Verordnung ohne gesetzlich bestimmte Beschränkungen; Handlungen, die aus ihr resultierten, wurden im Nachhinein legitimiert. Diese juristische Unbestimmtheit führte in der Praxis beinahe systematisch zum Tod von Menschen, die der Senat als gefährlich erachtete. Im Allgemeinen wurden sie ohne Prozess hingerichtet. In der späten Republik kam es zu einer Kontroverse zwischen denjenigen, die davon ausgingen, dass man den bestehenden Gesetzesrahmen nicht überschreiten dürfte, und denjenigen, die meinten, das Wichtigste sei die Erhaltung des Staates um jeden Preis.

Das sind in etwa die Meinungen, die in der Senatsdebatte vom 5. Dezember 63 diskutiert wurden, welche mit der Verurteilung der Catilinarier zum Tode endete. In diesem Fall hatte der Konsul Cicero sich nicht offen für die Todesstrafe ausgesprochen, aber er hielt ihre Anwendung aufgrund des *senatus consultum ultimum*, das der Senat wenige Wochen zuvor auf sein Gesuch hin beschlossen hatte, für gerechtfertigt. Die Gewaltausübung seitens des Staates war von ihm in seiner Funktion als Konsul in der Rede für Gaius Rabirius leidenschaftlich verteidigt worden. Hier argumentierte er wie in keiner anderen zugunsten des *senatus consultum ultimum*, dessen Legitimität ja gerade in dem Prozess gegen Rabirius in Zweifel gezogen werden sollte. Der Text dieser Rede wurde nach dem Ende seines Konsulats publiziert, als Cicero selbst vom *senatus consultum ultimum* Gebrauch gemacht hatte: Der Mann aus Arpinum verteidigte in dem Plädoyer seine eigenen Handlungen.

In seinen letzten Lebensjahren, enttäuscht über den Zustand der Republik, erlebte Cicero den Bürgerkrieg zwischen den Anhängern von Caesar und Pompeius, die Etablierung der Diktatur Caesars und dessen Ermordung sowie den Beginn des neuen Bürgerkrieges. Er verurteilte vehement die Entwicklung zu einer Alleinherrschaft, die zum Sieg Caesars über die Pompeianer geführt hatte. Es wundert nicht, dass die Mörder des Diktators, angeführt von Marcus Iunius Brutus, sich auf Cicero beriefen, als sie dem Diktator die Schläge versetzten, die ihn sterben ließen. Diese Tatsache führte zusammen mit der Feindschaft, die der Mann aus Arpinum gegenüber dem Diktator empfand, und der Freundschaft und ideologischen Nähe, die ihn dagegen mit einigen der Mörder verbanden – insbesondere mit Brutus –, dazu, dass man ihn anklagte, die Verschwörer zu ihrer Tat angestiftet zu haben. Eben das war ja auch nach dem Tod des Clodius geschehen. Die Anschuldigung, die vor allem Marcus Antonius propagierte, verbreitete sich in Rom in den Monaten nach den Iden des März, wie Cicero selbst in einem Brief vom 25. September 44 an einen der wichtigsten Beteiligten der Verschwörung, den Prätor Gaius Cassius, festhält:

> Aber dieser verrückte Kerl, dieser Lump [Marcus Antonius], viel nichtswürdiger als selbst er, in dem nach deinen Worten der größte Schurke umgebracht worden ist [Caesar], sucht nur nach einem Anlass zum Morden, und der einzige Grund, weshalb er mich als Urheber der Ermordung Caesars verdächtigt, ist der, die Veteranen [aus dem Heer Caesars] gegen mich aufzuhetzen. Diese Gefahr fürchte ich nicht; die Hauptsache ist mir, dass er eure glorreiche Tat mit Ruhm für mich verbindet. (An seine Freunde 12,2,1)

Er erörterte dieses Thema in der zweiten Philippischen Rede wenige Monate später, die nie gehalten wurde. Dabei wies er erneut auf seinen historischen Beitrag zum Wohlergehen Roms hin:

> Doch erinnert euch, wie mich der scharfsinnige Mensch [Antonius] überführt hat. »Als Caesar tot war«, sagte er, »hob Brutus sofort den blutigen Dolch in die Höhe; er rief Cicero beim Namen und beglückwünschte ihn zur Wiederherstellung der Freiheit.« Warum gerade mich? Weil ich von der Sache gewusst hatte? Der Grund, dass er mich ansprach, war doch wohl der: Er hatte eine Tat vollbracht, die den von mir selbst vollbrachten Taten ebenbürtig war, und so wollte er sich zuallererst von mir bezeugen lassen, dass sein Verdienst dem meinigen gleich käme. (Philippische Rede 2,28)

Tatsächlich war Cicero an der Ermordung Caesars nicht persönlich beteiligt gewesen. In einigen Briefen vom Februar 43 an Gaius Trebonius und an Cassius, zwei der Verschwörer, beklagte er sich, dass man ihn nicht gebeten hatte, an der Verschwörung teilzunehmen: »Wie wünschte ich, du hättest mich zu jenem herrlichen Mahle an den Iden des März geladen! Dann wäre nichts übrig geblieben [von Antonius]« (An seine Freunde 10,27,1). Er scheint jedoch sehr wohl darüber informiert gewesen zu sein, was man durchzuführen beabsichtigte. Aus einem Brief an Brutus, der von April 43 datiert, geht klar hervor, dass beide darüber debattiert hatten, wie man mit Caesar und später mit seinen Anhängern verfahren solle; Cicero zeigte sich in dieser Frage wesentlich radikaler als Brutus:

> Du weißt, dass ich stets der Meinung war, dass man das Vaterland nicht allein vom Tyrannen, sondern von der Tyrannis befreien müsse. Du hast ehrenvoller gedacht, mit unsterblichem Ruhm [...]. In jenen ersten Tagen hast du alles auf den Frieden bezogen, den man nicht allein mit Reden erreichen könne; ich habe alles der Freiheit unterstellt, die nicht ohne Frieden existieren kann. Ich dachte, man könne denselben Frieden mit Krieg und Waffen erreichen. (Briefe an Brutus 4,1)

Es gibt jedoch keinen greifbaren Beweis, dass Cicero der Anstifter des Mordes gewesen wäre. Wie man den Passagen aus seinen Schriften entnehmen kann, billigte er ihn und hielt ihn für notwendig, um die Republik wiederherzustellen, die Caesar in den Ruin geführt hatte. Ohne Zweifel diente sein politisches Gedankengut, insbesondere seine Befürwortung des aus Patriotismus begangenen Tyrannenmordes, den Verschwörern während der Vorbereitung des

Mordes als ideologische Unterstützung. An Atticus schreibt er am 12. März 49, dass er dabei sei, eine Reihe von rhetorischen Übungen zur Tyrannis zu verfassen:

> Soll man im Vaterlande bleiben, wenn es von einem Tyrannen beherrscht wird? Soll man mit allen Mitteln auf die Beseitigung der Tyrannis hinarbeiten, auch wenn dabei wahrscheinlich die Existenz des Staates auf dem Spiele steht? Oder muss der, der die Tyrannis beseitigen will, sich in Acht nehmen, dass er nicht selbst auf den Thron gehoben wird? Soll man lieber versuchen, dem von einem Tyrannen beherrschten Vaterlande durch Verhandlungen und Ausnutzen günstiger Umstände zu helfen als durch Krieg? Ist es politisch klug, sich irgendwo zu verkriechen und sich ruhig zu verhalten, wenn das Vaterland von einem Tyrannen beherrscht wird, oder um der Freiheit willen jede Gefahr auf sich zu nehmen? (Atticus-Briefe 9,7,2)

Ex post betrachtet, ist es offensichtlich, dass er den Mord billigte und davon ausging, »dass Caesar zu Recht getötet worden sei« (Philippische Rede 13,2). In diesem Kontext der Frage der Legitimation sind die folgenden Passagen seiner Schrift »Vom rechten Handeln« zu verstehen, verfasst in den letzten Monaten des Jahres 44, in denen sich seine Einstellung zum ethischen Charakter des Tyrannenmordes verfestigt:

> Oft nämlich geschieht es in einer Situation, dass man manches, was meist für schändlich zu gelten pflegt, nicht schändlich findet. [...] Was kann es für ein größeres Verbrechen geben, als nicht nur einen Menschen, sondern sogar einen befreundeten Menschen zu töten? Hat sich also auch einer in ein Verbrechen verstrickt, wenn er einen Tyrannen, mag er noch so befreundet sein, getötet? Dem römischen Volke wenigstens scheint es nicht so, das von allen rühmlichen Taten jene für die schönste hält. Hat also der Nutzen die Ehrenhaftigkeit überwunden? Nein, im Gegenteil: Die Ehrenhaftigkeit ist dem Nutzen gefolgt! (Vom rechten Handeln 3,19)
>
> Mit Tyrannen nämlich haben wir keine Gesellschaft, [...] und es ist nicht gegen die Natur, den zu berauben, wofern du kannst, den zu töten ehrenhaft ist; und dies ganze Verderben bringende und gottlose Geschlecht muss aus der Gemeinschaft der Menschen ausgeschlossen werden. Denn wie manche Glieder amputiert werden, wenn sie selber das Blut und gleichsam den Lebensodem verlieren und den übrigen Teilen des Körpers schaden, so ist diese Vertiertheit in Menschengestalt und diese Ungeheuerlichkeit einer Bestie aus

der gemeinsamen Menschlichkeit des Körpers, wenn ich mich so ausdrücken darf, auszuscheiden. (Vom rechten Handeln 3,32)

Cicero glaubte nicht, dass man der Gefahr der Etablierung einer Tyrannenherrschaft mit der Beseitigung Caesars Herr geworden sei. Deshalb unternahm er in den letzten Monaten seines Lebens einen wahren Kreuzzug gegen Marcus Antonius; einen Kampf, der ihm am Ende selbst den Tod bringen sollte. An seine vorherigen Ideen anschließend, setzte er seine Reden gegen Antonius aus Argumenten zusammen, die einen Krieg gegen ihn und seine Ermordung rechtfertigten. Cicero dämonisierte Antonius – wie zuvor Catilina, Clodius und andere politische Gegner – und zeichnete ein dramatisches und extremes Bild der politischen Lage, in der nur eine Alternative existierte: Freiheit oder Tyrannis.

Doch dieses abscheuliche Ungeheuer: Wer könnte sich damit abfinden, und wie? Was kennt Antonius denn anderes als Schwelgerei, Grausamkeit, Anmaßung und Skrupellosigkeit? Aus diesen Fehlern ist der ganze Mann zusammengesetzt; an ihm zeigt sich kein Edelmut, kein Maß, keine Rücksicht, keine Scham. In dieser Lage – da es jetzt um die Entscheidung geht: ob er dem Staate Buße tut oder wir seine Knechte werden – wollen wir jetzt endlich, bei den unsterblichen Göttern, versammelte Väter, die Entschlossenheit und den Mut unserer Vorfahren zeigen, um entweder die Freiheit zurückzugewinnen, das Kennzeichen des römischen Wesens und Namens, oder um lieber den Tod auf uns zu nehmen als die Knechtschaft. (Philippische Rede 3,28–29)

Nachdem er an die historischen Tyrannenmorde an Tarquinius Superbus – in Wirklichkeit hatte man ihn aus Rom verbannt –, Cassius, Maelius und Manlius erinnert hatte, Taten, die er als »herausragend und göttlich« bezeichnete, die »allen möglich und eines Lobpreises würdig seien«, drohte er Antonius, er werde ebenso wie Caesar enden, der ein Tyrann wie jene gewesen sei. Damit rief er direkt zu einer gewalttätigen Aktion gegen den zukünftigen Triumvirn auf:

Mit diesem Manne [Caesar] kann ich dich vergleichen, was den Machthunger betrifft, [...]. Doch aus den zahlreichen Übeln, mit denen er unseren Staat gezeichnet hat, ist uns Gutes erwachsen: Das römische Volk hat jetzt gelernt, wie weit es einem jeden Glauben schenken darf, wem es sich anvertrauen kann, vor wem es sich hüten muss. Das bedenkst du nicht, noch begreifst du, dass es beherzten Männern genügt zu wissen, welche schöne Tat, welch vollkommener Dienst, welch ruhmreicher Titel es ist, einen Tyrannen zu töten.

[...] Um die Wette wird man sich alsbald auf diese Arbeit stürzen, glaub mir, und nicht erst auf eine zaudernde Gelegenheit warten. (Philippische Rede 2,117–118)

Der römische Staat befand sich in großer Gefahr und Marcus Antonius war wie zuvor Catilina der Feind des Gemeinwesens. Die Möglichkeit, Gesandte zu Antonius zu schicken, um eine Übereinkunft zu erzielen, verwarf er und forderte dagegen mit ganzer Kraft und ohne jede Verzögerung den Krieg:

Ich meine daher, versammelte Väter, dass wir nicht von Unterhändlern reden sollten; jetzt gilt's, denke ich, ohne Säumen an die Ausführung zu gehen und unverzüglich zu handeln. Den Aufruhr ausrufen, den Stillstand der Rechtspflege verkünden, zum Kampfe bereit sein, das, sage ich, ist unsere Pflicht, und Truppen ausheben, ohne Rücksicht auf Dienstbefreiungen, in der Stadt und in ganz Italien [...]. (Philippische Rede 5,31)

Cicero verteidigte diesen gerechten Krieg *(bellum iustum)* gegen Antonius nicht nur als einzigen, wenn auch paradoxen Weg, um den Frieden wiederherzustellen, sondern er stellte sich offen als ein Politiker mit Härte gegenüber seinen Gegnern dar – weit entfernt von jeglicher Programmatik einer Eintracht und Versöhnung zwischen Bürgern. Mit einer Ironie, die eines gewissen Zynismus – und wahrscheinlich auch einer gehörigen Portion Realismus – nicht entbehrte, hatte er in der Milde Caesars einen der wichtigsten Gründe für seine Ermordung erkannt. Diese hatte dazu geführt, dass er seine Feinde frei und ohne Bestrafung ließ und jene ihn schließlich ermordeten: »die Milde ist ihm schlecht bekommen; wenn er nicht auf sie zurückgegriffen hätte, dann wäre ihm dergleichen nicht passiert« (Atticus-Briefe 14,22,2 – vom 14. Mai 44). In dem Bürgerkrieg, der auf die Ermordung Caesars folgte, rügte Cicero Brutus Mitte Juli 43 für seinen Wunsch, zu seinen Gegnern milde zu sein, und empfahl ihm stattdessen, sie zu gegebener Zeit Strafen zu unterziehen, die er für gerecht und notwendig hielt:

Genug von den Ehrungen! Jetzt gilt es, ein paar Worte über die Strafen zu sagen. Aus deinen Briefen habe ich ja mehr als einmal ersehen, dass du deine Milde gegen die von dir besiegten Feinde gewürdigt wissen willst. Ich bezweifle durchaus nicht, dass alles, was du tust, wohlüberlegt ist; aber ein Verbrechen nicht ahnden – und darauf läuft es ja hinaus, wenn man »verzeihen« sagt – mag zwar unter Umständen angebracht sein; in diesem Krieg halte ich es für verderblich. Unter allen Bürgerkriegen, die zu meinen Lebzeiten den

Staat heimgesucht haben, war keiner, in dem nicht – einerlei, welcher Seite der Sieg zufiel – immerhin eine Art von Gemeinwesen bestehen blieb. Was für einen Staat wir haben werden, wenn wir in diesem Kriege Sieger bleiben, kann ich schwerlich mit Bestimmtheit sagen; unterliegen wir, dann wird es gewiss überhaupt keinen mehr geben. Darum habe ich gegen Antonius, gegen Lepidus scharfe Maßnahmen beantragt, und zwar nicht so sehr als Rache, als um für den Augenblick ruchlose Bürger einzuschüchtern und von der Bekämpfung des Vaterlandes abzuschrecken und für die Zukunft ein Exempel zu statuieren, damit niemand auf den Gedanken kommt, solchen Wahnsinn nachzuahmen. (Briefe an M. Brutus 16,10)

Die Alternative, vor die er sich selbst zu Beginn des Krieges zwischen Caesar und Pompeius noch gestellt sah, ob der Tyrannis mit Diskussionen oder mit Krieg zu begegnen sei, hatte er schließlich auf eine schon verzweifelt zu nennende Weise gelöst: indem er den Gebrauch der Gewalt gegenüber dem des Wortes rechtfertigte. Diese Haltung verweist auf den hohen Grad der Frustration des »togatragenden Konsuls« und zeigt zugleich das Ausmaß der Desintegration der römischen Republik. Mit seinen letzten Reden trug Cicero zu einer Verstärkung der angespannten politischen Lage in Rom noch bei, die in einem »totalen« Bürgerkrieg zwischen den verschiedenen Protagonisten endete. Als der zukünftige Augustus sich der Herrschaft bemächtigt hatte, besiegelte das den Untergang der traditionellen Republik, die Cicero stets verteidigt hatte.

8

VOM RUHM INS EXIL
(62–58 v. Chr.)

Auf dem Höhepunkt des Ruhms verglich Cicero sich in einem Moment der Euphorie mit Pompeius – er und der große Feldherr waren die herausragenden Männer Roms:

> [...] und dass zur gleichen Zeit in diesem Staat zwei Bürger hervorgetreten sind, von denen der eine die Grenzen eures Reiches nicht durch Landstriche, sondern durch Himmelsgegenden festgesetzt, der andere die Wohnstatt und den Sitz dieses Reiches gerettet hat. (Reden gegen Catilina 3,26)

Während er sich in Briefen an Vertraute als einzigen Protagonisten der Aufdeckung der Catilinarischen Verschwörung darstellte – »seit ich mir durch die Ereignisse des 5. Dezember so ungewöhnlichen, unsterblichen, freilich auch mit allseitiger Missgunst und Feindschaft verbundenen Ruhm erworben habe« (Atticus-Briefe 1,19,6) –, war ihm in den öffentlichen Reden stets daran gelegen, dass seine Handlungen in dieser Angelegenheit politische Unterstützung genossen hatten: Hier war er vor allem derjenige, der die Entscheidungen des Senats ausführte. Sobald heftige Kritik wegen der Verurteilung der Verhafteten laut wurde, suchte er die Idee zu verbreiten, dass der Senat und mit ihm alle »guten Männer« die Verantwortung für die von ihm ergriffenen Maßnahmen trugen. Nach seiner Rückkehr aus dem Exil stellte Cicero in seiner ersten Rede vor den Senatoren klar, dass er »ihren Ratschlägen folgend« gehandelt hatte (Danksagung an den Senat 7), und vertrat stets den Standpunkt, dass er sein Leben für die Rettung der Bürger Roms aufs Spiel gesetzt hatte und sie von da an in der moralischen Verpflichtung standen, ihn zu unterstützen:

Meine Handlungen hatte ich nicht allein und in eigener Verantwortung, sondern im Namen des allgemeinen Willens ausgeführt, und hierbei ging es mir nicht nur um meinen persönlichen Ruhm, sondern um das gemeinsame Wohl aller Bürger, ja, geradezu aller Völker – ich hatte unter der Bedingung gehandelt, dass jedermann verpflichtet sei, meine Tat stets zu rechtfertigen und zu verteidigen. (Für Publius Sestius 38)

Ein Konsulat, versammelte Väter, das nur dem Namen nach mir gehört, in Wahrheit jedoch euch – denn was habe ich beschlossen, was ausgeführt, was getan, ohne mich auf den Rat, das Urteil und die Auffassung dieser Versammlung zu stützen? (Philippische Rede 2,11)

Aber es war offensichtlich, dass Cicero letztlich für Hinrichtungen verantwortlich zeichnete, deren gesetzliche Grundlage sehr fraglich war. Schließlich hatte er sie ohne das übliche Verfahren in den ordentlichen Gerichten und ohne Recht auf Berufung angeordnet. Der Senat konnte nicht als alternatives Gericht fungieren: Er war es gewesen, der den Vorschlag Catos in der Curia zur Abstimmung gebracht hatte, er hatte die Hinrichtung der Catilinarier angeordnet, und er rühmte sich, sie ausgeführt zu haben. Und es gab Angehörige der römischen Elite, die bereit waren, den Konsul deswegen anzuklagen, sobald seine Amtszeit vorbei war. Oder schon vorher, wie das Beispiel der Volkstribunen des Jahres 62 zeigt: Lucius Calpurnius Bestia und vor allem Quintus Caecilius Metellus Nepos griffen Cicero in aller Öffentlichkeit an, als sie ihr Amt am 10. Dezember 63 angetreten hatten. Sie klagten ihn an, gesetzeswidrig gehandelt zu haben, und nannten ihn einen Tyrannen – eine für Cicero zweifelsohne äußerst kränkende Beleidigung, die er noch des Öfteren würde hören müssen, hauptsächlich aus dem Mund seines großen Gegners Publius Clodius.

Am letzten Tag des Jahres sollte der Mann aus Arpinum einen Vorgeschmack auf das bekommen, was ihn zukünftig an Unannehmlichkeiten erwartete. Es war Brauch, dass die aus dem Amt scheidenden Konsuln an diesem Tag eine Rede vor dem Volk hielten, mit der sie sich verabschiedeten und ihre Taten noch einmal rekapitulierten. Der Volkstribun Metellus Nepos legte ein Veto gegen die Rede Ciceros ein, mit der Begründung, dass jemand, der den Tod von Mitbürgern angeordnet habe, ohne ihnen eine Anhörung in einem Verfahren zu gewähren, es nicht verdiente, von der Mehrheit aller Bürger gehört zu werden. Der Volkstribun erlaubte ihm nur, den üblichen Schwur eines aus dem Amt scheidenden Magistraten zu leisten, demzufolge er die Gesetze des römischen Staates respektiert habe. Cicero verwendetete jedoch, als er das Wort ergriff, nicht die übliche Eidesformel, sondern sagte, dass er sein Vaterland gerettet habe – und seine Worte wurden vom Volk mit Begeisterung aufgenommen. Das sollte der letzte – in diesem Fall moralische – Sieg des Konsuls Cicero sein, denn die Frage der Gesetzmäßigkeit der Hinrichtungen der Catilinarier wurde in den folgenden Jahren heftig diskutiert und hatte schließlich das Exil Ciceros im Jahr 58 zur Folge. Damit wurde sein Jahr des Triumphs letztendlich zum Anlass seiner größten Verbitterung.

Nachdem er sein Amt abgegeben hatte, verlor der ehemalige Konsul jede politische Initiative und verbrachte ein Gutteil des Jahres 62 damit, sich gegen die Angriffe seiner Gegner zur Wehr zu setzen. Nach der erwähnten Episode, die sich bei der Eidesleistung ereignet hatte, leitete der besagte Volkstribun Metellus Nepos in den ersten Wochen des Jahres eine wahre politische Hetzkampagne gegen Cicero ein, den er sowohl im Senat als auch vor dem Volk wiederholt beschuldigte, wie ein Tyrann agiert zu haben. Cicero lieferte sich noch am 1. Januar in der Curia mit dem Volkstribun ein heftiges Wortgefecht. Wenige Tage später stieg er auf die Rednertribüne des Forums, um den Versuch zu wagen, sich in einer Volksversammlung mit der Kraft des Wortes gegen die Hinterhältigkeiten des Nepos zur Wehr zu setzen. Das Risiko einer ihm nicht günstig gesinnten öffentlichen Meinung wurde immer größer.

Zudem musste Cicero sich vor Gericht rechtfertigen. Mitte des Jahres 62, im Verlauf eines Verfahrens gegen Publius Cornelius Sulla, den Neffen des 20 Jahre zuvor amtierenden Diktators, in dem Cicero einer der Verteidiger gewesen war, nutzte der Ankläger das Plädoyer, um seinen Widersacher als Tyrannen und Despoten zu beschimpfen. Ja, er klagte ihn außerdem an, die Briefe der Gesandten der Allobroger gefälscht zu haben, welche für die Aufdeckung der Verschwörung des Catilina entscheidend gewesen waren. Cicero sah sich genötigt, seine Prozessargumentation zur eigenen Verteidigung zu nutzen. Er bezeichnete die Hinrichtung der Catilinarier – vom juristischen Sachverhalt absehend – moralisch als gerechtfertigt, da es sich um »Feinde des Vaterlandes« gehandelt habe: *hostes domestici* nannte er sie, ein für ihn typischer Ausdruck, den er später auch in seinen Reden zur Verteidigung von Flaccus und Sestius gebrauchte. Es gelang ihm, den Freispruch für Sulla durchzusetzen.

Cicero war sich seiner in der Auseinandersetzung mit Gegnern noch sehr sicher; er war von der Aufrichtigkeit und Angemessenheit seiner Handlungen als Konsul überzeugt und bereit, diese in welchem Bereich auch immer – im Senat, vor der Volksversammlung oder in den Gerichten – zu rechtfertigen. Aber die Vielzahl der Fronten, an denen er zu kämpfen hatte, und dass es ihm nicht gelang, die Unterstützung einflussreicher Persönlichkeiten zu finden, waren bald nicht mehr zu ignorieren: Der Verlust seiner Einflussmöglichkeiten und die politische Isolation, die ins Verderben führen sollte, wurden spürbar. Als der Rausch des Ruhms verflogen war und er nicht mehr über die Immunität des Amtes verfügte, begann er die Gefahr ernst zu nehmen, die in den Schmähreden des Metellus Nepos aufschien.

Vielleicht deshalb suchte er die Nähe von Pompeius: nicht nur aus Eitelkeit und Sucht nach Anerkennung, sondern auch damit ihn der beschützte, der nach wie vor der stärkste Mann und die populärste Persönlichkeit Roms war. Es mag in diesem Kontext gewesen sein, dass Cicero an Pompeius, der sich noch immer im Osten aufhielt, einen langen Brief schrieb. Weniger wahrscheinlich, aber auch vorstellbar wäre, dass er das bereits unmittelbar nach der Hinrichtung der Verschwörer getan hatte. Es handelte sich um eine Art Memorandum, das lateinische Wort, das der Autor benutzt, ist *volumen*, das heißt, er spricht von einem wahrhaftigen Buch, in dem er in allen Einzelheiten von den Ereignissen während seines Konsulats in Rom berichtet. Ohne Zweifel betonte er insbesondere die entscheidende Rolle, die ihm selbst zugefallen war.

Pompeius' Antwort ist nicht überliefert; nach den Worten Ciceros zu schließen, war er mit seinem Anliegen gescheitert. Im April 62 klagt er über die kühle Antwort, die er von Pompeius erhalten habe, der wahrscheinlich von der Eitelkeit irritiert war, mit der jemand eine Intervention in einer geringfügigen innenpolischen Angelegenheit mit seinen großen militärischen Erfolgen im gesamten Bereich des Imperium zu vergleichen suchte. Der Mann aus Arpinum, der sehr wohl um die Bedeutung eines guten Verhältnisses zu Pompeius für seine Zukunft wusste, vergaß seinen Stolz und schlug ihm für den Zeitpunkt seiner Rückkehr ein politisches Bündnis vor, zu dem es jedoch nie kam. In diesem Brief nennt Cicero sein Verhältnis zu Pompeius zum ersten Mal »Freundschaft« *(amicitia)* und wählt damit einen Terminus von großer sozialer und politischer Bedeutung für Rom, der eine enge Beziehung einschließt, die nicht der Realität entsprochen zu haben scheint. Für die Beziehung, die er zu haben hoffte, ist der Vergleich, den er zu ziehen wagt, aufschlussreich – er könnte für Pompeius ein Freund und Ratgeber sein, wie Laelius es für Scipio Aemilianus war, den Sieger von Karthago und Numantia, also für den Mann der Tat, den Feldherrn und Politiker die ideale Ergänzung auf dem Gebiet des Denkens und der Philosophie:

Dein an mich gerichtetes Schreiben weist zwar nur schwache Andeutungen freundschaftlicher Gesinnung gegen mich auf [...]. Eins ist mir nicht zweifelhaft: Solltest du dich mir trotz der ausgiebigen Beweise meines guten Willens nicht sonderlich verbunden fühlen, so wird die Politik dafür sorgen, dass wir uns finden und gemeinsam wirken. Ich will dir auch nicht verhehlen, was ich in deinem Schreiben vermisse, und ganz offen mit dir reden, wie es meinem Charakter und unseren freundschaftlichen Beziehungen [amicitia] entspricht. Meine Erfolge sind danach, dass ich um unserer Freundschaft [necessitudo] wie auch des Vaterlandes willen einen Glückwunsch in deinem Schreiben erwarten durfte; doch davon hast du wohl nur Abstand genommen, weil du befürchtest, bei irgendjemand Anstoß zu erregen. Aber ich darf dich darauf aufmerksam machen, dass mein Wirken für die Rettung des Vaterlandes im Urteil und Zeugnis der ganzen Welt Anerkennung findet. Wenn du hier bist, wirst du erkennen, dass alle meine Maßnahmen hohen Sinn und große Klugheit erforderten, und so wirst du es dir gern gefallen lassen, wenn du, der du einen Africanus weit überragst, in mir einen politischen Gesinnungsgenossen und Freund findest, der es mit einem Laelius beinahe aufnehmen kann. (An seine Freunde 5,7,2–3)

Cicero tendierte in Momenten der Enttäuschung und Bitterkeit in seinem Leben dazu, die Geschichte in seinem Sinn zu interpretieren. So wurde in seiner Erinnerung aus der Gleichgültigkeit des Pompeius etwas anderes:

Vor allem aber hat mein Konsulat die Billigung des Cn. Pompeius gefunden, der mir, als er mich nach seiner Rückkehr aus Syrien zum ersten Male sah, unter Umarmungen und Glückwünschen versicherte, das habe er mir zu verdanken, dass er das Vaterland wiedersehen dürfe. (Philippische Rede 2,12)

Im Vergleich mit der ungebremsten Aktivität, die sein Konsulat charakterisiert hatte, war das Jahr 62 eine Zeit geringer öffentlicher Präsenz Ciceros. Außer Sulla verteidigte er einen alten Freund, den Dichter Archias, der angeklagt war, sich unrechtmäßig in den Besitz des römischen Bürgerrechts gebracht zu haben. Seine Rede, die in Gänze auf uns gekommen ist, war ein Lobgesang auf die Freundschaft des Mannes, der in seiner Jugend sein Lehrer auf dem Gebiet der Poesie gewesen war, und auf die Literatur als notwendige Disziplin für eine geistige Vervollkommnung. Archias wurde von einem Gericht freigesprochen, dem Ciceros Bruder vorstand, der in diesem Jahr die Aufgaben des Prätors wahrnahm.

Im Senat zielte eine der beiden wichtigsten Interventionen Ciceros in diesem Jahr auf die Gunst des großen Triumphators des Jahres: Er sprach sich nämlich wegen der Siege des Pompeius im Osten für ein zehntägiges Fest zum Dank an die Götter aus. Und mit der anderen wollte er Antonius, seinen Kollegen im Konsulat, verteidigen, der angeklagt war, in seiner Funktion als Statthalter die Provinzialen in Makedonien ausgebeutet zu haben. Die Anklage war von Gerüchten um das angebliche Abkommen begleitet, die wirtschaftlichen Gewinne, die Antonius widerrechtlich erworben hatte, zu teilen.

Das Ereignis des Jahres sollte für Cicero jedoch zweifellos der Erwerb eines luxuriösen Domizils auf dem privilegierten Palatin sein, für das er sich erheblich verschulden musste. Cicero zeigte sich stets stolz darauf, dass er »an dem schönsten Ort der Stadt« lebte, wie er meinte, in dem elegantesten und äußerst aristokratischen Viertel Roms. Aber der Hauswechsel war vor allem eine politische Entscheidung. Von der Stelle aus, an der sich das neue Haus befand, konnte man das Zentrum der Stadt sehen, aber der entscheidende Punkt bei der Ortswahl war ein anderer gewesen: »Mein Haus, Priester, kann man von der ganzen Stadt aus sehen«, so Cicero in der Rede vor den Priestern nach seiner Rückkehr aus dem Exil. Das war es: Sein vom Forum und beinahe von jedem Punkt Roms aus zu sehendes Anwesen stellte die erreichte Würde zur Schau und die Integration des Emporkömmlings aus Arpinum in die römische Nobilität. Nach der Rückkehr aus dem Exil kämpfte Cicero ohne Unterlass um die Rückgabe des Hauses, das Clodius ihm weggenommen hatte, nicht nur aus wirtschaftlichen, sondern vor allem aus symbolischen Gründen: Erst wenn man ihm sein Anwesen zurückerstattete, hatte er seine alte Position in der römischen Gesellschaft wiedererhalten.

Gegen Ende Jahres 62 kehrte der über die Piraten und über Mithridates siegreiche Gnaeus Pompeius aus dem Osten nach Italien zurück; mit seinen Triumphen fühlte er sich wie Alexander der Große und vertraute darauf, sich als herausragendes Senatsmitglied der höchsten Würde und Autorität erfreuen zu können. Seine wichtigsten politischen Ziele in den kommenden Monaten waren die Landzuteilung an die entlassenen Soldaten und die Anerkennung der Entscheidungen, die er hinsichtlich der administrativen Reorganisation des Ostens getroffen hatte. Die Schwierigkeit bestand darin, dass er diese eigenverantwortlich getroffen hatte, also ohne eine Senatskommission hinzuzuziehen, die normalerweise unter solchen Bedingungen in den jüngst annektierten Territorien des Imperium tätig wurde.

Das Erste, was Pompeius auf italischem Boden in die Wege leitete, war die Demobilisierung seiner Truppen. Mit dieser politischen Geste wollte er die Angehörigen der römischen Aristokratie beruhigen, die fürchteten, dass er – wie 20 Jahre zuvor Sulla – aus dem Osten wiederkehrte, um sich als Diktator zu etablieren. Durch den Verzicht auf sein Heer und damit auf den Druck, den dessen Präsenz ausüben konnte, legte er die Durchführung der Maßnahmen, um die er gebeten hatte, vertrauensvoll in die Hände des Senats. Da der Senat die politische Initiative nach den Ereignissen von 63 wieder an sich gezogen hatte, fühlte sich ein Großteil der Senatoren, angeführt von dem Volkstribun Marcus Porcius Cato, hinreichend stark, sich von der Bevormundung durch Pompeius frei zu machen. Pompeius sah sich mit der paradoxen Situation konfrontiert, dass er, der treue bewaffnete Arm des Senats, nun als politischer Gegner galt.

Vergeblich versuchte Pompeius in den folgenden Monaten seine Forderungen mit der Hilfe verbündeter Magistrate durchzusetzen. Nachdem ihm schließlich klargeworden war, dass er sich in einer politischen Außenseiterposition befand und der Unterstützung von Politikern und Persönlichkeiten mit Prestige bedurfte, schloss er sich im Jahr 60 mit Crassus und Caesar zu einem Bündnis zusammen, dem »ersten Triumvirat«.

Pompeius bezahlte auf diese Weise seine langen Abwesenheiten von Rom, wo er sich während der vergangenen 20 Jahre nicht einmal fünf Jahre aufgehalten hatte. In einer Gesellschaft wie der römischen war die aktive Präsenz eines Politikers dort, wo die Entscheidungsgewalt für das gesamte Imperium lag, ausschlaggebend: Er musste den lebendigen Kontakt zu Freunden und Klienten aufrechterhalten, an den Debatten im Senat und vor dem Volk teilnehmen und auf die Tagespolitik und die öffentliche Meinung Einfluss nehmen. Pompeius kehrte ruhmbedeckt aus dem Osten zurück, aber das verhalf ihm nicht automatisch zu seiner alten Vorrangstellung. Er lernte seine Lektion, wie auch Cicero sie nach der Quästur in Sizilien gelernt hatte, und suchte sich zukünftig in Rom selbst oder in der unmittelbaren Umgebung aufzuhalten, selbst wenn er Aufgaben übernehmen musste, die ein auswärtiges Engagement verlangten.

Jedenfalls blieb Pompeius eine zentrale Persönlichkeit in der römischen Politik seiner Zeit, und Cicero zeigte sich trotz der Kränkung weiterhin an einer guten Beziehung zu ihm interessiert. Allerdings sollte diese nie durch große Nähe geprägt sein, und auch Pompeius zählte Cicero nie zu den Personen seines Vertrauens. In den Briefen an Atticus, die auf den Januar 61 datieren, zeigte Cicero sich überzeugt, auf die Freundschaft des Pompeius zählen zu können: »Pompeius ist mir sehr gewogen, das steht fest« (Atticus-Briefe 1,12,3). Diese Überzeugung wiederholte er in dieser Zeit fast monoton, selbst noch im Argwohn:

Dein Freund – du weißt schon, wen ich meine, er, der, wie du schreibst, jetzt beginnt, mich zu rühmen, seit er es nicht mehr wagt, mich zu tadeln – schätzt mich offensichtlich sehr, widmet sich mir, liebt mich, rühmt mich mit dem Munde, aber beneidet mich im Geheimen, doch so, dass man es merkt: nichts Verbindliches an ihm, nichts Aufrichtiges, nichts Glänzendes als Politiker, nichts Ehrbares, nichts Entschiedenes, nichts Unbefangenes. (Atticus-Briefe 1,13,4)

Ende 62 kam es in Rom zu einem Vorfall, der einer gewissen Komik nicht entbehrte, aber das soziale und politische Leben in den folgenden Monaten erschütterte und mittelfristig schmerzliche Konsequenzen für unseren Protagonisten hatte. Laut Plutarch und Cicero selbst ereignete sich Folgendes: Zu Ehren der Bona Dea, einer italischen Gottheit, wurde alljährlich im Haus einer der höheren Magistrate der Stadt ein Fest gefeiert – dieses Jahr im Anwesen Caesars, der einer der Prätoren des Jahres und *pontifex maximus* auf Lebenszeit geworden war. Es handelte sich um ein nächtliches Fest, zu dem nur Frauen zugelassen waren, Angehörige der Aristokratie. Zu ihnen zählten auch die Priesterinnen der Vesta, denen bei den Opferhandlungen eine entscheidende Rolle zukam. Männer waren zu dieser Festlichkeit nicht zugelassen; die Rituale wurden strikt geheim gehalten. Den Vorsitz führte eine Frau, die zur Familie des Magistraten gehörte, in dessen Anwesen das Fest stattfand, in diesem Fall Aurelia, die Mutter Caesars.

Die Festlichkeiten wurden zu einem Skandal. Denn im Haus entdeckte man einen Mann, der gegen die Normen verstoßen und das Ritual damit in nicht zu sühnender Weise befleckt hatte. Offensichtlich hatte er sich mit Hilfe einer Sklavin von Pompeia, der Gattin Caesars, heimlich Zugang verschaffen können und den Umstand ausgenutzt, dass das Ritual von Gesängen und Tänzen begleitet war: Er trat als Kitharöde in Frauenkleidern ein. Aber eine Sklavin Aurelias erkannte an der Stimme, dass es sich um einen Mann handelte, und schlug Alarm. Einer Version zufolge gelang es dem Mann mit Hilfe seiner Komplizin zu entkommen, nachdem das Ritual unterbrochen worden war. Plutarch dagegen berichtet, er sei von Aurelia hinausgeworfen worden, nachdem man ihn entdeckt hatte. Der Eindringling war Publius Clodius Pulcher, ein junger Aristokrat, der zu der angesehenen Familie der Claudii gehörte. Um die 30, hatte er bereits ein bewegtes Leben hinter sich: So hatte er im Jahr 68 dazu aufgerufen, sich den Truppen anzuschließen, die in Armenien kämpften, und war 65 als Ankläger gegen Catilina aufgetreten. Wir wissen nicht, wie Clodius bis zu diesem Zeitpunkt zu Cicero stand, aber Plutarch zufolge scheint das Verhältnis gut gewesen zu sein. Zumindest hatte Clodius den Konsul aktiv gegen die Catilinarier unterstützt.

Der Vorfall weitete sich sofort zu einem enormen Skandal aus. Hauptleidtragende war Pompeia, von der Caesar sich prompt scheiden ließ. Er gestand die Schuld seiner Gattin, von der man in Rom erzählte, sie sei die Geliebte des Clodius, niemals ein. Aber er begründete diesen Schritt damit, dass sein Haus aufgrund des Vorfalls in Verruf geraten war. Politisch wurde die Episode zu einem Vorfall von großer Tragweite, da hochrangige Mitglieder der römischen Gesellschaft sich darin verwickelt sahen und verpflichtet fühlten, Partei zu ergreifen. Überraschenderweise beschäftigte der Senat sich monatelang allein mit diesem Anliegen.

Wie Cicero berichtet, gingen sowohl die Vestalinnen als auch das Kollegium der *pontifices* davon aus, dass es sich um ein Sakrileg handelte. Denn diese Feier war ein offizieller Akt und die Unterbrechung tangierte den erwünschten Frieden mit den Göttern, das Ziel der römischen Staatsreligion. Einige Senatoren forderten ein Gerichtsverfahren. Nach zahlreichen Debatten im Senat und in der Volksversammlung stand Clodius schließlich im Frühjahr 61 vor einem Gericht, das eigens aus diesem Anlass einberufen worden war.

In diesem Verfahren kam Cicero eine entscheidende Rolle zu: Mit seinem Zeugnis widerlegte er das von dem Angeklagten angeführte Alibi. Hatte Clodius beteuert, dass er sich an diesem Tag in Interamna aufgehalten habe, etwa 140 km von Rom entfernt, bezeugte Cicero dagegen, dass Clodius am Tag des Skandals in seinem Haus erschienen sei, um ihn zu grüßen. Clodius war wohl davon ausgegangen, dass Cicero ihn nicht verraten würde, aber dieser zog es vor, im Einklang mit seinem Gewissen zu handeln. Trotzdem sprach die Mehrheit der Richter Clodius frei. Cicero bezeichnete das Urteil als Betrug und führte diesen auf Bestechung der Richter zurück; der Verdacht ließ sich aber nicht beweisen:

> Als nun aber Hortensius auf den Gedanken kam, der Volkstribun Fufius solle bezüglich des Religionsfrevelprozesses einen Antrag einbringen [...] und sich scharf dafür einsetzte, weil er glaubte und auch anderen das eingeredet hatte, Clodius könne, wenn er überhaupt vor einen Richter komme, nicht entwischen, da habe ich angesichts der Armut der Geschworen die Segel gestrichen und nur als Zeuge ausgesagt, was auch sonst so bekannt und augenscheinlich war, dass ich es nicht verschweigen konnte. Fragst du mich also [...] nach der Ursache seiner Freisprechung, so war es die Ärmlichkeit und Verworfenheit der Geschworenen. (Atticus-Briefe 1,16, 2 – Juli 61)

Warum verhielt Cicero sich so in einem Verfahren von derartigem Widerhall? Für persönliche Rachegelüste gibt es keinen ersichtlichen Grund. Ebensowenig für die Vermutung Plutarchs, dass seine Frau ihn gedrängt habe, um eine Beleidigung zu rächen, die Clodius ihrer Schwester Jahre zuvor zugefügt habe. Cicero sagte als »Moralapostel« aus; er agierte im Bewusstsein der öffentlichen Verantwortlichkeit, die ihm als Konsular zukam, in der Sicherheit, dass Clodius schuldig war, sowie aus der Überzeugung heraus, dass es sich bei dem Vergehen um eine Ausschweifung handelte, die in Rom nicht hingenommen werden konnte, schon gar nicht bei einem Angehörigen einer der ältesten Patrizierfamilien, der außerdem gewählter Quästor war und kurz vor der Übernahme dieses Amtes stand. Persönlich konnten Cicero die religiösen Rituale mehr oder weniger interessieren, aber sie waren Teil der säkularen Tradition und als Elemente der offiziellen römischen Religion zu akzeptieren.

Das Gerichtsurteil brachte Cicero in eine sehr missliche Lage, was er jedoch nicht einmal Atticus gegenüber einräumte: »es ficht mich nicht an, dass meiner Aussage offensichtlich gar kein Wert beigemessen wurde«. Stattdessen stellte er sich als vorbildlich ehrlich und moralischen Förderer der *boni* dar: »und wieder war ich es, der die kraftlosen Gemüter der guten Männer ermunterte, sie stärkte und einen nach dem anderen moralisch wieder aufrichtete«. Clodius wurde zu seinem Erzfeind – zum einen wegen der Aussage Ciceros und zum andern aufgrund der Herabwürdigungen seiner Person im Senat. Der Groll des Clodius war vom Tage nach dem Verfahren an spürbar, als dieser in einer scharfen Debatte in der Curia Cicero beleidigte, indem er ihn einen »König« *(rex)* nannte. Diese Bezeichnung entsprach in der politischen Terminologie Roms einem »Tyrannen«. Als Antwort verpasste Cicero ihm den Spottnamen »der hübsche Junge«. Er benutzte das lateinische Wort *pulchellus,* das sich aus seinem Nachnamen Pulcher ergab.

Cicero spürte, dass der Skandal der Bona Dea seine Spuren in der politischen Kultur Roms hinterlassen und die Umstände, unter denen der Prozess stattgefunden hatte, den einheitlichen Handlungswillen innerhalb der Aristokratie zerstört hatten, den er während seines Konsulats geschaffen zu haben glaubte:

> [...] der Staat, den du durch meine klugen Maßnahmen, ich durch göttlichen Ratschluss gesichert glaubte, der durch das Zusammenstehen aller Patrioten und das Gewicht meines Konsulatsjahres fest gegründet und verwurzelt schien, ist uns, wenn nicht ein Gott uns unter seine Fittiche nimmt, durch diese eine Gerichtsverhandlung aus den Händen geglitten [...]. (Atticus-Briefe 1,16,6)

Ende 61 hatte die Euphorie, die Cicero zwei Jahren zuvor am Ende seines Konsulats verspürt hatte, einem wachsenden Pessimismus Platz gemacht: »Wir leben hier inmitten einer delikaten politischen Situation, bedauerlich und unsicher«, schreibt er am 5. Dezember an Atticus. Aber er hielt an dem Glauben fest, dass seine Rettung in einem engen Verhältnis zu Pompeius lag:

> So suche ich unter Wahrung meiner alten Grundsätze jenes von mir geknüpfte Band des Einvernehmens nach Möglichkeit zu sichern, halte mir aber doch, um mir meine einflussreiche Stellung zu wahren, angesichts der Unsicherheit dieses Einvernehmens einen, wie ich hoffe, gangbaren Weg offen, den ich dir hier nicht näher beschreiben kann, dir aber doch kurz andeuten will: ich stehe im engsten Vertrauensverhältnis zu Pompeius. (Atticus-Briefe 1,17,10)

Kaum einen Monat später – sein Bruder Quintus hatte die Verwaltung der Provinz Asia angetreten –, fühlte Cicero sich in Rom isoliert, misstraute denen, die ihn umgaben, und scheint sogar Atticus vorzuwerfen, ihn verlassen zu haben:

> Wisse, mir fehlt im Augenblick nichts so sehr wie ein Mensch, dem ich alles sagen könnte, was mich bedrückt, der mich liebt und Verstand hat, mit dem im Gespräch ich nichts erfinden, nichts verheimlichen, nichts vertuschen brauchte. Mein herzlieber Bruder mit seinem unverbildeten Charakter ist ja nicht da [...]. Du aber, der du mir so oft mein sorgenschweres Herz mit Rat und Zuspruch erleichtert hast, der du sonst immer mein Beistand im öffentlichen Leben bist, der du all meine persönlichen Verhältnisse kennst und an meinen Gesprächen und Entschlüssen teilnimmst, wo bist du? Ich fühle mich so vollkommen vereinsamt, dass ich Ruhe nur bei meiner Frau, meinem Töchterchen und dem süßen Cicero finde. [...] So ist zwar mein Haus zur Morgenstunde voll, und dicht umringt von Freundesscharen gehe ich aufs Forum; aber unter der ganzen Bande ist kein Einziger, mit dem ich unbefangen scherzen oder vertraulich meinem Unmut Ausdruck geben könnte. Darum warte ich auf dich, sehne mich nach dir, ja rufe dich geradezu herbei; denn vieles macht mir Angst und Sorge [...]. (Atticus-Briefe 1,18,1)

Die von diesem Zeitpunkt an kontinuierliche »Wiederbelebung« seines Konsulats darf man nicht nur als ein Zeichen für seine Egozentrik und Eitelkeit sehen, sondern auch als einen Akt des Selbstschutzes. Die Ungesetzmäßigkeit seiner Handlungen gegen die Catilinarier zuzugestehen hätte bedeutet, die Anschuldigungen seiner Gegner und im Endeffekt auch das Scheitern seines Konsulats zu akzeptieren. Stattdessen korrigierte und publizierte er seine Reden aus der Konsulatszeit, schrieb Berichte auf Griechisch und Latein über die Geschehnisse des Jahres 63 und auch Gedichte im epischen Stil, alles in dem Bestreben, sich der Unsterblichkeit zu versichern.

Rom aber hatte andere Probleme, und bei deren Lösung spielte Cicero nur eine nachrangige Rolle. Pompeius, der im Herbst 61 endlich seinen Triumph gefeiert und auf dem prunkvollen Zug durch die Stadt außergewöhnliche Reichtümer aus dem Osten zur Schau gestellt hatte, sah sich in seinen Erwartungen weiterhin getäuscht. Man erkannte seine Verwaltungsmaßnahmen im Osten nicht an und hatte auch die Veteranen noch nicht mit Land entgolten. Das zeigte ihm deutlich, dass er der Unterstützung starker Persönlichkeiten bedurfte, um sich gegen die Mehrheit des Senats durchzusetzen. Ein ganzes Bündel politischer Interessen führte schließlich dazu, dass sich die drei herausragenden Akteure ihrer Zeit – der große Triumphator Pompeius, der Magnat Crassus und der aufstrebende und ehrgeizige Caesar – zu einer langfristigen strategischen Allianz zusammenschlossen, die die Politik Roms in den folgenden Jahren bestimmen sollte.

Die moderne Geschichtsschreibung bezeichnet diesen Zusammenschluss nicht gerade angemessen als »ersten Triumvirat«: Aus Bequemlichkeit nennen wir die drei Verbündeten meistens »Triumvirn« und ziehen damit stillschweigend einen Vergleich zu dem Triumvirat aus der Zeit nach dem Tod Caesars. Der Unterschied besteht jedoch darin, dass diese Triumvirn – Antonius, Octavian und Lepidus – legal ernannt worden waren, um dieses außergewöhnliche Amt zu übernehmen, während es sich bei dem »ersten Triumvirat« um eine private und geheime Koalition auf der Basis einer Freundschaft handelte. Diese Freundschaft umfasste, getreu der lateinischen Bedeutung des Wortes, die moralische Verpflichtung zu politischer Unterstützung und hatte gegenseitige Wohltaten zum Ziel. Da der römischen Politik Elemente wie dauerhafte Gruppierungen oder Parteien fehlten, war dieser Typus von temporären, den Umständen geschuldeten Koalitionen an der Tagesordnung. Pompeius brachte sein Prestige, seine Klientel und die Unterstützung seiner zahlreichen Veteranen in das Dreierbündnis ein. Crassus offerierte seinen enormen Reichtum und seinen Einfluss, der sich auf Senatorenkreise und besonders auch auf den Ritterstand erstreckte. Caesar, dessen politische Position schwächer war, sorgte 59 mit seiner Wahl zum Konsul für die unentbehrliche legale Unterstützung. Dieser politische Pakt wurde durch einen privaten Pakt verstärkt, der zwei der Familien miteinander verband: Pompeius heiratete Iulia, die Tochter Caesars.

Das Bündnis wurde über Jahre zum eigentlichen Zentrum der Macht jenseits des Senats, es offenbarte damit die Schwäche der republikanischen Institutionen und suggerierte die Option einer persönlichen Lösung auf der Basis militärischer Klientel. Das gab auch dem römischen Imperialismus einen neuen Impuls, der sich konkret in der Eroberung Galliens durch Caesar in den 50er-Jahren zeigte. In dieser Hinsicht sorgte der Konsulat Caesars für einen gewaltigen Riss im Haus der Republik und bedeutete einen großen Schritt zu seinem Einsturz.

Wie auch in anderen entscheidenden Momenten seines Lebens stellte Cicero sich in diesem neuen Panorama zwei Fragen: Was war das Beste für Rom? Und was war das Beste für ihn selbst? Zu einer ersten »Feuerprobe« wurde die im Januar angekündigte Vorlage eines neuen Agrargesetzes durch den Konsul Caesar. Atticus gegenüber äußert Cicero seine Zweifel:

> Ich komme jetzt auf den Januar und damit auf mein politisches Programm zu sprechen [...]. Es handelt sich um einen weittragenden Entschluss: Ich könnte dem Ackergesetz entschlossen entgegentreten – das würde Kampf bedeuten, aber ruhmvollen –; oder ich müsste mich ruhig verhalten [...] oder den Antrag unterstützen; das erwartet Caesar angeblich von mir und ist fest überzeugt, dass ich es tue, denn Cornelius ist bei mir gewesen – ich meine diesen Balbus, Caesars Vertrauten –, und der versicherte mir, dieser werde in jedem Falle meinen und Pompeius' Rat hören und sich außerdem bemühen, Crassus mit Pompeius zu versöhnen. So steht es also: Ich bin eng liiert mit Pompeius, und wenn es mir passt, auch mit Caesar; das würde Aussöhnung mit meinen Feinden, Frieden mit der Masse und ein ruhiges Alter bedeuten. (Atticus-Briefe 2,3,3–4)

Eine Zusammenarbeit mit den »Triumvirn« würde Cicero die ersehnte Rückkehr in die erste Reihe der römischen Politik ermöglichen, das war ihm bewusst, doch im gleichen Brief fragte er sich, ob solches Verhalten in Einklang mit seiner Geisteshaltung und seinem Verhalten als Konsul zu bringen war, und zitierte einen Vers aus Homers Ilias: »Nur ein einziges Zeichen gilt, das Vaterland schützen.«

Seiner Prinzipien wegen fasste er den Entschluss, sich am Rande des Dreierbündnisses zu halten – um seiner kohärenten politischen Karriere willen, wie er das nannte, und wohl wissend, dass ihm diese Haltung Ärger mit Caesar einbringen konnte, denn dieser zählte ebenso auf seine Unterstützung wie Pompeius, bei dem es sich um den durch die Aktivitäten Caesars eigentlich Begünstigten handelte.

Wie vorauszusehen war, bestand die erste Gesetzeshandlung Caesars in einer Landreform, das heißt der Verteilung des Landes, über das der Staat noch in Italien verfügte, unter den Veteranen des Pompeius und der Plebs, die kein

Ackerland besaß. Sie sollte mit Steuergeldern aus den Provinzen finanziert werden, vor allem aus denen im Osten des Imperium, und aus der Kriegsbeute, mit der Pompeius erst vor kurzem die Kassen des Staates gefüllt hatte. Obwohl dieses Projekt sehr moderat angelegt war, stellte Cato sich ihm entgegen und verwies darauf, dass alle Agrargesetze für die Wirtschaft Roms schädlich gewesen seien. Daraufhin enthüllte Caesar das bisher geheimgehaltene Bündnis, indem er Crassus und Pompeius öffentlich zur Durchsetzung seines Agrargesetzes intervenieren ließ. Gleichzeitig setzten sich Veteranen des Pompeius in Rom in Marsch, um Druck für eine Annahme des Gesetzes auszuüben.

Cicero, der sich während seines Konsulats mit Entschiedenheit dem Projekt eines Agrargesetzes des Volkstribunen Rullus widersetzt hatte, scheint in einem ersten Moment gegen den Vorschlag Caesars kleinlaut Einspruch erhoben zu haben. In Anbetracht der Macht und Entschlossenheit, die die »Triumvirn« zeigten, scheute er die Konfrontation. Der Gesetzesvorschlag wurde angenommen und Cicero schwor feierlich mit den anderen Senatoren, das Gesetz zu respektieren – ganz wie es die Zusatzklausel, die Caesar zuletzt noch hinzugefügt hatte, verlangte. In den folgenden Wochen erreichte Caesar die Annahme weiterer Vorlagen: des Gesetzes, das schließlich die von Pompeius im Osten getroffenen Entscheidungen legitimierte; eines zweiten Agrargesetzes, das das erste um die Verteilung fruchtbaren öffentlichen Landes in Kampanien ergänzte, und eines weiteren Beschlusses, der ihm selbst am Ende seines Konsulats den Oberbefehl in der Gallia Cisalpina (im Norden Italiens), der Transalpina oder Narbonensis (im Südosten von Frankreich) sowie im Illyricum (Dalmatien) übertrug. Diese Provinzen boten die Möglichkeit, militärischen Ruhm zu erwerben.

Desillusioniert lehnte Cicero nun jegliche Zusammenarbeit mit den »Triumvirn« ab, die ihm offensichtlich das Angebot gemacht hatten, dem König Ptolemaios Auletes in Ägypten einen offiziellen Besuch abzustatten. Er zog sich mit seiner Familie im Frühjahr 59 in eines seiner Landhäuser am Meer zurück, nach Antium. Dort verbrachte er seine Zeit mit Lektüre und Muße. »Ich zähle die Wellen, denn das Wetter erlaubt noch keinen Fischfang«, erzählt er Atticus. Er zeigte sich entschlossen, ein Werk über Geographie zu schreiben, hatte Atticus das wohl sogar versprochen, kam aber nicht dazu, da schon der Gedanke daran ihn überforderte. Ebenso dachte er daran, einige Geschichten »im Stile des Theopomp«, des griechischen Historiographen aus dem 4. Jahrhundert, einzig und allein für seinen Freund zu verfassen, aber auch hier blieb es beim Vorsatz. Aus der Entfernung betrachtete er die Geschehnisse in Rom, über die er durch die Briefe von Atticus informiert war, mit Unbehagen: »Darin besteht ja jetzt meine ganze Tätigkeit, die Schurken zu hassen, und das, ohne mich zu ärgern; vielmehr macht es mir gewissermaßen Vergnügen, davon zu schreiben« (Atticus-Briefe 2,6,2).

Im Juni kehrte Cicero nach Rom zurück, wo die Triumvirn die politische Szene weiterhin vollkommen unter Kontrolle hatten. »Er trachtet nach der Tyrannis«, sagt er mit Blick auf Pompeius. Die Drohungen von Clodius gegen ihn verstärkten sich. Er war nun endgültig zu seinem Feind geworden, wie sich jedem der Briefe entnehmen lässt, die er im Juli an Atticus schreibt: »Bis jetzt droht Clodius mir nur«; »unser Publius wiederholt seine Drohungen: Er ist mein Feind«. In eben diesen Briefen betont Cicero, dass Pompeius ihn beständig zu beruhigen suchte: Clodius werde es nicht wagen, gegen ihn vor Gericht zu ziehen. Aber Cicero traute ihm nicht und ging davon aus, dass die verbalen Angriffe des Clodius früher oder später Gestalt annehmen würden.

> Clodius' Drohungen und die mir bevorstehenden Kämpfe regen mich nicht sonderlich auf, ich traue mir zu, sie mit Würde zu bestehen oder ohne Beschwer ausweichen zu können. (Atticus-Briefe 2,19,1)
>
> […] und so rüste ich mich zum Widerstand. Ich hoffe auf die tatkräftige Hilfe aller Stände. (Atticus-Briefe 2,21,6)

Um sich von der Verfolgung durch Clodius zu befreien, hätte Cicero irgendein öffentliches Amt und so den Status rechtlicher Immunität annehmen können. Caesar eröffnete ihm diese Möglichkeit, indem er Cicero vorschlug, ihn nach dem Ende seines Konsulats offiziell nach Gallien zu begleiten. Im Juni, bei seiner Rückkehr nach Rom, war er wohl versucht, dieses Angebot anzunehmen, aber wie immer zeigte er sich voller Zweifel:

> Caesar wird mich zu seinem Legaten machen wollen. Das wäre schon eher eine Möglichkeit, der Gefahr in Ehren auszuweichen; aber ich will ihr gar nicht ausweichen. Wie steht es also? Lieber will ich fechten. Aber entschieden habe ich mich noch nicht. Wieder sage ich: Wärest du doch hier! Auf jeden Fall hole ich dich, wenn es nicht mehr anders geht. Sonst noch etwas? Wohl nur dies: Wir brauchen uns nichts vorzumachen, alles ist verloren. Was zieren wir uns eigentlich so lange? (Atticus-Briefe 2,19,5)

Caesars Angebot stand auch wenige Wochen später noch, aber Ciceros Zweifel bestanden weiterhin: Er zeigte sich immer noch nervöser, vollkommen durcheinander und pessimistisch. Seine Angst führte ihn so weit, dass er Atticus mitteilte, er arbeite nun in seinen Briefen mit Verschlüsselungen, damit seine Gedanken und Intentionen nicht auf den ersten Blick zu erkennen seien, denn er habe Angst, zum Ziel von Vergeltung zu werden, falls irgendjemand seine Kritik an den Triumvirn zu lesen bekäme.

Am Ende lehnte Cicero die Gesandtschaft ab, die Caesar ihm vorgeschlagen hatte, so, wie er auch ablehnte, in die Kommission zu gehen, die sich um die Umsetzung des Agrargesetzes zu kümmern hatte, als eines ihrer Mitglieder gestorben war: »Ich unter diesen Schuften!« heißt es entrüstet in einem Brief an Atticus, in dem er seine Absage rechtfertigt. Er ließ sich mit den Triumvirn nicht ein, um es sich nicht mit dem guten Willen der Angehörigen der Elite zu verderben, die sich deren Herrschaft entgegenstellten – in der tragischen Hoffnung, dass sie alle wie ganz Italien einhellig auf seiner Seite stehen würden, wenn Clodius gegen ihn vorging. Indem er das Angebot Caesars wiederholt ausschlug, hat sich Cicero seine Unabhängigkeit und Integrität erhalten wollen. Damit verschmähte er aber auch den Schutz der Mächtigen.

Mit dem Lauf der Dinge wuchs die Mutlosigkeit; Cicero sah keinen Ausweg aus der politischen Situation und hatte Angst, dass die Krise in Gewalt enden würde: »Setzen wir uns zur Wehr, so kommt es wahrscheinlich zu Mord und Totschlag; aber dies ewige Nachgeben [gegenüber den Triumvirn], das sieht jeder, kann schließlich doch auch nur zum Untergang führen« (Atticus-Briefe 2,20,3). Für ihn trug die große Gefahr den Namen Publius Clodius, insbesondere nachdem dieser für das Jahr 58 zum Volkstribun gewählt worden war.

Es gab nur wenige Familien innerhalb der römischen Aristokratie, die sich selbst als Patrizier bezeichneten, das heißt als die angeblichen Nachkommen der ersten Väter Roms, jener, die von Romulus als mythischem Gründer der *Urbs* zu Senatoren ernannt worden waren. Mithin handelte es sich um jene Familien, die vom ersten Moment des Bestehens der Stadt an, im Jahr 753 v. Chr., in ihr ansässig gewesen waren. Dieses Gründungsdatum galt aufgrund der publizierten Untersuchungen des anerkannten Gelehrten und Antiquars Marcus Terentius Varro seit den Zeiten Ciceros als allgemein anerkannt. Die Patrizier hatten während der ersten Zeiten der Geschichte Roms weit reichende soziale, politische und religiöse Privilegien genossen, aber im Verlauf der Republik waren sie denen der übrigen Bürger angepasst worden, so dass dem Stand des Patriziers im 1. Jahrhundert v. Chr. keine besonderen Vorrechte mehr zukamen, wenn er auch weiterhin denjenigen, der es beabsichtigte, als distinguiert auswies.

Bei den Claudii handelte es sich um eine dieser Patrizierfamilien, die auf eine lange Geschichte zurückblicken konnten, hatte sie doch Konsuln, Triumphatoren und große Diener des Vaterlandes hervorgebracht. Clodius gehörte ihr an, aber er hatte es vorgezogen, eine populäre Form seines Familiennamens zu führen. Als Patrizier war ihm der Zugang zum Volkstribunat gesetzlich verwehrt; dieser war den Plebejern vorbehalten. Der Volkstribunat war in der Endzeit der Republik nicht notwendigerweise eine revolutionäre Institution, doch gab es eine gewisse Tradition, die die Volkstribune zu »Anstiftern« von Gesetzesinitiativen machte. Deswegen und wegen der Popularität, die das Amt ihm einbringen konnte, suchte Clodius kühn nach einem Weg, sich zur Wahl zu stellen.

Gesetzlich gesehen, gab es die Möglichkeit, dass ein Patrizier auf seinen Status verzichtete und zum Plebejer wurde. Juristisch gesehen sprach man von einer *transitio ad plebem*, »dem Übergang zur Plebs«, von dem es aber nur wenige gesicherte Fälle aus der Geschichte Roms gibt. Bereits im Jahr 60, unmittelbar nach seiner Rückkehr von Sizilien, wo er als Quästor tätig gewesen war, hatte Clodius versucht, mittels eines Gesetzes, das der Volkstribun Gaius Herennius eigens für ihn eingebracht hatte, zum Plebejer zu werden. Doch die anderen Volkstribunen hatten ihr Veto eingelegt und auch der Konsul Metellus Celer hatte abgelehnt. Clodius änderte daraufhin seine Strategie und ließ sich von einem Plebejer namens Fonteius adoptieren, ein Akt, den man nur als Farce bezeichnen kann: Fonteius, von Gesetzes wegen der neue Vater von Clodius, war jünger als dieser, und Clodius nahm weder seinen Familiennamen an, wie es das Gesetz vorsah, noch unterstand er fortan seiner väterlichen Befehlsgewalt. Trotzdem wurde die Adoption feierlich vollzogen, mit der expliziten Unterstützung Caesars in seiner Funktion als *pontifex maximus* – das Kollegium der *pontifices* erklärte die Adoption für vollzogen – und mit der impliziten Unterstützung durch Pompeius in seiner Eigenschaft als Augur. Zwar verkündete Bibulus, der Kollege Caesars im Konsulat, er habe an dem Tag, an dem die Adoption vollzogen wurde, ungünstige Vorzeichen gesehen, aber das Kollegium der Auguren schenkte ihm keine Beachtung. Clodius wurde in jeder Hinsicht zu einem Plebejer; die Türen des Volkstribunats standen ihm nun offen.

Clodius' sogenannter Übergang zur Plebs fand Mitte April 59 statt, folgt man Cicero, der sich vollkommen entsetzt an Atticus schreibt: »Das ist doch wirklich schon Tyrannei und nicht mehr zu ertragen!« (Atticus-Briefe 2,10,1) Nicht ohne Grund hielt Cicero die Adoption von Clodius für eine politische Kungelei. Man hatte die nachfolgenden Gesetze nicht beachtet, so dass der gesamte Prozess als Gesetzesumgehung zu werten war. Später, als er aus dem Exil zurückkehrte und in einer Rede vor dem Priesterkollegium die Rückerstattung seines Hauses auf dem Palatin zu erreichen suchte, welches Clodius sich angeeignet hatte, lautete eines seiner Hauptargumente, dass die Adoption im juristischen Sinne nicht gültig gewesen war. Clodius habe insofern den Volkstribunat unrechtmäßig bekleidet und damit auch keine seiner Entscheidungen als Volkstribun rechtmäßig getroffen:

> Ist das nun nicht der ärgste Betrug, wenn ein bartloser junger Mann, kerngesund und verheiratet, auftritt und erklärt, er wolle einen Senator des römischen Volkes an Sohnes Statt annehmen, und wenn jedermann weiß und sieht, dass hierdurch der Adoptierte nicht etwa die Stellung eines Sohnes erhalten, sondern dass er aus der Zahl der Patrizier ausscheiden soll, damit er Volkstribun werden kann? Und wenn man daraus keinerlei Geheimnis macht und den Adoptierten sofort wieder aus der väterlichen Gewalt entlässt, damit er nicht als Sohn des Adoptierenden gelte? Wozu dann die Adoption? […] Ich habe zu den Oberpriestern gesprochen und dargetan, dass diese Adoption, der kein Beschluss des Kollegiums zugestimmt, die man gegen alles oberpriesterliche Recht vollzogen hat, für nichtig gelten muss; mit ihrem Fortfall ist, wie du wohl begreifst, deinem ganzen Tribunat die Grundlage entzogen. (Über sein eigenes Haus, an das Pontifikalkollegium 37–38)

Clodius wurde zum Volkstribun für das Jahr 58 gewählt. Cicero fürchtete von da an, dass Clodius sich gegen ihn wenden würde, aber hoffte auf die Unterstützung der anderen Volkstribunen, die jederzeit ein Veto einlegen konnten *(intercessio)*, und der Konsuln dieses Jahres, bei denen es sich um die ihm nicht feindlich gesinnten Lucius Calpurnius Piso und Aulus Gabinius handelte. Als Clodius sein Amt am 10. Dezember 59 antrat, attackierte er jedoch nicht sofort Cicero, sondern brachte vier Gesetze von großer politischer Reichweite ein, mit denen er einige Missbräuche zu korrigieren vorgab: Wiederherstellung der Versammlungsfreiheit mit Blick auf die Berufs- und religiösen Vereinigungen *(collegia)*, die einige Jahre zuvor vom Senat aufgehoben worden war; Begrenzung der Macht der Zensoren, aus moralischen Gründen Senatoren aus der Curia ausschließen zu können; Begrenzung der Macht der hohen Magistrate *(obnuntiatio)*, Entscheidungen der Volksversammlungen zu blockieren, indem man ungünstige Vorzeichen als Argument anführte (wie Bibulus das im Jahr zuvor getan hatte, um die Gesetzgebung Caesars zu verhindern); kostenlose Verteilung von Getreide an die stadtrömische Plebs. Die vier Gesetze wurden zu Beginn des Jahres 58 angenommen. Cicero zufolge begann Clodius sofort, die *collegia* wieder einzurichten, die ihm künftig als Basis seines Einflusses bei der Plebs dienen sollten, sowie bewaffnete Banden zu bilden, mit deren Unterstützung er seinen politischen Initiativen Nachdruck verleihen konnte.

Clodius hatte Macht errungen und fühlte sich stark genug, um Ende Januar oder Anfang Februar zwei neue Gesetzesinitiativen vorzustellen. Mit der ersten wollte er die beiden Konsuln für sich gewinnen, denen man für das Ende ihrer Amtszeit lukrative Provinzen zugeteilt hatte – Piso Makedonien und Gabinius Kilikien. Ein weiterer Vorschlag *(die lex de capite civis)* griff ein Gesetz wieder auf, das Gaius Gracchus während seines Volkstribunats 123 v. Chr. zur Abstimmung gebracht hatte und das Exil als Strafe für Magistrate vorsah, die römische Bürger hingerichtet hatten, ohne diese zuvor einem Gerichtsverfahren zu unterziehen. Der Vorschlag des Clodius stand in der Tradition des römischen Rechts, denn es forderte, dass die Herrschaft des Gesetzes über dem Willen des Magistrats stehe und jeder Bürger Berufung einlegen könne *(provocatio)* – es war ein Charakteristikum des republikanischen Regimes gegenüber der Tyrannis. Offensichtlich ging es hier nicht um ein abstraktes Gesetz, sondern um eines, das sich ganz konkret gegen den Missbrauch der Verkündung des Ausnahmezustandes *(senatus consultum ultimum)* durch den Senat und gegen dessen Anwendung fünf Jahre zuvor wandte, die zur Hinrichtung der Catilinarier geführt hatte.

Damit war allen klar, dass die Annahme dieses Gesetzes Cicero ins Visier nahm, der als Konsul für die Sanktionen gegen die Catilinarier verantwortlich gewesen war. Clodius' Text erwähnte Cicero jedoch mit keinem Wort. Taktisch gesehen war dessen Reaktion deshalb ein Fehler: Er kleidete sich öffentlich in Trauer, das heißt mit der *toga pulla*, einer Toga dunkler Farbe, wahrscheinlich schwarz im Gegensatz zu der sonst üblichen weißen, als Ausdruck von Protest und als Bitte um Unterstützung. Auf diese Weise machte es Cicero dem Volkstribun einfach, gegen ihn vorzugehen, denn es schien, als hätte er seine Schuld bereits zugegeben.

Anfangs konnte Cicero auf die Solidarität eines großen Teils der Elite zählen. Es kamen Ritter aus ganz Italien und sprachen sich zu seinen Gunsten im Kapitol aus; der Senat, der sich im Tempel der Concordia versammelt hatte, stimmte mehrheitlich dafür, sich zur Unterstützung des ehemaligen Konsuls in Trauer zu kleiden. Die Antwort der Konsuln, die sich offen auf die Seite des Clodius stellten, bestand in einem Edikt, das den Senatoren verbot, sich in Trauer zu kleiden. Außerdem löste Gabinius mit Bestimmtheit die Versammlung der Ritter auf.

In den folgenden Tagen fühlte Cicero sich vollkommen allein gelassen. Er suchte den Konsul Piso auf, der sich – weit entfernt davon, etwas zurückzunehmen – rechtfertigte, er habe auf seine eigenen Interessen zu achten, benötige die Verwaltung einer wohlhabenden Provinz und unternehme nichts gegen seinen Kollegen Gabinius. Für den 20. Februar berief Clodius eine Volksversammlung ein, zu der einige entscheidende Persönlichkeiten eingeladen waren. Man versammelte sich im Circus Flaminius außerhalb der Mauern Roms, damit auch Caesar an ihr teilnehmen konnte, dem es als Prokonsul mit Oberbefehl über seine Truppen nicht erlaubt war, sich in der Stadt aufzuhalten. Gabinius griff offen den Senat und die Ritter an, Piso betonte, ein Gegner von Grausamkeiten zu sein, und bezog sich damit indirekt, aber deutlich genug auf die Hinrichtungen des Jahres 63, und Caesar sagte zwar, man solle kein Gesetz rückwirkend in Kraft setzen, verurteilte aber dennoch die Hinrichtungen. Wenn schon die Auswahl der Anwesenden in der Volksversammlung bezeichnend war, so war es erst recht die Abwesenheit des Pompeius, der es vorzog, sich nicht öffentlich zu diesem Gesetz zu äußern. Er verließ Rom, um sich auf eines seiner Anwesen in den Albanerbergen zurückzuziehen. Cicero wies er ab und ließ später eine senatorische Gesandtschaft wissen, dass er als normaler Bürger, der er war, den Volkstribunen und Konsuln Gehorsam schulde. Nach diesem Gespräch riet die Gruppe von Senatoren Cicero, sich nicht länger in Rom aufzuhalten, und versprach ihm eine baldige und ruhmreiche Rückkehr.

Der ehemalige Konsul fühlte sich von jenen verraten, in die er am meisten Vertrauen gesetzt hatte und die er die Optimaten, »die Besten« der römischen Gesellschaft nannte, mit denen er sich identifizierte. Da er sich nicht in der Lage sah, sich dieser Situation allein zu stellen, entschied er, nicht mehr zu kämpfen und Rom zu verlassen. Vor seiner Abfahrt nahm er eine Statuette der Göttin Minerva – eine der Gottheiten, die zusammen mit Iuppiter und Iuno als Kapitolinische Trias dem römischen Pantheon vorstanden – aus seinem Haus, für die er eine besondere Verehrung empfand, und brachte sie ins Kapitol, wo er sie als »Beschützerin der Stadt« zurückließ.

Rom verließ er in Begleitung einiger seiner Diener im Schutz der Dunkelheit, während seine Familie in der Stadt blieb. Am folgenden Tag nahmen die Comitien das Gesetz des Clodius an. All das ereignete sich im März 58. Wenig später erließ der Volkstribun ein Gesetz, das das vorhergehende ergänzte: Es erklärte Cicero für vogelfrei und beschlagnahmte seinen Besitz. Am gleichen Tag wurde das Anwesen des Mannes aus Arpinum auf dem Palatin in Brand gesteckt und seine Häuser in Tusculum und Formiae geplündert. Wenig später weihte Clodius den Grund und Boden von Ciceros Domizil auf dem Palatin, mit Hilfe des *pontifex* Pinarius Natta, eines Verwandten, und errichtete dort einen der Göttin Libertas gewidmeten Altar.

Mit dieser Tat griff Clodius eine alte republikanische Tradition auf, der zufolge man die Häuser von Spurius Cassius, Spurius Maelius und Marcus Manlius, dreier römischer Politiker aus dem 5. und 4. Jahrhundert, die angeklagt worden waren, in Rom nach der Tyrannis zu streben, zerstört hatte, damit nichts sichtbar bliebe: nichts von ihnen, nichts von ihrem schädlichen Verhalten, sondern allein die Erinnerung an ihre Bestrafung. Ebenso hatte man die Häuser von Marcus Fulvius Flaccus, einem Freund von Gaius Gracchus, und von Saturninus zerstört und ihre Güter beschlagnahmt. Clodius wollte zu verstehen geben, dass der Tyrann Cicero vertrieben und der Boden, den er in Rom besessen hatte, durch die Freiheit der Republik ersetzt worden sei. Der Vergleich war für jeden römischen Bürger offensichtlich, so dass Cicero nach seiner Rückkehr aus dem Exil gegen diese von seinen Feinden konstruierte Parallele polemisierte, die für ihn aus der Luft gegriffen war:

> Das ist die schlimmste Strafe, die unsere Vorfahren gegen verbrecherische und frevelhafte Bürger verhängen zu können glaubten – und die soll ich erleiden und auf mich nehmen, damit unsere Nachfahren glauben, ich sei nicht der Unterdrücker der hochverräterischen Verschwörung, sondern ihr Urheber und Anführer gewesen? [...] soll es so aussehen, als sei das Grundstück des M. Tullius Cicero zu dem Zweck mit dem des Fulvius Flaccus verbunden worden, damit es der Erinnerung an eine von Staats wegen verhängte Strafe diene? M. Flaccus wurde, weil er mit C. Gracchus zum Verderben des Staates gemeinsame Sache gemacht hatte, auf Grund eines Senatsbeschlusses getötet, sein Haus zerstört und enteignet [...] (Über sein eigenes Haus, an das Pontifikalkollegium 101–102)

Als er Rom den Rücken kehrte, wollte Cicero sich zunächst auf eine seiner Besitzungen in Italien begeben. Das einen Tag später verabschiedete Gesetz, das seinen Namen explizit nannte, bedeutete jedoch Gefahr für sein Leben überall in Italien. Er dachte daran, nach Sizilien ins Exil zu gehen, da er sich gern an seine Zeit dort als Quästor erinnerte, aber der Provinzstatthalter Gaius Vergilius weigerte sich trotz ihrer persönlichen Beziehung, ihn aufzunehmen. Eine Korrektur des Gesetzes, die wenig später angenommen wurde, verbot ihm in einer Entfernung von weniger als 400 – anderen Quellen zufolge 500 – Meilen von Italien entfernt zu leben. Er entschied sich für Makedonien, das er anderen Regionen in Griechenland wie Athen, Epirus und Achaia vorzog, in denen sich einige Parteigänger Catilinas als Exilanten aufhielten, deren Rache er fürchtete. Er hatte auch überlegt, nach Kyzikos zu gehen, das am Schwarzen Meer lag, aber Makedonien bot Asia gegenüber den Vorteil, dass man schneller nach Italien und in das geliebte Rom zurückkehren konnte. Bevor er sich in Brundisium einschiffte, hielt er sich dort einige Wochen bei einem Freund namens Marcus Laenius Flaccus auf. Tief bewegt und tränenreich verabschiedete er sich mit einem Brief aus Brundisium am 30. April von Terentia:

Tullius grüßt seine Terentia, seine Tullia und seinen Cicero [er bezieht sich auf den jungen Marcus, den er nicht beim Vornamen, sondern mit seinem Beinamen nannte]. Ich schreibe weniger oft an euch, als ich könnte, denn alles um mich her ist mir zuwider, und wenn ich an euch schreibe oder eure Briefe lese, übermannen mich die Tränen und ich bin zu nichts fähig. [...] Ich sage dir nur dies eine: wenn ich dich habe, komme ich mir nicht gänzlich verloren vor! Aber was soll mit meiner kleinen Tullia werden? [...] Doch was ihr auch tut, jedenfalls muss man daran denken, dass die Ärmste ihre Ehe und ihren Ruf nicht gefährdet. Und wie wird es meinem Cicero ergehen? Ihn will ich immerfort an die Brust drücken und in meinen Armen halten können. Mehr vermag ich davon nicht zu schreiben, der Kummer übermannt mich. Wie es dir ergangen ist, weiß ich nicht, ob du noch etwas dein Eigen nennst oder ob man dir, wie ich befürchte, alles genommen hat. [...] Leb' wohl, meine Terentia, mein treues, braves Weib, und du mein liebstes Töchterchen, mein Cicero, meine ganze Hoffnung, lebt wohl! (An seine Freunde 14,1–6)

Bei der Ankunft in Dyrrhachium (dem heutigen Durrës in Albanien), an der Westküste von Makedonien, nahm ihn Gnaeus Plancius in Empfang, der Quästor der Provinz, der aus Solidarität mit dem Exilanten ebenfalls Trauer trug. Er begleitete ihn vom Hafen bis nach Thessaloniki, der Hauptstadt der Provinz und dem Sitz des Quästors. Es war der 23. Mai 58. Sicherlich war die herzliche Aufnahme durch Plancius für den gepeinigten Cicero ein kleiner Trost. Wir kennen seine seelische Verfassung auf der Flucht von Rom und bis zur Ankunft in Thessaloniki durch die kurzen Briefe, die er in diesen Tagen an Atticus schickte. Ein ums andere Mal forderte er ihn auf, mit ihm zusammenzutreffen und ihn nicht im Stich zu lassen, wenn er auch schließlich zugeben musste, dass Atticus ihm eine größere Hilfe sein konnte, wenn er in Rom blieb. In Thessaloniki angelangt, fühlte Cicero sich am Boden zerstört und von einer unüberwindlichen Angst ergriffen:

Ich bin mir bewusst, wie sehr ich den weiteren Gang der Ereignisse zu fürchten habe: Ich weiß nicht, was ich dazu sagen soll, und befürchte das Schlimmste. Anscheinend gibt es kein Unglück, das mir zu meinem traurigen Lose nicht noch fehlte. So bleibe ich Ärmster denn einstweilen in Thessaloniki, zu all meiner Trübsal und Trauer auch noch von dieser Angst beschwert, in banger Erwartung und unfähig, einen Entschluss zu fassen. Aus dem Durcheinander in meinen Briefen kannst du dir wohl ein Bild davon machen, wie mir zumute ist; aber wenn ich auch von ganz unglaublichem, nie da gewesenen Unglück verfolgt werde, so ist meine Stimmung doch nicht so sehr von meinem Elend an sich bestimmt als von dem Gedanken, dass ich es selbst verschuldet habe. [...] Wenn ich dir also sage, ich sei niedergeschlagen und gramgebeugt, so nimm das als Zeichen, dass mich der Gedanke, für meine eigene Torheit zu büßen, viel mehr bedrückt als deren Folgen an sich, weil ich einem Manne vertraut habe, den ich nie für einen Schurken gehalten hätte. (Atticus-Briefe 3,8,2–4 – Thessaloniki, 29. Mai 58)

Wenige Tage später schrieb er an Quintus, den er seit drei Jahren nicht gesehen hatte, da sein Bruder sich als Statthalter in Asia aufhielt, einen Brief mit Selbstvorwürfen und Bekundungen tiefer Zuneigung:

Mein Bruder! Mein Bruder! Mein Bruder! Wie konntest du nur befürchten, ich hätte in einer Zornesaufwallung meine Boten ohne einen Brief an dich abgehen lassen oder gar dich nicht sehen wollen, sei böse auf dich, könnte dir überhaupt zürnen! [...] Vielmehr wollte ich mich nicht von dir sehen lassen, denn es wäre nicht dein Bruder gewesen, den du gesehen hättest, nicht der, den du hinter dir gelassen hast, nicht der, den du kanntest, nicht der, der dir bei deiner Abreise das Geleit gab und den du selbst in Tränen, weinend gehen ließest; keine Spur von ihm, kein Schatten, sondern sozusagen das Bild eines lebenden Leichnams. [...] Wenn also meine Boten ohne einen Brief zu dir gekommen sind, so siehst du nun wohl, nicht Jähzorn steckt dahinter, sondern gewisslich Verdrossenheit, unendliches Leid und ein nie versiegender Tränenstrom. (Briefe an den Bruder Quintus 1,3,1–2)

Er vermisste seine Familie:

Was meinst du wohl, wie viele Tränen mich eben diese Worte kosten? Gewiss nicht weniger, als du vergießen wirst, wenn du sie liest. Könnte ich nur einen Augenblick nicht an dich denken oder je ohne Tränen? Denn wenn ich mich nach dir sehne, ist es da nur der Bruder, nach dem ich mich sehne? Oh nein! Du bist mir alles in einem: Bruder, mir fast gleich an Jahren, durch dein liebreiches Wesen, Sohn, durch deine Willfährigkeit, Vater, durch deine Klugheit. Was hätte je mir ohne dich, was je dir ohne mich Freude machen können?

Wie soll ich es ertragen, dass ich gleichzeitig meine Tochter vermissen muss, [...] mein Ebenbild in Antlitz, Rede und Charakter! Meinen reizenden mir besonders ans Herz gewachsenen Jungen, den ich hart und gefühllos aus meinen Armen gelassen habe, reifer für sein Alter, als mir lieb ist; fühlte der arme Junge doch schon, um was es ging! Und nun gar deinen Sohn [...]. Wie soll ich es verwinden, dass ich dem armen Weibe, meiner mir treu ergebenen Frau, nicht gestatten konnte, mich zu begleiten, damit sie schütze, was aus unserm gemeinsamen Unglück geblieben ist, und über unsere Kinder wache! (Briefe an den Bruder Quintus 1,3,3)

Den Brief beendete er mit der Aufforderung an den Bruder, sich so bald wie möglich nach Rom zu begeben und um die Seinen zu kümmern.

So trat er das 16 Monate während Exil an, eine relativ gesehen nicht sehr lange Zeit, doch für Cicero eine Ewigkeit und entscheidend für sein Leben. Er empfand sich in dieser Zeit als einen Gescheiterten, was er weder Clodius als direkt Verantwortlichem noch denjenigen je verzieh, die durch ihr Handeln oder ihr Unterlassen dazu beigetragen hatten, dass man ihm eine derartige Erniedrigung zufügte. Der »Vater des Vaterlandes« wurde nun – welche Ironie des Schicksals – aufgrund eben derselben Geschehnisse zu einem vaterlandslosen Exilanten ohne Bürgerstatus. Man hatte ihn ohne Gerichtsverfahren verbannt, so, wie er die Catilinarier hatte hinrichten lassen.

9

DER KAMPF UM DIE VERLORENE
WÜRDE (57 v. Chr.)

Die Monate, die Cicero in Thessaloniki verbrachte, waren die wohl bitters-ten seines Lebens: Durch Flucht war es ihm gelungen, sein Leben zu ret-ten, aber das Exil bedeutete seine Nichtexistenz als Politiker, und das war für jemanden, dem so viel am öffentlichen Leben lag, schwer zu ertragen. Die De-pression, die ihn ereilte, ließ ihn mit gewisser Regelmäßigkeit an Selbstmord denken. Seine Briefe zeigen den Taumel seiner Gefühle: Er schwankte zwischen der Selbstanklage, Rom zu früh verlassen zu haben, statt gegen Clodius zu kämpfen, und dem Willen, alle Unbill seinen politischen Gegnern anzulasten. Ja, er beschuldigte seine Verbündeten und selbst Atticus wiederholt, ihn schlecht beraten zu haben:

> Wenn du oder auch sonst jemand sich bemüht hätte, mir, dem die wenig freundliche Antwort des Pompeius einen argen Stoß versetzt hatte, den un-würdigen Entschluss [die Flucht aus der *Urbs*] auszureden – und keiner wäre dazu wie du in der Lage gewesen –, dann wäre ich entweder in Ehren unter-legen, oder wir ständen jetzt als Sieger da. (Atticus-Briefe 3,15,4 – Thessa-loniki, 17. August 58)

Cicero gab niemals zu – offensichtlich hat er das nie auch nur in Erwägung ge-zogen –, dass die Hinrichtung der Catilinarier eventuell ein Fehler gewesen war. Es überrascht ein wenig, dass er über Pompeius nicht sehr schimpfte und auch den abwesenden Caesar kaum attackierte. Pompeius' Verhalten entschuldigte er später sogar, da er meinte, dieser sei durch die Gewalt des Clodius genötigt wor-den. Er wird sich aber, was die Macht und den Einfluss von Pompeius in der rö-mischen Politik anbelangte, nichts vorgemacht haben; schließlich bestand die Koalition mit Caesar und Crassus auch weiterhin. Doch Pompeius, der ihm in kritischen Momenten kaum je beigestanden hatte, wurde bald zu seinem eigentlichen Beschützer.

Ciceros Rückkehr nach Rom erfolgte nicht so bald, wie ihm das die Leute versichert hatten, die ihm rieten, die Stadt zu verlassen. Seine Abwesenheit zog sich inzwischen schon wesentlich länger hin, als er erwartet hatte. Der Hass und die Frustration, die er empfand, kamen nicht zuletzt von seiner Enttäuschung darüber. Im August, als sein Aufenthalt in Thessaloniki für ihn unerträglich zu werden begann, bedauerte er, an das Versprechen geglaubt zu haben, »in drei Tagen in allen Ehren zurückkehren zu können« (Briefe an den Bruder Quintus 1,4,4). Das hieß jedoch nicht, dass es in Rom nicht Menschen gegeben hätte, die sich, von Atticus angespornt, jeden Tag für ihn einsetzten. In der zweiten Hälfte des Jahres 58 gab es Bemühungen einiger Volkstribune, die Rückkehr des berühmten Exilanten zu beschleunigen: Sie nutzten die Abkühlung des Verhältnisses zwischen Clodius und Pompeius und bemühten sich zunächst, das Gesetz zu annullieren, das zu Ciceros Verbannung geführt hatte. Dann versuchten sie mit Hilfe von Gesetzeseingaben seine Rückkehr zu ermöglichen, hatten aber keinen Erfolg, obwohl sie inzwischen auf die Unterstützung von Pompeius zählen konnten.

Zu dieser Zeit hatte Cicero Thessaloniki schon verlassen und sich im Herbst in Dyrrhachium an der Italien gegenüberliegenden Adria-Küste einquartiert. Psychologisch gesehen war er Rom nun näher, aber es gab auch einen ganz praktischen Grund, die Hauptstadt Makedoniens zu verlassen, sollte sich dort doch nun bald der verhasste Konsul Piso als Statthalter einfinden. Cicero erwartete die Nachrichten, die ihm aus der Hauptstadt des Imperium zugetragen wurden, mit brennender Ungeduld, aber auch mit Verärgerung, denn er hielt die Strategie, welche die Gruppe der Politiker verfolgte, die ihm bei seiner Rückkehr nach Rom behilflich sein wollte, für verfehlt.

Die Situation änderte sich in dem Moment, als die Clodius' Amtszeit als Volktribun zu Ende war: Da hatte sich bereits ein breiter Konsens für eine Rückkehr des Mannes aus Arpinum gebildet. Pompeius unterstützte ihn schon seit Monaten aktiv; Caesar stimmte von Gallien aus zu, wo er siegreich an der Spitze seines Heeres kämpfte, und die Mehrheit der Volkstribunen, die man für das Jahr 57 gewählt hatte, waren Cicero wohlgesinnt, insbesondere seine Freunde Milo und Sestius. Die beiden gewählten Konsuln hatten ihre Zustimmung erklärt, obwohl es sich bei einem von ihnen um seinen Gegner Metellus Nepos handelte. Dennoch scheiterten monatelang die Versuche, ein Gesetz durchzubringen, das Cicero explizit autorisierte, aus dem Exil zurückzukehren, an der militanten Opposition, die die Parteigänger des Clodius organisierten. Sie stützten sich auf die *collegia*, die er wieder zugelassen hatte und die nun einen normalen Ablauf der Versammlungen verhinderten. Im Juli genehmigte der Senat ein Dekret mit der einzigen Gegenstimme des Clodius, das die Magistrate aufforderte, ein Gesetz anzunehmen, welches Cicero die Rückkehr ermöglichen sollte. Schließlich wurde am 4. August 57 ein Gesetz des Konsuls Publius Cornelius Lentulus in den Comitien angenommen, das seine Heimkehr im September erlaubte. Dieser Beschluss bedeutete das politische Scheitern des Clodius und eine – wenn auch späte – Genugtuung für Cicero. Es freute ihn sehr, dass eine gute Zahl von Persönlichkeiten, darunter Pompeius, vor dem Volk intervenierte: Sie sprachen sich nicht nur für die Annahme des Gesetzes aus, sondern lobten Cicero zudem für seinen Beitrag zur Rettung Roms während seines Konsulats. Nach der Rückkehr gab Cicero die folgende Version der Ereignisse:

> Was ich diesem Manne [Pompeius] verdanke, Quiriten, ist beinahe mehr, als ein Mensch einem Menschen überhaupt verdanken kann. Seine Empfehlungen, der Vorschlag des P. Lentulus und das Gewicht des Senats haben euch veranlasst, mir eben den Rang zurückzugeben, zu dem ich durch eure Gunstbeweise gelangt war, und zwar mit Hilfe derselben Zenturiatkomitien, die ihn mir verschafft hatten. Ihr habt ja zur gleichen Zeit und am gleichen Ort vernommen, wie bedeutende Männer, hervorragende und hoch angesehene Persönlichkeiten, die Häupter unsrer Bürgerschaft, wie alle ehemaligen Konsuln und ehemaligen Prätoren dasselbe sagten; ihr einhelliges Zeugnis bekundete, dass ich allein den Staat gerettet hatte. (Danksagung an das Volk 17)

Selbstverständlich hielt Cicero seine Rückkehr nach Rom für einen großen Sieg. Atticus, der sich schon nicht mehr in der Stadt befand, schilderte er diese Augenblicke in einem Dankesbrief vom September 57. Tage waren vergangen, seit er ein neues Domizil in Rom bezogen hatte, aber der Zustand der Euphorie, der nur jenem während der größten Erfolge seines Konsulats vergleichbar war, hielt an:

> Am 4. Sextilis [4. August] bin ich von Durazzo [Dyrrhachium] abgefahren, gerade an dem Tage, an dem das Gesetz über meine Zurückberufung zur Abstimmung kam; am 5. langte ich in Brindisi [Brundisium] an. Dort erwartete mich meine Tullia; es war gerade ihr Geburtstag und zufällig auch der der Kolonie Brindisi sowie deiner Nachbarin, der Salus [der der Göttin Salus geweihte Tempel befand sich in Rom auf dem Quirinal, in der Nähe des Hauses von Atticus]. [...] Während meines Aufenthalts in Brindisi erfuhr ich dann

am 11. aus einem der Briefe von meinem Bruder Quintus, dass das Gesetz
[…] in den Zenturiatkomitien durchgegangen sei. Von den Brindisinern in
ehrenvollster Weise aufgenommen, machte ich mich sodann auf den Weg,
und es wurde ein wahrer Triumphzug: Von überall kamen Abordnungen,
um mich zu beglückwünschen. Und nun erst mein Einzug in die Hauptstadt:
Männer jeden Standes, wer nur immer einem Nomenklator bekannt zu sein
pflegt, alle kamen mir entgegen; selbst von meinen Feinden fehlten nur diejenigen, die ihre feindliche Gesinnung nicht verstecken oder in Abrede stellen konnten. Als ich an die Porta Capena kam [das im Südosten gelegene
Stadttor Roms, das man über die Via Appia erreichte], füllte das Volk die
Stufen der Tempel von oben bis unten und brachte mir durch lebhaftes Hän-
deklatschen seine Glückwünsche zum Ausdruck. Ähnlich der Andrang und
der Beifall, der mich bis zum Kapitol umbrauste; auf dem Forum und dem
Kapitol selbst schier unabsehbare Massen. Am folgenden Tage, das heißt
also am 5. September, stattete ich dann im Senat meinen Dank ab. (Atticus-
Briefe 4,1,4–6)

Beschreibungen seiner Rückkehr wie diese gab er nicht nur in privaten Briefen,
sondern auch in öffentlichen Reden wie der zur Verteidigung seines Freundes
Sestius wenige Monate später:

Wie dann meine Rückkehr vonstatten ging: Wer wüsste das nicht? Wie mir
bei meiner Ankunft die Brindisiner gewissermaßen die Rechte ganz Italiens
und des Vaterlandes selbst entgegenstreckten […]. Man mochte meinen, dass
alle Städte Italiens, die mein Weg berührte, meine Rückkehr festlich begin-
gen; auf den Straßen drängten sich die zahlreichen Gesandten, die man von
überallher entboten hatte; das letzte Stück vor der Stadt war von einer un-
glaublichen Menschenmenge umsäumt, die mir freudig zujubelte; der Weg
vom Stadttor aus, der Aufstieg zum Kapitol und die Rückkehr in mein Haus
ließen mich – so spielte es sich ab – in meiner übergroßen Freude nur eines
empfinden: dass die Bürgerschaft, die so viel Dankbarkeit zeigte, solcher Not
und Unterdrückung ausgesetzt gewesen war. (Für Publius Sestius 131)

Unverkennbar beschreibt Cicero seine Reise von Brundisium aus quer durch
Italien sowie seinen Einzug in Rom wie einen Triumphzug. Wie es dabei Brauch
war, endete der Zug, nachdem er das Zentrum der Stadt über das Forum und die
Via Sacra durchquert hatte, in dem großen Iuppiter-Tempel auf dem Kapitol.
Es folgten – ebenfalls wie üblich – die Reden vor dem Senat und vor dem Volk.

Aber im Unterschied zu dem üblichen Ritual, das sich auf eine Durchquerung der Stadt Rom beschränkte, verlängerte Ciceros seinen Zug in der Beschreibung um einige Wochen, während derer er Italien von Süden nach Norden bereiste und seine Rückkehr von allen Städten entlang der Strecke gefeiert wurde. In der publizierten Fassung seiner Rede vor den Senatoren am Tag seiner Rückkehr ist zu lesen, dass Cicero in Rom wie die großen siegreichen Feldherren eingezogen sei, »mit geschmückten Pferden und auf einem vergoldeten Wagen« (Danksagung an den Senat 28). Das Bild des Exilanten, der triumphierend zurückkehrt, hält sich in der Rhetorik Ciceros, er wird sich noch Jahre später in einer Rede gegen Piso auf dieses triumphale Ereignis beziehen, wie es noch nie jemandem »auf ehrenvollere Weise« in Rom zuerkannt worden sei (Gegen Lucius Calpurnius Piso 35).

In der römischen Gesellschaft brachte einen Sterblichen nichts der Unsterblichkeit der Götter näher als die Feier eines Triumphes. Man schminkte dem Triumphator das Gesicht in der gleichen Farbe, die die Iuppiter-Statue im Kapitol trug, und mit Iuppiter identifizierte er sich für diese Stunden, während der Sklave, der auf dem Wagen hinter ihm stand, ihm von Zeit zu Zeit zuflüsterte, er möge nicht vergessen, dass er trotz seines Ruhms sterblich war. Cicero wagte es in der gesuchten Parallele zum Triumphzug nicht, sich mit Iuppiter zu vergleichen, aber zu einer stillschweigenden Annäherung an das Göttliche kam es: Es war kein Zufall, dass er den 4. September für seinen Einzug in Rom ausgesucht hatte, während man in der Stadt die populären Römischen Spiele *(Ludi Romani)* zu Ehren des Iuppiter Capitolinus feierte. Und ebenso wenig hatte er es dem Zufall überlassen, an dem Tag in Brundisium von Bord zu gehen, an dem der römische Tempel der Göttin Salus geweiht worden war. Auch wenn Cicero das nicht aussprach, so war es doch offensichtlich, dass er seine Rückkehr mit dem Willen der Göttin und damit mit der »Rettung der Republik« *(salus rei publicae)* in Verbindung bringen wollte. Schließlich war die Rückkehr Ciceros das Ergebnis göttlichen Willens und die Götter Roms freuten sich, den besten ihrer Bürger nun wieder unter sich zu haben: »die unsterblichen Götter, die mich bei meiner Ankunft mit ihren Tempeln empfingen« (Für Publius Sestius 147).

Mag das Exil nun gerechtfertigt gewesen sein oder nicht, es war jedenfalls ein äußerst schwerer Schlag für das Bild gewesen, das Cicero in mehr als 20 Jahren öffentlichen Lebens von sich geschaffen hatte. Wie er es selbst ausdrückte, war er »von einem sehr hohen Grad an Würde« abgestürzt, in nicht einmal fünf Jahren vom Konsul zu einem Individuum ohne jedes Bürgerrecht geworden. Es galt nun, seine verlorene Würde, sein Prestige und seinen Ruf wiederzuerlangen. Das hieß, dass man ihn wieder in alle seine Rechte als Bürger einsetzte, ihm im Senat und in der Gesellschaft seinen guten Namen zurückgab und er sein gesamtes Vermögen zurückerhielt:

Was mir in meiner Lage besonders schwierig erscheinen musste, die Wiedererlangung meines alten Glanzes als Politiker, meines Ansehens im Senat, meines Einflusses bei den Optimaten, habe ich schon erreicht, und zwar in höherem Grade, als ich erwartet hatte; mit meinem Eigentum hingegen – du weißt, wie ruiniert, zerstreut und verwahrlost es ist – sieht es sehr schlimm aus, und ich bedarf nicht so sehr deiner materiellen Hilfe, die mir, wie ich weiß, zur Verfügung steht, als vielmehr deines Rates, um zu sammeln und zu ordnen, was mir noch geblieben ist. (Atticus-Briefe 4,1,3)

Die Rückerstattung seines Besitzes, insbesondere seines Hauses auf dem Palatin, sollte also wesentlich komplizierter werden. Das Gesetz vom 4. August, das die Rückkehr aus dem Exil ermöglichte, ordnete auch die Rückgabe sämtlicher Besitztümer sowie eine Entschädigung an. Das wirtschaftliche Problem war damit gelöst, aber ein rechtlich-religiöses hinsichtlich des Anwesens auf dem Palatin bestand weiterhin, da Clodius dessen Grund und Boden den Göttern geweiht und einen Altar für die Freiheit errichtet hatte. Damit gehörte dieser Ort den Göttern und konnte von seinem ursprünglichen Eigentümer nicht mehr für profane Zwecke genutzt werden. Der Senat beschloss, diese Frage vor das Kollegium der *pontifices* zu bringen; sie waren die Einzigen, die entscheiden konnten, ob die Weihung gemäß den Normen vollzogen worden war, die diese Art von Ritual erforderte. Vor dem Kollegium sprachen nun sowohl Clodius als auch Cicero. Letzterer hielt am 29. September 57 eine lange Rede, die uns in Gänze erhalten ist und in der er politische und religiöse Gründe anbringt.

Sein Ziel war klar: aufzuzeigen, dass die Weihung seines Hauses unrechtmäßig erfolgt und mithin ohne Gesetzeskraft war. Für ihn lagen die Dinge so: Erstens, und das war entscheidend, hätte Clodius die Weihung eines Heiligtums an die Göttin Libertas nur dann durchführen können, wenn er vom Senat eine Erlaubnis in Form eines Gesetzes gehabt hätte, aber die lag nicht vor; außerdem sei die Weihung von jemandem durchgeführt worden, der nicht autorisiert gewesen sei, nämlich von dem unerfahrenen *pontifex* Lucius Pinarius Natta, bei dem es sich gleichzeitig um einen Schwager des Clodius handelte; schließlich habe man das Ritual nicht gemäß den traditionellen Vorschriften und Formeln vollzogen.

Du sprichst also von Weihung, wenn du zu dem Vorgang nicht das Kollegium, nicht einen Oberpriester, den das römische Volk durch Ämter ausgezeichnet hatte, sondern nur einen jungen Mann [L. Pinarius Natta] hinzuziehen konntest, obwohl du gute Freunde im Kollegium hattest? (Über sein eigenes Haus, an das Pontifikalkollegium 118)

Ich stelle nämlich fest, dass ein altes tribunizisches Gesetz verbietet [die lex Papiria, die Quintus Papirius in der ersten Hälfte des 2. Jahrhundert v. Chr. eingebracht hatte], ohne Einwilligung der Plebs ein Gebäude, ein Stück Land, einen Altar zu weihen [...] ich frage jedoch, welches Gesetz dich ermächtigt hat, mein Haus zu weihen, wo du diese Befugnis erhalten und mit welchem Recht du diese Maßnahme durchgeführt hast. (Über sein eigenes Haus, an das Pontifikalkollegium 127–128)

Wenn nun, ihr Priester, weder der Weihende noch der Gegenstand der Weihung den Satzungen entsprachen, was brauche ich dann noch den dritten Punkt, den ich mir vorgenommen hatte, zu behandeln und zu zeigen, dass er die Weihung nicht mit den Verrichtungen und Formeln vorgenommen hat, welche die Riten erfordern? [...] und ungültig wäre erst recht, was ein unerfahrener junger Mann und neu aufgenommener Priester, [...] ohne Kollegen und ohne Bücher, ohne einen Gewährsmann und ohne den Opferkuchenbäcker, insgeheim, mit getrübtem Verstand und stockender Stimme vollzogen haben soll [...] mit verkehrten Formeln und unter üblen Vorzeichen, indem er immer wieder neu einsetzte, indem er steckenblieb, zitterte und stotterte, alles anders aufsagt und vollzogen hat, als es in euren Büchern steht. (Über sein eigenes Haus, an das Pontifikalkollegium 138–140)

Cicero war stolz auf seine rhetorische Gewandtheit, wie sie in dieser Rede zum Ausdruck kam. Er versprach den Text so bald wie möglich an Atticus zu schicken, »auch wenn du das nicht willst«. Die *pontifices* akzeptierten die Argumente und entschieden wie folgt:

Wenn der, welcher behauptet, die Weihung vorgenommen zu haben, nicht durch einen Beschluss des Gesamtvolkes oder der Plebs namentlich damit beauftragt worden ist und infolgedessen ohne Auftrag durch einen Beschluss des Gesamtvolkes oder der Plebs dies getan hat, so scheint der in Frage kommende Teil des Grundstücks ohne religiöse Bedenken mir zurückgegeben werden zu können. (Atticus-Briefe 4,2,3)

Das Priesterkollegium erklärte das Vorgehen also für ungültig. Dann ordnete der Senat an, dass Cicero sein Haus auf dem Palatin wieder aufbauen dürfe und auf eine hohe Summe vom römischen Staat zählen könne. Dazu kam das Geld, das ihm für den Wiederaufbau seiner Häuser in Tusculum und Formiae zustand. Dennoch war der Betrag geringer als von ihm erwartet: Bei der Entschädigung für das Anwesen auf dem Palatin handelte es sich um zwei Millionen Sesterzen, während Cicero im Jahr 62 dreieinhalb Millionen bezahlt hatte. Möglicherweise lag in diesen wirtschaftlichen Schwierigkeiten der Ursprung für die Unstimmigkeiten mit seiner Frau Terentia, die sich in einigen Briefen an Atticus abzuzeichnen beginnen:

> Meinen Gebäudeschaden schätzen die Konsuln nach einem Sachverständigengutachten auf 2 Millionen Sesterzen, alles Übrige wenig großzügig: das Gutshaus auf dem Tusculanum auf 500 000, das Formianum auf 250 000 Sesterzen. Nicht nur alle billig denkenden Leute, auch das gemeine Volk hält sich über diese Schätzungen auf. »Wie kommt das denn nur?« wirst du fragen. [...] Nein, mein T. Pomponius, dieselben Männer [...] die mir die Flügel beschnitten haben, wollen nicht, dass sie mir wieder wachsen. Aber sie wachsen mir hoffentlich schon wieder! [...] Was mich sonst noch plagt, ist etwas delikater Natur. (Atticus-Briefe 4,2,5–7)

Nachdem Cicero wieder im elegantesten Viertel der Stadt wohnen konnte, umgeben von den großen Familien der Aristokratie, schien seine alte Würde vollkommen hergestellt. Für ihn war das lebenswichtig, um seine politische und soziale Stellung wieder einnehmen zu können. Aber es kam in diesem Kampf für ihn mindestens ebenso darauf an, die Geschichte seines Exils gewissermaßen neu zu schreiben, diese Zeit der Trübsal und der Trostlosigkeit in eine des Ruhms umzudeuten, ruhmvoll für ihn wie für Rom. Bis zuletzt ließ er keine Gelegenheit aus, den Konsulat, das Exil und die Rückkehr zu verherrlichen, indem er sich selbst als einen tapferen Bürger zeigte, der die *Urbs* zweimal mit der unendlichen Liebe zu seinem Vaterland gerettet hatte.

In Ciceros Bestreben, das Exil umzudeuten, spielt ein Traum eine Rolle, den er, wie er erzählt, auf seiner Flucht aus Rom hatte – wahrscheinlich ist er erfunden. Er berichtet davon in einer Schrift, die er fast 13 Jahre später verfasste. Im Traum erscheint ihm ein Mann aus Arpinum, Gaius Marius, ebenfalls ein berühmter Exilant, um ihm Willensstärke einzuflößen und ihm anzukündigen, dass seine Rückkehr einem Triumph gleichkommen werde:

Obwohl die Weiterreise drängte, gebot Sallust [wahrscheinlich ein Freige-lassener, der Cicero als Diener ins Exil begleitete] in der Folge trotzdem Ruhe und ließ nicht zu, dass man dich wecke. Als du erwachtest [...], etwa um die zweite Stunde, erzähltest du ihm einen Traum: Dir sei, als du in einsamer Gegend niedergeschlagen umherirrtest, C. Marius mit lorbeergeschmückten Rutenbündeln [Symbol seines Triumphes als Konsul] erschienen und habe dich gefragt, warum du traurig seist; und als du sagtest, man habe dich mit Gewalt aus Rom vertrieben, habe er deine Rechte ergriffen und dir aufge-tragen, guten Mutes zu sein. Dann habe er dich dem nächststehenden Liktor anvertraut, damit er dich in den seinem Andenken dienenden Tempel geleite [den Tempel, der ihm zu Ehren seines Sieges über die Kimbern und Teutonen errichtet worden war], mit den Worten: »dort werdest du Heil finden«. An dieser Stelle schrie Sallust – so sein Bericht – laut auf, dir stehe eine schnelle, ruhmreiche Heimkehr bevor, und du selbst fandest offenkundig Gefallen an dem Traum. (Über die Wahrsagung 1,59)

Dieser Traum wäre also Prophetie gewesen, denn das Dekret, das letztendlich seine Rückkehr zuließ, war im Tempel des Marius erlassen worden. Es handelt sich offenkundig um ein literarisches Konstrukt, mit dem Cicero die Angst und die Unsicherheit, die ihn in den Wochen nach seiner heimlichen Flucht aus Rom in Beschlag genommen hatten, in eine imaginäre Stärke gegenüber allen Unwäg-barkeiten verwandelte. Zudem brachte er die Rückkehr indirekt mit dem über-natürlichen Universum in Verbindung, das sich stets hinter dem Mysterium der Träume verbirgt. Dessen ungeachtet ist der Text im Kontext einer Diskussion über den Wert der Träume im Prozess der Wahrsagung zu sehen.

In Wahrheit verleugnete Cicero die Realität seines Exils – und er tat das auf einem Gebiet, auf dem er ein wahrer Meister war, dem der Rhetorik. In seinen Schriften gebrauchte er die Wörter »Exil«, »Exilant« und »ins Exil gehen« *(ex-silium, exsul, exsulo)* häufig, nie aber, wenn es um sein eigenes Exil ging. Oder allenfalls, wenn er – wie es gelegentlich vorkam – jemanden zurechtwies, der eines dieser Wörter im Zusammenhang mit ihm verwandt hatte: Das sei nicht zulässig, denn er sei von keinem Gericht verurteilt und verbannt worden; und es existiere auch kein Sachverhalt, dessen er sich schuldig gemacht habe, um in dieser Form bestraft zu werden. Dabei vermied Cicero es tunlichst, näher auf diesen Punkt einzugehen, denn der Grund für sein Exil bestand ja gerade darin, römische Bürger ohne Gerichtsurteil hingerichtet zu haben:

Diesen Mann hast du gar als Verbannten zu bezeichnen gewagt, du abscheu-liches Ungeheuer [er bezieht sich auf Clodius], wo du doch von so vielen Ver-brechen und Schandtaten gebrandmarkt bist, dass sich jede Stätte, die du be-trittst, nicht im geringsten von einem Verbannungsort unterscheidet? Was ist das denn: ein Verbannter? An sich nur die Bezeichnung für ein Unglück, nicht für eine Schmach. Wann ist sie nun schmachvoll? Mit vollem Recht, wenn sie die Strafe für ein Vergehen nennt, nach der Meinung der Leute auch, wenn die Strafe die Folge eines Urteils ist. Trifft diese Bezeichnung nun wegen eines Vergehens auf mich zu oder infolge eines Urteils? Wegen eines Vergehens? Das wagst auch du nicht mehr zu behaupten [...]. (Über sein eigenes Haus, an das Pontifikalkollegium 72)

Cicero zog Euphemismen und Auslassungen vor; jedenfalls vermied er Wörter, die seine Hörer und Leser juristische Begrifflichkeiten assoziieren ließen und auf irgendeine Weise hätten suggerieren können, dass sein Exil eine legitime Grund-lage gehabt hätte. Um sich auf seinen Weggang aus Rom zu beziehen, verwendete er neutrale Ausdrücke wie »Entfernung«, »Abfahrt« oder »Weggang« in ihren verschiedenen lateinischen Formen *(discessus, digressus, profectio, exitus)* und bezeichnete sein Exil vage als »Abwesenheit« oder »die Zeit, in der ich nicht da war« *(absentia, me absente)*. Oder er bezog sich auf diesen Zeitraum als »Unwet-ter« oder »Katastrophe« *(tempestas, calamitas)*. Die Aggressivität seiner Feinde hatte ihn gezwungen »zu weichen« – ein Verb, *cedo*, das er in diesem Zusam-menhang häufig benutzte – und mithin eine friedliche Lösung zu wählen, um nicht noch mehr Gewalt zu provozieren. Cicero war nicht der Angeklagte, son-dern das Opfer einer willkürlichen Intrige, die er wiederholt als »Proskription« *(proscriptio)* bezeichnete und somit sein ungerechtes Exil und die Konfiszierung seines Besitzes mit den verhassten Proskriptionen des Diktators Sulla verglich.

Vielmehr hatte Cicero sich wie ein Patriot verhalten. Um ein Blutbad zu ver-meiden, hatte er ein persönliches Opfer gebracht, wie er das auch bereits wäh-rend seines Konsulats getan hatte. Und die Existenz der Republik hing von sei-nem Überleben ab, insofern war es entscheidend, ihm das Leben zu retten. Sein Verhalten war folglich weit entfernt von Feigheit, sondern ein Beispiel an Mut und Heldentum.

[...] ich habe um den Preis meines schmerzhaften Kummers von euch und euren Kindern Mord, Verwüstung, Brand und Raub abgewehrt, und ich habe als einziger zweimal den Staat gerettet, einmal im Glanz des Ruhmes, das zweite Mal in der Not der Trübsal [...] Dies muss meines Erachtens als das zuverlässigste Zeichen meiner innigen Liebe zum Vaterlande gelten, dass ich, obwohl ich mich nicht ohne tiefen Schmerz aus ihm entfernen konnte, lieber diesen Schmerz erleiden als zulassen wollte, dass es von den Frevlern zugrunde gerichtet würde. (Für Publius Sestius 49)

Der Prozess der Verdrängung des Exils, der mit seiner Danksagung an den Senat begonnen hatte, war auf seinem Höhepunkt. Was Cicero einst selbst »eine äußerst beschämenswerte« Flucht aus der Stadt genannt hatte, war dank seiner Rhetorik zu einer reiflich überlegten Entscheidung geworden, um Rom vor Chaos und Bürgerkrieg zu retten. Das kummervolle Exil war zu einer Ruhmestat für den Patrioten geworden, der sich zu einem politischen Märtyrer entwickelt hatte: »Indes hatten unsere Schicksalsschläge mehr Ehre als Beschwer und nicht so viel Unerquicklichkeit wie Ruhm« (Über den Staat 1,7).

Cicero stilisierte sich in diesem Mythos über die Zeit des Exils wie einen Heros oder Gott, der als Sühneopfer für alle leidet, verschwindet und dann zurückkehrt, um die Gemeinschaft zu retten – er war es, der Fruchtbarkeit und Überfluss nach Rom brachte, während seiner Abwesenheit konnte es keinen Frieden geben, keine Nahrungsmittel, kein Leben:

Vielleicht wollen die unsterblichen Götter das römische Volk für meine Rückkehr belohnen, so dass, wie bei meinem Fortgang Mangel an Lebensmitteln, Hungersnot, Zerstörung, Mord, Brand, Raub, Straflosigkeit von Verbrechen, Flucht, Angst und Zwietracht geherrscht haben, jetzt fruchtbare Fluren, reichliche Ernten, die Hoffnung auf Frieden, eine allgemeine Beruhigung, die Gerichtsverhandlungen, die Gesetze, die Einigkeit des Volkes und der Einfluss des Senats zugleich mit mir zurückgekehrt zu sein scheinen [...]. (Über sein eigenes Haus, an das Pontifikalkollegium 17)

Cicero ging noch weiter: Seine Verbannung konnte man gar nicht als Exil definieren, denn tatsächlich war er nie aus Rom fort gewesen, weil Rom dort war, wo er sich aufhielt. Während seiner Abwesenheit hatte die Republik aufgehört zu existieren, Chaos und Misswirtschaft hatten sie ersetzt; sein Weggang aus der Stadt war so viel wie »das Begräbnis unseres Staates« gewesen (*funus rei publicae* sagt er in der Rede »Über die konsularischen Provinzen« 45). Die Identifikation mit der *res publica* wurde zu einem rhetorischen Topos, den Cicero in den Reden nach seiner Rückkehr kontinuierlich bemühte. Er sollte bis zu seinem Lebensende an ihm festhalten und in späteren Schriften gelegentlich auf ihn zurückkommen:

Doch ich wusste ja, dass ich nicht länger aus dieser Stadt entfernt sein würde als der Staat selbst; da glaubte ich, nachdem er verbannt war, nicht bleiben zu dürfen; andererseits hat er mich, sobald er zurückgerufen wurde, gleichzeitig wieder hergebracht. Mit mir waren die Gesetze dahin, mit mir die Gerichte, mit mir die Rechte der Beamten, mit mir der Einfluss des Senats, mit mir die Freiheit, mit mir auch der Erntesegen, mit mir alles, was bei Göttern und Menschen ehrwürdig und heilig ist. (Danksagung an den Senat 34)

Nicht weniger wichtig als die Wiedererlangung seiner Würde, seines Vermögens und seines Rufes war für Cicero die politische und persönliche Diskreditierung von jenen, die sein Exil zu verantworten oder zumindest nichts getan hatten, um es zu verhindern – er wollte sich rächen. Ziel seiner Attacken war zu jedem Zeitpunkt Publius Clodius, gegen den es Cicero trotz seines erklärten Hasses jedoch nie wagen sollte, offen einen Prozess anzustrengen. Stattdessen verfolgte er ihn mit einem unendlich scheinenden Repertoire von Beleidigungen. Beständig machte er Anspielungen auf eine vermeintliche Liebesbeziehung zu seiner Schwester Clodia: »Du unterscheidest nicht zwischen deiner Frau und deiner Schwester«. Er sei ein Transvestit und weibisch: »In einer Zusammenkunft von Frauen geht er als Kitharöde durch«; »unter Männern gibt er sich als Frau und unter Frauen als Mann«. So beschreibt er ihn in seiner Rede zur Verteidigung von Sestius im Jahr 56:

[…] ich hatte es vielmehr mit dem Schätzchen reicher Tagediebe zu tun, mit dem Liebhaber seiner Schwester, mit dem Priester der Hurerei, dem Giftmischer, dem Testamentsfälscher, dem Messerstecher, dem Wegelagerer. (Für Publius Sestius 39)

Er bezeichnete ihn als gottlos und als einen Feind der römischen Götter, einen Schädling und Gegner des Staates, als einen echten Tyrannen – und retournierte damit die Anklage, die Clodius, als er sein Exil erzwang, gegen ihn erhoben hatte. Cicero gestand nicht ein, dass Clodius auf irgendeine Art von Konsens in Bezug auf seine Gesetzesvorschläge hatte zählen können, sondern führte jeden Erfolg seines politischen Gegners einzig und allein auf die Anwendung organisierter politischer Gewalt zurück, mit deren Hilfe er die römische Gesellschaft in Angst und Schrecken hatte versetzen können. Zudem zögerte er nicht, den Sinn der Gesetzesreformen, die Clodius während seines Volkstribunats eingeführt hatte, bis zu dem Punkt zu verfälschen, dass er der Realität gar nicht mehr entsprach: Der Volkstribun habe beabsichtigt, das Amt der Zensoren und das traditionelle Ritual der *obnuntiatio* mit Hilfe der Vorzeichenschau abzuschaffen.

Der Mann aus Arpinum, dem Clodius während seines Konsulats bei der Unterdrückung der Verschwörung des Catilina zur Seite gestanden hatte, stellte Clodius nun permanent mit Catilina auf eine Stufe, machte ihn zu seinem politischen Nachfolger und zum »neuen Chef« einer »gefährlichen Bande«; bei einer Gelegenheit nannte er ihn sogar den »glücklichen Catilina«. Cicero lag offensichtlich daran, Clodius als die neue große Gefahr für das Überleben der Republik darzustellen, gegen die er damit anzugehen habe, wie er das seinerzeit in seiner Funktion als Konsul getan hatte. Objektiv gesehen entbehrten seine Anklagen jeglicher Grundlage. Sie müssen im Kontext der Sprache der Invektive verstanden werden, für die die Beleidigung und auch die Verleumdung zentral sind. Nur so ließ sich ein negatives Bild des Gegners zeichnen. Cicero sollte das Mittel eines Vergleichs mit Catilina bei fast allen seinen politischen Gegnern anwenden – mit der Absicht, Chaos in Rom hervorzurufen: Antonius war ein neuer Catilina; Gabinius, so betonte er vor den Senatoren, war sein »Liebhaber« und Catilina war »sein Mann«.

Cicero verfügte über ein reichhaltiges Repertoire an Anklagen und Beleidigungen, welche er mit der ganzen Kraft seiner Redegewandtheit gegen Männer einsetzte, die er für seine politischen Feinde hielt. Andere verhielten sich ihm gegenüber natürlich ebenso. Im Fall von Clodius deuten die Leidenschaft und die Intensität, mit der sich Cicero gegen ihn wandte, auf die politische Stärke hin, die er trotz allem während dieser Jahre noch gehabt haben mag, in denen er in Rom offensichtlich sehr beliebt war. Wie auch immer – Cicero gelang es dank der Überlieferung der erniedrigenden Schriften und dem Fehlen von Worten des Clodius, für die Geschichte ein abwertendes Bild von demjenigen zu zeichnen, der für sein größtes politisches Trauma verantwortlich war. Langfristig gesehen war seine Rache damit äußerst wirkungsvoll.

RELIGION UND PRIESTERTUM: ZWISCHEN PRAGMATIK UND STAATSRÄSON

D ie römische Religion kannte keine persönliche Beziehung des Individuums zu den Göttern, sie suchte weder die Erlösung noch die Rettung einer unsterblichen Seele in einem Jenseits. Denn es handelte sich um eine gemeinschaftlich praktizierte, öffentliche und daher politische Religion, in der der Staat als Vermittler zwischen den unterschiedlichen Gottheiten und den Bürgern fungierte. Man betrachtete die Götter gewissermaßen als besonders qualifizierte Bürger Roms, die selbstverständlich Anteil am Gemeinwohl hatten. Zwischen den Römern und ihren Göttern bestand ein »Vertragsverhältnis«: Die Götter verpflichteten sich, der Gemeinschaft *(civitas)* Schutz zu gewähren, und die Bürger dankten ihnen in der Erfüllung der vorgeschriebenen Rituale. Nur so war die Erhaltung der Ordnung und die richtige Verwaltung der Welt garantiert – Frömmigkeit *(pietas)* und religiöse Praxis wären ohne Sinn, wenn die Götter sich aus den menschlichen Belangen heraushielten:

> Es gibt nämlich Philosophen […], die überzeugt waren, dass sich die Götter überhaupt nicht um die menschlichen Angelegenheiten kümmerten. Wenn deren Ansicht wahr ist, wie vermögen dann noch die Frömmigkeit, die Ehrfurcht, der Gottesdienst zu bestehen? All dies muss man in reiner und lauterer Gesinnung den waltenden Göttern darbringen, sofern es von diesen beachtet wird und sofern es etwas gibt, was das Menschengeschlecht den unsterblichen Göttern verdankt. Wenn uns aber die Götter weder helfen können noch wollen und sich überhaupt nicht um das kümmern und nicht das beachten, was wir tun, und es gar nichts gibt, was von ihnen bis zum Leben der Menschen durchdringen kann, was hat es dann für einen Sinn, den unsterb-

lichen Göttern irgendwelche Kulte, Ehrungen und Gebete darzubringen? (Vom Wesen der Götter 1,3)

Die römische Religiosität galt der Pflege eines tadellosen Verhältnisses, eines »Friedens mit den Göttern« *(pax deorum)*. Der Respekt gegenüber den Gottheiten sollte deren Mitarbeit am Wohlergehen der gesamten Gemeinschaft gewährleisten, weshalb man in der Lage sein musste, Zeichen der Unzufriedenheit der Unsterblichen zu erkennen, um sofort eine Antwort zu finden, die ihren guten Willen wiederherstellte. Daher die Bedeutsamkeit der Auspizien und die allgemeine Anerkennung von Vorzeichen als »Kommunikationsmedium« zwischen beiden Welten.

In dieser sehr durch Rituale geprägten Religion kam jeder Gottheit eine genaue Funktion zu. Insofern war es notwendig zu wissen, an welchen Gott man sich zu wenden hatte, um eine bestimmte Bitte äußern zu können, und welche konkreten Kultakte ausgeführt werden mussten: welches Tier es zu opfern galt, welche Formeln auszusprechen waren et cetera. Die Riten, die aufgrund der säkularen Tradition bekannt waren, mussten mit äußerster Sorgfalt durchgeführt werden, bei jedem noch so kleinen Fehler begann das ganze Ritual von vorn.

Die Verantwortung für den Erhalt der *pax deorum* – und damit der Gemeinschaft – lag bei den Magistraten und Priestern, den Verwaltern des Kultes, deren Aufgabe es war, die notwendigen Rituale auszuführen. Diesen mussten die Bürger nicht beiwohnen, schließlich hatten sie ihre Repräsentanten damit beauftragt, aber die meisten Riten, die im Namen aller Bürger durchgeführt wurden, fanden öffentlich statt. So vermischten sich politischer und religiöser Raum. Es gab in Rom jedoch keine professionelle Priesterkaste. Die Priester waren zwar die nationalen religiösen Autoritäten, doch zugleich waren sie einfache Bürger, ausgewählt, um als Vertreter der Gemeinschaft den Göttern zu dienen. Ihre Priesterämter waren Ämter auf Lebenszeit und schlossen, von einigen Ausnahmen abgesehen, die Bekleidung anderer Ämter nicht aus. Herausragende Persönlichkeiten des öffentlichen Lebens hatten sie inne; Senatoren, die mit ihrer Ernennung zu *pontifices* und Auguren enormes soziales Prestige verbanden.

Zu Beginn der Rede, die Cicero vor den *pontifices* hielt, um das Haus wiederzubekommen, das Clodius während seines Exils beschlagnahmt hatte, verteidigte er, dass die Kontrolle über Politik und Religion in den Händen der Aristokratie lag:

Unsere Vorfahren haben vieles wie durch göttliche Eingebung erfunden und angeordnet, ihr Priester, darunter nichts Herrlicheres als den Grundsatz, denselben Männern sowohl den Kult der unsterblichen Götter als auch alle wichtigen politischen Entscheidungen in die Hand zu geben: Es sei Sache der bedeutendsten und angesehensten Bürger, durch eine gute Staatsführung den Kult und durch eine weise Handhabung des Kultes den Staat zu bewahren. (Über sein eigenes Haus, an das Pontifikalkollegium 1)

Bei der römischen Religion handelte es sich eben nicht um eine Frage des Glaubens oder der persönlichen Hingabe, sondern um ein gemeinsames Interesse: Eigentlich war sie ein Handbuch für das Zusammenleben mit den Göttern. Alle kultischen Zeremonien richteten sich an die Gemeinschaft in ihrer Gesamtheit; alle Akte der Gemeinschaft wiederum hatten etwas grundlegend Religiöses, so dass der Kult zu einem gemeinschaftstiftenden Element für alle Bürger geworden war. Tatsächlich konnten nur römische Bürger diese Religion ausüben, denn Anhänger wurde man nicht durch Bekenntnis seines Glaubens, sondern durch die Zugehörigkeit zur *civitas*. Die römische war eine nationale Religion, die nur in Rom existierte oder dort, wo Menschen im Besitz des vollen römischen Bürgerrechts lebten. Als polytheistische Religion ließ sie zugleich die Existenz anderer Religionen und Gottheiten zu, von denen viele im Lauf der Geschichte in das römische Pantheon aufgenommen wurden.

Diese Toleranz hinderte Cicero jedoch nicht daran, radikal die religiöse Überlegenheit der Römer zu postulieren. Seiner Auffassung nach unterschied eine tief empfundene Frömmigkeit *(pietas)* – das »Rückgrat« der traditionellen Religion – das römische Volk von allen anderen. Das war es auch, was die Gunst der Götter bewirkte, so dass die Römer schließlich – beschützt von ihren Gottheiten – zu einer Art »auserwähltem Volk« wurden. Zwischen den Triumphen Roms und seiner Religion bestand eine besondere Beziehung:

Wer wäre auch so verblendet, bei einem Blick zum Himmel nicht zu spüren, dass es Götter gibt, [...] oder zwar einzusehen, dass es Götter gibt, nicht aber, dass deren Wille unser mächtiges Reich hat entstehen, wachsen und dauern lassen? Wir mögen noch so sehr von Eigenliebe erfüllt sein, versammelte Väter: Wir waren gleichwohl nicht an Zahl den Hispaniern noch an Kraft den Galliern, nicht an Schlauheit den Puniern noch in den Wissenschaften den Griechen noch schließlich gar durch diesen unserem Volke und Lande eigentümlichen Wirklichkeitssinn den Italern und Latinern überlegen: Vielmehr haben wir durch unsere Frömmigkeit und Religiosität und durch die einzigartige Weisheit, die uns befähigt hat zu erkennen, dass der Wille der Götter alles steuert und lenkt, alle Völker und Stämme überwunden. (Über das Gutachten der Opferschauer 19)

Diese Ansicht wirkte in der Antike nicht befremdlich. Die Siege eines Individuums oder eines Volkes bewiesen für sich genommen göttlichen Schutz, wie umgekehrt das Scheitern der Feinde einen Mangel an religiöser Überzeugung oder die Schwäche ihrer Götter verriet. In einer Rede stellt Cicero die Toleranz der römischen Kultur dem Aberglauben und der Intoleranz des jüdischen Monotheismus gegenüber. Die Unterwerfung des jüdischen Volkes zeige ihre geringe Wertschätzung der Götter: Das selbst ernannte erwählte Volk sei niedergeschlagen worden von dem Volk, das die Götter tatsächlich auserwählt hätten, die Welt zu beherrschen.

Jedes Volk hat seine Religion, Laelius, wie wir die unsere. Schon vor der Einnahme Jerusalems, als die Juden noch mit uns im Frieden lebten, vertrug sich die Ausübung ihrer Religion schlecht mit dem Glanz dieses Reiches, mit der Größe unseres Namens, mit unseren altüberkommenen Einrichtungen; jetzt aber ist das um so weniger der Fall, als dieses Volk durch Waffengewalt kundgetan hat, was es von unserer Herrschaft hält; dabei hat es auch vorgeführt, was es den unsterblichen Göttern wert ist: Es ist besiegt, ist zinsbar, ist versklavt. (Für Lucius Valerius Flaccus 69)

Religiöse Fragen interessierten Cicero in Verbindung mit Philosophie dann so sehr, dass er gegen Ende seines Lebens drei sich ergänzende Abhandlungen schrieb: »Vom Wesen der Götter«, »Über die Wahrsagung« und »Über das Schicksal«. Ihnen sind seine religiösen Überzeugungen zu entnehmen, wenn der Autor auch darauf besteht, dass nicht das sein Ziel gewesen sei, sondern seinen Mitbürgern Wissen zu vermitteln. In seinem philosophischen Werk schloss er griechische Philosophie an römisches Gedankengut an und stellte sie so den Zeitgenossen vor. Das war ihm wichtiger als Originalität, die man vergeblich suchen wird. Dennoch handelt es sich bei den philosophischen Schriften vielleicht um seine bedeutendsten, wenn man den enormen Einfluss in Betracht zieht, den sie jahrhundertelang auf das ausübten, was wir gemeinhin als westliche Zivilisation bezeichnen.

In seiner Trilogie mühte sich der Mann aus Arpinum zunächst, das Göttliche zu definieren, um dann das Verhältnis zwischen der Gottheit und den Menschen im Kontext einer Staatsreligion wie der römischen zu analysieren. In der zweiten Hälfte des Jahres 45 schrieb er »Vom Wesen der Götter«, eine Einleitung allgemeinen Charakters in theologische Aspekte, ausgehend von den wichtigsten Philosophenschulen. Cicero nennt zu Beginn die Namen einiger Philosophen, Diagoras von Melos, Theodoros von Kyrene, die die Nichtexistenz der Götter behauptet hatten. Er selbst scheint nicht einmal die Notwendigkeit zu sehen, den Atheismus zu widerlegen, sondern sieht sich wegen der größeren »Wahrscheinlichkeit« auf der Seite derer, die die Existenz der Götter für real halten. Die für ihn relevante Frage findet sich im Titel: das Wesen der Götter, ihre Funktion im Universum und in der Ordnung der Dinge:

> Was schließlich den entscheidenden Punkt betrifft, ob nämlich die Götter nichts tun, nichts in Bewegung setzen, von jeder Besorgung und Verwaltung der Dinge frei sind, oder ob sie im Gegenteil von Anfang an alles hergestellt und eingerichtet haben und auch in die unendliche Zukunft hinein alles regieren und in Bewegung halten, gerade darüber herrscht die größte Meinungsverschiedenheit. Wenn es in diesem Punkt zu keiner Entscheidung kommt, befinden sich die Menschen gezwungenermaßen in der schlimmsten Unsicherheit und in der Unkenntnis über die wichtigsten Dinge. (Vom Wesen der Götter 1,2)

Jede Aussage darüber, wie Cicero es mit der Religion wirklich hielt, ist gewagt – alles in allem scheint er nicht besonders religiös gewesen zu sein, aber es gibt Hinweise auf einen gewissen Glauben an die Götter, deren Eingreifen in menschliche Angelegenheiten er konstatiert. Redewendungen in den Briefen wie »bei den Göttern« oder »beim Herkules« (ein Ausruf, den Cicero besonders häufig benutzte) tragen keinesfalls etwas zu der Frage nach seiner persönlichen Religiosität bei. Bei der ein oder anderen Gelegenheit erwähnt er an die Gottheiten gerichtete Bitten und Gebete, wenn er sich auch in dem ergreifenden Brief, den er Terentia von Brundisium aus schickt, wo er sich auf dem Weg ins Exil aufhält, von religiöser Hingabe zu distanzieren scheint, die er vielmehr seiner Frau zuspricht:

> [...] dann möchte ich dich, mein Herz, so bald wie möglich bei mir sehen und in deinen Armen sterben, weil weder die Götter, die du fromm verehrt hast, noch die Menschen, denen ich stets gedient habe, sich uns dankbar erwiesen haben. (An seine Freunde 14,1,1)

In den ersten Monaten des Jahres 44 verfasste Cicero eine Abhandlung über die Wahrsagung, in Form eines sokratischen Dialogs. Wahrsagung als Teil der Religion fand in der späten Republik große Beachtung und machte einen nicht geringen Teil in den Werken der wichtigsten zeitgenössischen römischen Schriftsteller – Varro und Nigidius Figulus – über religiöse Themen aus. Letzterer, von dem man weiß, dass er sich mit Astrologie befasste, schrieb die ausführliche Abhandlung »Über die Götter« sowie eine weitere, in der er sich mit der Wissenschaft der Wahrsagung in Italien beschäftigte. Einige Auguren – auch der Augur Cicero – schrieben ebenfalls darüber. Mit Cicero in Kontakt stand Aulus Caecina, dessen Texte nicht erhalten sind und der eine lateinische Fassung der bekannten etruskischen Schriften veröffentlichte, die diese Frage behandelten *(disciplina Etrusca)*. Die Aufmerksamkeit, die Cicero der Wahrsagung und allgemein der Religion widmete, hat insofern mit dem geistigen Klima im Rom seiner Zeit zu tun.

Die Schrift Ciceros »Über die Wahrsagung« ist in zwei Bücher unterteilt. Im ersten Buch legt der Autor seinem Bruder Quintus eine Verteidigung der Wahrsagung in den Mund. Im zweiten beauftragt sich Marcus selbst damit, die Hypothese des Bruders in Form einer scharfen Abwertung der »künstlichen« Wahrsagung (Auspizien, Astrologie, Erscheinungen, die Lehre der Haruspizin) wie auch der »natürlichen« Wahrsagung (Orakel und Träume) zu widerlegen:

> Wenn nämlich nur geschehen, nur sich ereignen, nur eintreffen kann, wofür von aller Ewigkeit her feststeht, dass es zur gültigen Zeit sein werde, was kann es da für einen Zufall geben? Wenn der Zufall aber einmal beseitigt ist, welcher Raum ist noch für die Wahrsagung vorhanden, die du als »Vorahnung der zufälligen Dinge« ausgabst? – Und dies, obwohl du dich zur Behauptung verstiegst, alles, was geschehe und was sein werde, liege im Schicksal beschlossen. Wahrhaftig, für alte Weiber bestimmt und voller Aberglauben ist allein schon der Begriff »Schicksal«; trotzdem lässt man sich im Lager der Stoiker ausführlich über dieses ›Schicksal‹ vernehmen – doch darüber ein andermal [in seiner Abhandlung »Über das Schicksal«]. (Über die Wahrsagung 2,19)

Aus einer rein rationalen Perspektive lehnt Marcus die Echtheit der vermeintlichen spektakulären Prodigien ab, von denen Quintus im ersten Buch einige erwähnt hatte. Er hält es für wissenschaftlich unmöglich, dass sie sich ereignet haben, und schlägt logische Erklärungen für sie vor:

KAPITEL 10

Es habe Blut geregnet, wurde dem Senat gemeldet; überdies habe der Fluss Atratus Blut geführt, und Götterbilder hätten geschwitzt. Du meinst doch nicht etwa, ein Thales oder ein Anaxagoras oder sonst ein Naturwissenschaftler wären geneigt gewesen, diesen Meldungen Glauben zu schenken? Kein Blut, kein Schweiß – es sei denn aus einem Körper. Dagegen kann einerseits eine bestimmte Verfärbung des Wassers – aufgrund dessen, dass Erde sich beimengt – völlig den Eindruck von Blut erwecken, und andererseits sieht Feuchtigkeit, die von außen hinzutritt – wie wir das infolge des Südwinds an bemalten Wänden feststellen –, für den Betrachter wie Schweiß aus. Und solche Wahrnehmungen drängen sich in Krisenzeiten in größerer Zahl und bedrohlicher auf (die Furcht spielt da mit), während die gleichen Erscheinungen im Frieden nicht die gleiche Beachtung finden; dazu kommt auch, dass man Derartiges im Zustand der Angst und Gefahr leichter glaubt, insbesondere aber unbedenklicher erfindet. (Über die Wahrsagung 2,58)

Marcus zeigt sich im Dialog wiederholt skeptisch, wenn nicht offen ablehnend und sarkastisch hinsichtlich der Praktiken, die die Römer durchführten, um Auspizien einzuholen, welche er als Aberglauben bezeichnete:

Was Wunder also, wenn im Fall der Vogelzeichen und des gesamten Wahrsagevermögens schwache Geister solchen abergläubischen Vorstellungen Raum geben, andererseits die Wahrheit zu durchschauen nicht imstande sind? […] Schließlich denn: Angesichts dessen, dass man andere Vögel berücksichtigt, andere Zeichen, dass man anders beobachtet, anderes antwortet – gilt es da nicht einfach zuzugeben, dass ein Teil von alledem auf Irrtum beruht, ein Teil auf Aberglauben – und vieles auf Betrug? (Über die Wahrsagung 2,81–83)

Er macht sich sogar über die bei der Einholung der Auspizien angewandten Praktiken lustig: das *tripudium*, das darin bestand, die Weise zu interpretieren, in der einige Hennen, die man für heilig hielt und die in einem Käfig gehalten und von einem Hühnerwärter *(pullarius)* im Namen der Gemeinschaft versorgt wurden, ihre Nahrung zu sich nahmen. Wenn die Hennen, einmal ihrem Käfig entkommen, die Körner mit Gier pickten, galt das als positives Zeichen. Wenn sie zudem aus ihren Schnäbeln einen Teil der Körner fallen ließen, galt das Vorzeichen als äußerst günstig. Cicero zögert nicht, auf die geringe Nützlichkeit von Zeichen hinzuweisen, die man so erhielt. Sie hatten die ursprünglich von den Auguren praktizierte Beobachtung des freien Vogelflugs ersetzt:

Kann nun etwas Göttliches vermittelt werden durch ein solches Vogelzeichen, das dermaßen gestellt und erzwungen ist? [...] Jetzt aber geht er, in seinem Käfig eingeschlossen und halbtot vor Hunger, auf einen Brocken des Breis los; und wenn dabei etwas aus seinem Schnabel fällt, dann meinst du in der Tat, dies sei ein Vogelzeichen, oder auf diese Weise habe Romulus für gewöhnlich eine Vogelschau angestellt? (Über die Wahrsagung 2,73)

Aus einem Brief von 46 an Aulus Caecina spricht Ciceros Stolz als Augur, aber er macht klar, dass seine Glaubwürdigkeit nicht von der Schau des Vogelflugs und anderen Praktiken stammt, die die Priester normalerweise durchführen, sondern von seiner eigenen Beobachtung der politischen Situation in Rom: Die Vernunft setzt sich gegenüber dem Aberglauben durch.

Habe ich somit, wie die Auguren und Astrologen, selbst Augur in unserem Staatswesen, durch diese meine früheren Prognosen die Zuverlässigkeit meiner Weissagekunst und meines Ahnungsvermögens bei dir fest verankert, so musst du auch jetzt zu meiner Prophezeiung Vertrauen haben. Nicht also aus dem Flug des Vogels, nicht aus dem Schrei des Raben zur Linken, wie bei unserer Zunft, noch aus dem Fressen der Hühner und dem mehr oder weniger geräuschvollen Niederfallen der Körner dabei prophezeie ich dir; ich habe andere Zeichen, auf deren Beobachtung ich mich stütze, die zwar auch nicht unfehlbarer, aber doch weniger dunkel und irreführend sind als jene. Kenntlich werden mir die Zeichen für meine Prognose auf zwiefache Weise: Einmal bietet Caesar sie mir selbst; zum andern entnehme ich sie dem natürlichen Gang der politischen Ereignisse. (An seine Freunde 6,5,7–8)

Man ist versucht, die Meinungen, die die literarische Person Marcus in der Abhandlung »Über die Wahrsagung« vertritt, für die Ciceros zu halten. Wenn er sie nicht teilen würde, dann hätte er sie sich wohl auch kaum in den Mund gelegt. Andererseits darf man aber nicht vergessen, dass es sich bei der Schrift um eine Übung in argumentativer Gegenüberstellung handelt, die so strukturiert zu sein hatte, dass en détail die Argumente zugunsten und gegen die Wahrsagung aufgeführt wurden. Sie bot aber kein Fazit, dieses sollte der Leser sich – wie es bei den Debatten in der Athener Akademie üblich gewesen war – selbst bilden, »ohne jede Einflussnahme«, wie der Autor am Ende des zweiten Buches betont.

Weil die tiefe Skepsis gegenüber der Wahrsagepraxis eng mit der Leugnung eines Schicksals verbunden ist, das das Leben eines Menschen vollkommen bestimmt, schrieb Cicero kurz nach dem Tod Caesars eine ergänzende, kürzere

Abhandlung über das Schicksal, worin er es als reinen Aberglauben ansieht. Wenn das Schicksal existieren würde, hätte die Wahrsagung keinen Wert, denn sie könnte in keinem Fall verhindern, was vorherbestimmt war. Ebenso aber musste man sich fragen, worin der Wert der Frömmigkeit, der Rituale, der Religion selbst bestand:

> Wenn nämlich auf Grund natürlicher, vorausgehender Ursachen jeder zu etwas anderem hinneigt, so haben wir es deshalb noch lange nicht auch bei unseren Willensregungen und Begehrungen mit natürlichen, vorausgehenden Ursachen zu tun. Denn wenn die Sache sich so verhielte, läge nichts in unserer Verfügungsmacht. Nun müssen wir freilich zugeben, dass es nicht in unserer Macht liegt, ob wir scharfsinnig sind oder stumpf, kräftig oder schwach. Wer aber glaubt, er könne daraus folgern, es liege selbst das nicht unserer Willensentscheidung, dass wir sitzen oder umhergehen, der sieht nicht, wie Ursache und Wirkung sich zueinander verhalten: Denn angenommen, die Begabten und die Langsamen würden auf Grund vorausgehender Ursachen so geboren und ebenso die Starken und die Schwächlichen, so folgt doch daraus nicht, dass es auch Haupturstachen sind, durch die bestimmt und festgelegt ist, dass diese Menschen sitzen, umhergehen oder irgendeine Tätigkeit ausüben. (Über das Schicksal 9)

Cicero lehnte sich gegen die Nichtwählbarkeit der Ereignisse auf, weil ihm die Akzeptanz eines vorherbestimmten und nicht mehr veränderbaren Schicksals für jedes Individuum als Vorwand für Untätigkeit galt und fehlende Selbstüberwindung rechtfertigte. Er verteidigte gegen den Determinismus und den Fatalismus als notwendige Werte den Willen, den Eifer und die Lernbegierde *(voluntas, studium, disciplina)*, das heißt im Endeffekt den freien Willen des Menschen.

Ungeachtet der jeweiligen persönlichen Überzeugungen bedeutete ein Priesteramt für einen Angehörigen der römischen Elite die passende Ergänzung einer politischen Karriere. Die Amtsausübung erhöhte seine Würde und bestätigte seine *auctoritas* innerhalb der Gesellschaft. Cicero lag diese Mentalität, die Staatsreligion als Mittel persönlicher Geltung zu sehen, nicht fern, und er nutzte die Vakanz, die der Tod des Publius Licinius Crassus für das Kollegium der Auguren bedeutete, um Interesse an seiner Nachfolge zu bekunden. Auf den Vorschlag von zweien der seinerzeit berühmtesten Mitglieder dieses Kollegiums, Gnaeus Pompeius und Quintus Hortensius, und im Wettbewerb mit Hirtius und Marcus Antonius wurde er im Jahr 53 zum Augur designiert. Er sollte dieses Amt bis zu seinem Lebensende innehaben.

Cicero legte in einem Brief, den er von Kilikien aus an Marcus Porcius Cato sandte, nach einer wenig überzeugenden Erklärung seiner Bescheidenheit die Motive dar, in das Kollegium der Auguren einzutreten. Offenbar war es dabei keineswegs um eine religiöse, sondern um eine politische Frage gegangen, galt die Zugehörigkeit zu einem der Priesterkollegien doch als Anerkennung, und wenn er die Nominierung akzeptiert oder sogar ersucht hatte, so war sie als moralische Wiedergutmachung der Schande des Exils zu sehen:

> Wenn jemals wer von Natur aus und mehr noch, wie ich von mir sagen zu dürfen glaube, durch philosophische Bildung uninteressiert gewesen ist an leeren Lobhudeleien und Popularität, dann bin ich es gewiss. Zeuge dafür ist mein Konsulat, in dem ich, wie ich zugebe, wie in meinem ganzen sonstigen Leben eifrig bestrebt gewesen bin, Taten zu vollbringen, aus denen echter Ruhm erwachsen könnte; aber Ruhm an sich habe ich nie für erstrebenswert gehalten. […] und mich auch nicht um ein Priestertum beworben, obwohl ich es, wie du dir wohl denken kannst, unschwer hätte bekommen können. Andererseits habe ich nach dem mir geschehenen Unrecht […] doch Wert darauf gelegt, dass recht ehrenvolle Kundgebungen von Senat und Volk für mich erfolgten. So wünschte ich denn hernach auch Augur zu werden […]. (An seine Freunde 15,4,13)

Im 1. Jahrhundert gab es vier große Priesterkollegien, von denen die beiden angesehensten das Kollegium der *pontifices* und das der Auguren waren. Nach dem Tod eines Mitglieds wählte das nach Tribus geordnete Volk in einer Versammlung einen Nachfolger. Die Kandidaten wurden von den anderen Priestern des Kollegiums in einem Verfahren vorgeschlagen, das die Wahl mit der Kooptation kombinierte. Damit war sichergestellt, dass die Verwaltung der Staatsreligion immer in den Händen der Elite blieb.

Die *pontifices* berieten die Magistrate und den Senat sowie die Mitglieder der anderen Priesterkollegien hinsichtlich des heiligen Rechts, der Rituale und der Bräuche des traditionellen Kultes. Sie waren die höchste Autorität in Bezug auf den religiösen Kalender und bei ihnen lag das kollektive Gedächtnis Roms, da sie in den Annalen die wichtigsten Ereignisse festhielten. Das Kollegium stand unter der Leitung des Oberpriesters *(pontifex maximus)*, des wichtigsten Priesters der römischen Staatsreligion. Dieses Amt hatte Iulius Caesar vom Jahr 63 an bis zu seiner Ermordung inne.

Das Augurenamt ging der Überlieferung nach auf die Ursprünge Roms zurück, da der mythische König Romulus vor der Gründung der Stadt Auspizien hatte einholen lassen. Sie waren also die ältesten Priester Roms, Experten in der Einholung göttlicher Zeichen, Verwalter und Deuter der rechtskräftigen Vorhersagen, des Inhalts einer eigenen Lehre und Wissenschaft, die sie als Geheimwissen hüteten und die alle bekannten Auspizien sowie alle Handlungen der Auguren seit je beinhaltete. Die fünfzehn Auguren, die das Kollegium seit der Diktatur Sullas umfasste, dienten den Magistraten in Fragen der Zeichendeutung, die aufkommen konnten, als Ratgeber. Von Gesetzes wegen durften allein die Magistrate die Auspizien einholen und stellten zu jedem Zeitpunkt die höchste Autorität während des Prozesses der Erkundung des göttlichen Willens dar, der obligatorisch jedem öffentlichen Akt vorauszugehen hatte. Die Auguren waren zudem mit der »Einweihung« *(inauguratio)* beauftragt, von Gebäuden wie zum Beispiel einem Tempel, oder aber einem Magistraten zum Zeitpunkt seines Amtsantritts. Die »Inauguration« fand statt, sobald günstige Vorzeichen eingeholt worden waren. Die Symbole, die die Auguren während der Ausübung ihrer Funktionen kennzeichneten, waren die *trabea*, eine weiße Toga mit einem Purpursaum, und der *lituus*, ein kurzer Stock, gekrümmt und ohne Astlöcher.

Zeigte Cicero sich bei der Einholung der Vorzeichen eher skeptisch, so zögerte er doch nicht, den Priestertypus der Auguren derart zu glorifizieren, dass es sich bei seinen Funktionen schließlich um die wichtigsten aller Priesterkollegien handelte. Einen solchen Lobgesang schob er in den Text »Über die Gesetze« ein, der kurz nach seiner Wahl zum Augur entstand. Auch wenn der Verfasser abstreitet, dass das der Grund für seine Begeisterung sei, kann man ihn als einen Lobpreis auf den eigenen Ruhm auslegen:

> Denn was ist bedeutender, wenn wir uns ihr Recht genauer ansehen, als die Macht zu haben, die von den höchsten Stellen und den höchsten Ämtern einberufenen Volksversammlungen und sonstigen Versammlungen entweder aufzulösen, nachdem sie schon einberufen waren, oder für rechtswidrig zu erklären, nachdem man sie bereits abgehalten hatte? [...] Was ist gewichtiger, als ein Gesetz aufzuheben, wenn es nicht rechtmäßig eingebracht wurde [...]. (Über die Gesetze 2,31)

Aus der Einholung der Auspizien war durch die *obnuntiatio* ein politisches Instrument geworden – durch die Ankündigung ungünstiger Vorzeichen. Diese erlaubte es, wie Cicero darlegt, Gesetzesinitiativen politischer Gegner zu stoppen, bereits ausgeführte Handlungen für ungültig zu erklären, da man sie gegen den Willen der Götter realisiert habe et cetera. Die *obnuntiatio* spielte in den politischen Kämpfen des 1. Jahrhunderts v. Chr. eine wichtige Rolle, aber der wiederholte Missbrauch führte zu einem beträchtlichen Verlust ihres Ansehens – jedes Mal, wenn klar war, dass die parteiische Nutzung wenig mit der *pax deorum* zu tun hatte.

Cicero war sich dieser Missbräuche bewusst, aber wie auch in anderen gesellschaftlichen und politischen Angelegenheiten hing seine Ablehnung oder Akzeptanz davon ab, wer sich mit welchem Ziel dieser Missachtung der Religion bediente. Er nahm die Instrumentalisierung der *obnuntiatio* durch seinen Freund und politischen Verbündeten Milo hin, um die Wahl von Clodius zum Ädil für das Jahr 56 zu verhindern. Milo, zu diesem Zeitpunkt Volkstribun, hatte erklärt, »dass er an allen Komitialtagen den Himmel beobachten werde« (Atticus-Briefe 4,3,3), und war offensichtlich bereit, das kleinste Anzeichen, ob real oder nicht, als ungünstiges Omen auszulegen. Die gleiche Taktik hatte der Konsul Bibulus im Jahr 59 mit dem Ziel angewandt, die gesamte Gesetzgebung zu annullieren, die auf Betreiben seines Kollegen Caesar im Konsulat bewilligt worden war. Darunter befand sich auch das Gesetz, das die Standesänderung des Clodius zum Plebejer legitimierte und ihm erlauben sollte, im folgenden Jahr zum Volkstribun gewählt zu werden und in dieser Funktion Cicero ins Exil zu schicken. Deshalb verschloss Cicero die Augen vor dem offensichtlichen Missbrauch, den die Handlung des Bibulus – ebenso wie die des Milo – bedeutete, und verteidigte sie als einen Dienst für das Vaterland.

Diese Vorfälle zeigen die Parteilichkeit und die Befangenheit Ciceros, wenn es um die Verwirklichung seiner politischen Interessen ging, wie seine Bereitschaft, sich zu eigenen Zwecken religiöser Mittel zu bedienen. Dennoch war es ehrlich gemeint, wenn er mit Blick auf die Lebendigkeit, die die römische Religion zu anderen Zeiten ausgezeichnet hatte, darüber klagte, dass man die Tradition aufgegeben habe, eventuelle göttliche Zeichen vor Beginn wichtiger Unternehmungen für Rom, insbesondere vor kriegerischen Auseinandersetzungen, zu deuten:

Doch durch die Nachlässigkeit der Nobilität ist die Auguraldisziplin in Verfall geraten, an die Wahrheit der Vogelzeichen wird nicht mehr geglaubt, und was uns bleibt, ist nur noch das äußere Ritual. So werden heute auch die größten Staatsangelegenheiten, darunter die Kriege, auf denen die Existenz des Staates beruht, ohne alle Vogelzeichen durchgeführt; die Vorschriften, die beim Überschreiten eines Flusses durchzuführen sind [der Ursprung des Flusses wurde als heilig angesehen], werden vernachlässigt, die Vorzeichen, die den Speerspitzen zu entnehmen sind, ebenso. (Vom Wesen der Götter 2,9)

Die Einholung von Auspizien sollte man aufrechterhalten, nicht weil diese der Wahrheit entsprachen, sondern weil sie eine soziale und politische Funktion hatten, die Teil der Traditionen war, welche das Vaterland hatten groß werden lassen:

> [...] und vertrete die Auffassung, das Augurenrecht sei – obwohl ursprünglich in der Annahme gestiftet, es habe mit Wahrsagung zu tun – im Interesse des Staates [rei publicae causa] gehegt und bewahrt worden. (Über die Wahrsagung 2,75)

Dieser Auszug zeigt klar die Pragmatik von Cicero auf religiösem Gebiet. Die öffentliche Religion war notwendig als eine der Stützen des römischen Staates, und zwar bemerkenswerterweise die erste, die er in der Rede »Für Publius Sestius« noch vor Magistraten, Senat, Gesetzen, Gerichten et cetera nennt. Aber die Religion, die Cicero forderte, war die traditionelle; jene, die den Vorfahren geholfen hatte, ein glanzvolles Rom zu schaffen. Er spricht sich für die Wahrsagung aus und infolge dessen auch für die Einholung von Auspizien, aber eben die authentische, die auf den Gründer Romulus zurückgeht. Diese nahm korrekt die Befragung der Götter zu dem Zeitpunkt vor, wenn es Entscheidungen zu treffen gab, die die gesamte Gemeinschaft betrafen und damit, den Vorstellungen römischer Religiosität folgend, auch die Götter selbst.

Die pragmatische Haltung Ciceros gegenüber der Religion grenzt an Scheinheiligkeit, wenn man in Betracht zieht, dass er ein Priesteramt versah, dessen Aufgabe in der Einholung von Auspizien bestand, an deren Existenz er nicht in der Weise glaubte, wie es zu seiner Zeit üblich war. Aber dieser Widerspruch lässt sich erklären, wenn man seine Haltung nicht als Ausdruck eines inneren Gefühls, sondern als verschlüsselte Politik deutet. Einerseits war es nicht relevant, ob er oder die anderen Priester an die Wahrsagung glaubten oder nicht, oder ob es sich um Spezialisten für Augurenrecht im Moment ihrer Wahl handelte, wie es das Priesteramt forderte. Einen Priester ernannte man nicht wegen seiner Frömmigkeit oder seiner theologischen Kenntnisse, sondern wegen seiner Position in der Gesellschaft. Die Zugehörigkeit zum Kollegium der Auguren wie die Bekleidung jedweden religiösen Amtes hatte also die Zugehörigkeit zu einer erwählten Gruppierung zur Folge, die von der Gemeinschaft nicht nur dazu bestimmt worden war, mit den Göttern in einen Dialog zu treten, sondern in ihrem Namen zu sprechen. Ein römischer Politiker konnte eine derartige Ehrung nicht ablehnen.

Andererseits war für Cicero unabhängig von seinen persönlichen Überzeugungen klar, wie maßgeblich die Religion als Element der Kommunikation und

Identifikation für die Bürgerschaft, aber auch als Instrument der Ideologiekontrolle in den Händen der Aristokratie war, der einzig gültigen Mittlerin zwischen Göttern und Bürgern. In diesem soziopolitischen Sinn konnte Cicero sich als »religiösen Mann« und mithin als jemanden bezeichnen, der als politische Persönlichkeit Verantwortung für die Suche nach dem Gemeinwohl hatte. Er setzte sich mit Nachdruck für die Tradition der Republik ein, und die Religion war deren zentraler Bestandteil. Deshalb, aus persönlichem Interesse und Verpflichtung gegenüber dem Staat, nicht aber aus Glaubensgründen, stand Cicero für die alte Staatsreligion und gegen den schädlichen Aberglauben:

> Es ist doch so: Aberglauben hat sich durch die Völker hin ergossen, allgemein die Herzen unterdrückt und sich der menschlichen Schwäche bemächtigt. [...] Wie man deshalb die Religionsausübung, die mit Naturerkenntnis verbunden ist, sogar fördern muss, ebenso gilt es, alle Wurzeln des Aberglaubens auszureißen. Denn der Aberglaube lastet, und er bedrängt und verfolgt dich, wohin immer du dich wendest [...]. (Über die Wahrsagung 2,148–149)

Als Mensch wie als Philosoph beschäftigte Cicero sich mit dem Tod und der Frage eines Lebens im Jenseits, der Unsterblichkeit. Diese geistige Unruhe verstärkte der frühe Tod der Tochter Tullia, der ihn sehr traf und eine Zeit lang in einem Zustand der Niedergeschlagenheit verharren ließ, den die Hoffnungslosigkeit wegen der politischen Situation der Stadt, die unter dem Regime des Diktators Caesar stand, noch verstärkte. Unter diesen Bedingungen, kurz nach dem Tod Tullias und bevor er die Redaktion der Trilogie über Religion in Angriff nahm, verfasste Cicero fünf Bücher unter dem Titel »Gespräche in Tusculum«, Dialoge, die der Autor in seinem Landhaus in Tusculum führen lässt, wo seine Tochter verstorben war. In diesem Werk reflektiert Cicero über das, was ihn in diesen Monaten sehr stark beschäftigte: Schmerz, Trauer, schließlich Tod; dem Tod ist das erste Buch gewidmet. Er bemüht sich, den Lesern – und auch sich selbst – zu zeigen, dass der Tod kein Unglück ist, das man zu fürchten habe, sondern ein wünschenswertes Glück. Er ging von der tatsächlichen, wenn auch nicht sichtbaren Existenz einer Seele aus, die den Körper ergänze. Nachdem er die Ansichten der verschiedenen Philosophenschulen zu diesem Thema referiert hatte, vertrat er selbst eine dem platonischen Gedankengut nahe stehende Auffassung, um die Unsterblichkeit der Seele zu postulieren:

Was die Erkenntnis der Seele betrifft, so können wir nicht zweifeln – wenn wir in naturwissenschaftlichen Dingen nicht stumpf wie Blei sind –, dass der Seele nichts beigemischt ist, nichts zusammengesetzt, verbunden, vermehrt und vielfach. Wenn dies gilt, so ist es auch gewiss, dass sie nicht zerteilt, zerschnitten, zerfetzt oder zerrissen werden kann und auch nicht untergehen kann. Denn der Untergang ist eben die Zerteilung, Trennung und Zerreißung jener Teile, die vor dem Untergang durch irgendeine Verbindung zusammengehalten waren. (Gespräche in Tusculum 1,71)

Das Leben nach dem Tod, an das Cicero glaubt, ist ein besseres, den Weisen vorbehaltenes, welche sich während ihres Lebens auf der Erde hinreichend verdient gemacht haben, um es zu erlangen und mit den Göttern zu teilen. Er schloss das erste Buch mit einer optimistischen Erklärung:

Wir unserseits, wenn etwas Derartiges geschieht [der Tod], wodurch uns Gott anzuzeigen scheint, wir möchten das Leben verlassen, wollen heiter und danksagend gehorchen und überzeugt sein, wir würden aus einem Gefängnis entlassen und von Fesseln befreit, um in ein ewiges und wahrhaft uns gehörendes Haus überzusiedeln oder doch alle Empfindung und allen Kummer hinter uns zu lassen. […] Denn wir sind nicht auf gut Glück und zufällig geschaffen und gezeugt worden, sondern es gab gewiss eine Kraft, die für das Menschengeschlecht sorgte und es nicht darum erzeugte und aufzog, damit es erst alle Mühsale durchmachte und schließlich in das ewige Unheil des Todes geriete. Wir wollen eher annehmen, dass er als Hafen und als Zuflucht für uns bereit ist! (Gespräche in Tusculum 1,118)

Die Vorstellung einer unsterblichen Seele hatte er bereits im »Traum des Scipio« *(Somnium Scipionis)* am Schluss des Werks »Über den Staat« dargelegt. Aber bereits dort scheint die Möglichkeit, dieses bessere Leben zu erreichen (»das, was ihr Leben nennt, ist in Wirklichkeit der Tod«, bestätigt der verstorbene Scipio), einer ausgesuchten Minderheit vorbehalten zu sein, die sich durch eine tugendhafte Existenz hervorgetan hat. Es zeichnete sich aus, wer sein Leben der Rettung des Vaterlands gewidmet hatte:

Aber damit du um so feuriger bist, Africanus, das Gemeinwesen zu schützen, sollst du so glauben: Allen, die die Heimat bewahrt, ihr geholfen, sie gefördert haben, ist ein fester Platz im Himmel bestimmt, dort selig ein ewiges Leben zu genießen. Nichts nämlich ist jenem Götterfürsten, der die ganze Welt lenkt, wenigstens soweit es auf Erden geschieht, willkommener als die Versammlungen und Gemeinschaften von Menschen, die durchs Recht geeint sind, die man Staaten nennt; ihre Lenker und Bewahrer kehren, nachdem sie von hier aufgebrochen sind, hierher zurück. (Über den Staat 6,13)

Sicher glaubte Cicero sich unter denen, die auf Unsterblichkeit hoffen durften. Er beharrte darauf, der Einzige gewesen zu sein, der Rom zweimal gerettet habe: durch den Ruhm seines Konsulats und durch das Unglück des Exils, das er freiwillig auf sich nahm. Zu Beginn seiner dritten Rede gegen Catilina betrachtet er sich bereits als zweiter Romulus, als neuer Gründer der von der Gefahr befreiten Stadt. Als solcher glaubt er sich ähnlicher Ehren würdig, wie sie Romulus zuteil geworden waren, der in den Rang eines Gottes erhoben worden war:

> [...] dann aber muss wahrhaftig, da wir ja den Gründer dieser Stadt durch unser dankbares Urteil zu den unsterblichen Göttern erhoben haben, derjenige bei euch und euren Nachkommen in Ansehen stehen, der eben diese Stadt nach ihrer Gründung und Erweiterung gerettet hat. (Reden gegen Catilina 3,2)

Die These von der Unsterblichkeit der guten Bürger, die er im »Traum des Scipio« vertritt, ist im Grunde nur die Entwicklung und Ausarbeitung eines Konzepts, das er bereits zu Beginn der Abhandlung vertreten hatte. Insofern kann man davon ausgehen, dass eines der Ziele der Schrift »Über den Staat« die Selbstverherrlichung war. Cicero sah sich selbst nicht als Gott, aber als Heros, dessen Leben in der Geschichte als Vorbild zu dienen hatte – als von den Göttern auserwählter Mittler, um Rom zu schützen:

> Denn es gibt nichts, wobei menschliche Vollkommenheit näher an der Götter Walten heranreichte, als neue Staaten zu gründen oder schon gegründete zu bewahren. (Über den Staat 1,12)

Insbesondere seine Reden bieten einen Katalog der rhetorischen Instrumentalisierung des Religiösen: Gegner disqualifizierte er wiederholt als »gottlos« oder tat ihre Meinungen und Handlungen als »Frevel« ab. Damit entzog er ihnen die Legitimation und bezeichnete sie als ruchlose und schädliche Bürger, die die Gemeinschaft in Gefahr brachten, da sie die *pax deorum* gefährdeten. Catilina stellte er in der ersten Rede im Senat als eine Gefahr für alle Bürger Roms und Italiens dar, als potentiellen Zerstörer aller Häuser in der Stadt und sämtlicher Tempel der unsterblichen Götter; diese Behauptung nutzte er auch in den Ansprachen vor dem Volk. In der vierten Rede gegen Catilina bezeichnete er die Verschwörung als »gottlos« und forderte die Senatoren auf, den Staat, vor allem aber die religiösen Symbole zu verteidigen, die die Gemeinschaft ausmachten:

> Unser [...] gemeinsames Vaterland [...]; euch vertraut es sich selber an, euch das Leben aller Bürger, euch die Burg und das Kapitol, euch die Altäre der Penaten, euch das ewige Feuer der Vesta, euch die Tempel und Heiligtümer aller Götter, euch die Mauern und Dächer der Stadt. (Reden gegen Catilina 4,18)

Die rhetorische Bezugnahme auf religiöse Gefühle intensivierte sich in den Reden vor der Volksversammlung. Die zweite Rede gegen Catilina gipfelte in der Aufforderung, die Hilfe der Götter zu erflehen, um die Stadt vor diesem »gottlosen Verbrechen« zu retten, das »äußerst lasterhafte Bürger« begangen hätten. Sich selbst wiederum präsentierte er als gerechtigkeitsliebendes Werkzeug der Götter, denn sie hatten ihm seine Handlungen eingegeben:

> Dies [die Rettung Roms] verspreche ich euch nicht im Vertrauen auf meine eigene Umsicht noch überhaupt auf menschliches Planen, Quiriten; vielmehr haben mich zahlreiche und unbezweifelbare Zeichen der unsterblichen Götter zu dieser Auffassung geführt. (Reden gegen Catilina 2,29)

Geführt von den unsterblichen Göttern, war jede Maßnahme recht, selbst der Einsatz von Gewalt gegen die Schuldigen war durch die Vorfahren gerechtfertigt, die Waffen benutzt und Kerker eingerichtet hatten, um »verruchte und offenkundige Verbrechen« wie diese zu strafen (Reden gegen Catilina 2,27).

Zu Beginn der dritten Rede kündigt der Konsul die Rettung Roms für den Fall an, dass die Schuldigen hinter Schloss und Riegel säßen, und lässt durchblicken, um wen es sich bei den Rettern handelt: um die Götter und um Cicero. »Indes, die Ausführung von alledem durch mich ging so vonstatten, Quiriten, dass man glauben möchte, es sei durch das Walten und Wirken der unsterblichen Götter vollbracht und vorbereitet worden« (Reden gegen Catilina 3,18). Kurz darauf verneint er, dass sein persönliches Einschreiten bei der Aufdeckung der Verschwörung entscheidend gewesen war, und hebt es dadurch nur abermals hervor. Der eigentliche Retter der Stadt sei Iuppiter gewesen – in seinem Namen und aufgrund seiner Eingebung habe er gehandelt:

Wenn ich behaupten wollte, ich hätte das verhindert, dann würde ich mir allzu viel anmaßen und wäre unausstehlich: Der, der dort, Jupiter, hat es verhindert; er wollte, dass das Kapitol [sein eigener Tempel], er, dass die Tempel, er, dass die ganze Stadt, er, dass ihr alle gerettet würdet. Da die unsterblichen Götter mich führten, wurden mir diese Einsichten und Entschlüsse zuteil und gelangte ich zu diesen bedeutenden Beweisen. (Reden gegen Catilina 3,22)

Er weiß genau, dass die stadtrömische Plebs, die den größten Anteil der Zuhörer bei dieser Versammlung stellte, geneigter war, bestimmte Indizien als Beweise für ein wahrhaftiges göttliches Einschreiten anzusehen, und macht deshalb auf eine Koinzidenz aufmerksam, die sich am gleichen Morgen ereignet hatte: Die Verschwörer waren in dem Augenblick auf Geheiß des Konsuls über das Forum zum Tempel der Concordia geleitet worden, als die Iuppiter-Statue auf dem Kapitol gegenüber dem Forum aufgerichtet wurde. Cicero zögert nicht zu betonen, dass dieses Zusammentreffen als Ausdruck des Willens von Iuppiter Optimus Maximus zu werten sei; ein Ereignis, das die Argumente des Redners stützt, der fähig ist, die von den Göttern gesandten Zeichen zu verstehen, wenn sie seinen politischen Entscheidungen zustimmen.

Die Anklage wegen Gottlosigkeit erscheint noch häufiger und penetranter in seinen »Philippischen Reden« gegen Marcus Antonius. Dieser wird wiederum als »frevelhaft«, »Feind der Götter und Menschen« (Philippische Rede 2,64) bezeichnet, als »grausamer und gottloser Mörder« (12,13), seine Parteigänger gelten als ebenso gotteslästerlich. Cicero sagt wiederholt, dass Antonius »einen verbrecherischen Krieg gegen unsere Altäre und Herde« (3,1), »einen frevelhaften Krieg gegen das Vaterland« angezettelt habe (13,39). Er bezieht sich bei zahlreichen Gelegenheiten auf Antonius als *hostis*, das heißt mit einem Begriff, der normalerweise benutzt wird, um einen äußeren Feind zu bezeichnen. Sein Ziel ist es, ihn nicht als persönlichen Feind, sondern als Feind des Vaterlandes zu charakterisieren. Schließlich fordert Cicero die Mitbürger zum Krieg auf, um – »wenn die Götter uns helfen« (3,36) – die verlorene Freiheit zurückzuerobern. Dieser Krieg gegen die »frevelhaften Bürger« und in Verteidigung der tatsächlichen Römer und ihrer Götter war notwendigerweise ein gerechter Krieg.

Wie in den Reden gegen Catilina und Antonius hatte Cicero in seiner ersten großen Prozessrede Verres als »Feind der Religionen« beschimpft (Die Reden gegen Verres 2,4,75); er hatte ihn angeklagt, einen Krieg gegen die unsterblichen Götter zu führen (2,4,72), »einen ebenso frevelhaften wie gottlosen Krieg« (2,5,188). Die Verbrechen von Verres hatten nicht nur die Sizilier getroffen, sondern vor allem die Götter. Weil er in diesem Verfahren als Ankläger eines gotteslästerlichen Individuums agierte, wurde Cicero zu einem einfachen, aber qualifizierten Handlanger göttlicher Gewalt.

Selbstverständlich wurde auch Clodius von ihm mit einem Plünderer aller Tempel (Über sein eigenes Haus, an das Pontifikalkollegium 140) und einem Brandstifter von Heiligtümern gleichgesetzt; ein Frevel, für den die Götter ihn mit Wahnsinn gestraft hatten (Über das Gutachten der Opferschauer 39). Ihm gegenüber erklärt Cicero sich zum »Wächter und Verteidiger des Kapitols und aller anderen Tempel« (Über sein eigenes Haus, an das Pontifikalkollegium 7), in letzter Instanz zu einem religiösen Mittler. Folgerichtig waren seine Worte eigentlich die der Götter. In der Rede »Über das Gutachten der Opferschauer« klärt sich dann auch die Frage der Rechtmäßigkeit der Konfiszierung von Ciceros Anwesen. Da Cicero sich selbst zum Sprachrohr der unsterblichen Götter stilisierte, wurde die Rückerstattung des Hauses von einem privaten Anliegen zu einem Problem der Gemeinschaft, die am Erhalt der *pax deorum* interessiert war. Diese Art der Darstellung erlaubte nur eine Lösung: die Rückgabe des Bodens an seinen legitimen Herrn.

Ciceros Argumentation ist einfach: Er, ein guter Mann, schützt die Götter und diese gewähren ihm dafür ihrerseits Fürsorge; seine Feinde erfahren dagegen als gottlose Wesen die gerechte göttliche Strafe für ihre Taten:

Als durch das verbrecherische Handeln verkommener Mitbürger die rechtlichen Bestimmungen für die religiösen Bräuche bei meinem Weggang beschmutzt und unsere eigenen Hausgötter geschändet wurden, als an deren Wohnsitz ein Tempel der Willkür errichtet [so nennt er den Altar, den Clodius auf dem Boden seines Hauses der Göttin der Freiheit geweiht hatte] und derjenige, der sie beschützt hatte, von den heiligen Stätten vertrieben wurde [er bezieht sich auf sich selbst als Hüter der Götter]: Führt euch schnell vor Augen […] wohin dies geführt hat: Wir, die wir es nicht duldeten, dass jene Schutzgöttin der Stadt, nachdem unser ganzer Besitz geplündert und zerstört worden war, auch noch von den Frevlern befleckt wurde, und sie aus unserem Haus in das Haus ihres eigenen Vaters brachten [eine kleine Statue der Minerva, die Cicero in seinem Haus hatte und in den Iuppiter-Tempel auf dem Kapitol brachte, wo sie während seines Exils verblieb; der Redner präsentiert sie als Zeichen seiner Frömmigkeit], haben vom Senat, von Italien und schließlich allen Völkern bestätigt bekommen, dass wir unser Vaterland gerettet hatten. Welche Auszeichnung hätte für einen Menschen größer sein können als diese? Die Leute, durch deren verbrecherisches Handeln die religiösen Bräuche damals in den Schmutz getreten und vernichtet wurden, sind zum Teil in alle Winde zerstreut und liegen am Boden; die anderen aber, die sich als die Hauptverantwortlichen für diese Verbrechen erwiesen und sich weit mehr als die übrigen jedes nur denkbaren Religionsfrevels schuldig gemacht haben, mussten nicht nur im Leben jedes Leid und jede Schande über sich ergehen lassen, sondern bekamen auch kein Begräbnis und keine feierliche Bestattung, wie es sonst üblich ist [er bezieht sich auf Clodius, dessen Leiche von seinen Parteigängern in die Curia gebracht und dort verbrannt wurde; dies verursachte den Brand des Senatssitzes und der umliegenden Bauten]. (Über die Gesetze 2,42)

Ciceros wiederholter Gebrauch religiöser Argumente zeigt aber auch, dass die religiösen Gefühle – von denen man vielleicht besser als von Überzeugungen sprechen sollte – unter seinen Mitbürgern lebendig waren, lebendiger, als das trügerische Bild einer vermeintlich ungläubigen und sich von der alten Staatsreligion distanzierenden Gesellschaft vermuten lässt. Dieses Panorama einer Krise ist nämlich von einigen modernen Historikern vertreten worden, scheint jedoch nicht der Realität zu entsprechen. Das Verdienst Ciceros liegt darin, die Religion zum Gegenstand literarischer Analysen gemacht und maßgeblich zur Ausbildung eines theologischen Diskurses in Rom beigetragen zu haben; damit ergänzte er das Werk seines Zeitgenossen Marcus Terentius Varro.

IM DIENST DER »TRIUMVIRN«
(56–52 v. Chr.)

Wenn auch die Wiedererlangung seiner Würde und die Konstruktion einer akzeptablen Version der Taten, die sein Exil betrafen, Ciceros Dasein in den Monaten – und noch in den Jahren – nach seiner Rückkehr ausfüllten, so waren die zentralen Anliegen der Politik in Rom doch andere. Seine Rolle sollte zu jedem Zeitpunkt von untergeordneter Relevanz gegenüber den Männern sein, die seit ihrer Allianz im Jahr 59 offen oder verdeckt die Regierung der Stadt kontrollierten: den »Triumvirn« Pompeius, Caesar und Crassus.

Bei Ciceros Rückkehr im September 57 herrschte in der Stadt eine ernste Nahrungsmittelknappheit: Es fehlte insbesondere an Getreide, der Ernährungsgrundlage der Bevölkerung. Der wachsenden Einwohnerzahl Roms wegen mußten große Mengen nicht nur aus anderen Regionen Italiens, sondern auch aus Sizilien, Sardinien, Nordafrika, Hispanien und Ägypten importiert werden. Verschiedene Faktoren erschwerten das immer wieder: die Piraterie, die trotz des Vorgehens von Pompeius in den 60er-Jahren nie vollständig verschwand, schlechte Ernten in den Herkunftsregionen, aber auch eine künstliche Verknappung durch die Zwischenhändler, die ihre Gewinne zu erhöhen hofften. Dann stiegen die Preise für Grundnahrungsmittel sofort an, und am stärksten betroffen waren selbstverständlich die Angehörigen der unteren sozialen Schichten in Rom, die Plebs, die die erhöhten Preise nicht zahlen konnte. Die meisten aus dem 1. Jahrhundert v. Chr. bekannten Tumulte sind auf Getreidemangel zurückzuführen, der durch die subventionierten Getreideschenkungen einiger Politiker von Seiten der Popularen behoben werden konnte. Mitunter verteilte man das Getreide sogar gratis, wie auf Betreiben des Clodius. Weil es sich aber um Strukturprobleme handelte, die konjunkturelle Maßnahmen nicht endgültig lösen konnten, kam es immer wieder dazu.

Zwei Tage nach Ciceros Rückkehr gab es in Rom eine Debatte über Möglichkeiten, die Getreidepreise zu senken. Eine gute Gelegenheit für ihn, Pompeius
seine Dankbarkeit zu zeigen, dem er sich moralisch verpflichtet fühlte – »gegenüber Pompeius stehe ich in größter Schuld«, schrieb er an Lentulus – und den er
von nun an in der Curia wie auch vor dem Volk umwarb:

> [...] Cn. Pompeius, der durch seine Eigenschaften, seinen Ruhm, und seine
> Leistungen mühelos über alle Völker, alle Jahrhunderte und alles Menschen-
> gedenken hinausragt [...]. (Danksagung an den Senat 5)
> [...] Cn. Pompeius, der durch seine Tatkraft, seine Weisheit und seinen
> Ruhm über alle Menschen der Vergangenheit, Gegenwart und Zukunft hin-
> ausragt. (Danksagung an das Volk 16)

Konsequent schlug er dem Senat vor, Pompeius ein neues Militärkommando zu
übertragen, für fünf Jahre und mit der Befugnis, seine eigenen Legaten zu ernennen – Ziel war die Versorgung der Stadt mit Nahrung *(cura annonae)*. Die Resonanz war positiv. Als die Entscheidung des Senats in der Volksversammlung verkündet wurde, unterbrach Applaus die Verlesung, als man Cicero als Urheber
des Dekrets erwähnte – zumindest berichtete er selbst dies und nutzte die Gunst
der Stunde, eine Rede zu halten, um seinem Image neuen Schwung zu verleihen.
Der Vorschlag wurde zu einer Gesetzesvorlage, die die Konsuln einbrachten und
die das Volk einmütig billigte.

Voller Überzeugung nach Rom zurückgekehrt, seine politische Führungsposition wieder einzunehmen, stellt er die Annahme der Initiative als persönlichen Erfolg und als Beweis seiner Fähigkeit dar, zwischen unterschiedlichen
politischen Meinungen zu vermitteln und einen breiten Konsens innerhalb der
Bürgerschaft zu stiften. In diesem Fall hatte er recht, denn wie seinem Bericht
der Ereignisse zu entnehmen ist, schien der Vorschlag einem großen Teil der
Senatoren, die befürchteten, dass Pompeius erneut zu viel Macht besitzen
würde, akzeptabler als der des Volkstribunen Gaius Messius. Dieser hatte angeregt, Pompeius die Amtsbefugnis über ein großes Heer, eine Flotte und sogar
über die Statthalter zu verleihen. Die administrativen und militärischen Erfolge
von Pompeius zweifelte niemand an, aber die Erinnerung an die gesellschaftlichen Probleme nach seiner Rückkehr aus dem Mithridatischen Krieg wie die
latente Gefahr, die von dem Bündnis mit Caesar und Crassus ausging, ließen es
geraten erscheinen, für Ciceros Lösung zu optieren. Ob Pompeius gehofft hatte,
ein Kommando der Art zu erhalten, wie Messius es vorgeschlagen hatte, ist
schwer zu sagen; jedenfalls akzeptierte er die Entscheidung kommentarlos. Er

zeigte sich Cicero gegenüber sogar dankbar – er schlug vor, ihn für das Kommando zum Legaten zu ernennen und dessen Bruder Quintus zum Legaten für Sardinien. Cicero nahm die Ernennung an, die ein Ehrentitel bleiben sollte, denn er war nicht bereit, Rom erneut zu verlassen.

So bot sich ihm die hervorragende Möglichkeit, auf der politischen Bühne Roms wieder seinen Platz einzunehmen. Er spielte mit dem Gedanken, sich im kommenden Jahr als Kandidat für die Zensur zur Wahl zu stellen. Doch für das Jahr 55 wurden Valerius Messala und Servilius Vatia zu Zensoren gewählt; damit war die Übernahme einer Magistratur gescheitert, die für ihn einen Höhepunkt in der politischen Karriere bedeutet hätte.

Indes benötigte Cicero Schutz vor der Gewalt des Clodius; dieser hatte seine Angriffe gegen den ehemaligen Konsul keineswegs eingestellt. Am 3. November plünderten Clodius' Schlägertrupps sein Haus auf dem Palatin, das sich nach der Rückgabe des Grundstücks im Wiederaufbau befand. Das Haus von Quintus in der Nähe zündeten sie an. Am 11. November wurde Cicero auf der Via Sacra, die zum Forum führte, überfallen; seine Begleiter konnten die Angreifer gerade noch abwehren:

Am 3. November haben bewaffnete Banden die Handwerker von meinem Grundstück vertrieben […]; meines Bruders Haus wurde zunächst mit Steinwürfen von meinem Grundstück aus demoliert, dann auf Clodius' Befehl angezündet, und die ganze Stadt war Zeuge, wie die Feuerbrände geschleudert wurden, unter lautem Jammern und Klagen nicht etwa nur der Guten – gibt es die überhaupt noch? – sondern geradezu aller Leute. […] So überfiel er mich am 11. November mit seinen Banden, als ich die Heilige Straße hinunterging. Ehe wir es uns versahen, erhob sich ein Geschrei, Steinwürfe hagelten, Knüppel sausten, Dolche blitzten. Wir suchten im Vestibül des Tettius Damio Schutz. Meine Begleitung versperrte seinen Spießgesellen unschwer den Eingang. […] So versuchte er am 12. November Milos Haus, das am Cermalus, zu stürmen und in Brand zu stecken, indem er am hellen Mittag schildbewehrte Männer mit gezücktem Schwert, andere mit brennenden Fackeln anrücken ließ. […] Da führte Q. Flaccus aus Milos väterlichem Hause entschlossene Leute heran, tötete die Haupträdelsführer aus Clodius' Räuberbande und hätte ihn gern selbst geschnappt; aber er setzte sich drinnen in Sullas Haus zur Wehr. (Atticus-Briefe 4,3,2–3)

Rom erlebte ein Klima wachsender Gewaltbereitschaft: Volksversammlungen, die suspendiert, Senatssitzungen, die unterbrochen, Wahlen zu verschiedenen Magistraturen, die ohne Angabe eines Datums ausgesetzt wurden – und Schlägertrupps, die Angst verbreiteten. Clodius hatte entscheidenden Anteil daran, aber er war nicht der Einzige. Milo hielt sich ebenfalls eine Truppe, und es war sein Freund Cicero, der ihn ermunterte, Gewalt anzuwenden; schließlich galt sie der Selbstverteidigung und dem Schutz der Republik. Es ist kaum zu bezweifeln, dass Cicero seinem persönlichen Feind den Tod wünschte und in Milo den geeigneten Mann sah, diesen Wunsch zu realisieren. Und es sollte tatsächlich so kommen, wie er es fünf Jahre zuvor voraussagt hatte:

> [...] wahrscheinlich zieht Milo den Clodius vor Gericht, falls er nicht vorher ermordet wird. Sollte er ihm zufällig [...] in den Weg kommen, so wird Milo ihn mit eigener Hand töten; das sehe ich kommen: Er ist fest entschlossen dazu und redet offen davon. (Atticus-Briefe 4,3,5)

In einer Rede vor dem Senat im Jahr 56 – »Über das Gutachten der Opferschauer« – versicherte er gar, dass Milo der ideale Mann sei, um Clodius aus dem Weg zu räumen. Diese Beteuerung entsprach nicht nur seinem persönlichen Wunsch, sondern, wie sich später herausstellte, dem ausdrücklichen Willen Milos:

> Denn wie, möchte ich meinen, der berühmte P. Scipio für die Zerstörung und den Untergang Karthagos bestimmt war [...], so ist T. Annius [Milo] bestimmt, dieses Verderben [Clodius] zu bekämpfen, zu vertilgen und gänzlich auszumerzen, wie ein dem Staate von den Göttern hierzu dargebrachtes Geschenk. (Über das Gutachten der Opferschauer 6)

Ende 57 entzündete sich die Auseinandersetzung zwischen Milo und Clodius an der Frage der Durchführung der Wahlen. Clodius wünschte, dass sie so bald wie möglich stattfanden, denn er vertraute darauf, zum Ädil gewählt zu werden – dann hätte ihn die Immunität des Amts vor Gerichtsverfahren geschützt. Milo dagegen, von Cicero eifrig im Senat unterstützt, favorisierte eine Verzögerung der Wahlen, weil er Clodius vorher wegen Anwendung von Gewalt *(de vi)* vor Gericht anzuklagen gedachte. Die Wahlen fanden schließlich mit einigen Monaten Verspätung im Januar 56 statt. Clodius wurde zum Ädil gewählt und trat sein Amt sofort an.

Stattdessen wurde im Februar Publius Sestius angeklagt, während seines Volkstribunats im letzten Jahr Gewalt angewendet zu haben. Hinter diesem

Verfahren stand offensichtlich Clodius. Sestius hatte als Quästor 63 aktiv mit Cicero für die Unterdrückung der Verschwörung Catilinas gesorgt. Später war er einer der acht Volkstribunen gewesen, die einen Gesetzesvorschlag präsentiert hatten, der Cicero zur Wiedererlangung seiner bürgerlichen Rechte und zur Rückkehr nach Rom verhelfen sollte. Er hatte Schlägertrupps gebildet, um sich den Drohungen der Anhänger von Clodius entgegenstellen zu können. In einem derart polarisierten Klima, wie Rom es erlebte, konnte man das Verfahren nur als politische Konfrontation wahrnehmen. Das erklärt das Gewicht der Verteidiger, Hortensius, Crassus, Licinius Calvus und Cicero, der sich beeilte, ihn zu unterstützen, und in dem Verfahren selbst als Anwalt agierte. Sestius wurde schließlich freigesprochen.

> Am 10. Februar wurde Sestius von dem Denunzianten Cn. Nerius aus der Tribus Pupinia wegen Bestechung und am gleichen Tag von einem gewissen M. Tullius wegen Gewalttat angeklagt. Er selbst war krank. Wie es sich gehört, habe ich ihn gleich besucht und mich ihm ganz zur Verfügung gestellt […]. (Briefe an den Bruder Quintus 2,3,5)

Seine Rede war die letzte von Seiten der Verteidigung. Sie ist in Gänze erhalten und publiziert und kann als äußerst wichtiges Zeugnis für die rhetorische Strategie, aber auch für die politischen Ideen Ciceros gelten. Wie in vielen anderen Gerichtsreden spielen der Angeklagte und das ihm zur Last Gelegte kaum eine Rolle; die Argumentation, mit der er die Unschuld des Sestius beweisen wollte, war zweitrangig. Erst verneinte er, dass Sestius Banden gebildet habe, dann gab er es zu und rechtfertigte es: »[…] wer durch Wunden, die er alle Tage auf seinem ganzen Körper erblickt, daran erinnert wird, mit einer Leibwache den Kopf, den Hals, die Kehle, die Flanken zu schützen, den glaubst du wegen Gewaltanwendung anklagen zu sollen?« (Für Publius Sestius 90).

Der Fall erklärte sich für ihn aus der politischen Situation in Rom. Er war sehr bemüht, Sestius seine Dankbarkeit für dessen Unterstützung als Volkstribun zum Ausdruck zu bringen, einmal mehr seine Gegner abzuwerten und einige seiner zentralen politischen Ideen zu verdeutlichen. Dann band er Sestius' Glück an sein eigenes Schicksal und das des römischen Staates: Er erbat für ihn um des Wohlergehens der Gemeinschaft willen Freispruch und kündigte an, dass er Sestius – und Milo, der sich wegen seines Vorgehens gegen Clodius ebenfalls in Gefahr befand – im Fall einer Verbannung ins Exil folgen werde.

Wenn dies alles noch nicht genügt, weil es ja durch meine Rückkehr ausge-
löscht zu sein scheint, dann ziehe ich es bei weitem vor, ja, bei weitem, ihr
Richter, wieder demselben Schicksal zu verfallen, statt meine Beschützer und
Retter in ein solches Unglück zu stürzen. Ich sollte in dieser Stadt leben können, wenn die verbannt sind, denen ich den Anblick dieser Stadt verdanke?
Ich werde nicht hier bleiben, ich kann es nicht, ihr Richter [...] Daher flehe
ich euch an und bitte euch inständig: Wenn es eure Absicht war, mich zu retten, dann rettet auch die, durch die ihr mich zurückerhalten habt. (Für Publius Sestius 146–147)

Auf der politischen Bühne sahen Pompeius und Caesar währenddessen, wie
man begann, ihre Vorherrschaft grundlegend in Frage zu stellen. Pompeius war
es nicht gelungen, den Getreidepreis deutlich zu senken, was einen erheblichen
Popularitätsverlust zur Folge hatte. Was Caesar anbelangte, der sich in Gallien
aufhielt, gab es Versuche im Senat, sein Agrargesetz, gegen das Cicero in der
Curia interveniert hatte, in Bezug auf Kampanien zu annullieren, und der ehrgeizige Lucius Domitius Ahenobarbus drohte, ihn seines Amtes als Prokonsul in
Gallien zu entheben, falls er für das Jahr 55 zum Konsul gewählt werden sollte.
Pompeius und Caesar verstanden, dass sie einander brauchten und ihr Bündnis
aus dem Jahr 59 unter veränderten Vorzeichen erneuern mussten. Einem ersten
Treffen zwischen Caesar und Crassus in Ravenna folgte ein weiteres mit Pompeius in Lucca, einer an der Grenze zur Gallia Cisalpina gelegenen Stadt, denn
diese Provinz unterstand Caesar; hätte er sie verlassen, so hätte er sich eines Vergehens schuldig gemacht. Plutarch zufolge nahmen an dieser Zusammenkunft
ungefähr 200 Senatoren teil. Cicero befand sich nicht unter ihnen; entweder
weil er nichts davon wusste – seinen Briefen ist zu entnehmen, dass er erst im
Nachhinein von diesem Treffen erfahren hatte – oder aber, weil er nicht die Entscheidungen durch seine Anwesenheit unterstützen wollte, die getroffen werden
konnten.

Am Ende beschlossen die drei Politiker eine Erneuerung des Bündnisses in der
gegenseitigen Bekräftigung ihrer politischen Freundschaft; sie konkretisierten
dessen Ziele, um ihren Interessen zu genügen. Die »Triumvirn« vereinbarten in
Lucca, die Wahl des Lucius Domitius Ahenobarbus zum Konsul für 55 zu verhindern: Crassus und Pompeius stellten sich zur Wahl, und nachdem man sie zu
Konsuln gewählt hatte, sorgten sie für eine Verlängerung von Caesars Militärkommando in Gallien und für die Unterdrückung jeder Opposition gegen ihre
Gesetzgebung. Gleichzeitig kümmerten sich Pompeius und Crassus mit der un-

schätzbaren Hilfe der ihnen wohlgesinnten Volkstribunen darum, für sich selbst nach Beendigung des Konsulats militärische Kommanden zu schaffen: für Pompeius in Hispanien, für Crassus in Syrien.

De facto bewirkte das Bündnis eine Aufteilung der politischen Macht; Grundlage waren die Aussetzung des befristeten Charakters der normalen Magistraturen und die Ausübung von militärischen Ämtern für die Dauer von mehreren Jahren. Mit ihrem Ziel, eine Plattform faktischer Macht jenseits der Volksversammlungen und des Senats zu schaffen, von der aus sie vorab Entscheidungen trafen, die sowohl die Innen- als auch die Außenpolitik des römischen Staates betrafen, bedeutete diese Übereinkunft noch viel mehr als die von 59 einen irreparablen Bruch mit der römischen Ordnung. Sie fügte der aristokratischen Republik nicht mehr behebbare Schäden zu und machte aus der politischen Debatte einen Kampf um die Macht zwischen drei Feldherren. In den folgenden Jahren verfügte jeder von ihnen über eine stattliche Anzahl von Soldaten und konnte sich aus öffentlichen Mitteln bedienen; der persönliche Ehrgeiz ging voll auf Kosten des Staates: Der Weg in den Bürgerkrieg und letzten Endes in Richtung Einpersonenherrschaft stand offen.

Die Erneuerung der Allianz zwischen Crassus, Pompeius und Caesar beherrschte also die politische Szene während des restlichen Jahres 56 und bestimmte das Verhalten aller Politiker. Diese sahen sich vor die Wahl gestellt, die Lage entweder zu akzeptieren oder sich gegen sie aufzulehnen. In dieser Stimmung wurde Cicero, der sich wegen dessen aktiver Hilfestellung bei seiner Rückkehr aus der Verbannung moralisch an Pompeius gebunden fühlte, zu einem treuen Handlanger der »Triumvirn«. Er sah sich gezwungen, die Interessen Caesars sogar entgegen eigenen Überzeugungen zu vertreten. So lehnte er es nicht länger ab, das Agrargesetz auf Kampanien anzuwenden, und hielt vor dem Senat die Rede »Über die konsularischen Provinzen«, in der er Caesar nicht nur in den höchsten Tönen lobte, sondern auch noch die Unterstellung weiterer Truppen billigte. Außerdem wandte er sich nun dagegen, Caesar die Provinz Gallien zu entziehen und sie den Magistraten des kommenden Jahres zu übergeben.

Um diesen Widerspruch zu begründen, bot Cicero seine rhetorischen Fähigkeiten auf. Die politische Kehrtwende war derart offensichtlich, dass er so tat, als wäre seine Haltung gegenüber Caesar nie eine andere gewesen: Schon zu Jugendzeiten habe zwischen ihnen »Freundschaft und häufiger Umgang« geherrscht. Als der Mann aus Arpinum dann in das politische Leben involviert war, sei es zwischen ihnen zu einigen »Diskrepanzen« gekommen. Cicero nennt diese nicht, man könnte aber an die umstrittenen Maßnahmen zur Unterdrückung der Catilinarier im Jahr 63 denken – aber auch da hatte »die Freund-schaft sie verbunden«, und zwar dahingehend, dass Caesar ihm ja tatsächlich während seines Konsulats eine Reihe von Aufgaben angeboten hatte, die Cicero ablehnte – »jedoch nicht ohne dankbare Empfindungen« (Über die konsula-rischen Provinzen 40–41).

Jedenfalls konnte, so Cicero, die Lösung der anstehenden Frage nicht von per-sönlichen Beziehungen abhängen, sondern war für alle von Interesse, und daher war es ratsam, Caesar an der Spitze seines Heeres in Gallien zu belassen, denn Kontinuität in dieser Hinsicht war für die Expansion des Imperium von Nutzen. Cicero vermittelte von sich selbst das Bild eines respektvollen Bürgers, der die Entscheidungen des Senats diszipliniert befolgt – nicht er hatte seine Meinung geändert, sondern der Senat, der seine eigenen Entscheidungen lenkte:

> Von euch lasse ich mich leiten, versammelte Väter, euch gehorche ich, euch stimme ich zu: […] ihr habt, seitdem sich auf Grund seiner Erfolge [Caesars] eure Einstellung und Haltung gewandelt hat, gesehen, dass ich eure Meinung nicht nur gelten lasse, sondern sogar gutheiße. (Über die konsularischen Pro-vinzen 25)

Die Inkohärenz in seinem Handeln erklärte er mit Vaterlandsliebe:

> Um zu schließen: Ich müsste, auch wenn ich mit C. Caesar verfeindet wäre, unter den gegenwärtigen Umständen an das Gemeinwohl denken und die Auseinandersetzung mit ihm auf ein andermal verschieben; ich dürfte sogar – nach dem Vorbild hochberühmter Männer – die Feindschaft um des Staates willen für beendet erklären. Doch eine Feindschaft hat nie bestanden […]. Daher wird meine Stimme, versammelte Väter, wenn es sich um die Ehre Caesars handelt, seiner Person dienen […]. (Über die konsularischen Provin-zen 47)

Eine Sache waren solche Erklärungen in der Öffentlichkeit und eine andere, von dieser sehr verschieden, die Zweifel und Schuldgefühle, die Cicero privat äußerte, weil man sein Verhalten für Schmeichelei halten konnte. Vielleicht be-zieht er sich auf die Rede »Über die konsularischen Provinzen« in einem Brief, den er im Frühjahr 56 an Atticus schickte, vielleicht aber auch auf ein Schreiben an Caesar. Er schildert es als »Palinodie«, als einen Widerruf aller seiner zuvor vertretenen Meinungen, und äußert sich beschämt darüber:

Außerdem – ich kaue schon lange an diesem Happen, der doch einmal herunter muss – scheint mir diese Palinodie eine recht schmähliche Angelegenheit zu sein; aber ade ihr geraden, ehrlichen, anständigen Entschlüsse! Kaum zu glauben, welche Perfidie in diesen Adelshäuptern steckt – das wollen sie sein und wären es auch, wenn sie nur ein Fünkchen Zuverlässigkeit besäßen. Ich hab's am eigenen Leibe erfahren und weiß Bescheid! Verführt haben sie mich, dann versetzt und fallen lassen. Trotzdem hatte ich den ehrlichen Willen, in der Politik mit ihnen zusammenzugehen. (Atticus-Briefe 4,6,1–2)

In dieser Unterwerfung hatte Cicero den »Triumvirn« in Gerichtsverfahren seine Qualitäten als Redner zur Verfügung zu stellen. Noch 56 verteidigte er Lucius Cornelius Balbus, den man anklagte, sich illegal das römische Bürgerrecht angeeignet zu haben. Balbus stammte aus dem hispanischen Gades (Cádiz), war ein treuer Freund Caesars und außerdem einer der starken Männer, die im Hintergrund den »Triumvirat« unterstützten. In der Rede Ciceros mischen sich Thesen über die politischen Richtlinien, nach denen Rom sich zu den Schutzbefohlenen des Imperium zu verhalten hatte, mit Lob für Caesar und Pompeius. Balbus wurde freigesprochen. Sein Unbehagen an solchen Diensten gibt ein Brief an seinen guten Freund Marcus Marius wieder:

Heute aber ist das schon gar kein Leben mehr; denn irgendeinen Ertrag meiner Bemühung erwarte ich nicht und sehe mich manchmal gezwungen, Leute, die sich um mich nicht sonderlich verdient gemacht haben, auf Bitten derer zu verteidigen, die sich um mich verdient gemacht haben. (An seine Freunde 7,1,4 – Oktober 55)

Aber der offensichtlichste Ausdruck der demütigenden und langen Abhängigkeit von den »Triumvirn« war die Verteidigung zweier seiner großen persönlichen Feinde vor Gericht, die er öffentlich bereits verschiedentlich angegriffen hatte, in der zweiten Hälfte des Jahres 54: Er musste Publius Vatinius vertreten, einen Caesar-Anhänger, der als Volkstribun 59 mit dem Konsul Caesar zusammengearbeitet und gegen den er selbst das Wort erhoben hatte, als Vatinius 56 im Verfahren gegen Sestius aussagen wollte. Und er hatte Aulus Gabinius zum Mandanten, den verhassten Konsul des Jahres 58 und einen treuen Gefolgsmann des Pompeius. Als Atticus ihn fragte, wie er eine derartige Erniedrigung ertragen könne, antwortete Cicero ihm so stoisch wie realistisch: »man muss sie eben aushalten« (Atticus-Briefe 4,20,1).

Der Gesinnungswandel Ciceros verblüffte viele Senatoren, die auf seiner Seite gewesen waren; in ihren Augen wurde er von einem Tag auf den anderen zu einem Handlanger im Dienst der »Triumvirn« und verlor Autorität und Ansehen. Als er seiner politischen Unabhängigkeit verlustig gegangen war und seine Träume, die Koalition zu zerschlagen, Träume bleiben mussten, trat Cicero in den Hintergrund. Ihm war vom ersten Moment an bewusst, dass seine neue Position unhaltbar war. Atticus gegenüber räumte er sein Scheitern offen ein und schämte sich ob der Rolle, die er angenommen hatte. Aber er zeigte sich entschieden, politisch den Weg des Möglichen weiter zu gehen und das öffentliche Leben nicht aufzugeben (Atticus-Briefe 4,10,4):

> Denn was ist grässlicher als unser Leben, besonders meins? Du stehst, obwohl politisch interessiert, doch nicht in einem persönlichen Abhängigkeitsverhältnis und bist nur als Glied der Gesamtheit abhängig. Aber ich – sage ich in der politischen Debatte, was sich gebührt, erklärt man mich für verrückt, sage ich, was zweckmäßig ist, gelte ich als Knecht; schweige ich, so heißt es, ich sei gefangen und geknebelt. [...] Ich hätte schon Lust, zu streiken und mich in den Hafen des Nichtstuns zu flüchten. Umsonst! Vielmehr geht's sogar ins Feld, in den Krieg! Also werde ich zum Handlanger, der ich Führer nicht habe sein wollen? Es geht nicht anders, und gerade du – wäre ich dir doch immer gefolgt! – hältst es, wie ich weiß, für das Gegebene. (Atticus-Briefe 4,7,1–2 – Frühjahr 56)

Clodius seinerseits tat weiterhin alles, um Cicero zu schaden. Innerhalb kurzer Zeit hatten sich an verschiedenen Orten Italiens eine Reihe von Vorzeichen ereignet: »auf latinischem Territorium hat man großen Lärm, gefolgt von Waffengeklirre, vernommen«; »es kündigt sich ein furchtbares Erdbeben in Potentia, im Picenum« an. Wie üblich konsultierte man das Kollegium der Haruspizin und erhielt eine insofern unbestimmte Antwort, als diese Geschehnisse die Reaktion der Götter auf verschiedene Freveltaten gewesen seien, in die man sie verwickelt habe. Ein Sakrileg sei die Schändung von geheiligten Orten gewesen: »geheiligte Orte und religiöse Praktiken sind als entweiht zu betrachten«. Man konnte diese Auskunft unterschiedlich interpretieren. Für Clodius stand aus eigenem Interesse fest, dass die Haruspizin sich auf die Zerstörung des Altars bezogen, den er auf dem Boden von Ciceros Anwesens zu Ehren der Göttin Libertas errichtet hatte. Also gab er Cicero die Schuld am göttlichen Jähzorn. Cicero bediente sich daraufhin seines üblichen dialektischen Sarkasmus:

Über die Kulte, die Opfer und die Riten hat sich, versammelte Väter, kein anderer als Clodius vernehmen lassen! [...] Kein Wunder, dass euch das lächerlich vorkommt: Sogar seine eigene Versammlung hat ihn ausgelacht [...] dass dieser Bursche, der die Unzucht auf das Lager der Guten Göttin getragen und Männerblicken – selbst zufälligen – verwehrte Riten nicht nur durch seine männlichen Blicke, sondern auch durch schändliche Unzucht entweiht hat, sich in einer Versammlung über die Vernachlässigung der Kulte beschwert! (Über das Gutachten der Opferschauer 8)

Clodius hatte sich erneut die Zerstörung von Ciceros Besitz zum Ziel gesetzt. Dieser antwortete mit einer Rede in der Curia – »Über das Gutachten der Opferschauer« –, die vor allem deshalb von Bedeutung ist, weil er kaum bekannte Aspekte der römischen Religion thematisiert. Er griff erneut einige seiner bevorzugten Themen nach dem Exil auf, um dann zu erklären, dass die Prodigien die Aufmerksamkeit auf das kriminelle, frevelhafte und gotteslästerliche Verhalten von Clodius lenken wollten: Man solle nur an die berühmte Episode der »Guten Göttin« denken. Am Ende sprach der Senat sich offiziell gegen den Standpunkt von Clodius aus, und Cicero konnte sein Anwesen endgültig behalten.

Ciceros Agieren führte im Jahr 55 zu bissigen Auseinandersetzungen mit einigen seiner alten Verbündeten. Das Bestreben, alle Maßnahmen des Clodius aus seiner Zeit als Volkstribun für ungültig erklären zu lassen, brachte ihn in einen Interessenkonflikt mit Cato, der auf Veranlassung des Volkstribuns eine Gesandtschaft in Zypern geleitet hatte: Die Anfechtung von Clodius' Volkstribunat hätte die Annullierung seiner Handlungen zur Folge gehabt. Das geschah nicht, aber das Verhältnis von Cicero und Cato kühlte seitdem merklich ab. Die Tätigkeit des Gabinius als Statthalter hatte eine Auseinandersetzung mit Crassus zur Folge (auf den er sich als »niederträchtigen Mann« in einem Brief an Atticus bezieht), endete jedoch mit einer versöhnlichen Aussprache, für die Pompeius und Caesar gesorgt hatten, und mit einem Essen im Haus des Furius Crassipes. Diesem versprach er im April 56 seine inzwischen 20-jährige Tochter Tullia, deren erster Mann Piso verstorben war. Bei Crassipes handelt es sich um keine herausragende Persönlichkeit der römischen Gesellschaft. Wie viele andere hatte der Geschäftsmann eine politische Karriere einschlagen wollen, die ihn 51 als Quästor nach Bithynien führte. Das Verhältnis zu seinem Schwiegervater Cicero scheint herzlich gewesen zu sein, und man erfährt, dass beide einige Male zusammen in den Gärten zu Abend aßen. Tullias Ehe war jedoch nicht sehr glücklich, sie ließ sich 50 von Crassipes scheiden.

Die Konsuln des Jahres 58 waren, wie wir bereits sahen, zusammen mit seinem direkten Förderer diejenigen, die aus Ciceros Sicht die Schuld an seinem Exil trugen, da sie nichts gegen Clodius' Machenschaften unternommen hatten. Piso, einer von ihnen, wurde – zurückgekehrt von seiner Statthalterschaft in Makedonien – bleich angesichts der scharfen Kritik; beide tauschten im Senat »Freundlichkeiten« aus. Die Attacken Pisos kennen wir nur indirekt, aber die äußerst aggressive Rede Ciceros wurde veröffentlicht und kann als ausgezeichnetes Beispiel für eine Rede des Typus Invektive gelten. Cicero ließ sich – wie es ihm nur wenige Male passierte – von seinem Jähzorn leiten, um unbarmherzig gegen den Rivalen zu wettern, den er des Missbrauchs öffentlicher Ämter und der Willkür anklagte. Zudem bezichtigte er Piso aller möglichen Laster:

> Du weißt doch noch, du Schandkerl: Als ich mich gemeinsam mit C. Piso gegen die fünfte Stunde bei dir einfand, da kamst du aus irgendeiner Kneipe, mit einem Schal um den Kopf und in Sandalen, und nachdem du uns aus deinem übel riechenden Mund die abscheulichste Wirtshausfahne ins Gesicht geblasen hattest, entschuldigtest du dich mit Unpässlichkeit, wobei du sagtest, du behandelst dich gern mit einer Medizin, die Wein enthalte. (Gegen Lucius Calpurnius Piso 13)
>
> [...] während dieser selbst [der andere Konsul, Gabinius] vor seinen Gästen Nacktänze aufführte [...] da streckte sich Piso, ein minder feiner Prasser und nicht so zu Musik aufgelegt, im Weindunst seiner griechischen Freunde. Das nahm sich in jenen Tagen der Staatstrauer wie ein Bankett der Lapithen oder Zentauren aus, und niemand vermag zu sagen, ob der Gastgeber dabei mehr getrunken oder erbrochen oder verschüttet hat. (Gegen Lucius Calpurnius Piso 22)

Er widmete sich allen Verbrechen, die Piso während der Statthalterschaft in Makedonien angeblich begangen hatte, so dass sowohl all die dort lebenden griechischen Ethnien – »Achaia erschöpft, Thessalien beleidigt, Athen ruiniert« – als auch die dort Handel treibenden römischen Bürger ihn einmütig als »einen Plünderer, einen Sklaventreiber, einen Dieb, einen Feind« ansahen. Er sei ein Mörder, habe Tempelgüter geraubt und öffentliche Mittel veruntreut – ein schlechter Statthalter eben, der sich auf Kosten der Provinzialen bereichert und ihre Feindseligkeit gegenüber dem römischen Staat angefacht habe.

Nie hat mich nach deinem Blut verlangt, nie nach jenem härtesten Spruch von Recht und Gesetz [...]. Nein – ausgestoßen, verachtet und verschmäht von allen anderen, aufgegeben und im Stich gelassen von dir selber, ängstlich in alle Richtungen blickend, [...] ohne Stimme, ohne Selbstgefühl, ohne Ansehen, ohne die Würde des einstigen Konsuls, erschreckend, zitternd und katzbuckelnd vor jedermann: So wollte ich dich sehen, so habe ich dich gesehen. (Gegen Lucius Calpurnius Piso 99)

Inmitten solcher politischen Scharmützel fand unser Protagonist aber durchaus noch Zeit, sich zu unterhalten. Im Oktober 55 wurde nach einigen Jahren Bauzeit das Theater auf dem Marsfeld eingeweiht, für dessen Bau und Finanzierung Pompeius verantwortlich zeichnete: das erste Theater Roms, das aus Stein und damit für die Dauer gebaut worden war. Abgesehen von der kulturellen Relevanz war dieses Ereignis auch von großer sozialer und politischer Bedeutung. Es handelte sich um einen Akt der Großzügigkeit des siegreichen Generals gegenüber der Bürgerschaft, um einen immerwährenden Beweis seiner Größe, schließlich um ein Mittel der Propaganda zugunsten der eigenen Person.

Die Einweihung zog sich über mehrere Tage hin und wurde mit prachtvollen Spielen gefeiert. Cicero, der vielleicht eher aus politischer Verpflichtung denn aus eigenem Willen teilnahm, berichtet darüber in einem Brief an Marcus Marius, der auch etwas über seinen persönlichen Geschmack verrät. Wie bei der Eröffnung eines Theaters nicht anders zu erwarten, standen szenische Darbietungen *(ludi scaenici)* im Mittelpunkt. Man spielte Stücke berühmter Theaterautoren wie Gnaeus Naevius (Ende 3. Jh.) oder Lucius Accius (Ende 2. bzw. Anfang 1. Jh.). Cicero kritisierte nicht die Auswahl der Stücke, sondern die pompöse Inszenierung. Effekthascherei entsprach dem Geschmack der Plebs, nicht aber dem kultivierter Persönlichkeiten, wie Marius und er es waren:

Wenn du's wissen willst: Es waren auf jeden Fall prächtige Spiele, aber nicht nach deinem Geschmack, denn das schließe ich nach meinem eigenen. Zunächst traten Leute ehrenhalber wieder auf, die, wie ich glaubte, längst ehrenhalber abgetreten waren. [...] Die übrigen Darbietungen kennst du ja: Sie wiesen nicht einmal so viel Anmut auf, wie gewöhnliche Spiele es meist tun. [...] Denn wie könnte man Vergnügen finden an 600 Maultieren in der Clytaemnestra [ein Theaterstück des Accius] oder im Equus Troianus [Werk des Naevius] an 3000 Mischkrügen oder an der bunten Bewaffnung von

Fußvolk und Reiterei in einer Schlacht? Bei der Menge fand das alles staunende Bewunderung; dir hätte es keinen Spaß gemacht. (An seine Freunde 7,1,2)

Die Schauspiele, die Pompeius während der anderen Tage zeigen ließ, gefielen dem Mann aus Arpinum noch weniger: Spiele von Athleten, Gladiatorenkämpfe und Tierhetzen *(venationes)*:

> Denn wie sollte ich annehmen, du sehntest dich nach Athleten, wo du die Gladiatoren verschmäht hast? [...] Bleiben noch die Tierhetzen, fünf Tage lang je zwei; großartig, zugegeben! Aber wie kann ein kultivierter Mann Vergnügen daran finden, wenn ein schwacher Mensch von einer gewaltigen Bestie zerrissen oder ein herrliches Tier vom Jagdspieß durchbohrt wird? Wenn das sehenswert ist, dann hast du es doch oft genug gesehen [...]. Der letzte Tag gehörte den Elefanten. Da staunte die Masse und der Pöbel, aber recht warm wurden sie nicht; vielmehr regte sich so etwas wie Mitleid und das Gefühl: dieser Koloss hat irgendwie etwas Menschenähnliches. (An seine Freunde 7,1,3)

Auf der politischen Bühne standen weiterhin die »Triumvirn«. Nach dem gemeinsamen Konsulat von Crassus und Pompeius 55 traten beide gemäß dem Abkommen von Lucca ihr Amt als Prokonsuln an, aber sie taten das auf eine sehr unterschiedliche Art. Crassus begab sich auf der Jagd nach dem Ruhm, den ihm ein Triumph über die Parther einbringen konnte, nach Syrien. Dieses Volk beherrschte ganz Mesopotamien und bedrohte die östlichen Grenzen des Imperium Romanum. Er sollte scheitern. Pompeius zog es vor, während der Abwesenheit der anderen – Caesar war in Gallien geblieben – Rom nicht zu verlassen und die Statthalterschaft in Hispanien, die er hätte übernehmen sollen, zweien seiner Legaten zu übergeben. Das war bereits die Methode, mit der Augustus Jahrzehnte später die kaiserzeitlichen Provinzen verwalten sollte.

Ciceros Verhältnis zu den »Triumvirn« änderte sich in dieser Zeit deutlich. Er hatte sich Pompeius stets näher gefühlt, aber nun neigte sich seine Sympathie dem bisher verachteten Caesar zu. Ein Ausdruck dieses Wandels war die Tatsache, dass Quintus Cicero sich als Legat dem Militärrat Caesars in Gallien anschloss und ihn auf dem Feldzug nach Britannien begleiten sollte. Das war keine rein taktische politische Erwägung. Caesar hatte den Ruf, bei der Verteilung der Kriegsbeute großzügig zu sein, und Quintus brauchte Geld, um seine Schulden bezahlen zu können.

Die Nähe zwischen Quintus und Caesar führte auch zu einer größeren Annäherung von Marcus an den Feldherrn, mit dem er zeitweise ein Nahverhältnis unterhielt, das sogar von Zuneigung geprägt war; auch aufgrund des literarischen Interesses, das beide verband. Die Briefe an Quintus und Atticus zeigen jetzt eine unerwartete Bewunderung für Caesar, den er einmal als »den besten und mächtigsten aller Männer« bezeichnet. Er ist der Einzige, von dem Cicero sich verstanden und geschätzt fühlt – in seiner permanenten Enttäuschung, in der Republik nicht die Rolle einnehmen zu können, von der er glaubte, dass sie ihm zugestanden hätte, und der Gefangene seiner politischen Verpflichtungen zu sein:

Caesar schreibt mir, wie sehr er mich schätzt, und ich freue mich dessen ganz maßlos. An die Aussichten, die er mir macht, hänge ich mein Herz nicht allzu sehr; ich dürste nicht nach Ehren, sehne mich nicht nach Ruhm, hoffe mehr auf die Dauer seiner Zuneigung als auf die Erfüllung seiner Versprechen. [...] Ich halte mich von allen politischen Sorgen fern und ergebe mich der Wissenschaft, aber ich will dir doch sagen, was ich weiß Gott gerade dir am liebsten verheimlicht hätte: Es quält mich, liebster Bruder, quält mich furchtbar, dass wir keinen Staat mehr haben, keine Gerichte, dass ich in meinem Alter, in dem ich eigentlich als hochangesehener Senator glänzend dastehen müsste, mich mit Prozessen herumschlage oder mich mit privaten literarischen Arbeiten hinschleppe, dass der Stern, der mir von Kindesbeinen an voranleuchtete – »Immer der Erste zu sein und sich auszuzeichnen vor allen« [das Zitat aus Homers »Ilias«] – völlig erloschen ist [...]. (Briefe an den Bruder Quintus 3,5,3–4 – Herbst des Jahres 54)

Cicero verfasste wahrscheinlich gegen Ende 54 für Caesar sogar ein kleines episches Gedicht über dessen Invasion in Britannien. Die Expedition stieß in Rom auf große Resonanz, denn sie wurde zusammen mit der Überquerung des Rheins, die ebenfalls von der Armee unter Führung Caesars unternommen worden war, als Ankunft des Imperium Romanum am Ende der Welt wahrgenommen. Caesar schrieb und widmete dem Mann aus Arpinum im intellektuellen Austausch eine Abhandlung über lateinische Grammatik. Cicero scheint damals mit Gaius Oppius zusammengearbeitet zu haben, der von Caesar mit der Ausführung der von ihm finanzierten öffentlichen Bauten beauftragt worden war: insbesondere mit dem geplanten Forum Iulium, aber auch mit dem neuen, luxuriösen Bereich aus Marmor für die Abstimmungen *(Saepta Iulia)*, der auf dem Marsfeld entstehen sollte. Caesars Großzügigkeit rührte von einem zwischen ihm und Pompeius entstandenen Wettbewerb her. Auf das im Jahr 55 eröffnete Theater musste Caesar mit Bauten antworten, die seine Beliebtheit förderten und halfen, ihn in seiner Abwesenheit in Erinnerung zu behalten. Überraschenderweise zeigt Cicero sich tatsächlich involviert, man ist sogar versucht zu sagen, er sei »enthusiasmiert« gewesen von Caesars Bauprogramm:

> Daher haben Caesars Freunde – ich meine mich und Oppius, magst du auch vor Wut platzen – für das Bauvorhaben, für das du schon immer so begeistert warst, die Erweiterung des Forums und seine Erstreckung bis zum Libertasheiligtum, die Kleinigkeit von 60 Millionen aufgewendet; billiger konnten wir mit den privaten Eigentümern nicht abschließen. Wir werden etwas ganz Prachtvolles zustande bringen: Auf dem Marsfeld wollen wir für die Tributkomitien gedeckte Abstimmungsräume aus Marmor bauen und mit Arkaden umgeben, die sich über eine Meile erstrecken [...]. ›Und was habe ich von dieser Bauerei?‹ wirst du sagen. Warum wollen wir uns darum graue Haare wachsen lassen? (Atticus-Briefe 4,17,8 – 1. Juli 54)

Warum ordnete Cicero sich Caesar und Pompeius derart bereitwillig unter? Einerseits erweckt es den Eindruck, als ob er sich von seinen Kräften her nicht mehr in der Lage fühlte, gegen die Macht des Faktischen anzugehen, die die »Triumvirn« in Rom längst ausübten. Cicero beklagte bitter diese Macht, die den Prinzipien der Republik, die er immer verteidigt hatte, entgegenstand, aber er nahm sie hin und war schließlich sogar davon überzeugt, dass es sich um die in diesem Moment politischer Instabilität beste Lösung handelte. Andererseits sollte man sein Loyalitätsgefühl nicht unterschätzen: Cicero fühlte sich in der Schuld von Pompeius, der sich energisch für seine Rückkehr eingesetzt hatte, und bezog Caesar schließlich in diese Dankbarkeit mit ein. Sicherlich spielte aber auch Egoismus eine nicht zu unterschätzende Rolle, war er doch auf der Suche nach persönlicher Sicherheit und einer Möglichkeit, politisch zu überleben. Clodius blieb eine reale Gefahr für Cicero, der klar erkannte, dass allein die »Triumvirn« mit ihrem Einfluss ihn gegen dessen Aggressionen schützen konnten. Auch hatte er eingesehen, dass jede politische Initiative, die er noch ergreifen wollte, nur mit den »Triumvirn« möglich sein würde. Doch es gelang ihm nicht, die Leute für sich zu gewinnen, die mit seiner vorherigen Meinung nicht einverstanden gewesen waren, und bei seinen treuen Verbündeten und Freunden säte sein Verhalten Zweifel und Misstrauen. Er verlor viel von seiner Glaubwürdigkeit – langfristig gesehen seine Autorität als Konsular.

Dafür rechtfertigte er sich bei vielen Gelegenheiten. Ein sehr gutes Beispiel ist einer der letzten Briefe aus seiner Korrespondenz mit Lentulus Spinther zwischen 56 und 54. Als Konsul des Jahres 57 hatte Lentulus maßgeblich an der Rückkehr Ciceros aus der Verbannung mitgewirkt und war nun als Statthalter in Kilikien tätig. Von dort aus beobachtete er geradezu perplex einige der politischen Klimmzüge seines Freundes. In dem langen Brief vom Dezember 54 führte Cicero alle möglichen Gründe an, die seine Annäherung an Caesar und vor allem die beschämende Verteidigung seines Feindes Vatinius vor Gericht erklären sollten. Danach hatte Lentulus ihn direkt gefragt. Cicero begründet sein Engagement als Anwalt von Vatinius schließlich mit den »heftigen Bitten von Caesar«, wobei ihm wohl klar war, um was für eine schlechte Ausrede es sich da für ihn, der sich stets für integer hielt, handelte. Weil gewichtigere Gründe fehlten, gab er Lentulus eine bissige Antwort, nahm gar einen drohenden Ton an, um dessen Kritik nicht länger ertragen zu müssen:

Warum ich aber für ihn als Zeuge aufgetreten bin, danach frag' mich bitte weder bei diesem Angeklagten noch bei andern; ich könnte dir sonst nach deiner Heimkehr mit gleicher Münze heimzahlen. Ich könnte es freilich schon jetzt, wo du noch draußen bist; ich brauche dich ja nur daran zu erinnern, für wen alles du vom Ende der Welt Belobigungsschreiben eingesandt hast. (An seine Freunde 1,10,19)

Cicero rechtfertigt seine plötzliche Eintracht mit Caesar hauptsächlich mit den Argumenten, die er schon in der Rede »Über die konsularischen Provinzen« genannt hatte: Es seien persönliche Gründe einer »alten Freundschaft« wie Caesars »göttliche Großzügigkeit« gegen Quintus, seinen Legaten in Gallien. Und eben diese erstreckten sich auch auf ihn, also »sollte ich ihn verteidigen, was auch immer er tut«. Ciceros Hauptargument sollte wieder der Schutz Roms sein, denn letzten Endes war die Republik so in guten Händen; das rechtfertige es, Entscheidungen zu treffen, die dem eigenen Selbstverständnis entgegenstehen:

Wenn ich den Staat in der Hand ruchloser, verworfener Bürger sähe, wie es bekanntlich zu Cinnas Zeiten und auch sonst manchmal der Fall gewesen ist, würde ich mich weder durch Belohnungen, mit denen man bei mir am allerwenigsten erreicht, noch auch durch Gefahren, die doch sogar mutige Männer beeindrucken, bestimmen lassen, mich ihrer Sache zu verschreiben, nicht einmal, wenn sie die größten Verdienste um mich aufzuweisen hätten. Nun war aber Cn. Pompeius der erste Mann im Staate [...]. Da meinte ich nicht befürchten zu brauchen, in den Ruf der Unbeständigkeit zu kommen, wenn ich mich bei manchen Fragen ein wenig mauserte und die Würde des erlauchten, um mich hochverdienten Mannes zur Richtschnur meiner Entschlüsse machte. Bei dieser Haltung musste ich, wie du siehst, mein Verhältnis zu Caesar in Rechnung stellen, dessen Sache und Würde mit hineinspielte. (An seine Freunde 1,10,11–12)

Bevor er zum Ende seiner Überlegungen Lentulus unterstellte, dass er in seiner Situation ebenso gehandelt hätte, offenbarte Cicero einmal mehr seinen Sinn für pragmatisches Handeln, als er hervorhob: »es ist nicht opportun, sich so mächtigen Kräften entgegenzustellen«. Stattdessen sei es notwendig, »sich den momentanen Zeiten anzupassen«, indem man – wie schon des Öfteren – aus der Not eine Tugend macht:

Niemals sind doch in der Staatsführung bewährte Männer mit eigensinnigem Beharren bei einer einmal gefassten Meinung einverstanden gewesen; vielmehr ist es wie beim Segeln: Die Kunst besteht darin, dass man sich nach Wind und Wetter richtet, auch wenn man dann den erstrebten Hafen nicht erreicht; aber wenn man durch Umsetzen der Segel ans Ziel kommen kann, dann wäre es Torheit den einmal eingeschlagenen Kurs unter Gefahren beizubehalten und ihn nicht lieber zu ändern und schließlich doch dahin zu gelangen, wohin man will. (An seine Freunde 1,10,21)

Währenddessen verschlimmerte sich die politische Situation in Rom. Der freie Wettbewerb innerhalb der Elite, bei dem es sich um das Grundprinzip der aristokratischen römischen Republik handelte, war durch den »Vorschlag« von Kandidaten und Gesetzen durch die »Triumvirn« gelähmt. Zur wachsenden Gewalttätigkeit in den Straßen der Stadt kam die zunehmende Korruption bei den Wahlen. Vor den Gerichten häuften sich Denunziationen, ein öffentliches Leben existierte beinahe nicht mehr. Das Jahr 53 begann ohne Konsuln, weil man die Wahlen nicht hatte durchführen können, die schon einige Monate im Rückstand waren. Außerdem waren alle Kandidaten, die sich um den Konsulat bewarben, wegen versuchter Bestechung angeklagt. Bei so manchem wurde der Ruf nach einem starken Mann laut, der sich in der Lage sah, Rom wieder zu Normalität zu verhelfen. Man fürchtete, dass Pompeius, der sich als einziger der »Triumvirn« noch in der Stadt aufhielt, daran dachte, eine Diktatur zu etablieren. Ein Volkstribun und Freund von Pompeius, Gaius Lucilius Hirrus, schlug seine Ernennung zum Diktator vor, aber weder schien dieser besonders interessiert noch die momentane Stimmung dazu geeignet. Cicero fasst die Gerüchte über die Errichtung einer Diktatur zusammen und äußert seinen Pessimismus und seine Sehnsucht nach der guten alten Zeit:

> Ach, mein lieber Pomponius, nicht nur allen Saft und alle Kraft haben wir verloren, selbst die Farbe und das frühere Gesicht des Staates sind dahin! Es gibt kein Gemeinwesen mehr, an dem ich mich freuen, mit dem ich mich trösten könnte. ›Und das nimmst du so gelassen hin?‹ Jawohl, denn ich denke daran, wie gut es eine Weile um unser Staatswesen stand, als ich das Ruder führte, und wie man es mir gedankt hat. [...] Die Dinge treiben dem Interregnum zu, und es riecht ein wenig nach Diktatur [...]. (Atticus-Briefe 4,20,2–3 – Oktober/November 54)

Im Juli 53 wurden endlich die Konsuln für dieses Jahr gewählt, aber ihr Handlungsspielraum war sehr eingeengt. Wenn sie den Anschein der Normalität erwecken wollten, mussten sofort die Wahlen für 52 durchgeführt werden, aber die Persönlichkeit einiger Kandidaten ließ neue Unruhen befürchten: Clodius hatte verlauten lassen, sich für die Prätur zur Wahl zu stellen, während sein Rivale Milo für den Konsulat kandidierte. Cicero unterstützte ihn sicher bedingungslos, wenn er es auch skandalös fand, wie verschwenderisch der Kandidat mit Geld umging, um sich politischer Unterstützung zu versichern:

> Einzig Milo macht mir Sorgen. Wäre er doch nur erst Konsul! Dafür will ich mich nicht weniger entschieden einsetzen, als ich es für mein eigenes Konsulat getan habe, und du wirst mir dabei von dort aus Hilfestellung geben wie bisher [Quintus hielt sich mit Caesar in Gallien auf]. Entreißt man es ihm nicht einfach gewaltsam, dann steht es im Übrigen nicht schlecht um ihn, nur fürchte ich um sein Vermögen; ›Da wütet er ganz unerträglich‹, dass er für die Spiele 300 000 Sesterzen aufwendet. (Briefe an den Bruder Quintus 3,7,2 – Dezember des Jahres 54)

Wir wissen wenig über Ciceros Gefühle und Gedanken in diesen Monaten, denn die erhaltene Korrespondenz zwischen Marcus und Quintus endet im Dezember 54 und die zwischen Cicero und Atticus wird ebenfalls zu diesem Zeitpunkt unterbrochen und erst zweieinhalb Jahre später wieder aufgenommen. Aus den Jahren 53 und 52 sind Briefe an einige Freunde erhalten. Vor kurzem Mitglied des Kollegiums der Auguren geworden, schrieb er Mitte des Jahres 53 an Gaius Scribonius Curio und bat den einflussreichen Aristokraten und Optimaten, sich ebenfalls für die Kandidatur Milos einzusetzen. So erfüllte er loyal seine Pflicht als Freund, obwohl der mächtige Pompeius offen andere Kandidaten unterstützte:

> Ich habe all mein eifriges Bemühen, alle rastlose Sorge, ja, all mein Sinnen und Trachten auf das Ziel gerichtet und dafür eingesetzt, Milo das Konsulat zu verschaffen, und stehe auf dem Standpunkt, dass ich verpflichtet bin, dabei nicht nur auf den Lohn für meine Dienste, sondern auch auf den Ruhm meiner Dankbarkeit zu sehen. [...] Und du bist der Einzige, der dabei, wenn du willst, so wirksam helfen könnte, dass ich mich nach weiterer Hilfe nicht umzusehen brauche. (An seine Freunde 2,6,3)

Curio, Sohn des herausragenden Konsulars, war ein vielversprechender junger Mann auf dem politischen Parkett; er gehörte zum konservativsten Flügel der Aristokratie. Cicero galt er als Hoffnungsträger; vielleicht konnte er zukünftig Initiativen ergreifen, die denen nahe kamen, die er selbst als adäquat für seine ideale Republik ansah. Aber auch Curio entwickelte sich zu einem Quell der Enttäuschung, denn während seines Volkstribunats im Jahr 50 wurde er zu einem Wortführer der Meinungen Caesars in Rom, nachdem dieser ihm seine hohen Schulden bezahlt hatte. Zudem unterstützte Curio Milo offensichtlich nicht.

Cicero sah in Milos Erlangung der höchsten Magistratur gewiss einen indirekten Weg, seine Würde und Autorität zu festigen, sowie ein effektives Mittel, die Macht und die Gewalt auszugleichen, die Clodius ausüben könnte, wenn er zum Prätor gewählt werden würde. Das Jahr 52 begann jedoch, wie schon das vorhergehende, ohne gewählte Magistrate, mit Chaos im Senat und in der Gesamtheit der *civitas*. Die Stellung des Pompeius in Rom wurde immer stärker, denn Crassus war in der vernichtenden Schlacht von Carrhae gegen die Parther gefallen und Caesar musste sich ganz auf Gallien konzentrieren, wo die Rebellion der Gallier, die Vercingetorix anführte, seine Eroberungen in Gefahr brachte.

Ein weiterer Gewaltakt, in den die beiden alten Rivalen Milo und Clodius verstrickt waren, machte das Chaos noch größer. Aus unserer historischen Perspektive nahm er einige Ereignisse voraus, die der Vorspann zum späteren Bürgerkrieg waren. Es war schon zur Gewohnheit geworden, dass Milo und Clodius – wie andere Persönlichkeiten von Rang – in Rom selbst und außerhalb der Stadt bewaffnete Begleiter um sich hatten. Milo und seinen Verteidigern in dem späteren Verfahren zufolge wollte es der Zufall oder – laut den Anhängern von Clodius, die Milo vor Gericht gebracht hatten – ein vorgefasster Plan, dass beide

Banden mit ihren Anführern am 18. Januar etwa 20 Kilometer vom Zentrum Roms entfernt auf der Via Appia aufeinandertrafen. In der unvermeidlichen Schlägerei wurde Clodius schwer verletzt. Seine Männer brachten ihn zu einer nahe gelegenen Herberge, aber Milos Bande folgte ihnen und ermordete Clodius.

Man brachte seine Leiche nach Rom und bahrte ihn in seinem Haus auf dem Palatin auf, das in der Nähe von Ciceros Haus lag. Vor seinen Türen fanden sich noch in der gleichen Nacht viele Parteigänger ein und forderten Rache. Am folgenden Tag brachten sie die Leiche zur Rednerbühne *(rostra)* auf dem Forum, wo für gewöhnlich die Leichenfeiern der berühmtesten Römer abgehalten wurden. Von der Rednerbühne herab wandten sich zwei der Volkstribunen, Quintus Pompeius Rufus und Titus Munatius Plancus Bursa, an die Menge. Diese tobte, brachte die Leiche in das Innere der Curia, die den *rostra* gegenüberlag – und verwandelte sie in einen regelrechten Scheiterhaufen. Der Senatssitz sowie einige der umliegenden Gebäude wie die Basilika Porcia wurden vollkommen zerstört. Anschließend stürmte die aufgebrachte Menge Milos Haus.

Der Senat verkündete einmal mehr den Ausnahmezustand *(senatus consultum ultimum)*. Man autorisierte Pompeius, dessen einziges offizielles Amt im Moment das des Prokonsuls von Hispanien war, Truppen in Italien zur Wiederherstellung der Ordnung auszuheben. Wenig später wurde er zum einzigen Konsul *(consul sine collega)* mit voller Exekutivgewalt ernannt. Eine einfallsreiche Lösung, die ihn zum Diktator machte, ohne ihn so zu nennen; eine Lösung, die dem *mos maiorum* widersprach, weil sie den Grundsatz verletzte, dem alle regulären republikanischen Magistraturen zu folgen hatten: die Kollegialität. Außerdem konnte Pompeius nicht zum Konsul designiert werden, weil er ja gerade Prokonsul war, und eine Ämterhäufung war nicht zulässig; auch waren seit seinem letzten Konsulat noch keine zehn Jahre vergangen. Die Senatoren zogen es in dieser Situation vor, der einzigen Person, von der sie meinten, sie könne die schwierigen Aufgaben lösen, alle Macht anzuvertrauen. Aber die Ernennung von Pompeius, die das senatorische Regime mitnichten stärkte, war letztlich Ausdruck der Hilflosigkeit und der Unfähigkeit des Senats, selbst diese Krise zu bewältigen, und bedeutete einen weiteren Schritt auf den Untergang der Republik zu.

In den folgenden Wochen forderten die Volkstribunen Pompeius Rufus und Plancus Bursa, zu denen sich der Volkstribun und spätere Historiker Gaius Sallustius Crispus gesellte, in den Volksversammlungen beinahe täglich die Verurteilung Milos als Schuldigem am Tod von Clodius. Dies rief eine permanente

Empörung der stadtrömischen Plebs hervor. Die Präsenz von Truppen in Rom unter dem Befehl des alleinigen Konsuls brachte allmählich Ordnung in das Chaos, aber die aufrührerischen Tumulte kamen erst dann an ein Ende, als Milo angeklagt wurde. Pompeius hatte schließlich eingesehen, dass es notwendig war, ihn der Plebs zu opfern, um die Gemüter zu beruhigen.

Milo wurde auf der Grundlage eines Sondergesetzes gegen Gewalt der Prozess gemacht, das Pompeius eingebracht hatte. Er legte außerdem ein Gesetz gegen Wahlbestechung vor und damit gegen die schwerwiegenden Probleme, die in den letzten Jahren die normale Arbeit der Institutionen behindert hatten. Das Verfahren fand im April unter großen Spannungen und mit dem ständigen Risiko erneuter Unruhen statt. Ihm folgten im Lauf des Jahres weitere, in denen Gefolgsleute des Clodius und Politiker verurteilt wurden, die in der Vergangenheit durch ein Verhalten aufgefallen waren, das den Interessen der aktuellen Senatsmehrheit entgegenstand.

Pompeius nutzte den Alleinkonsulat, um eine »Säuberung« der Elite durchzuführen, die gefährliche Plebs in Bahnen zu lenken und seine ehemals enge Beziehung zum Senat wiederherzustellen. Aufgrund seiner Vollmachten, die denen eines Diktators gleichkamen, gab er dem römischen Staat für den Augenblick einen Anschein von Stabilität. Gleichzeitig schuf er jedoch eine Gruppe von geschädigten Honoratioren, die in Caesar ihre einzige mögliche Stütze sahen und sich ihm in Gallien anschlossen. Damit führten die Ereignisse des Jahres 52 zum Bruch des Pakts zwischen den noch lebenden »Triumvirn« und zur Bildung zweier Lager – innerhalb des Senats und allgemein der römischen Gesellschaft – um die beiden führenden Männer des Augenblicks: Caesar und Pompeius. Beide sollten sich in den folgenden Jahren zunächst politisch, während des Bürgerkriegs dann militärisch auseinandersetzen.

Welche Haltung Cicero zu diesen Geschehnissen eingenommen haben mag, wissen wir aus Mangel an Briefzeugnissen nicht. Es scheint jedoch, dass ihm bei der Lösung der Krise keine besonders relevante Rolle zukam; er fühlte sich in dieser Zeit Caesar näher als Pompeius. Da Cicero über Jahre den Tod des verhassten Clodius herbeigesehnt hatte, war »die Schlacht von Bovillae«, wie später die Auseinandersetzung zwischen Clodius' und Milos Gefolgschaften nannte, eine regelrechte Befreiung und der Beginn einer neuen Zeit. Acht Jahre später zeigte er sich in einem Schreiben an Marcus Antonius, der im Briefwechsel mit Atticus erhalten ist, etwas versöhnlicher:

Mit P. Clodius habe ich die Klinge gekreuzt, wobei ich die Sache des Staates, er seine persönlichen Interessen vertrat. Unsern Kampf hat das politische Leben entschieden; lebte er noch, es würde keinen Streit zwischen ihm und mir mehr geben. (Atticus-Briefe 14,13,B,4 – 26. April 44)

Cicero beeilte sich, wie er es einige Jahre zuvor bei Sestius getan hatte, sich seinem Freund Milo loyal zur Verfügung zu stellen. Er zögerte nicht mit der Übernahme seiner Verteidigung, obwohl ihn das mit Pompeius konfrontierte, der das Verfahren gegen Milo angestrengt hatte. Asconius zufolge, einem späteren Kommentator seines Werks, zeigte sich Cicero nervös. Er fürchtete angesichts einer Plebs, die ihn beschuldigte, zum Mord an Clodius angestiftet zu haben, um sein Leben. Sein Biograph Plutarch bestätigte, dass dem Redner »der Körper zitterte und er kaum sprechen konnte«. Seine Redegewandtheit erreichte nicht die Brillanz, er sprach möglicherweise wesentlich kürzer als vorgesehen und kürzer, als später der überarbeitete und publizierte Text ausfiel (Rede für T. Annius Milo). Cicero konstatierte zu Beginn seine Nervosität, wertete aber dann den Aufmarsch der Truppen von Pompeius positiv:

Es ist kaum angebracht, ihr Richter, Furcht zu zeigen, wenn man für einen ungewöhnlich mutigen Mann das Wort ergreift [...]. Und dennoch: Diese neuartigen Begleitumstände eines neuartigen Verfahrens verwirren den Blick [...] so bleibt es nicht aus, dass die Schutztruppen, die ihr überall vor den Tempeln bemerkt, mögen sie auch zur Verhinderung von Gewalttaten dort aufgestellt sein, beim Redner einigen Schrecken hervorrufen [...] alle diese Rüstungen [...] fordern uns auf, nicht nur gelassen, sondern auch hohen Mutes zu sein, und versprechen meinem Verteidigeramt sowohl Sicherheit als auch ungestörte Ruhe. [...] Fasst also Mut, ihr Richter, und wenn ihr euch fürchten solltet, dann lasst ab davon. (Rede für T. Annius Milo 1–4)

Er beschrieb die Handlungsweise Milos als einen Akt der Selbstverteidigung, schließlich »war es Clodius, der Milo in diesen Hinterhalt lockte«. Aber vor allem suchte Cicero Clodius' Tod als einen nützlichen und vorteilhaften Umstand für den Staat und für die »Männer des Guten« darzustellen. Er hob die Opferbereitschaft des Angeklagten hervor – das erlaubte ihm einmal mehr, auf den Ruhm seines Konsulats und sein selbstloses Exil zu kommen – und appellierte an das Mitleid der Richter: »Was bleibt mir, außer euch zu bitten und anzuflehen, Richter, diesem tapferen Mann die Gnade zuzugestehen, um die er euch nicht ersuchen wird, aber um die ich euch – selbst wenn er sich mir entgegenstellt – anflehe und bitte?« Eigentlich solle das Gericht sich auf seine eigenen Interessen besinnen und Milo freisprechen, da der Tod des Clodius für sie ja eine Erleichterung bedeutet habe.

Doch Milo wurde schließlich von der Mehrheit des Gerichts für schuldig befunden und ging nach Massilia (Marseille), wo er bis zu seinem Tod im Exil blieb. Dort überließ Cicero ihn nicht seinem Schicksal. Die Verurteilung führte zur Beschlagnahmung seiner Güter, die öffentlich versteigert wurden. Cicero gelang es, mit Hilfe eines Freigelassenen seiner Gattin Terentia namens Philotimus und eines uns nicht bekannten Gaius Duronius einen Großteil von Milos Eigentum zu erwerben. Sein Anliegen ehrte ihn: »Auch das sprach mit: Wenn etwas zu retten wäre, wollten wir selbst das so bequem wie möglich bewerkstelligen können« (Atticus-Briefe 5,8,3 – geschrieben in Brundisium am 2. Juni 51).

Aber noch im gleichen Brief hält Cicero fest, dass Milo ihm schließlich schrieb, »um sich wegen der Beleidigung zu beklagen, dass Philotimus auf diese Weise zum Mitbesitzer seiner Eigentümer geworden war«. Doch weil er sich bereits auf dem Weg nach Osten befand, um sein Amt als Statthalter in Kilikien anzutreten, beauftragte er Atticus, sich um die Klagen Milos zu kümmern, der offensichtlich an der Loyalität und Integrität von Cicero zweifelte. Von der Episode ist nichts weiter bekannt, unter anderem aufgrund der ihr eigenen Umstände, handelte es sich doch um eine Gesetzesumgehung. Möglicherweise sind die Unregelmäßigkeiten, gegen die Milo protestiert hatte, tatsächlich Philotimus zuzuschreiben; das zumindest vermutet Cicero in späteren Briefen. Es gibt auch keine konkreten Hinweise, dass Cicero persönlich vom Kauf von Milos Eigentümern profitiert hätte, allerdings ist es durchaus vorstellbar, dass die zuvor getroffene Abmachung eine Art Belohnung für ihn vorgesehen haben könnte, denn schließlich ging er ebenfalls ein beträchtliches Risiko ein.

Cicero scheiterte mit seinem Versuch, Milo zu retten, eher aufgrund des Drucks der Umgebung und der Notwendigkeit, einen Sündenbock zu finden, als wegen seiner eigenen Schwäche. Erfolg hatte er dagegen bei der Verteidigung eines von Milos Verbündeten, Marcus Saufeius. Zudem konnte er zu seiner großen Zufriedenheit einen juristischen Sieg mit der Anklage für sich verbuchen, die er gegen den ehemaligen clodianischen Volkstribun Plancus Bursa wegen dessen Beteiligung an den Ereignissen einbrachte, die zum Brand der Curia führten. Das Verfahren fand im Dezember 52 und im Januar 51 statt und Cicero trat zum zweiten Mal in seinem Leben als Ankläger auf, beinahe 20 Jahre nachdem er in dem Prozess gegen Verres intervaniert hatte. Bursa war gezwungen, ins Exil zu gehen, und schloss sich sofort den Honoratioren an, die Caesar in Gallien begleiteten.

Für Cicero brachte die Beteiligung an diesen Verfahren – unabhängig von Erfolg und Scheitern –, dass er zum ersten Mal seit der Übereinkunft von Lucca im Jahr 56 selbst tätig wurde und nicht nur das tat, was Caesar und Pompeius ihm vorschrieben. Pompeius hatte übrigens ohne Erfolg versucht, den Freispruch Bursas zu erreichen. Die wiedergewonnene Unabhängigkeit befreite ihn aus dem Sumpf, in dem er die letzten Jahre gesteckt hatte; er konnte sein verlorenes Selbstbewusstsein wiedergewinnen und sich als nützlicher Bürger fühlen, einer der *boni*, wie einem Brief an Marcus Marius vom Beginn des Jahres 51 zu entnehmen ist:

> Was Bursa angeht, so bin ich mir sicher, dass du dich freust, aber dein Glückwunsch klingt doch allzu zurückhaltend [...]. Du darfst es mir schon glauben: Über dies Urteil habe ich mich mehr gefreut als über den Tod meines Feindes. Denn erstens freue ich mich lieber über ein gerechtes Urteil als über den gewaltsamen Tod, und zweitens lieber über den Ruhm eines Freundes als über sein Unglück [der Ruhm, den er indirekt an Milo mit der Verurteilung von Bursa zurückgab]. Vor allem aber empfinde ich Genugtuung darüber, dass die Guten so entschieden für mich eingetreten sind gegen die unvorstellbaren Anstrengungen des erlauchten, mächtigen Mannes [Pompeius]. (An seine Freunde 7,2,2)

Nachdem ihm die Befriedung der Stadt gelungen war, gab Pompeius den alleinigen Konsulat ab und teilte ihn in der zweiten Hälfte des Jahres 52 mit Metellus Scipio Nasica, der kurz zuvor sein Schwiegervater geworden war. Eines der von Pompeius als Konsul eingebrachten Gesetze sollte Cicero schon sehr bald tangieren. Ihm zufolge war es nicht erlaubt, die Statthalterschaft einer Provinz des Imperium zu übernehmen, bevor nicht fünf Jahre seit der Bekleidung einer regulären Magistratur vergangen waren. Vermutlich hatte das Gesetz verhindern sollen, dass die Kandidaten während des Wahlkampfs enorme Summen verschleuderten; galt es doch als ausgemacht, dass sich diese Ausgaben durch die häufig betrügerische Ausbeutung der Provinzen begleichen ließen. Ein Zeitraum von fünf Jahren würde viele davon abhalten, Schulden in einer Größenordnung zu machen, dass sie die wirtschaftliche Stabilität einiger Familien der römischen Aristokratie in Gefahr brachten. Das Gesetz richtete sich folglich gegen die Korruption bei den Wahlen und gegen Veruntreuungen und Betrügereien in der Verwaltung der Provinzen.

Ein Nebeneffekt war nun, dass einige Jahre lang keine hinreichende Anzahl von ehemaligen höheren Magistraten zur Verfügung stand, die man in die Provinzen schicken konnte. Deshalb wandte man sich an diejenigen, die es einst abgelehnt hatten, das Amt des Statthalters anzutreten. Einer von ihnen war Cicero, den man zwölf Jahre nach seinem Konsulat, im Alter von 55 Jahren und ungeachtet seiner Klagen als Statthalter nach Kilikien schickte. Das verpflichtete ihn zum allerersten Mal, als Feldherr für ein Heer Verantwortung zu tragen und – das war für ihn weitaus schwieriger hinzunehmen – mehr als eineinhalb Jahre Rom fernzubleiben.

12

DIE POLITISCHEN GEDANKEN EINES
KONSERVATIVEN REPUBLIKANERS

Im Rom der späten Republik gab es keine politischen Parteien im heutigen Sinn: als etablierte Körperschaften mit einem Vorsitzenden, aktiven Mitgliedern und einem Parteiprogramm. In einer Gesellschaft wie der römischen, in der jeder Politiker ehrgeizig nach der höchstmöglichen *dignitas* und *auctoritas* strebte, war Politik ein auf Wettbewerb ausgerichteter Individualismus. Dass sich je nach Problemlage wechselnde Bündnisse bildeten, war dadurch nicht ausgeschlossen: Der »erste Triumvirat« von Crassus, Caesar und Pompeius ist das beste Beispiel dafür. Die politischen Konstellationen in Rom hingen also von der jeweiligen Debatte ab.

Bei Bündnissen spielten Freundschaft und Verwandtschaft eine Rolle, persönliche Beziehungen, die das Verhalten vieler Politiker in Rom erklärten – so je nach Situation auch bei Cicero. Das war es aber nicht allein, was die politischen Konfrontationen ausmachte, sie waren interessengeleitet: Selbst wenn einzelne Akteure darin prägend waren, gab es durchaus ideologische Strömungen, die miteinander im Konflikt lagen. Sie spiegelten sich in den allgemeinen politischen Leitlinien wie in den Reformvorschlägen und ihren Gegeninitiativen. Hinter diesen Strömungen sollte man aber nicht regelrechte Programme vermuten, die aus theoretischen Manifesten hervorgegangen wären; vielmehr ging es in der römischen Politik um die Durchsetzung konkreter Antworten auf reale Probleme. Diese Antworten wandelte man ab, wenn die Probleme andere wurden, oder aber man hielt an ihnen fest, weil sich keine Lösung ergab, wie zum Beispiel im 1. Jahrhundert in der Agrarfrage oder der Integration der Italiker in den römischen Staat.

Und es ist Cicero, dem wir die terminologische Unterscheidung zwischen »den Männern des Guten« *(boni)* – kurz »den Guten« oder, wenn man denn möchte, »den Besten« *(optimates)* –, unter die er sich selbst zählte, und den Populären verdanken. Mit diesem pejorativen Begriff wollte er Politiker bezeichnet wissen, die er für dem Volk nahe stehende Demagogen hielt; wer für ihn ein Feind der etablierten Ordnung war, mithin »Revolutionär«, da aus seiner konservativen Perspektive ein »Neuerer«, wurde einbezogen. Bei der Verteidigung des Sestius im Jahr 56 definierte er ausführlich den Unterschied zwischen Optimaten und Populären. Der Text kann als Prolog für zwei später verfasste große theoretische Werke, »Über den Staat« und »Über die Gesetze«, gelten:

> Seit jeher hat es in unserer Bürgerschaft zwei Arten von Leuten gegeben, die danach strebten, in der Politik aufzugehen und sich darin hervorzutun; hiervon wollten ihren Zielsetzungen entsprechend die einen für Volksfreunde, die anderen für die Besten gelten. Diejenigen, die in Worten und Taten der Menge zu willfahren suchten, wurden als Volksfreunde angesehen, die hingegen, die sich so einrichteten, dass ihren Absichten die Billigung aller Guten zuteil wurde, als die Besten. (Für Publius Sestius 96)

Für Cicero war es keine Frage, dass die Optimaten in Rom zu herrschen hatten, sie waren aufgrund ihrer Bildung und Kultiviertheit am besten dafür geeignet. Zudem waren es die »Männer des Guten«, die am ehesten im Sinn des Gemeinwohls handelten und sich nicht – wie die Populären – von persönlichen Ambitionen leiten ließen. Das Motto des Handelns der Optimaten ließ sich in den Worten *otium cum dignitate* zusammenfassen, was wörtlich bedeutete: »Muße mit Würde«. Es stand für die angemessene Verbindung eines Privatlebens, das im Studium von Philosophie und Literatur der persönlichen Vervollkommnung gewidmet war, mit einem öffentlichen Leben, das durch die Übernahme von Ämtern im Dienst der Gemeinschaft stand. »Muße«, wie Cicero von ihr spricht, ist im politischen Vokabular Roms als die Ruhe zu verstehen, die die Aufrechterhaltung der etablierten Ordnung allen Bürgern bieten sollte, während *dignitas* ausschließlich die »Guten« betraf. Dabei handelte es sich um eine grundlegende Vorstellung der römischen Aristokratie – nach Caesars Aussage war es eine Frage der »Würde« gewesen, die ihn verpflichtet hatte, den Rubikon zu überschreiten und damit den Bürgerkrieg auszulösen. »Würde« meinte also das politische Ansehen und den Einfluss innerhalb der Gesellschaft, der aus der Bekleidung der Magistraturen folgte, das heißt den Ehrungen im aristokratischen republikanischen Staat.

Was ist nun das Ziel dieser Lenker unseres Staates, das sie fest ins Auge fassen und auf das sie ihre Fahrt richten müssen? Was allen Vernünftigen, Rechtschaffenen und Wohlhabenden höchster Wert und Wunsch ist: der mit Würde gewahrte Frieden *[cum dignitate otium]*. Die dieses Ziel gutheißen, gehören allesamt zu den Besten; die es durchsetzen, gelten als die Häupter und Erhalter des Staates *[summi viri et conservatores civitatis]*. Denn in der Politik darf man sich weder so stark von der Würde bestimmen lassen, dass man sich nicht um den Frieden kümmert *[otium]*, noch sich an einen Frieden klammern, der der Würde widerstreitet. (Für Publius Sestius 98)

Wer die Ideologie der Optimaten teilte, hatte sich laut Cicero in der Tagespolitik für die Wahrung der Institutionen (Magistraturen und Gerichte, aber vor allem der Senat als Zentrum der Regierung von Rom) und des Militärs (Bürgerheer) einzusetzen, aber auch für den Erhalt der Weltanschauung und der Moral (Religion und Tradition, wie sie sich im Konzept des *mos maiorum* fanden), die zu einer Überlegenheit der Römer über die anderen Völker geführt hatten:

Die Grundlagen und Elemente, auf denen der in Würde aufrechterhaltene Friede beruht und deren Schutz und Verteidigung den führenden Männern selbst unter Einsatz des Lebens obliegt, sind folgende: die Kulte und Auspizien, die Befugnisse der Beamten und die Geltung des Senats *[senatus auctoritas]*, die Gesetze und das Herkommen *[mos maiorum]*, die Straf- und die Zivilgerichtsbarkeit, die Treuepflicht, die Provinzen und die Bundesgenossen, der Ruhm unserer Herrschaft *[imperii laus]*, das Heer und die Finanzen. (Für Publius Sestius 98)

Die Optimaten – Cicero verwendete diesen Begriff wie den der *boni* in Reden vor dem Volk kaum – verteidigten schließlich die gute Sache, dienten dem Vaterland, waren die Wächter der althergebrachten römischen »Verfassung« und der ethischen Werte, die Rom hatten groß werden lassen, »Führer und Garanten unserer Würde und unseres Imperiums« gegenüber seinen Feinden, die auch die des Staates waren, »verwegene und frevelhafte Männer«, »lasterhafte, tollkühne, unüberlegte und bösartige Individuen«, die mit ihrer Demagogie das unwissende Volk gegen »die tatkräftigen, distinguierten und wohlmeinenden Männer der Republik« aufstachelten.

Den Senat haben die Vorfahren zum Wächter, Schützer und Verteidiger des Staates bestimmt [...] Wer dies nach Maßgabe seiner Kräfte verteidigt, gehört zu den Besten, welchen Standes er sein mag [...]. (Für Publius Sestius 137–138)

Daran orientierte Cicero sich im politischen Leben. Er sah sich als einen »der Besten«, wenn nicht – mit seinen Werken wie durch seine politische Vita – den Ersten unter den Optimaten. Er kann als konservativer Republikaner gelten, der auf jeden Fall das traditionelle aristokratische politische System Roms bewahren wollte, wo die Regierung und die tatsächliche Entscheidungsgewalt bei einer qualifizierten Minderheit lagen, wie sie die Senatoren repräsentierten. Dem unkultivierten Volk kam dagegen eine passive Rolle zu, es hatte den vom Senat vertretenen Vorhaben vertrauensvoll zu gehorchen, denn nur dann herrschten in einer Gesellschaft Stabilität und Einheit und wurde der Staat stark, wenn jeder den Ort akzeptierte, der ihm zukam: »Es liegt nämlich kein Grund zum Umschlag vor, wo ein jeder in seinem Stand fest aufgestellt ist und nichts lauert, wohin er stürzen und fallen könnte« (Über den Staat 1,69).

Nach dem ruhmreichen Konsulat glaubte ein frohlockender Cicero sich in das Herz der römischen Politik verwandelt und erreicht zu haben, was er als *concordia ordinum* bezeichnete – Einvernehmen in Denken und Handeln zwischen Senatoren und Rittern, zwischen der alten und der neuen Aristokratie, in die er die städtische Elite Italiens einbezog:

Was soll ich hier die römischen Ritter eigens erwähnen? Sie überlassen euch [den Senatoren] die Ordnungs- und Entscheidungsgewalt, doch wetteifern sie mit euch an Vaterlandsliebe. Sie sind nach langjähriger Zwietracht mit unserem Stande zu gemeinsamem und übereinstimmendem Handeln zurückgekehrt; der heutige Tag und dieses Ereignis verbindet sie mit euch; wenn wir dieses Bündnis, das mein Konsulat gefestigt hat, in unserer Politik ständig aufrechterhalten, dann versichere ich euch: In Zukunft wird kein die Bürger trennendes, inneres Übel mehr irgendeinen Teil unseres Staatswesens antasten. (Reden gegen Catilina 4,15)

Diese *concordia ordinum* hatte im Jahr 63 tatsächlich funktioniert: bei der Verteidigung der besitzenden Klassen gegen die Gefahr, die von Catilina für die sozioökonomische Stabilität und schließlich für ihre Vorrangstellung ausging. Cicero glaubte damals, dass diese Handlungseinigkeit von Dauer sein könnte und dass er als *homo novus* aus dem Ritterstand, neuer Konsular und Mitglied der *nobilitas* diese Politik der Einheit gegenüber einem gemeinsamen Feind vertrat.

KAPITEL 12

Er irrte sich, als er davon ausging, dieses gemeinsame Vorgehen könne modellhaft werden. Aber die Umstände des Jahres 63 waren außergewöhnlich. Anschließend sorgten die unterschiedlichen Interessen der Beteiligten dafür, dass Dissens innerhalb der römisch-italischen Elite sich erneut Bahn brach: in der politischen Debatte um Pompeius' Position nach seiner Rückkehr und seine Beziehung zum wieder erstarkten Senat. Es waren letztlich diese Debatten, die zum großen Bündnis zwischen Caesar, Pompeius und Crassus im Jahr 59 führten, das das totale Scheitern des von Cicero vorgeschlagenen Programms einer *concordia ordinum* bedeutete, denn es verschaffte den großen Generälen des Augenblicks eine Position jenseits aller Kontrolle und Rechenschaftspflicht. Cicero selbst gehörte zu den Geschädigten und musste sich, von den Seinen, den Optimaten, im Stich gelassen, in das für ihn so deprimierende Exil begeben.

In der großen Enttäuschung ließ er zwar seine Richtschnur einer *concordia ordinum* fallen, nicht aber die Idee der Notwendigkeit eines Konsenses im Schoß der herrschenden Gruppierungen – mit dem Ziel, seine eigene Macht zu retten. Nach der Rückkehr aus dem Exil bestimmte er in der Rede zur Verteidigung des Sestius die Optimaten in einer breiter gefassten sozialen Perspektive, welche den durch den Senatoren- und Ritterstand vorgegebenen Rahmen überwand:

> Wer ist das: alle Guten? Der Zahl nach, wenn du das wissen willst, unendlich viele (sonst würden wir uns ja nicht behaupten können): Da sind die ersten Männer in der Staatsführung und deren Anhänger, da sind die Angehörigen der höchsten Stände, die Zugang zum Senat haben, da sind Römer aus den italischen Städten und vom Lande, da sind Geschäftsleute und auch Freigelassene – sie alle gehören zu den Besten. […] Diejenigen nun, die mit ihrer Art der Staatsführung dem Willen, dem Vorteil der Überzeugung dieser Kreise dienen, sind die Vorkämpfer der Besten und gehören selbst zuallererst zu den Besten; sie gelten als die bedeutendsten und angesehensten Bürger und die ersten Männer *[principes]* der Bürgerschaft. (Für Publius Sestius 97)

Vor allem eine bestimmte Moral und eine besondere Ideenwelt bestimmten die Zugehörigkeit zur Gruppe der Optimaten, deren Anzahl sich insofern unendlich multiplizieren und auf Individuen unterschiedlicher sozialer Herkunft ausdehnen konnte, sogar auf Freigelassene. Cicero befürwortete nun – nach der *concordia ordinum* auf der Grundlage der rechtlichen Zugehörigkeit zu einem der herrschenden Stände – den »Konsens aller Männer des Guten« *(consensus omnium bonorum)*. Es handelte sich praktisch um einen Aufruf zum gemeinsamen

Handeln an alle, die sein konservatives republikanisches Programm unterstützten. Aber das eine wie das andere stand letztlich für eine große Koalition von Eigentümern und die eiserne Kontrolle der politischen Macht zur Wahrung ihrer privaten Interessen gegenüber den sozialen Forderungen der unteren Klassen. In der Krise der Republik – ihrer war Cicero sich bewusst – hatten solche Vorschläge durchaus ihre Logik: Es ging darum, eine Minderheit zusammenzuschließen, die sich unrechtmäßig im Besitz der Macht befand, um das Überleben eines politischen Systems zu sichern, das ihre Herrschaft wie die sozialen und wirtschaftlichen Ungleichheiten schützte, auf denen sie fußte.

Der Widerstand Ciceros und aller anderen, die wie er dachten, gegen alle Reformen, die entscheidende Probleme der römischen Gesellschaft hätten lösen oder zumindest entschärfen können, schloss die Plebs von diesem sozialen Konsens aus, deren Forderungen kaum beachtet wurden, aber auch große Teile der Elite der italischen Aristokratie und der Händler, die eher in die Popularen als in die Optimaten ihre Hoffnungen auf politische und soziale Verbesserung setzten: auf wirtschaftlichen Aufstieg im Gleichklang und unter dem Schutz des römischen Imperialismus.

Entgegen Ciceros Behauptungen war es nicht das Ziel der Popularen, Gesellschaft und Staat radikal zu verändern, handelte es sich doch um Männer aus der herrschenden Elite und in einigen Fällen um Mitglieder namhafter Familien. Sie wollten weder die Sklaverei abschaffen noch eine Demokratie einrichten oder die Macht der Plebs anvertrauen. Sie befürworteten konkrete Reformen, um politische und gesellschaftliche Missstände zu beheben: Agrarreformen; die Verteilung von Getreide zu einem niedrigen Preis oder kostenlos; Maßnahmen gegen den ausufernden Kreditwucher und zum Schuldenerlass; die häufigere Einberufung von Volksversammlungen; die Verteidigung der politischen und zivilen Rechte der Bürger wie die Möglichkeit, Berufung einzulegen oder das *senatus consultum ultimum* zurückzuweisen et cetera. Zu ihren Zielen gehörten eine stärkere Beteiligung der neuen aufstrebenden sozialen Gruppierungen, eine bessere Integration der unteren Schichten in die Gemeinschaft und eine Verbesserung der Lebensbedingungen der römisch-italischen Bauern wie der stadtrömischen Plebs. Also handelten die Popularen nicht gegen, sondern innerhalb des Systems; sie waren keine Revolutionäre, sondern Reformer, die angesichts eines krisengeschüttelten politischen Regimes versuchten, Alternativen zu bieten. Die Krise war größtenteils der zunehmenden Inadäquatheit der alten Verwaltungsstrukturen eines Stadtstaates mit begrenztem Territorium, wie Rom es ursprünglich gewesen war, für die Verwaltung eines »Weltreichs« geschuldet, das nun den gesamten Mittelmeerraum von Hispanien bis Syrien und von Gallien bis Afrika umfasste.

Für eine Mentalität wie die Ciceros war es jedoch beinahe unmöglich, die Notwendigkeit von Reformen zu akzeptieren oder sie auch nur in Betracht zu ziehen – sein politisches Denken kennzeichnete eine manichäisch zu nennende Dogmatik. Cicero war zwar in den Wechselfällen seines Lebens oft zögerlich oder unsicher, nicht aber in seinen wesentlichen politischen Vorstellungen. Ihm stand das ideale Modell eines Staates und einer Gesellschaft stets klar vor Augen, er verteidigte es sein Leben lang mit Entschiedenheit und Konsequenz und griff jeden an, der es auch nur teilweise in Frage stellte oder von dem er glaubte, er stelle es in Frage. Damit verfiel er einer Schwarzweißmalerei – er unterschied ohne Abstufungen zwischen »Guten« und »Schlechten«, wie seine Terminologie anzeigt: In ihr galten diejenigen, die wie er dachten, als *boni* und diejenigen, welche nicht, als *mali* oder *improbi*. Konservatismus und Dogmatismus machten es ihm sehr schwer, gegenüber anderen Alternativen als seinen eigenen aufgeschlossen zu sein.

Dieses charakteristische politische Denken ging eng mit seiner persönlichen Identifizierung mit der Republik einher. Besonders nach dem Exil band er sein Schicksal an das der Republik: »Gemeinsam mit mir war die Republik zusammengebrochen« (Danksagung an den Senat 17); »zugleich mit der Republik war ich abwesend« (Über sein eigenes Haus 87). Er deutete an, dass Rom ohne ihn nicht existiere: »Mit mir waren die Gesetze dahin, mit mir die Gerichte, mit mir der Einfluss des Staates, die Freiheit« (Danksagung an den Senat 34). Er sagte, dass mit ihm der Staat zurückgekehrt sei: »[…] nachdem der Staat verbannt war, für mich in dieser Stadt keines Bleibens mehr sei; andererseits zweifelte ich nicht, dass der Staat, wenn er wiederhergestellt werde, zugleich auch mich zurückbringe« (Danksagung an das Volk 14). Und er sah in seinen Feinden die Feinde des Staates: »Er [Clodius] hat mich ja nicht aus Hass gegen mich bedrängt, sondern aus Hass gegen die Staatsordnung« (Über das Gutachten der Opferschauer 5); »[…] dass uns in den letzten 20 Jahren kein Feind unseres Staates vorgekommen ist, der nicht zugleich auch mir den Krieg erklärt hätte« (Philippische Rede 2,1). Seine existenzielle Bindung an die Republik war besonders Mitte der 50er-Jahre so intensiv, dass man wahrlich von einer Art »L'État c'est moi«-Syndrom sprechen kann.

In dieser Identifikation hielt er sich für den einzigen echten Patrioten, auf jeden Fall den Besten von allen, und ließ seine Gegner automatisch zu »Vaterlandsverrätern« werden:

Wenn du aber alles im Geiste und Denken durchgehst, ist keine von allen Gemeinschaften gewichtiger, keine teurer als die, die einen jeden von uns mit dem Gemeinwesen verbindet. Teuer sind die Eltern, teuer die Kinder, die Verwandten, die Freunde, aber alle Liebe zu allen umfasst das eine Vaterland. Welcher Gute würde wohl zaudern, den Tod für es zu suchen, wenn es ihm nützen könnte? Umso verabscheuungswürdiger ist die Ungeheuerlichkeit dieser Leute, die das Vaterland durch jede Art von Verbrechen zerfleischt haben und mit seiner gründlichen Zerstörung beschäftigt sind oder waren. (Vom rechten Handeln 1,57)

Für den Mann aus Arpinum war wie für viele andere Römer seiner Zeit eine andere Regierungsform als die der traditionellen Republik nicht vorstellbar: Die Alternative war das Chaos. Dieses System hatte jahrhundertelang funktioniert und seine Effizienz dadurch unter Beweis gestellt, dass aus ihm ein mächtiges Reich erwachsen war. Der ideale Staat war ohne Zweifel das republikanische Rom, das die Vorfahren geschaffen und auf der Grundlage der Tradition verbessert hatten, die sich im Konzept des *mos maiorum*, »der Sitten und Gebräuche der Vorfahren«, zusammenfassen lässt: »Keines von allen Staatswesen ist nach Verfassung, Ordnung, Zucht zu vergleichen mit dem, was uns unsere Väter, schon damals von den Vorfahren überkommen, hinterlassen haben« (Über den Staat 1,70).

Die Idee, dass der römische Staat das Ergebnis einer Entwicklung und nicht einer augenblicklichen Schöpfung ist, wie es das Sparta des Lykurg oder das Athen Solons waren, erklärt den langen Exkurs, den Cicero in »Über den Staat« der Geschichte Roms von der Stadtgründung bis zur »Zehnmännerherrschaft« im Jahr 450 widmet. Es handelt sich um den einzigen, wenn auch wenig originellen Einschub in dieser Größenordnung, den er auf dem Gebiet der Geschichtsschreibung verfasst. Eigentlich geht es auch nicht um eine Geschichte Roms in der Frühzeit, sondern um eine historische Erklärung der Ursprünge und Entwicklung der politischen Institutionen Roms, seiner Kultur und seiner Gesellschaft anhand einschneidender Ereignisse.

Die Kraft der römischen Republik lag in ihrer Kontinuität und Stabilität: Nachdem das Modell einmal den Grad der Perfektion erreicht hatte, waren Veränderungen undenkbar: »So bin ich [...] doch um unsere Nachkommen und jene Unsterblichkeit des Gemeinwesens in Unruhe, das ewig sein könnte, wenn man nach den ererbten Einrichtungen und Sitten leben würde« (Über den Staat 3,41). Wenn im Vergleich mit jenem Rom einiger Generationen zuvor, für Cicero das »goldene Zeitalter« mit Persönlichkeiten wie Scipio Aemilianus, eine Art von Krise wahrnehmbar war, so war diese nicht auf die Institutionen – und schon gar nicht auf den Senat – zurückzuführen, sondern auf einige Männer, die Magistraturen innehatten, ruchlose Bürger, die die Volksversammlungen beherrschten oder einen Teil der Senatoren. Die Unsterblichkeit der Staaten hing von der Moral ihrer Bürger und von deren Fähigkeit ab, ihre persönlichen Interessen den allgemeinen unterzuordnen. So war die Krise also eine ethische Frage, und die Probleme nicht strukturell, sondern personell bedingt; ihre Lösung bestand in der »Ausschaltung« der Aufrührer, der moralischen »Wiederbewaffnung« und ideologischen Neuorientierung der herrschenden Klassen.

Cicero neigte wie die Optimaten dazu, die eigenen Standesinteressen mit denen des Staates gleichzusetzen, die *res publica romana* zu seinem Besitz zu erklären. Allein die »Männer des Guten« waren moralisch in der Lage, die Republik zu verteidigen. Gleichzeitig musste jede Handlung, die sich gegen die etablierte Ordnung richtete, illegitim sein und ließ ihre Urheber zu revolutionären Aufrührern werden, die allein aus Ehrgeiz und persönlichen Interessen handelten. Diese Prämisse rechtfertigte ihrerseits den Kampf mit allen Mitteln – selbst der Gewalt – gegen sie, um den Staat zu retten, und erklärt die von ihm häufig eingesetzte Taktik, seine politischen Gegner zu Verbrechern zu erklären, und zwar eher im persönlichen und ethischen Bereich als auf jenem der Ideen. Die Unfähigkeit, politischen und sozialen Wandel zuzulassen, führte zur Verschleppung bestimmter Probleme und zu Konfrontationen im Innern der Gesellschaft. Auf diese Weise wurde das Bestreben, das republikanische System um jeden Preis zu erhalten, zu einem der entscheidenden Auslöser seiner Desintegration.

Die grundlegenden politischen Ideen Ciceros finden sich in zwei großen Texten vom Ende der 50er-Jahre: »Über den Staat« *(De re publica)* und »Über die Gesetze« *(De legibus)*. Er nahm diese Aufgabe sogleich in Angriff, als er »Über den Redner« beendet hatte. Erste Hinweise auf das Projekt »Über den Staat«, das er anfangs in Anlehnung an das Werk des Aristoteles »Politik« hatte nennen wollen, finden sich in zwei Briefen vom Mai 54 – an den Bruder und an Atticus. Monate später äußert er Quintus gegenüber seine Zweifel am Aufbau der Abhandlung, die vom »besten Staat und vom besten Bürger« handeln sollte. Der Brief gewährt Einblick, wie er seine Werke konzipierte. Fest stand, dass es sich um einen Dialog handeln sollte:

Du fragst, wie weit ich mit der Schrift bin, die ich während meines Aufenthaltes auf dem Cumanum begonnen habe. Nun, nach wie vor bin ich an der Arbeit, habe aber schon mehrfach den ganzen Plan geändert. Zwei Bücher waren bereits fertig, in denen ich ein Gespräch [...] beginnen ließ zwischen Africanus kurz vor seinem Tode und Laelius, Philus [...]. Das Gespräch sollte sich auf neun Tage und ebenso viele Bücher verteilen und von der besten Verfassung und dem besten Bürger *(optimus status civitatis, optimus civis)* handeln. [...] diese Bücher ließ ich mir also auf dem Tusculanum vorlesen, und Sallust [Gnaeus Sallustius] hörte zu. Er war es dann, der mich darauf hinwies, wie diese Dinge bedeutend eindrucksvoller vorgetragen werden könnten. Wenn ich selbst über den Staat das Wort nähme, zumal ich doch kein Heraclides Ponticus sei, sondern ein Konsular, dazu ein Mann, der sich bei hochwertigen politischen Ereignissen betätigt habe; was ich so alten Leuten in den Mund legte, würde man gleich als erfunden erkennen [...]; schließlich führe doch auch Aristoteles in seinen Schriften über den Staat und den hervorragenden Bürger selbst das Wort. Das leuchtete mir ein, umso mehr, als ich anders die gewaltigen Erschütterungen unsres Gemeinwesens nicht berühren konnte, weil sie später fallen als die Zeit der Sprecher. [...] ich selbst werde das Wort an dich richten. (Briefe an den Bruder Quintus 3,5,1–2)

Cicero fand schließlich eine passende Lösung: Er schrieb nacheinander zwei sich ergänzende Abhandlungen, deren Titel an sein Vorbild Platon erinnern. Zum einen präsentierte er »Über den Staat«, einen Dialog aus dem Jahr 129 v. Chr. zwischen Scipio Aemilianus und ihm nahe stehenden Personen, unter denen sich sein großer Freund Laelius befand. In diesem Traktat über politische Erziehung, der zwar in großen Teilen, aber nur fragmentarisch erhalten ist, porträtierte er den guten, der Gesellschaft nützlichen Bürger, der den anderen im Schoß des besten Staates, des republikanischen Rom, als Beispiel diente. Er schloss ihn vor der Abreise nach Kilikien 51 ab. »Über die Gesetze« bot dagegen einen Dialog zwischen Marcus und Quintus. Auf weniger theoretische Art als in »Über den Staat« wurden hier drängende Fragen thematisiert. Der Zeitpunkt der Abfassung ist intensiv diskutiert worden: Der Dialog dürfte zumindest teilweise gegen Ende der 50er-Jahre, unmittelbar nach »Über den Staat«, entstanden sein, aber wahrscheinlich sind einige Teile später ergänzt worden. Da Cicero ihn nicht fertig stellte, ist er wahrscheinlich zu seinen Lebzeiten nicht mehr veröffentlicht worden.

Cicero fasste also in beiden Abhandlungen seine Gedanken zusammen, die einerseits auf griechischen Vorbildern, andererseits der römischen republikanischen Tradition und schließlich auf seiner eigenen Erfahrung fußten. Dass sich bei dem großen Kenner der hellenischen Kultur Anklänge an bedeutende griechische Denker finden, ist offensichtlich; doch um seinen Beitrag richtig einschätzen zu können, muss man sich vergegenwärtigen, dass Cicero nicht aus der Perspektive eines Philosophen, sondern eines aktiven Politikers reflektierte, mithin von seinen persönlichen Erfahrungen ausging und die aktuellen Umstände einbezog.

Die politische Organisation des Staates, für die er sich aussprach, war eine Kombination der drei in der Geschichte der Menschheit seit jeher existierenden Modelle: der Monarchie, des aristokratischen Regimes und der Demokratie. In der erwünschten »gemischten Verfassung« in richtiger Form miteinander verbunden, ermöglichten sie die notwendige Stabilität, so dass keine von ihnen entartete, also zur Tyrannis, Oligarchie oder Anarchie verkam:

> [...] über die königliche aber selber wird die hervorragen, die ausgeglichen und maßvoll gemischt ist aus den drei ersten Formen des Gemeinwesens. Es scheint nämlich richtig, dass es im Gemeinwesen etwas an der Spitze Stehendes und Königliches gibt, dass anderes dem Einfluss der fürstlichen Männer zugeteilt und zugewiesen ist und dass bestimmte Dinge dem Urteil und dem Willen der Menge vorbehalten sind. Diese Verfassung hat erstens eine gewisse Gleichheit aufzuweisen [...], dann Festigkeit, weil jene ersten leicht in die entgegengesetzten Fehler umschlagen, derart, dass aus dem König ein Herr, aus den Optimaten die Clique, aus dem Volke der wirre Haufen der Masse entsteht [...]. (Über den Staat 1,69)

Als er sich den konkreten Aspekten zuwendet, zeigt sich der Autor einem aristokratischen System zugeneigt, in dem die Besten regieren, und spricht sich offen gegen eine Demokratie aus, denn »wenn die Guten mehr Macht haben als die Masse, müssen die Bürger gewogen werden, nicht gezählt« (Über den Staat 6,1). Einfluss sollte von der *dignitas* abhängen, so dass demjenigen mehr Macht zustand, der ihrer eher würdig war, das heißt über Reichtum und Kultur verfügte. Damit war eine Gleichheit der politischen Rechte für sich genommen ungerecht, selbst wenn das Volk entgegen seiner Ignoranz in der Lage gewesen wäre, maßvoll zu handeln.

Aufschlussreich ist hier Ciceros Beschreibung, wie sich die nach Zenturien geordneten Comitien bildeten *(comitia centuriata)*, die bedeutendste aller Versammlungen; laut Überlieferung war sie dem vorletzten König, Servius Tullius, zuzuschreiben, wahrscheinlich aber wurde sie später, bereits zur Zeit der Republik, eingerichtet. Die Zusammensetzung der Versammlung erfolgte nach dem Reichtum, über den jeder römische Bürger verfügte: Es wurden unterschiedliche Zensusklassen eingerichtet, von denen jede eine unterschiedliche Anzahl von Zenturien – vom Typus Hoplit – zum Bürgerheer beitrug; diese bildeten gleichzeitig die Einheiten für die Abstimmung in den Comitien. Es sei weise von dem Reformer gewesen, die Mehrheit der Stimmen bei den Besitzenden zu belassen. Der Plebs gab man Gelegenheit, sich in der Ausübung des Stimmrechts so zu fühlen, als ob sie an Entscheidungen beteiligt sei:

> [...] 18 [Zenturien] mit dem größten Vermögen. Darauf, als er die große Zahl der Ritter von der Gesamtsumme des Volkes [der Plebs] getrennt hatte, teilte er das übrige Volk in fünf Klassen ein, trennte die Älteren von den Jüngeren und verteilte sie so, dass die Abstimmungen nicht in der Macht der Masse, sondern der Besitzenden wären *[locupletes]*, und sorgte so dafür, was in jedem Gemeinwesen festzuhalten ist, dass die meisten nicht am meisten Macht hätten. [...] und die übrige viel größere Menge [...] würde nicht von der Abstimmung ausgeschlossen, damit es nicht überheblich wäre, und sie würden nicht allzu viel vermögen, damit es nicht gefährlich wäre. (Über den Staat 2,39–40)

Bevormundend war auch der Modus der Stimmabgabe. Bis zur zweiten Hälfte des 2. Jahrhunderts v. Chr. gaben die Bürger ihre Stimme in den Comitien mündlich ab. Dann jedoch wurde mit dem Ziel einer größeren Unabhängigkeit bei den Abstimmungen die schriftliche und geheime Stimmabgabe mittels Täfelchen, die man in dafür aufgestellte Urnen warf, eingeführt. Im Dialog spricht Quintus sich für die Abschaffung der geheimen Stimmabgabe aus, weil sie »die Autorität der Aristokraten anzweifle«. Marcus erklärt sich in dieser Frage mit seinem Bruder im Prinzip einig, er teilt die Auffassung, dass »nichts besser als das mit lebendiger Stimme abgegebene Votum« sei, gibt aber gleichzeitig zu bedenken, dass es von geringem Realitätssinn zeuge, den Gebrauch der Tafeln wieder rückgängig machen zu wollen. Deshalb sollte man einen gangbaren Kompromiss als Lösung anstreben: Die geheime Stimmabgabe sei nicht abzulehnen, aber zu ändern. Für eine gute Ordnung war es angebracht, das Votum den würdigsten Bürgern zu zeigen, bevor man es abgab – idealiter freiwillig. Damit ordnete sich das Volk, dessen Freiheit man ja durchaus respektierte, der *auctoritas* der Aristokratie unter; gleichzeitig wurden so die vertikalen Hierarchien in der römischen Gesellschaft gestärkt, die sich in Patronage- und Klientelbeziehungen äußerten:

Wenn dies Maßnahmen gegen Wählerbestechung sind [...] habe ich nichts dagegen; [...] soll das Volk auf jeden Fall sein Stimmtäfelchen sozusagen als Beschützerin seiner Freiheit haben, allerdings soll es gerade den besten und einflussreichsten Bürgern gezeigt und freiwillig offenbart werden, so dass eben darin die Freiheit zum Ausdruck kommt, dass das Volk die Möglichkeit erhält, den Rechtschaffenen auf ehrenvolle Weise einen Gefallen zu tun. [...] Wenn diese Möglichkeit [seine Stimme abzugeben] grundsätzlich gegeben ist, dann richtet sich sein Wille ansonsten nach der Glaubwürdigkeit oder der Beliebtheit der führenden Persönlichkeiten. [...] Aufgrund dessen wird durch unser Gesetz der Grundsatz der Freiheit nicht aufgegeben, die Glaubwürdigkeit der Optimaten bleibt erhalten und jeder Anlass zum Streit wird beseitigt. (Über die Gesetze 3,39)

Cicero stellte zynisch fest, dass es ausreiche, dem Volk durch die Existenz gewisser Verfahren den Eindruck zu vermitteln, aktiv an der Politik der Gemeinschaft teilzunehmen. Entscheidend war, dass diese nicht zu einem Machtmittel wurden. Genau dieser Machiavellismus *avant la lettre* klingt auch in seinem Urteil über den Volkstribunat an. Dieser war zu Beginn der Republik Anfang des 5. Jahrhunderts als eine revolutionäre Einrichtung der Plebejer gegenüber den allmächtigen Patriziern entstanden und nach dem Ende des Konflikts zwischen beiden Ständen in die Institutionen des patrizisch-plebejischen Staates eingegliedert worden. Dabei hatte es seinen Charakter der Volksnähe nicht verloren, wenn es auch umständehalber von einem Impulsgeber gesetzlicher Reformen zu einer Stufe der »Karriereleiter« *(cursus honorum)* eines römischen Politikers geworden war.

Im Dialog »Über die Gesetze« lässt Cicero Quintus ein hartes Urteil über den Volkstribunat fällen: Er nennt ihn den Quell der Tumulte und der Gewalt und begrüßt die Reform des Diktators Sulla, der dem Tribunat praktisch alle seine Vorrechte genommen hatte. An Pompeius, der diese während seines ersten Konsulats im Jahr 70 wieder einführte, übt er Kritik. Marcus stimmt ihm darin bei, fügt aber hinzu, dass man zwischen revolutionären und schädigenden Volkstribunen – wie im Fall der Gracchen oder des Clodius – und dem Volkstribunat als Institution unterscheiden müsse. Historisch gesehen hätten viele hochgeschätzte Persönlichkeiten dieses Amt innegehabt, und es war für den Staat auf jeden Fall von Nutzen, denn es ermöglichte, die Plebs zu mäßigen und ihr scheinbar eine Macht zuzugestehen, der in der Realität keine entsprach. Der Volkstribunat war also ein kluges Zugeständnis:

Sieh dir lieber die Weisheit unserer Vorfahren in jener Sache an: Nachdem die Senatoren dem Volk dieses Amt zugestanden hatten, wurden die Waffen niedergelegt, der Aufstand wurde erstickt, man fand eine maßvolle Lösung, durch die die Leute niederen Standes zu der Überzeugung kamen, dass sie den führenden Schichten gleichgestellt wurden, worin allein das Heil des Staates lag. [...] Allerdings ist der höchste Stand nicht mehr das Ziel von Neid und Missgunst, und das Volk führt keine gefährlichen Kämpfe mehr um sein Recht. (Über die Gesetze 3, 24–25)

Dem liegt die Idee zugrunde, dass die menschliche Gesellschaft sich auf das Recht stützt, durch das sie gelenkt wird, welches seinerseits auf Naturrecht gründet, das den Unterschied zwischen dem Gerechten und dem Ungerechten aufzeigt. Dieses Naturgesetz kann auf keine Weise durch den Volkswillen mittels Abstimmung ersetzt werden, es darf nicht durch die Meinung der Mehrheit verfälscht werden.

Es gibt nämlich nur ein einziges Recht, dem die menschliche Gemeinschaft verpflichtet ist und dem ein einziges Gesetz eine Grundlage gibt: Dieses Gesetz ist die richtige Vernunft im Bereich des Befehlens und Verbietens. [...] Folglich gibt es überhaupt keine Gerechtigkeit, wenn sie nicht von Natur aus vorhanden ist, und die Gerechtigkeit, die auf der Nützlichkeit beruht, wird durch eben jene Nützlichkeit zunichte gemacht [...] Würde sich aber das Recht nur auf die Weisungen der Völker, die Anordnungen der Verantwortlichen und die Entscheidungen der Richter stützen, dann wäre es Recht zu rauben, die Ehe zu brechen und Testamente zu fälschen, wenn dies nur durch Abstimmungen und Beschlüsse einer Mehrheit gebilligt würde. (Über die Gesetze 1,42–43)

Wo er sich offen gegen jedes demokratisches Verfahren aussprach, das mehr als ein bloßer Schein gewesen wäre, vertrat er in Bezug auf monarchische politische Systeme eine weitaus moderatere Ansicht. Er ließ zu keinem Zeitpunkt irgendeinen Zweifel aufkommen, dass der beste Staat für ihn ein System mit einer »gemischten Verfassung« sei, das heißt aus Elementen von Monarchie, Aristokratie und Demokratie – »wenn Letzteres auch das am wenigsten empfehlenswerte ist«. Aber er unterstützt diese Meinung mit Scipio Aemilianus, der in »Über den Staat« sein Sprachrohr ist: Dieser versichert, dass er, wenn er sich für eine der möglichen Staatsformen aussprechen müsse, »die königliche gutheißen würde«, denn bei dem König handle es sich um die beste und bedeutendste Persönlichkeit, »die wie für die eigenen Kinder für ihre Mitbürger sorgt« (1,54).

Cicero führt denn auch eine Reihe von Argumenten an, die einen König, wenn er denn über die richtigen Eigenschaften, Weisheit, Klugheit und Mäßigung verfügt, als idealen Herrscher erscheinen lassen, der unter Anwendung »absoluter und vollkommener Gerechtigkeit« unter den Bürgern Eintracht stifte. Er vermeidet jedoch den Begriff »König« *(rex)*, der seit der Abschaffung der Monarchie im Jahr 509 in Rom synonym für »Tyrann« verwendet wurde; *regnum* entsprach der »Tyrannis«. Stattdessen benutzt er Termini wie *rector*, *moderator* oder *gubernator rei publicae*, um sich auf die Merkmale zu beziehen, die den besten Herrscher auszeichnen:

> [...] ihm [dem hochmütigen Tyrannen Tarquinius, dem letzten König von Rom] sei entgegengestellt der andere, der gute und weise und sich auf den Nutzen und die Würde der Bürger verstehende, gleichsam ein Beschützer und Betreuer des Gemeinwesens; so soll nämlich jeder genannt werden, der ein Lenker und Steuermann der Gemeinde ist. Sorgt, dass ihr diesen Mann erkennt; der ist's nämlich, der durch Rat und tätige Bemühung die Bürgerschaft zu schützen vermag. (Über den Staat 2,51)

Dieser beste Herrscher sollte sich so verhalten, »dass er nie abläßt, sich selbst zu unterrichten und zu betrachten, dass er die anderen aufruft zur Nachahmung seiner selbst, dass er sich durch den Glanz seiner Seele und seines Lebens seinen Mitbürgern wie einen Spiegel hinhalte« (Über den Staat 2,69). Wenn diese Bedingungen erfüllt waren, war es dann nicht eigentlich angebracht, die Herrschaft einer einzelnen Person anzuvertrauen, die sich um das Wohlergehen aller kümmerte?

> Scipio: Wie dann? Stehen daheim mehrere deinen Geschäften vor?
> Laelius: Im Gegenteil: einer!
> Scipio: Wie? Das ganze Haus, regiert es etwa ein anderer neben dir?
> Laelius: Keineswegs.
> Scipio: Warum also gibst du nicht ebenso zu, dass im Gemeinwesen die Herrschaft Einzelner, wenn sie nur gerecht ist, am besten ist?
> Laelius: Ich werde dazu gebracht, dir fast beizustimmen.
> (Über den Staat 1,61)

Darin scheint ein Widerspruch zu liegen – einerseits die Befürwortung einer »Mischverfassung«, andererseits der Vorschlag einer Einpersonenherrschaft –, aber dem ist nicht so. Cicero dachte wirklich an kein anderes Staatsmodell als das der römischen Republik, für die er bis zu seinem Tod kämpfte, und schon gar nicht wollte er eine Wiedereinsetzung der Monarchie in Rom vorschlagen – dergleichen hätte zu seinen Überzeugungen in eklatantem Widerspruch gestanden. Aber man sollte daran denken, dass er »Über den Staat« nach der großen persönlichen Enttäuschung, die das Exil für ihn bedeutet hatte, und in einer Zeit außerordentlicher Unruhe in Rom schrieb: erschüttert durch die Gewalttätigkeit der Schlägertrupps; unter der Herrschaft der großen Generäle dieser Zeit und inmitten einer Herrschaftslosigkeit, die 52 in der Ermordung des Clodius kulminierte; in den Unruhen, die auf diese folgten, und in deren Unterdrückung durch Pompeius, den man zum einzigen Konsul gemacht hatte.

Daraus erklärt sich Ciceros Vorschlag, einen guten Herrscher zu suchen, einen »guten *princeps*«, einen Staatsmann mit Führungsqualitäten: *Princeps rei publicae* nennt Laelius Scipio Aemilianus im Dialog, aber der Terminus *princeps* bedeutet bei Cicero ein qualifiziertes Mitglied der Aristokratie, einen weisen und klugen *primus inter pares*, einen Kenner des Rechts und der Gesetze; vor allem jedoch eine Persönlichkeit, die respektvoll im Umgang mit diesen ist und sich stets den Normen und Institutionen der Vorfahren unterordnet; fähig, die Republik mit Gerechtigkeit zu schützen, ohne seine Mitbürger zu Untergegebenen zu degradieren. Deshalb wählte er, um den idealen Herrscher einer idealen Republik, der römischen, zu bezeichnen, Begriffe wie *rector*, *gubernator*, *moderator*, *tutor*, *custos*, *procurator* oder *conservator*, die weniger verfänglich als *rex* waren. Sie unterschieden sich in seiner Konzeption nicht bloß formal, sondern diametral von der Realität einer Monarchie: Cicero wollte weder einen König noch eine einzige, dauerhaft dem römischen Staat vorstehende Persönlichkeit, sondern eine Art zeitlich begrenzten republikanischen *princeps*, der – auf dem Boden der Verfassung stehend – die traditionelle republikanische Ordnung wieder aufrichten und erneuern sollte. *Princeps* war dann Jahre später der Titel, den Augustus wählte, um seine Stellung als Alleinherrscher im Imperium Romanum zu definieren; über die Frage, inwieweit er sich vom Gedankengut Ciceros inspirieren ließ oder in ihm eine Rechtfertigung suchte, lässt sich spekulieren. Aber es steht außer Zweifel, dass Cicero keinen theoretischen Vorschlag für einen möglichen Prinzipat, wie es der augusteische werden sollte, entwickelte.

Dachte Cicero an eine bestimmte Person in diesem besonderen Moment der Geschichte Roms, die dieses Programm zur Erneuerung des Staates würde umsetzen können? Vielleicht an Pompeius, für den er später während des Bürgerkriegs – wenn auch zähneknirschend – Partei ergreifen sollte? Der Konsular stand wohl eher über allem, als er die nötigen Eigenschaften des bestmöglichen Staatsmannes beschrieb. Wenn man sich allerdings seinen Lebensweg und seine egozentrische Mentalität vor Augen hält, so ist es unwahrscheinlich, dass er nicht an sich selbst gedacht hat, als er den besten Herrscher beschrieb. Schließlich machte er in »Über den Staat« eine ideale Person zum Staatslenker, mit der er sich selbst ein Denkmal setzte. Und man sollte auch nicht vergessen, dass er diese Abhandlung schrieb, als er »Über den Redner« beendet hatte, in dem die Leitgedanken von »Über den Staat« bereits dahingehend angekündigt wurden, dass er ins Zentrum des politischen Geschehens den perfekten Redner stellte, der den Lenker des Staates vorausnahm und vom idealen Herrscher indirekt forderte, dass er ein perfekter »Politiker-Redner« zu sein habe. Cicero stattete seinen *rector rei publicae* mit den Eigenschaften und Tugenden aus, die er selbst zu haben glaubte.

Zu der Überzeugung gekommen, dass er, der große Patriot und Retter des Vaterlandes, die Personifikation der Republik war und dass er anderen möglichen Optionen zu misstrauen hatte, konnte der ideale Bevollmächtigte, der Bestmögliche für das ewige Rom, nur er selbst sein, Cicero: So entstand die Idee des *rector-princeps* als eines vorherbestimmten Herrschers in seinem Sinn; sie war die logische Konsequenz seiner Analyse der gegenwärtigen politischen Situation. Ihm zufolge war es eben nicht das republikanische System, das versagt hatte, sondern die Individuen, die es verwalteten. Der einzige Ausweg, den er letztlich als der Forderung würdig erachtete, war der, den er selbst repräsentierte, der »Vater des Vaterlandes«. In dem – wenn auch der damaligen Situation geschuldeten – Vorschlag, eine allein regierende Person sei das beste oder einzige Mittel zur Rettung der Republik, war verinnerlicht, dass das Fortbestehen dieses politischen Systems schwierig werden musste. Und wirklich sollte es sich dann ja auch bei dem Prinzipat, den der *rector-princeps* Augustus im Vollbesitz der Macht etablierte, seiner Absichtserklärung zufolge zwar um die Wiederherstellung der *res publica*, tatsächlich jedoch um die Gründung einer Monarchie handeln.

13

DER PROKONSULAT IN KILIKIEN
(51–50 v. Chr.)

Mit großem Bedauern brach Cicero Anfang Mai in Richtung östliches Mittelmeer auf, um im Rang eines Prokonsuls sein Amt als Statthalter in der Provinz Kilikien anzutreten. Damit beginnt ein Zeitraum, über den wir sehr gut unterrichtet sind: Cicero wechselte mit Atticus und anderen Briefe, besonders mit seinem Schüler und Freund Marcus Caelius Rufus, einem guten Redner und dem Ädil des Jahres 50, der zu seinem Berichterstatter in der Hauptstadt wurde. Zudem sind uns offizielle Schreiben überliefert, die er an den Senat richtete. Insgesamt sind etwa 100 Briefe aus der Zeit erhalten, als Cicero sich außerhalb von Rom aufhielt – so oft schrieben römische Aristokraten einander, und so funktionstüchtig war das Postsystem, das die Briefe bis an die Grenzen des Imperium beförderte.

Ein Brief, den Cicero noch von Rom aus im März an den bisherigen Statthalter in Kilikien Appius Claudius Pulcher (Bruder des vor kurzem ermordeten Publius Clodius) sandte, zeigt seine Bangigkeit, so lange von der geliebten *Urbs* entfernt leben zu müssen. Er bat Appius Claudius in einem liebenswürdigen Ton, der das von Spannung gekennzeichnete Verhältnis zwischen beiden überdecken sollte, um Hilfe bei der Übergabe der Amtsgeschäfte und der späteren Verwaltung:

> Gegen meinen Wunsch und wider Erwarten muss ich als Statthalter in die Provinz gehen. Aber bei allem Ärger, bei all meinen Erwägungen tritt mir doch ein Trost entgegen: Du könntest keinen Nachfolger finden, der dir freundlicher gesinnt wäre als ich, und ich könnte mir keinen Vorgänger in der Provinzverwaltung denken, der sie mir lieber in bester Ordnung übergeben wollte. [...] Wie du siehst, muss ich auf Senatsbeschluss die Provinz über-

nehmen. Wenn du sie mir, so viel an dir liegt, in möglichst geordnetem Zustande übergibst, wird mir sozusagen das Durchlaufen der gesetzten Ziele leichter fallen. Was du in dieser Hinsicht tun kannst, bleibt dir überlassen; ich bitte dich nur herzlich zu tun, was mir deiner Meinung nach förderlich sein könnte. […] sehe ich, dass du dich meiner Befehle angenommen hast, wird dir das ein reicher Quell steter Befriedigung sein. Leb' wohl! (An seine Freunde 3,2)

Auf dem Weg in seine Provinz, die an der Südküste von Anatolien, der Insel Zypern gegenüber lag und an Syrien grenzte, machte er kurz in Athen Halt. Die Stadt begeisterte ihn von Neuem, wenn sich auch viele Dinge verändert hatten, nicht zuletzt die Philosophie, die sich seiner Meinung nach in einem absoluten Chaos befand. Atticus gesteht er die Angst vor der Aufgabe, die ihn erwartet:

Im Übrigen bereue ich oft meinen Entschluss, mich dieser Aufgabe nicht irgendwie entzogen zu haben. Wie wenig liegt sie doch in meinem Wesen! Wie ewig wahr ist das Sprichwort ›Schuster, bleib bei deinen Leisten!‹ Du wirst sagen: ›Was hast du denn bisher auszustehen? Du bist doch gar nicht in deinem Tätigkeitsbereich!‹ Das weiß ich selbst ganz genau, und wahrscheinlich kommt das Schlimmste erst noch. Allerdings ertrage ich diesen Zustand auch äußerlich ganz gelassen, wie ich meine und wie es mein Wunsch ist, aber in innerster Seele bin ich beklommen […]. (An seine Freunde 2,14,2)

Sein Exil nicht mitgerechnet, hatte Cicero Italien seit 23 Jahren nicht verlassen – seit der Quästur auf Sizilien. Nur wenige Male hatte er sich außerhalb von Rom aufgehalten; er genoss die Zeit auf seinen Landgütern, ließ sich aber nie entgehen, was sich währenddessen in der Hauptstadt ereignete. Rom war seine Stadt, und aus seinen Briefen aus Kilikien spricht große Sehnsucht: »Die Stadt, mein Rufus, die Stadt halte hoch und freue dich deines Lebens in ihrem Glanze! Alles Leben in der Fremde […] ist dunkel und bedrückend für jeden« (An seine Freunde 2,12,2 – Juni des Jahres 50 im Feldlager am Fluss Pyramus).

Gelegentlich erwähnt Cicero, der sich nie für Reisen und Entdeckungstouren begeistern konnte, einige Städte wie Capua, Mytilene, Athen oder Syrakus, die er besonders schön fand, aber keine konnte man mit Rom vergleichen – für ihn »die Stadt des Lichts«. Von dem Tag an, als er in der Stadt Laodikea in Phrygien ankam, wuchs sein Heimweh nach Rom. Er begann die Tage zu zählen, die er in der Provinz auszuharren hatte – keinen Tag länger glaubte er außerhalb der Hauptstadt überleben zu können. Er bat deshalb Atticus – wie schon vor seiner

Abfahrt Hortensius und Gaius Furnius, der im Jahr 50 Volkstribun sein sollte – inständig, auf jeden Fall eine womögliche Verlängerung seines Mandats zu verhindern:

> Am 31. Quintilis bin ich hier in Laodikea angekommen; von diesem Tage an musst du also mein Amtsjahr zählen. Wie sehnlich hatte man auf mein Kommen gewartet, wie herzlich hieß man mich willkommen! Aber du glaubst gar nicht, wie widerwärtig mir die ganze Geschichte ist. Also meine dir wohlbekannte geistige Regsamkeit soll kein entsprechendes Tätigkeitsfeld finden, die glanzvolle Betätigung meines Ehrgeizes zu Ende sein? Natürlich: In Laodikea soll ich zu Gerichte sitzen, während es in Rom ein A. Plotius tut [der das Amt des städtischen Prätors in Rom innehatte]; zwei magere Legionen führen – welch ein Ruhmestitel! –, und unser Freund [Caesar] hat eine gewaltige Armee zur Verfügung! Aber darum ist es mir ja schließlich nicht zu tun; das Licht der Öffentlichkeit vermisse ich, das Getriebe des Forums, der Hauptstadt, mein Heim, euch! Doch ich will es tragen, so gut es geht, wenn's nur mit einem Jahr getan ist! Lässt man eine Verlängerung des Kommandos eintreten, dann ist es aus mit mir. Aber dagegen lässt sich leicht etwas tun, wenn du nur in Rom bist. (Atticus-Briefe 5,15, 1 – 3. August 51)

Cicero hielt den Blick nach Rom gerichtet; er war besorgt darüber, was sich dort ereignete, ihn interessierten die großen politischen Geschehnisse, aber auch die Gerüchte, die in der Stadt kursierten. Es überrascht schon, dass er mit seinem unstillbaren Wissensdurst offensichtlich kein Interesse daran hatte, die Menschen aus der Nähe kennen zu lernen, über die er zu herrschen hatte. In den Briefen findet sich weder die Erwähnung lokaler Sitten und Gebräuche noch von Bauten oder Kunstwerken. Er nimmt auch keinen Bezug auf die Regionen, in denen er sich aufhielt – Hinweise auf seine Faszination durch Natur und Landschaft findet man bei ihm aber ohnehin nur selten. Er hat nur Rom und seine Rückkehr dorthin im Sinn.

In einigen späten philosophischen Abhandlungen zeigt Cicero ein gewisses Kosmopolitentum, das ihn sogar seine Verbannung in einem milderen Licht erscheinen lässt – er sah sich mit den Worten des Sokrates als »für die Welt sorgend« und zitierte einen Satz aus »Teukros«, einer Tragödie von Pacuvius aus dem 2. Jahrhundert v. Chr.: »Vaterland ist, wo es einem gut geht« (*Patria est, ubicumque est bene*; Gespräche in Tusculum 5,108).

In dieser Universalität scheint nichts von den Gefühlen der Verachtung gegenüber verschiedenen Völkern durch, die der Mann aus Arpinum in Briefen und Reden ausdrückte und die man als Xenophobie bezeichnen könnte. Dahinter stand die Überzeugung moralischer und kultureller Überlegenheit, die im imperialen Rom sehr verbreitet und ein gutes Argument war, um die Existenz des Imperium selbst zu rechtfertigen. So hält er zum Beispiel fest, dass die »Juden und Syrer als Völker die geborenen Sklaven seien« (Über die konsularischen Provinzen 10) oder dass es sich bei den Karern, Phrygern und Mysiern, Völkern aus Kleinasien, um »Menschen ohne feine Bildung handle« (Der Redner 25). Gleichzeitig finden wir bei Cicero jedoch eine feste Überzeugung von der Gleichheit aller Menschen:

Denn nichts ist einem anderen so ähnlich, so gleich, wie wir selbst es alle untereinander sind. [...] Deshalb gilt jede beliebige Definition des Menschen für alle gemeinsam. Das ist ein hinreichender Beweis dafür, dass es keine Unterschiede innerhalb der menschlichen Gattung gibt. Wäre dies der Fall, so träfe eine einzige Definition nicht auf alle zu. Denn die Vernunft, durch die allein wir den wilden Tieren überlegen sind und mit deren Hilfe wir uns auf Vermutungen stützen können [...] ist gewiss allen gemeinsam; obwohl sie dem Grad ihrer Ausbildung nach unterschiedlich entwickelt ist, so ist sie doch hinsichtlich ihrer Lernfähigkeit gleich. [...] Und es gibt keinen Menschen auf dieser Welt, der nicht zur Entfaltung seiner Möglichkeiten gelangen kann, wenn er nur ein entsprechendes Leitbild gefunden hat. (Über die Gesetze 1,29–30)

Im Allgemeinen unterschieden die Römer drei Typen von Menschen: sich selbst, die Griechen und die Barbaren; sie beurteilten die übrigen Völker im Vergleich mit sich selbst. Deren Sitten und Gebräuche waren verächtlich, wenn sie keine Ähnlichkeiten mit denen der Römer aufwiesen. Ihre Eroberungen glaubten die Römer nicht nur ihrer politischen und militärischen Vorherrschaft zu verdanken, sondern auch göttlichem Schutz infolge moralischer Überlegenheit, und damit einer Vorrangstellung, die sich über alle Aspekte ihrer Existenz – Redekunst, Rechtswesen, Gesetze et cetera – erstreckte.

Auch werdet ihr aufgrund der Kenntnis des Rechts jene Freude und Lust empfinden, weil ihr dann am leichtesten erkennen könnt, wie sehr unsere Vorfahren die übrigen Völker an Klugheit übertroffen haben, wenn ihr unsere Gesetze mit denen des Lykurg, Drakon und Solon vergleichen wollt. Es ist nämlich unglaublich, wie jedes bürgerliche Recht außer dem unseren ungeordnet und beinahe lächerlich ist; darüber pflege ich in meinen täglichen

Gesprächen viel zu reden, wenn ich die Klugheit unserer Landsleute der aller übrigen Völker, vor allem derjenigen der Griechen vorziehe. (Über den Redner 1,197)

Cicero bewunderte an der griechischen Kultur vieles; er sah sich in der Schuld ihrer Meister der Rhetorik, der Grammatik, der Philosophie. Seine Jugendreise durch Griechenland und Kleinasien und die Begeisterung für Athen zeigen seine Liebe für das Griechentum, und er selbst sah sich als Philhellene (Atticus-Briefe 1,15,1). Doch hatte er eine kritische Meinung über die zeitgenössischen Griechen und äußerte sich manchmal verächtlich über sie als »Griechlein« *(graeculi)*. Verlogenheit, Scheinheiligkeit und Falschheit waren für ihn deren Charaktereigenschaften. Dieses Bild entwickelte sich zu einem Topos, den andere römische Autoren übernahmen:

> Ich gestehe ihnen Bildung zu, ich weiß ihre Kenntnisse auf vielen Gebieten zu würdigen, ich leugne nicht, dass ihre Rede anmutig, ihr Geist scharf und ihr Ausdrucksvermögen unerschöpflich ist, und schließlich, wenn sie sonst noch etwas für sich beanspruchen, dann sage ich nicht nein. Doch auf gewissenhafte Zeugenaussagen und auf Vertrauenswürdigkeit hat dieses Volk noch nie viel gegeben, und man weiß dort gar nicht, welche Bedeutung, welchen Wert, welches Gewicht die ganze Sache hat. Ein griechischer Zeuge […] denkt nicht an den Wortlaut seines Eides, sondern an den seiner belastenden Aussage; dass man ihn bloßstellen, aufs Kreuz legen und überführen könnte, gilt ihm als der ärgste Schimpf […]. Daher sucht man sich denn auch nicht die rechtschaffensten und vertrauenswürdigsten, sondern die unverschämtesten und zungengewandtesten Leute aus […] die sich Lob und Dank, Lohn und Anerkennung nur von einer unverschämten Lüge versprechen. (Für Lucius Valerius Flaccus 9–12)

Diese Geringschätzung galt nicht nur Charaktereigenschaften, sondern auch den politischen Systemen – insbesondere dem Athens –, die das Gegenteil von dem zuließen, was die weisen Vorfahren der Römer vorgesehen hatten: »anstatt der Volksversammlung keine Autorität zuzugestehen«, übertrugen sie dem unkultivierten Volk zu viel Entscheidungsgewalt. In dieser demokratischen Einstellung sah Cicero den Ursprung allen Übels im früheren wie im jetzigen Griechenland; das war zugleich seine Haltung zur politischen Beteiligung der Plebs in Rom:

Die griechischen Staaten hingegen werden ganz und gar von den unüberlegten Willensäußerungen einer sitzenden Menge gelenkt. […] Griechenland, das einst durch seinen Reichtum, seine Machtstellung und sein Ansehen in hoher Blüte stand, ist durch ein Übel zerrüttet worden: durch die grenzenlosen Befugnisse und die Zügellosigkeit der Vollversammlungen. Die unerfahrenen, gänzlich ahnungslosen und unwissenden Leute nahmen im Theater Platz [Cicero kritisiert die griechische Sitte, in den Versammlungen zu sitzen; sie steht im Kontrast zur männlichen römischen Praxis, stets stehend teilzunehmen. Seiner Meinung nach führt diese Bequemlichkeit dazu, dass die falschen Entscheidungen getroffen werden]: Schon beschlossen sie unnötige Kriege, schon stellten sie aufwieglerische Gesellen an die Spitze der Regierung, schon schickten sie ihre verdientesten Mitbürger in die Verbannung. (Für Lucius Valerius Flaccus 16)

Unter solchen Bedingungen war jede Beschwerde einer griechischen Stadt gegen seinen Klienten und Freund Lucius Valerius Flaccus zurückzuweisen; kein Zeugnis, das griechische Bürger gegen ihn vorzeigten, sollte Beachtung finden, waren es doch nur »die unbedachten Verlautbarungen des Haufens, die Stimmen aller Leichtfertigen, das Geschrei der Unerfahrenen, die erregte Menge der haltlosen Nation« (Für Lucius Valerius Flaccus 19).

Das war die Verteidigungsstrategie für den Klienten Flaccus, der Cicero bei der Unterdrückung der Verschwörung des Catilina zur Seite gestanden hatte. Das Verfahren fand 59 statt, unter Caesars Konsulat. Angeklagt hatten ihn verschiedene Städte der Provinz Asia wegen Veruntreuung und Ausbeutung unter seiner Statthalterschaft im Jahr 62. Der Redner versuchte offensichtlich alle Zeugnisse und Beweise der Ankläger, unter denen sich aber auch römische Bürger befanden, die sich durch Flaccus' Machtmissbrauch geschädigt fühlten, in ein schlechtes Licht zu rücken. Die Anklage sollte dahingehend ausgehebelt werden, dass er sie vor den Richtern als Folge des Hasses hinstellte, den diese Untertanen des Imperium gegen Rom hegten, da sie Steuern und den Zehnten zu zahlen hatten. Cicero ging es also darum, den Fall nicht als Konflikt zwischen zwei Prozessgegnern, sondern zwischen vollkommen verschiedenen Lebensformen zu präsentieren: Flaccus, dem guten Römer, standen die amoralischen Griechen gegenüber.

Solche Vorurteile waren oft nicht einfach Rhetorik, sondern in Ciceros Denken fest verwurzelt, sind sie uns doch aus seiner privaten Korrespondenz ebenfalls bekannt. Es war sein Bruder Quintus, der Flaccus als Statthalter in Asia von 61 bis 59 folgen sollte. Marcus lobte ihn Anfang 59 in einem langen Brief für seine bisherige Haltung und gab ihm alle möglichen Empfehlungen für die bestmögliche Verwaltung der Provinz. Darunter findet sich der Ratschlag, den Griechen wegen ihres kriecherischen und schmeichlerischen Charakters, Folge einer seit Generationen andauernden Herrschaft von Monarchen, zu misstrauen:

> Auch bei den Griechen muss man mit dem freundschaftlichen Verkehr überaus vorsichtig sein; in Frage kommen nur solche, die sich des alten Griechentums würdig erweisen, und das sind nur ganz wenige, so intrigant sind sie im Allgemeinen, charakterlos und durch lange Unfreiheit zu übertriebener Liebedienerei abgerichtet. Als Gesamtheit muss man sie freundlich behandeln, aber nur die Besten ins Haus ziehen und in den engsten Freundeskreis aufnehmen. (Briefe an den Bruder Quintus 1,1,16)

Bestimmende Eigenschaften der Griechen seien der Leichtsinn und die Unbeständigkeit *(levitas)*, im Gegensatz zur römischen Ernsthaftigkeit und Beharrlichkeit *(gravitas)*:

> Wenn es nun bei den Athenern, bei Griechen also, die uns an Charakterstärke weit unterlegen sind, nicht an Leuten gefehlt hat, die den Staat vor der Unbesonnenheit des Volkes zu schützen suchten [...] wie haben wir uns dann zu verhalten, die wir einmal einem Gemeinwesen entstammen, in dem, wie mir scheint, die Festigkeit und Seelenstärke *[gravitas et magnitudo animi]* beheimatet ist, die wir außerdem einen solchen Ruhm unser Eigen nennen, dass demgegenüber alles menschliche Treiben als unbedeutend erscheinen muss [...]. (Für Publius Sestius 141)

In Briefen dagegen kommt die Bewunderung für die griechische Zivilisation zu Wort. Die Provinz Asia erstreckte sich über den westlichen Teil der Halbinsel von Anatolien. Sie war im Jahr 129 ausgehend von dem Territorium eingerichtet worden, das der König von Pergamon, Attalos III., dem römischen Volk in seinem Testament vermacht hatte, einer intensiv hellenisierten Region, in der sich bedeutende griechische Kulturstädte – klassische wie hellenistische – befanden, wie Ephesos, Pergamon und Halikarnassos. Cicero forderte Quintus auf, sich gegenüber den »zivilisiertesten Verbündeten des gesamten Erdkreises« so zu verhalten, dass die römische Zivilisation den Vergleich nicht scheuen müsse:

Denn ich scheue mich nachgerade nicht, [...] offen auszusprechen, dass wir unsre Erfolge der Beschäftigung mit den Wissenschaften und Künsten verdanken, die uns in den Denkmälern und Lehren Griechenlands überliefert sind. Mithin, will mir scheinen, sind wir, abgesehen von der selbstverständlichen Aufgeschlossenheit, die wir jedem Menschen schulden, darüber hinaus diesem Menschenschlag gegenüber besonders dazu verpflichtet, uns zu bemühen, bei denen, deren Unterweisung wir unsre Bildung verdanken, zu betätigen, was wir von ihnen gelernt haben. (Briefe an den Bruder Quintus 1,1,28)

Es handelt sich um eine paternalistische Empfehlung, die Cicero aus einem Gefühl der Überlegenheit der Macht ausspricht, die die bekannte Welt beherrschte: Die Verantwortung war zivilisierten Völkern gegenüber größer, die mit Sorgfalt zu behandeln waren, aber die Verpflichtung blieb dieselbe, wie wenn man über barbarische Völker zu herrschen hatte:

Hätte dich das Los an die Spitze von wilden Barbarenstämmen, Afrikanern, Spaniern oder Galliern, berufen, deine Menschenfreundlichkeit würde dich trotzdem verpflichten, für ihren Vorteil zu sorgen und ihren Interessen, ihrem Wohlergehen zu dienen. (Briefe an den Bruder Quintus 1,1,27)

Hier trifft er eine klare Unterscheidung zwischen den Bewohnern der Provinzen im östlichen Mittelmeerraum, die – selbst wenn Rom sie unterworfen hatte – die Zivilisation repräsentierten, für die Cicero, wenn er sie definiert, den Begriff *humanitas* verwendet, und den Untertanen im westlichen Bereich des Imperium: barbarischen Völkern ohne eine einheitliche Zivilisation; Beleg waren ihre wilden Sitten und Gebräuche. Auch diese Sichtweise vertrat nicht allein der Mann aus Arpinum. Während der Expansion im Mittelmeerraum im Verlauf des 2. Jahrhunderts v. Chr. lässt sich beim römischen Staat im Umgang mit den hellenistischen Königreichen Vorsicht beobachten: Einer ersten Phase der Einmischung in ihre inneren Angelegenheiten folgte eine zweite, in der Rom die Vorherrschaft in der Region zu erlangen suchte, und erst einige Jahrzehnte später erfolgte die Annexion des Territoriums und die Einteilung der hellenistischen Gebiete in Provinzen. Zu dieser Politik der kleinen Schritte trugen sicher das politische Gewicht und der militärische Widerstand dieser Monarchien bei, aber eben auch der Respekt gegenüber denjenigen, die als Wiege der Mittelmeerzivilisation galten. Dieser kulturelle Respekt existierte dagegen gegenüber den Völkern des Westens nicht, den Hispaniern, Galliern und Nordafrikanern, noch später gegenüber den Bewohnern von Britannien und Germanien. Sie waren wilde, niedere menschliche Wesen, und insofern war es legitim, sie zu erobern und zu beherrschen. Diese Überzeugung prägte das Vorgehen Roms, das sich vom ersten Moment an die Eroberung dieser Gebiete zum Ziel setzte, Strukturen für ihre Verwaltung und wirtschaftliche Ausbeutung schuf und ihnen seine Sprache und Kultur oktroyierte – den Prozess der Romanisierung.

In der Rede, die Cicero zur Verteidigung von Marcus Fonteius hielt, finden sich entsprechende Vorurteile über die Gallier der Provinz Transalpina oder Narbonensis, welche ihren Namen von der Hauptstadt Narbo (Narbonne) erhielt. Auch wenn man die Abwertungen wiederum als Teil des Plädoyers eines Anwalts zu verstehen hat, der alle ihm zur Verfügung stehenden Waffen einsetzen muss, so gibt es doch gute Gründe zu der Annahme, dass Cicero tatsächlich dachte, was er sagte.

Zum Verfahren gegen Fonteius kam es 69, nur einige Monate nach dem Prozess gegen Verres. Die Anklage war in beiden Fällen sehr ähnlich: Mehrere gallische Stämme unter der Führung der Allobroger klagten Fonteius schwer wiegender Fälle der Veruntreuung, der Rechtsbeugung und der Missbräuche an ihnen als Statthalter in der Gallia Narbonensis an. Wo Cicero nur einige Monate zuvor mit Härte und allen Mitteln gegen Verres vorgegangen war, um den Angeklagten als unerträglich korrupt zu entlarven und sich selbst als Ritter der Ehrlichkeit gegenüber den Siziliern zu empfehlen, so engagierte er sich jetzt, um die Freisprechung des Fonteius zu erreichen, dessen Verhalten sehr wohl zu berechtigten Zweifeln Anlass gab. Nun sah Cicero eine Verurteilung als einen politischen Irrtum, weil sie Roms Feinden – als die die Gallier schon immer galten – Anlass geben konnte, den römischen Staat weiter juristisch zu verfolgen. In dieser Frage der Autorität konnte ein Schuldspruch als Zeichen der Schwäche gesehen werden; es war besser, »einem Bürger zu verzeihen, als vor einem Feind zurückzuweichen«:

> Beim Herkules, ihr Richter, ein wichtiger Grund für die Freisprechung ist im Verein mit den übrigen Gründen der, dass unser Reich einen schlimmen Makel und Schimpf davontragen könnte, wenn man's etwa so nach Gallien berichtet: Senatoren und Richter des römischen Volkes hätten den Fall nach dem Wunsch der Gallier entschieden, indem sie sich nicht durch deren Zeugenaussagen, sondern durch deren Drohungen bestimmen ließen. (Für Marcus Fonteius 36)

Fonteius sei ein guter Mann, so Cicero, vor allem aber sei er ein römischer Bürger, dessen Aussage stets mehr Gewicht hatte als die »Zeugnisse barbarischer Männer«. Dem zufolge konnte das Ergebnis nur eine Freisprechung sein:

> Zudem empfiehlt es sich, vor allem auf die Person zu achten, die doch bei einem Zeugen wahrhaftig den größeren Ausschlag geben muss: Lässt sich da ein noch so hoch angesehener Bewohner Galliens mit den führenden Männern unseres Staates oder auch nur mit dem letzten römischen Bürger vergleichen? Weiß denn Indutiomarus [der Anführer der Allobroger], was es bedeutet, als Zeuge auszusagen? (Für Marcus Fonteius 27)

Cicero gibt zu bedenken, dass nur die Gallier Fonteius anklagten, denn sowohl die Bewohner der römischen *colonia* Narbo als auch die übrigen römischen Bürger der Provinz und die griechischen Einwohner von Massilia, treue Verbündete Roms, unterstützten ihn. Da es sich bei ihnen um zivilisierte Menschen handelte, war dies als wesentlich bedeutsamer einzuschätzen, denn wie konnte die Aussage der gleichen Gallier glaubhaft sein, die vor langer Zeit den Tempel des Apollo von Delphi, in dem sich das »Orakel des gesamten Universums« befand, geplündert und entweiht hatten, es sich also um Menschen handelte, die nicht einmal die Götter respektierten?

> Oder meint ihr etwa, diese Völkerschaften ließen sich bei ihren Zeugenaussagen von der Heiligkeit des Eids und der Furcht vor den unsterblichen Göttern beeindrucken? Sie unterscheiden sich vielmehr so sehr von Brauch und Wesensart der anderen Völker, dass die anderen für ihren Götterdienst Kriege auf sich nehmen, sie selbst jedoch gegen den Götterdienst aller; die anderen bitten in Kriegszeiten die unsterblichen Götter um Frieden, sie aber haben gegen die unsterblichen Götter selbst Kriege geführt. (Für Marcus Fonteius 30)

Ciceros Haltung »den anderen« gegenüber war in seiner Zeit nicht ungewöhnlich und überrascht auch nicht, wenn wir sie mit modernen Einstellungen vergleichen. Der Patriot Cicero – es hätte ihm gewiss sehr gefallen, wenn man ihn im Nachhinein so genannt hätte – war ein Ethnozentriker, der davon ausging, dass Rom und die Römer den anderen Völkern überlegen seien, und es als patriotische Pflicht ansah, auf jeden Fall seine Gemeinschaft allen anderen vorzuziehen. Roms Herrschaft über die Völker gründete laut Cicero auf seiner Überlegenheit und deren Anerkennung durch die Untergebenen. Sie gründete auf der richtigen Mischung aus Macht und gelungener Verwaltung und nahm darin das Modell des Imperium voraus, das Augustus schaffen wollte und dessen Weltbild das bekannte Zitat aus der »Aeneis« Vergils (6,853) so hervorragend zusammenfasst: »Du aber, Römer, gedenk' [...] Völker kraft Amtes zu lenken und Ordnung zu stiften dem Frieden, Unterworfne zu schonen und niederzukämpfen Empörer!«

Cicero ging davon aus, dass Konflikte zwischen Individuen und Gemeinschaften friedlich zu lösen waren, wie es rational denkenden menschlichen Wesen möglich sein müsse. Er stellte die Kriegführung als Mittel zur Unterwerfung anderer Völker und zur Verteidigung des Imperium am Mittelmeer jedoch nicht in Frage, sondern verherrlichte zu verschiedenen Anlässen die Erlangung militärischen Ruhms als patriotischen Dienst. Der Krieg war unter bestimmten Umständen nicht vermeidbar, aber es musste ein »gerechter Krieg« *(bellum iustum)* sein. Dieses Konzept entwickelten die Römer mit dem Ziel, die Erweiterung ihres Einflussbereichs als eine notwendige Antwort auf die Aggressionen anderer Völker erscheinen zu lassen. Es ist auch unter der Bezeichnung »defensiver Imperialismus« bekannt. Cicero griff es auf und spitzte es zu, indem er Argumente zugunsten der rechtmäßigen Verteidigung des römischen Staates lieferte und gleichzeitig Roms Kriege als in jedem Fall der Herrschaft des Gesetzes unterworfen und mit bestimmten Verhaltensnormen einhergehend darstellte – im Sinn eines Kriegsrechts, das diesen »zivilisierter« machte:

> Dass kein Krieg vom besten Staate unternommen werde außer für gegebenes Wort oder das Heil. [...] Jene Kriege sind ungerecht, die ohne Grund unternommen werden: Denn ohne den Grund, sich zu rächen oder die Feinde zurückzuschlagen, kann kein gerechter Krieg geführt werden. (Der Staat 3,34–35)
>
> [Dass] Oberbefehlshaber [...] gerechte Kriege rechtmäßig führen, die Bundesgenossen schonen, sich selbst und ihre Untergebenen im Zaum halten, den Ruhm ihres Volkes vergrößern und mit ehrenvoll erbrachten Leistungen nach Hause zurückkehren. (Über die Gesetze 3,9)

Zudem charakterisierte sich das Imperium Romanum selbst durch die Akzeptanz einer Art »kulturellen Vermischung«, durch seine Fähigkeit, andere Völker zu integrieren. Eines der besten Instrumente dazu war die selektive Vergabe des römischen Vollbürgerrechts. Dadurch wurde das Römersein zur Frage eines rechtlichen Status, den man erwerben konnte; es handelte sich nicht um einen Zustand, der aus der Zugehörigkeit zu einer Ethnie oder Kultur oder daraus resultierte, dass man in einer bestimmten Region der Welt geboren war. Das ist ein bedeutsamer Faktor, wenn man die lange Dauer des Imperium Romanum erklären möchte.

Cicero kannte die Nützlichkeit dieses Mittels und verteidigte es in der Rede für Lucius Cornelius Balbus, den reichen Gaditaner und guten Freund Caesars, der angeklagt worden war, sich auf unerlaubte Weise in den Besitz des römischen Bürgerrechts gebracht zu haben. Schon Romulus, so Cicero, habe den Römern durch seinen Pakt mit den Sabinern unter Titus Tatius gezeigt, »dass es notwendig ist, unsere Gemeinschaft zu vergrößern, selbst wenn es durch die Aufnahme von Feinden geschieht«:

> [...] wenn ein Bewohner dieser Gemeinden [der mit Rom verbündeten Städte Massilia, Gades und Sagunt], der sich, um unseren Feldherren zu helfen, abgeplackt und auf eigene Gefahr um unseren Nachschub bemüht hat, der oft in der Schlacht mit unseren Feinden handgemein geworden ist, der sich oft den feindlichen Geschossen und einem Kampf auf Leben und Tod ausgesetzt hat, unter keinen Umständen mit unseren Bürgerrecht belohnt werden darf? (Für Lucius Cornelius Balbus 23)
>
> Denn aus allen Staatsangehörigkeiten führt ein Weg in die unsere [...] Je enger sich ein Staat durch Waffenbrüderschaft, Freundschaft, Verpflichtungen, Vereinbarungen und Verträge an uns angeschlossen hat, desto mehr scheinen mir unsere Errungenschaften und Vorrechte sowie unsere Staatsangehörigkeit gemeinsamer Besitz von ihm und uns zu sein. (Für Lucius Cornelius Balbus 29)

Obwohl Cicero gar keine Erfahrungen in der Provinzialverwaltung vorweisen konnte, hatte er eine klare Vorstellung, wie den Bewohnern zu begegnen war und wie er dabei dem römischen Staat von Nutzen sein konnte. Er handelte nach der doppelten Devise, die Vergil später formulierte: Versöhnung mit denen, die sich unterwerfen, und eine harte Hand mit denen, die rebellieren. In seinem Werk gibt es keine tiefer gehende theoretische Reflexion über die Organisation des Imperium, aber wir finden Gedanken dazu in einem Brief an Quintus während dessen Zeit als Prokonsul in Asia, der als eine Art »Handbuch des guten Statthalters« gelten kann. Da dachte Marcus noch, dass er niemals eine ähnliche Aufgabe würde übernehmen müssen.

Für viele römische Politiker war die Übernahme eines Amtes in den Provinzen zur einfachen Methode persönlicher Bereicherung geworden, sei es durch die Veruntreuung öffentlicher Gelder oder dadurch, dass man den Provinzialen ungerechte und maßlose Tributzahlungen auferlegte. Oder aber – das war die ehrenhafte Variante – durch Kriegsbeute. Die Klagen angesichts des Machtmissbrauchs hatten sich vervielfacht und waren vor die Gerichte Roms gebracht worden. Cicero betonte, dass ein Statthalter »absolute Integrität und Mäßigung« zeigen müsse; »nicht eine Statue, nicht ein Bild, keine Keramik, kein Kleidungsstück, nicht einen Sklaven oder eine schöne Person, kein Bestechungsgeld« dürfe man sich einfach aneignen.

> Dass die Leute bei deinen Dienstreisen nicht in Schrecken geraten, nicht durch deine Ansprüche ausgebeutet, nicht durch dein Erscheinen beunruhigt werden! Dass, wohin du kommst, im öffentlichen und im privaten Leben eitel Freude herrscht, wenn die Gemeinde sieht, dass sie einen Schirmherrn, nicht einen Tyrannen, das Privathaus einen Gast, nicht einen Strauchdieb aufgenommen hat! (Briefe an den Bruder Quintus 1,1,9)

Eine der wichtigsten Aufgaben eines Provinzstatthalters bestand in der Rechtsprechung. Marcus bekräftigt, dass die Entscheidungen im Zeichen von Mäßigkeit und Unvoreingenommenheit, mit Strenge, aber ohne Rigidität angesichts der besonderen Umstände in der jeweiligen Provinz zu treffen seien:

> Darum magst du in der Rechtsprechung so streng verfahren, wie du willst, wenn du dich nur nicht durch Gefälligkeiten beeinflussen lässt, sondern konsequent bleibst. […] auf Stetigkeit und sittlichen Ernst kommt es an, um der Beeinflussung, ja, schon dem Verdacht der Parteilichkeit zu begegnen. Weiterhin hat das Verhör in umgänglicher Form, die Entscheidung gelassen, die Festsetzung der Buße und die Erörterung des Für und Wider mit Behutsamkeit zu geschehen. (Briefe an den Bruder Quintus 1,1,20–21)

Das Verhältnis zu den Provinzbewohnern war Ciceros große Sorge – es bestimmte ja nicht nur das Bild seiner Amtsführung, es war für den Eindruck verantwortlich, den die Bewohner davon hatten, wie der römische Staat seine annektierten Territorien verwaltete. Cicero zitiert Ratschläge aus Xenophons »Kyrupädie« aus der Mitte des 4. Jahrhunderts. Strenge wie besondere Umgänglichkeit seien erforderlich, aber in beidem habe sich ein Prokonsul den Gesetzen strikt unterzuordnen. Idealer Statthalter war, wem es letztlich gelang, dass »diejenigen, über die er herrschte, keine andere Macht mehr vermissten«:

> Mir will scheinen, wer anderen zu gebieten hat, muss eins zur Richtschnur all seines Handelns machen: das größtmögliche Glück derer, die ihm unterstellt werden. […] Jedoch nicht nur wer über Bündner und Bürger, auch wer über Sklaven, über das stumme Vieh gesetzt ist, sollte deren Vorteil und Interessen dienen. (Briefe an den Bruder Quintus 1,1,24)

Die Zugehörigkeit zum Imperium schildert Cicero als eine Wohltat für die unterworfenen Völker, schließlich garantiere sie Stabilität und Sicherheit. Der Schutz, den Rom seinen Untergebenen bot, verpflichtete sie zu einer Gegenleistung – sie hatten finanziell zum Staatshaushalt des Imperium beizutragen. Private Gesellschaften in den Provinzen *(societates publicanorum)* zogen die Steuern im Namen des römischen Staates ein und verwalteten sie; sie bildeten eine Art Gegenmacht zum Statthalter, was häufiger zu Konflikten führte.

> Im Übrigen sollte Asien noch bedenken, dass ihm das Unheil auswärtiger Kriege und innerer Zwistigkeiten nicht erspart geblieben wäre, wenn wir es nicht unter unsrer Herrschaft hielten. Da sich diese Herrschaft aber ohne Abgaben einfach nicht aufrechterhalten lässt, so mag es auch diesen ewigen, ungestörten Friedenszustand getrost mit einem Teil seiner Erträgnisse bezahlen. (Briefe an den Bruder Quintus 1,1,34)

Enorme Bedeutung für das Ansehen eines Statthalters hatte auch das Verhalten aller Personen, die ihn umgaben und in seinen Diensten standen:

> Aber schon die Erfahrung hat dich sicherlich darüber belehrt, [...] wie bei dieser Schirmherrschaft über die Provinz nicht du allein die Verantwortung gegenüber Bündnern, Bürgern und Staat trägst, sondern alle dir unterstellten Beamten. [...] Deinen Quästor hast du dir nicht nach eigenem Urteil aussuchen können, er ist dir durch Los zugewiesen worden. Er muss sich aus sich selbst als charakterfest erweisen und andrerseits sich deinen Absichten und Anordnungen fügen [...] vertraue jedem, soweit er Vertrauen verdient. Für das interne Personal, das dir der Staat selbst als Begleiter und Helfer bei deinen amtlichen Geschäften gestellt hat, wirst du lediglich in den oben umschriebenen Grenzen die Verantwortung tragen; für diejenigen jedoch, die du als persönliches Gefolge oder als unumgänglich notwendige Dienerschaft auf eigenen Wunsch um dich hast, die man sozusagen als Garde des Statthalters bezeichnet, für deren Taten, ja, für jedes ihrer Worte sind wir verantwortlich [...]. (Briefe an den Bruder Quintus 1,1,10–12)

Wie man sieht, unterschied der Mann aus Arpinum den Grad der Verantwortlichkeit des Staathalters je nachdem, ob seine Mitarbeiter persönlich von ihm ausgewählt oder ob sie vom römischen Staat beauftragt worden waren. Jeder Prokonsul konnte auf die Mitarbeit eines Quästors zählen, der sich vorzugsweise um die finanziellen Belange in der Provinz zu kümmern hatte und als seine rechte Hand in der Verwaltung, aber auch in Angelegenheiten des Militärs tätig war. Beide waren normalerweise die einzigen römischen Magistrate in einer Provinz und – wie es Brauch war – für ihre Aufgaben durch Los bestimmt. Aber ein Provinzstatthalter konnte zudem Legaten ernennen: Personen, die sein Vertrauen genossen und bereit waren, ihn für die Dauer seines Mandats in die Provinz zu begleiten. Meistens handelte es sich um Senatoren unterschiedlichen Ranges, die einen Rat bildeten, der als *cohors praetoria* bezeichnet wurde.

Die Auswahl der Mitglieder der *cohors praetoria* wurde zu einem Prozess von großer Tragweite, war sie doch mit entscheidend für den Erfolg der Provinzialverwaltung, die sich um administrative, rechtliche und militärische Belange zu kümmern hatte. Die Mitglieder waren für gewöhnlich Verwandte und treue Freunde des Statthalters, aber auch junge Ehrgeizlinge, die Ruhm und Verwaltungspraxis unter dem Schutz eines angesehenen Politikers erlangen wollten. Beide Faktoren spielen in der kleinen Gruppe von Legaten eine Rolle, die Cicero nach Kilikien begleiteten: der Bruder Quintus; Gaius Pomptinus, 63 Prätor und zwischen 62 und 59 Statthalter in der Gallia Transalpina; die jungen Männer Marcus Aneius und Lucius Tullius – Letzterer war nicht mit Cicero verwandt, sondern von Atticus empfohlen worden –, die bisher nur den Rang eines Quästors erreicht hatten und über die ansonsten nichts bekannt ist. Die Mannschaft, die Cicero zur Verfügung stand, vervollständigte ein Quästor, der ihm durch Los als Untergeordneter zugefallen war, Lucius Mescinius Rufus: Mit ihm sollte es zu einigen Streitigkeiten kommen (»den Quästor hält niemand für geeignet; er ist nämlich ein leichtfertiger Bursche, unbeherrscht und ein Langfinger«; Atticus-Briefe 6,3,1). Zudem begleiteten ihn einige Sklaven und Freigelassene, unter ihnen Tiro, den er vor kurzem in die Freiheit entlassen hatte und der als sein Sekretär tätig war. Und schließlich gesellten sich auch noch sein Sohn Marcus und sein Neffe Quintus gemeinsam mit ihren griechischen Hauslehrern zum Gefolge des Statthalters.

Cicero ließ sich bei der Auswahl seiner *cohors praetoria* offensichtlich von Prinzipien der Loyalität und Kompetenz leiten. Im Fall von Quintus standen seine Treue gegenüber Marcus und ihre enge Vertrautheit außer Frage. Was Pomptinus betrifft, so dürfte Cicero seine Ideen und seine Vorgehensweise gekannt haben, denn er war zu dem Zeitpunkt Prätor gewesen, als Cicero den Konsulat bekleidet hatte. Während der Verschwörung des Catilina hatte Cicero ihn mit der Verhaftung der Gesandten der Allobroger an der Milvischen Brücke beauftragt. Außerdem waren beide Männer – und das war entscheidend – auf dem Gebiet der Kriegsführung, wo der Prokonsul über keine Erfahrung verfügte, eine ideale Ergänzung. Kilikien kam große strategische Bedeutung zu,

handelte es sich doch um das alte Zentrum der Piraterie am Mittelmeer, die fünfzehn Jahre zuvor von Pompeius bekämpft worden war. Es war eine Grenz-
region: Von Anatolien aus gelangte man über die Ausläufer des Taurusgebirges
in das Territorium der gefährlichen Parther und an den Berg Amanus, der im
Norden den Weg nach Syrien und Mesopotamien eröffnete. Zudem gab es innerhalb der Provinz Spannungen, die in militärische Konflikte umzuschlagen
drohten, zu denen es dann auch tatsächlich unter Ciceros Statthalterschaft kam.

Pomptinus hatte sein Geschick als Kommandant in der Gallia Transalpina
unter Beweis gestellt. Aufgrund seiner Siege über die Allobroger hatte man ihm
einen Triumphzug bewilligt, und in seiner Jugend war er bereits als Legat des
Konsuls Crassus an der Niederschlagung des von Spartacus angeführten Skla-
venaufstandes beteiligt gewesen. Quintus hatte schon Erfahrung in der Provinzialverwaltung aufzuweisen, da er Statthalter in Asia, einer Nachbarregion,
gewesen war. Außerdem war er als fähiger Feldherr sowohl unter Pompeius in
Sardinien als auch unter Caesar in Gallien in Erscheinung getreten. Cicero hatte
bei seiner Wahl eine glückliche Hand bewiesen, denn auf die Erfahrung beider
Legaten sollte es in den kriegerischen Auseinandersetzungen, mit denen sich der
Statthalter konfrontiert sah, entscheidend ankommen.

Es war für ihn nicht schwierig gewesen, Quintus zu überreden, ihn in den
Osten zu begleiten; der sah sich aufgrund ihrer engen Beziehung in einer moralischen Pflicht. Aber es dürfte nicht so einfach gewesen sein, Pomptinus zu überzeugen, mit dem Cicero über Atticus quasi die Bedingungen ausgehandelt zu
haben scheint, die schließlich zur Annahme des Legatenamts führten. Ciceros
Sorge auf dem Weg nach Kilikien, ob Pomptinus sich so bald wie möglich seinem Gefolge anschließen würde, lassen erkennen, wie wichtig dieser Mann für
ihn war.

Wir kennen den Weg, den der Prokonsul einschlug, als er Rom verließ, bis zu
seiner Ankunft sehr genau. Cicero nannte das Mandat ein »großes Ärgernis«.
In der Darstellung seiner Taten war er ja nicht gerade zurückhaltend, und so
machte er aus seiner Reise einen langen Akt von Abschieden und rühmte seine
Aufgabe. Das war zwar nichts Ungewöhnliches; nur lag sein Konsulat eben
schon zwölf Jahre zurück.

Bevor er sich in Brundisium einschiffte, sah er auf seinen Gütern in Pompeji
und Cumae vorbei, wohin dann derart viele Freunde kamen, um ihn zu sehen,
dass sich »Rom im Kleinen« dort versammelte. In Tarent verbrachte er drei Tage
im Haus von Pompeius, mit dem er sich freundschaftlich über die politischen
Belange der Gegenwart verständigte. Die versöhnliche Haltung von Pompeius

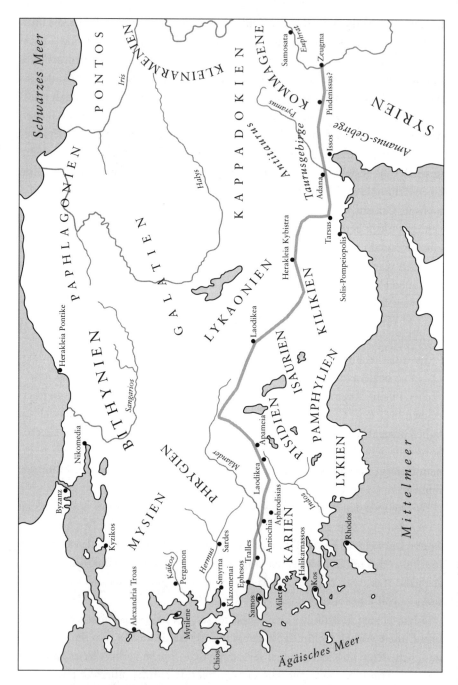

Karte 4: Ciceros Reiseroute in Anatolien

beruhigte ihn: »Ich verließ diesen exzellenten Bürger, der absolut fähig ist, die Dinge, die wir fürchten, zurückzuweisen«; er begab sich nach Brundisium, wo ihn zwölf Tage eine Krankheit zurückhielt, aber auch – oder vielleicht hauptsächlich – das Warten auf Pomptinus. Anfang Juni 51 lief sein Schiff Richtung Athen aus, und in dieser Stadt schloss sich dann auch endlich der sehnlichst erwartete Pomptinus seinem Gefolge an, nachdem Cicero selbst dort am 24. Juni mit Halt in Kerkyra (Korfu) und Actium angekommen war. Von Athen aus nahm er die letzten Etappen der Reise in Angriff, die am 31. Juli in Laodikea in Phrygien – nach Stationen in Delos, Samos, Ephesos und Tralles, letztgenannte befanden sich bereits in der Provinz Asia – endete. Es waren insgesamt drei Monate vergangen, seit Cicero Rom verlassen hatte. Wochenlang hatte er die Mühen der Schifffahrt, die gefährlichen Winde, die Seekrankheit und die Angst auf sich nehmen müssen:

> So eine Seereise ist keine Kleinigkeit, noch dazu im Quintilis; fünf Tage haben wir von Athen bis Delos gebraucht: am 6. Quintilis von Piraeus bis Zoster bei hässlichem Wind, der uns auch den 7. dort festhielt; am 8. nach angenehmer Fahrt nach Ceus; von da nach Gyarus bei steifer Brise: Und beide Male kamen wir schneller ans Ziel, als ich wünschte. Die rhodischen Ruderschiffe kennst du ja: wenig seetüchtig. So werde ich die Weiterreise von Delos nicht übereilen und mich nur von der Stelle rühren, wenn alle Gipfel von Gyrae deutlich zu sehen sind [Berge der Insel Tenos, die nördlich von Delos liegt]. (Atticus-Briefe 5,12,1)

Schon vor der Ankunft in Laodikea, während der letzten Etappe »auf einem heißen und staubigen Weg«, teilt Cicero Atticus seine Entscheidung mit, »geradenwegs zur Armee zu reisen, die restlichen Sommermonate den militärischen Unternehmungen zu widmen, den Winter der Rechtsprechung« (Atticus-Briefe 5,14,2). Dieser Entschluss war logisch, war der Sommer doch seit jeher die Zeit für militärische Feldzüge. Aufgrund der Unregelmäßigkeiten des vorjulianischen Kalenders, den erst Caesar im Jahr 46 korrigieren sollte, war der 31. Juli, an dem Cicero laut offiziellem Kalender in Laodikea ankam, dem astronomischen Jahr zufolge der 29. Juni.

In der Provinz waren zwei Legionen stationiert: Das erschien Cicero zu wenig. Doch mehr noch als die Größe des Kontingents, das in seinen Diensten stand, bereitete ihm die nicht vorhandene Disziplin Sorgen, denn vor kurzem hatten die Truppen gemeutert. Der vorherige Statthalter Appius Claudius hatte es geschafft, die Meuterei zu beenden, indem er den Soldaten ihren Lohn auszahlte; das sicherte jedoch keineswegs ihre vollkommene Loyalität. Ein Teil des römischen Heeres scheint zur Ankunft Ciceros tatsächlich nicht unter Kontrolle gestanden zu haben. Dazu hing die Position des römischen Staates in dieser Gegend in sehr hohem Maß von der Zusammenarbeit mit den verbündeten Königen der Region ab – und diesen misstraute der neue Statthalter. Das führte zusammen mit seiner Unerfahrenheit als Soldat dazu, dass er jede Bewegung der Parther in Richtung seiner Provinz als Bedrohung empfand. Im August sollte er recht behalten. Seit der schicksalhaften Niederlage des Crassus 53 in Carrhae hatte sich die Gefahr, die die Parther als Herrscher über Mesopotamien darstellten, noch vergrößert. Schon 52 hatten sie den Euphrat überquert und damit die römische Provinz Syria ebenso wie das verbündete Königreich Kappadokien in Gefahr gebracht. Dazu kam es nun erneut:

> [...] die Parther haben unter Pacorus, des Partherkönigs Orodes Sohn, so ziemlich mit ihrer gesamten Streitmacht den Euphrat überschritten. [...] ich sitze mit meiner Armee in Kappadokien, am Taurus, in Cybistra; der Feind befindet sich in Cyrrhestica, dem an meine Provinz grenzenden Teil von Syrien. [...] Denn bei dieser Schwäche der Armee, diesem Mangel an Bundesgenossen, zumal zuverlässigen, ist meine sicherste Hilfe der Winter; kommt er und jene sind bis dahin nicht in meine Provinz eingefallen, so fürchte ich nur das eine, dass der Senat aus Besorgnis um die Lage in der Hauptstadt Pompeius nicht wird ziehen lassen wollen; schickt er zum Frühjahr jemand anders, so soll es mir einerlei sein, wenn man nur mir nicht meine Amtszeit verlängert. (Atticus-Briefe 5,18,1)

Diesen Brief hatte Cicero am 20. September 51 aus dem Feldlager geschrieben, wo er an der Spitze seiner Truppen stand. Der Prokonsul vertraute auf sie und die Ankunft der römischen Bürger, die rekrutiert worden waren, sowie auf die Soldaten, die Deiotaros, der König des benachbarten Galatien und treue Verbündete Roms, zugesagt hatte. Man hatte die jungen Männer Marcus und Quintus Cicero sogar sicherheitshalber an seinen Hof geschickt. Aber insgeheim hoffte Cicero, wie der Brief zeigt, dass die Mandatsfrist so schnell wie möglich ablief, ohne dass er den Parthern entgegentreten musste.

Zwei Tage nachdem er den Brief an Atticus abgeschickt hatte, ließ Cicero dem römischen Senat einen Bericht über seine bisherigen Schritte zukommen – ein hervorragendes Beispiel für die Art der Kommunikation, die zwischen den Statthaltern und der Zentrale in Rom üblich war:

Der Prokonsul M. Tullius Cicero, des M. Sohn, grüßt Konsuln, Prätoren, Volkstribunen und Senat. Hoffentlich seid ihr alle wohlauf! Ich bin gut zuwege. Als ich am 31. Quintilis in meine Provinz kam – schneller war es nicht möglich wegen der Beschwerlichkeit der Märsche und der Seefahrt –, hielt ich es im Interesse des Staates für meine oberste Pflicht, die Armee in Bereitschaft zu setzen und militärische Vorkehrungen zu treffen. Als ich das weniger mit den vorgefundenen Mitteln als mit eigener Sorgsamkeit und Umsicht erledigt hatte, trafen nahezu täglich mündliche und schriftliche Nachrichten ein, dass die Parther die Provinz Syria mit Krieg bedrohten, und so entschloss ich mich zu meinem Marsch durch Lycaonien, Isaurien und Kappadokien. Es war nämlich höchst wahrscheinlich, dass die Parther, wenn sie Syria links liegen ließen und einen Einbruch in meine Provinz versuchten, ihren Weg durch Kappadokien nehmen würden, weil dieses Land am wenigsten Widerstand bietet. (An seine Freunde 15,2,1)

Danach berichtete er ausführlich über seinen Umgang mit dem jungen König von Kappadokien, Ariobarzanes, einem Verbündeten Roms, um den er sich im Auftrag des Senats besonders zu kümmern hatte. Ariobarzanes hatte dem Repräsentanten des Imperium seinen Verdacht anvertraut, dass sein Bruder ein Komplott gegen ihn schmiede, um die Macht an sich zu reißen, und ihn um einen Teil des Heeres zu seinem Schutz gebeten. Cicero zeigt sich stolz, das Problem ohne Überantwortung von Truppen gelöst zu haben:

Am folgenden Tage erschien er [...] bei mir im Lager. [...] völlig verstört und [...] weinend [...] erklärte er mir, handfeste Hinweise auf einen geplanten Anschlag bekommen zu haben, die man ihm bis zu meiner Ankunft verheimlicht habe; die, die es ihm hätten sagen können, hätten aus Angst geschwiegen. Jetzt aber hätten mehrere im Vertrauen auf meinen Schutz den Mut gehabt, ihm zu hinterbringen, was sie wussten. Der König ersuchte mich dann, ihm Reiterei und Infanterie aus meiner Armee zu Verfügung zu stellen. [...] aber wegen der täglich aus Syrien eintreffenden Nachrichten erforderte das Staatsinteresse, dass ich meine Armee so bald wie möglich an die Grenze Kilikiens heranführte. [...] Ich legte ihm also nahe, wo es um die Erhaltung seines Lebens gehe, solle er doch erst einmal lernen zu regieren; [...] wo es unbedingt nötig sei, solle er strafen, die Übrigen aber laufen lassen; des Schutzes meiner Armee solle er sich mehr zur Einschüchterung derer, die sich schuldig fühlten, als zum Kampfe bedienen [...]. (An seine Freunde 15,2,6–7)

Dann marschierte Cicero mit dem Gros seiner Truppen über das Taurusgebirge nach Tarsus, in die Hauptstadt seiner Provinz, und von dort sofort weiter an den Fuß des Berges Amanus, wo sein kurzer, aber siegreicher Feldzug begann. Zunächst besiegte er dank der tatkräftigen Unterstützung insbesondere von Pomptinus – die wahrscheinlich größer war, als Ciceros Briefe das wiedergeben – in nicht einmal drei Tagen die dort lebende Bevölkerung; seine Truppen beglückwünschten ihn:

> Am 5. Oktober kam ich in Tarsus an und eilte von dort zum Amanus, der als Wasserscheide die Grenze zwischen Kilikien und Syrien bildet. Dieses Gebirge steckte voll von Feinden in Permanenz. Hier konnte ich am 13. Oktober dem Gegner große Verluste beibringen; stark befestigte Stützpunkte wurden genommen und in Brand gesteckt, indem Pomptinus in der Nacht, ich in der Morgenfrühe vor ihnen erschien. Man rief mich zum Imperator aus. Ein paar Tage lagerte ich genau an der Stelle, wo Alexander bei Issus gegen Darius gestanden hat, ein wesentlich besserer Stratege als du oder ich! (Atticus-Briefe 5,20,3 – geschrieben im Feldlager in der Nähe von Pindenissus, am 19. Dezember 51)

Die Kampfhandlungen dürften weit weniger ruhmreich gewesen sein, aber Cicero suggerierte, dass sein Sieg für den Rückzug der Parther aus Syria entscheidend gewesen wäre, obwohl der in Wirklichkeit bereits vor seinem kurzen Scharmützel stattgefunden hatte:

> [...] das Gerücht von meinem Nahen machte Cassius [Caius Cassius Longinus, Statthalter von Syria], der in Antiochia belagert wurde, wieder Mut und den Parthern Angst; somit zogen sie ab, Cassius folgte ihnen und hatte Erfolg [...]. In Syrien war mein Name in aller Munde. (Atticus-Briefe 5,20,3)

Der geordnete Rückzug der Parther bedeutete für Cicero in jeder Hinsicht eine große Erleichterung. Der Prokonsul konnte noch einen weiteren militärischen Sieg verzeichnen, dieses Mal gegen die unbekannten Einwohner der Stadt Pindenissus. Nach 56 Tagen ließ er diese stürmen und beschrieb die Einnahme als einen heroischen Akt gegen gewalttätige und grausame Männer. Großzügig gestand er seinen Soldaten die Kriegsbeute mit Ausnahme der Gefangenen zu, die er sofort als Sklaven verkaufen ließ. Der Erlös verschaffte ihm eine große Summe Geld:

Am Morgen der Saturnalien haben die Pindenissiten sich mir ergeben, acht Wochen nach Beginn der Bestürmung. ›Zum Kuckuck! Was sind das für Leute, diese Pindenissiten?‹ wirst du sagen; ›den Namen habe ich noch nie gehört!‹ Dann kann ich es auch nicht ändern. Aus Kilikien ein Ätolien oder Makedonien zu machen war doch nicht möglich. Damit musst du dich schon abfinden: Heldentaten wie dort, noch dazu mit solch einer Truppe, habe ich hier nicht vollbringen können. […] Ich wandte mich gegen Pindenissus, eine starke Festung der freien Kilikier [sie waren Rom noch nicht untertan], die zu allen Zeiten gegen uns in Waffen gestanden hat, rohe Menschen, leidenschaftlich, bereit, sich mit allen Mitteln zu wehren. Ich zernierte sie mit Wall und Graben; mit einem gewaltigen Damm, Sturmlauben, einem hohen Belagerungsturm, zahllosen Geschützen und starkem Pfeilbeschuss kam ich unter großen Anstrengungen und Aufwand von Kriegsmaterial zum Ziel. Unsere Verluste waren nicht leicht, die Truppe als Ganzes aber intakt. […] Die Sklaven wurden heute, am dritten Saturnalientag, verkauft; der Erlös vor dem Tribunal beträgt etwa 120 000 Sestertien. (Atticus-Briefe 5,20,1 und 5)

Das ist eine bescheidene Summe; nicht bekannt ist jedoch die Endsumme aller Erlöse, die der Prokonsul aus dem Verkauf der Gefangenen in die Sklaverei erzielen konnte.

Für eine Beurteilung der Frage, ob objektive Gründe vorlagen, die das militärische Engagement Ciceros in Kilikien angeraten erscheinen lassen, fehlen uns hinreichende Informationen. Noch von Tarsus aus begann er in Rom die Fäden zu ziehen, die zur offiziellen Anerkennung seiner Erfolge führen sollten: der Verkündung eines mehrtägigen Dankfestes für die Götter *(supplicatio)* und – wenn möglich – der Zuerkennung des größten Ruhmes für einen Römer, eines Triumphes. Er schrieb von Kilikien aus an viele Politiker in Rom, von denen er sich Anerkennung und Unterstützung erhoffte. Unter ihnen befand sich auch Cato. Nachdem er mit großer Liebe zum Detail die Episoden, von denen wir aus dem Brief an Atticus erfahren haben, berichtet und ihn wenig überzeugend über sein geringes Streben nach Berühmtheit versichert hatte, erklärte er ihm den Sinn seiner Petition. Er rechtfertigte sie mit der Notwendigkeit, eine Reputation erlangen zu müssen, die sein ungerechtes Exil vergessen ließe und endlich die gerechte Belohnung für die Rettung Roms während seines Konsulats wäre:

[...] nach dem mir geschehenen Unrecht [...] meine ich jetzt, die Ehre erstreben zu sollen, mit der der Senat militärische Erfolge zu belohnen pflegt, um die ich einst nichts gegeben habe. Dass du diesen meinen Wunsch, in dem sich das lebhafte Verlangen nach Balsam für die mir geschlagene Wunde ausspricht, begünstigst und förderst, worum ich dich eben noch nicht bitten wollte, darum bitte ich dich jetzt also herzlich [...] dass viele für keinesfalls gleichwertige Taten die höchsten Ehren vom Senat [den Triumph] erhalten haben. [...] wirst du finden, dass mir bei der Schwäche meiner Armee gegen die Furcht vor einem schweren Kriege Billigkeit und Mäßigung den stärksten Schutz geboten haben. Mit Hilfe dieser Tugenden habe ich erreicht, was ich mit keiner Heeresmacht hätte erreichen können, dass ich unsre gänzlich entfremdeten, unzuverlässigen Bündner zu unbedingt zuverlässigen Freunden machen und die in Erwartung eines Umschwungs schwankende Stimmung in Ergebenheit für ihre alten Herren verwandeln konnte. [...] wird mir auf Grund meines offiziellen Berichtes mit deinem Votum Ehre zuteil, dann will ich glauben, dass ich die Erfüllung meines sehnlichsten Wunsches nur deinem gewichtigen Wort und deinem Wohlwollen für mich verdanke. (An die Freunde 15,4,13–16)

Ciceros Begehr wurde schließlich in Teilen nachgegeben: Der Senat gestand ihm im Mai 50 ein Dankesfest für seine militärischen Erfolge in Kilikien zu, wenn auch nicht im Umfang von so vielen Tagen, wie er gedacht hatte, dass sie seinen Erfolgen entsprächen. Cato stimmte jedoch dagegen. Er führte an, dass eine Politik der Versöhnung mit den dort ansässigen Stämmen weitaus angebrachter gewesen wäre als die Konfrontation, woraufhin Cicero ihn in einem Brief an Atticus als eine »sehr undankbare Person« bezeichnete. Der Einwand lässt jedoch Zweifel an den militärischen Unternehmungen Ciceros aufkommen. Der Senat dachte selbstverständlich nicht ernsthaft darüber nach, ihm die Ehre eines Triumphes zuzugestehen, die einen militärischen Erfolg weitaus größeren Ausmaßes, mit einer Mindestzahl an getöteten Feinden und ertragreicher Kriegsbeute erfordert hätte. Cicero freute sich trotzdem darauf, ihn bei seiner Rückkehr gewährt zu bekommen: »Briefe von meinen Freunden rufen mich zum Triumph, und dem darf ich mich, glaube ich, wegen dieser meiner politischen Wiedergeburt nicht entziehen« (Atticus-Briefe 6,7,4).

Nach der Einnahme der Stadt Pindenissus erklärte Cicero seine militärische Aktivität in der Provinz für beendet. Er ließ die Truppen unter der Aufsicht des Bruders Quintus zurück, der sie in die Winterquartiere führen sollte, und begab sich selbst nach Laodikea. Den Rest seines Mandats widmete er der zivilen und juristischen Verwaltung der Provinz. Er fürchtete eine Verlängerung seiner Amtszeit und zählte bereits erwartungsvoll die Tage bis zur Rückkehr in die *Urbs* – »es fehlen noch dreiunddreißig Tage«, schreibt er am 26. Juni 50 an Atticus.

Die Leitlinien, an denen sich die Handlungen eines Statthalters ausrichteten, waren in einem Edikt aufgeführt, das er zu Beginn seiner Amtszeit ausgab und das dann für den Zeitraum seines Aufenthalts gültig war. Für gewöhnlich ergänzten diese Edikte die der Vorgänger und schenkten darüber hinaus aktuell drängenden Angelegenheiten Beachtung. Cicero räumt ein, dass er sich in seinem Edikt auf viele Anordnungen stützte, die Quintus Mucius Scaevola während seiner kurzen Zeit in Asia zu Beginn des Jahrhunderts getroffen hatte. Scaevola war Ciceros Lehrer auf dem Gebiet der Jurisprudenz gewesen und wurde allgemein für die Integrität und Klugheit bewundert, mit der er in Asia agiert hatte. Cicero versprach in seinem Edikt, in erster Linie für eine Erleichterung der wirtschaftlichen Probleme zu sorgen, die die Gemeinden drückten, und das stets komplizierte Verhältnis zu den *publicani* und römischen Kaufleuten in der Provinz zu klären.

> Somit sorge ich für alle und stelle bisher alle zufrieden. Die Griechen sind außer sich vor Freude, dass sie vor einheimischen Richtern prozessieren dürfen. [...] Anscheinend möchtest du wissen, wie ich mit den Steuerpächtern auskomme. Ich poussiere sie, bin ihnen gefällig, spende ihnen Lobsprüche, zeichne sie aus und bringe es so fertig, dass sie niemandem zur Last fallen. [...] So zahlen die Griechen bei erträglichem Zinssatz, und die Steuerpächter sind hoch befriedigt, wenn sie ihr Geld in vollem Maße weghaben, dazu ehrenvolle Anerkennung und häufige Einladungen. [...] Sie alle stehen so vertraut mit mir, dass jeder sich für besonders bevorzugt hält [...]. (Atticus-Briefe 6,1,15–16)

Cicero, Repräsentant des imperialen Rom, stellt sich als Garanten für Frieden und Ordnung dar, als wahren Beschützer und Wohltäter der Untertanen des Imperium, deren Verwaltung ihm anvertraut worden ist. Er hatte vermieden, sie mit unmäßigen Steuern zu belasten oder ihnen Leistungen abzuverlangen, die ihm als Statthalter zugestanden hätten und die sein Vorgänger im Amt, Appius Claudius Pulcher, durchaus eingefordert hatte. Er beschreibt ihn als einen mitleidlosen Ausbeuter der Provinzialen, »die das Leben in Gänze satt hatten«; Claudius habe ihm »eine vom Schicksal gebeutelte und für immer vollkommen ruinierte Provinz« hinterlassen:

Nach Überschreiten des Taurus kolossale Spannung der mir unterstehenden Verwaltungsbezirke von Asia [...] Und für solche Wohltaten, über die die Leute hier vor Staunen starr sind, lasse ich mir Ehrenbezeugungen nur in Worten gefallen; Standbilder, Weihungen, Viergespanne lehne ich ab und falle den Gemeinden auch sonst nicht zur Last [...] Meine Reise durch Asia ist also so verlaufen, dass sogar die Hungersnot [...], die damals in dem zu meiner Provinz gehörigen Teil von Asia herrschte – man hatte so gut wie nichts geerntet –, mir zustatten kam: Wohin ich kam, überall habe ich ohne Gewaltmaßnahmen, ohne gerichtliches Vorgehen, ohne jemanden zu kränken, allein durch meine Autorität und gutes Zureden erreicht, dass alle, die Getreide aufgekauft hatten, Griechen und römische Bürger, der Bevölkerung große Lieferungen versprachen. (Atticus-Briefe 5,21,7–8 – Laodikea, 13. Februar 50)

Bei diesen Gerichtstagen, die ich vom 13. Februar bis zum 1. Mai hier in Laodikea [...] abgehalten habe, sind ganz erstaunliche Erfolge von mir erzielt worden; eine ganze Reihe von Gemeinden ist vollständig schuldenfrei geworden, viele wesentlich erleichtert; alle haben ihre eigenen Gerichte und leben nach ihren eigenen Gesetzen; so sind sie im Wiederbesitz der Autonomie richtig aufgelebt. Die Möglichkeit, ihre Schuldenlast abzustoßen oder zu erleichtern, verschaffte ich ihnen durch folgende zwei Maßnahmen: einmal dadurch, dass in meinem Verwaltungsbezirk überhaupt kein Aufwand für meine Person gemacht worden ist [...]. Dazu kam dann die zweite Maßnahme: In den Gemeinden stieß ich auf riesige Unterschlagungen durch die Griechen selbst, Unterschlagungen, die ihre eigenen Beamten gemacht hatten. Ich nahm mir selbst die Leute vor, die in den letzten Jahren ein Amt geführt hatten. Sie gaben es offen zu und brachten somit ohne sich beschämt zu fühlen der Bevölkerung eigenhändig ihr Geld wieder. Die Gemeinden aber zahlten ohne Murren an die Steuerpächter, an die sie in den letzten fünf Jahren nichts abgeführt hatten, sogar die Restschuld aus der vorhergehenden Periode. So bin ich bei diesen Liebkind. »Dankbare Leute«, sagst du. Das habe ich am eigenen Leibe erfahren. Auch meine sonstige Rechtsprechung ist verständnisvoll, milde und bemerkenswert entgegenkommend [...]. (Atticus-Briefe 6,2,4–5 – Laodikea, Anfang Mai 50)

Als sich das Datum der Abfahrt näherte, vergrößerte sich seine Sorge, denn er hatte noch keine Nachricht erhalten, wer ihn ersetzen sollte, und keinesfalls wünschte er sich gezwungen, in Kilikien zu bleiben und seinen Nachfolger zu erwarten. In Briefen äußert er den Gedanken abzureisen und Quintus die Provinz anzuvertrauen, nachdem Pomptinus bereits nach Italien aufgebrochen war. Quintus war ohne Zweifel die beste Option, aber Cicero wusste sehr wohl, dass das in Rom Anlass zu Gerede geben würde, konnte man dergleichen doch als Versuch interpretieren, seine Herrschaft über die Provinz durch Quintus aufrechtzuerhalten. Und außerdem hätte es ein großes Opfer für seinen Bruder bedeutet, der wie er Kilikien sehnlichst zu verlassen wünschte: »Er hasst die Provinz, und es gibt auch in der Tat nichts Hässlicheres, Lästigeres« (Atticus-Briefe 6,3,2). Schließlich überließ er Kilikien bis zur Ankunft des designierten Statthalters Gaius Caelius Caldus, dem neuen Quästor, obwohl er offen gestand, dass er nichts über ihn wusste, und ihn später als »einfältig, wenig gesetzt und unbeherrscht« charakterisierte. Letztlich gab es aber ansonsten niemanden, »den ich ohne Kränkung einem Gliede der Nobilität hätte vorziehen können« (Atticus-Briefe 6,7,3). Ein unerfahrener Mann war für die Verwaltung nicht die beste Lösung – »man konnte nichts anderes machen«, rechtfertigt er sich gegenüber Atticus –, aber das erlaubte ihm, Kilikien genau an dem Tag, an dem sich seine Ankunft jährte, zu verlassen.

Nachdem er sich also geradezu von seinem Amt befreit hatte, beeilte er sich, die lange Rückreise nach Italien anzutreten. Nach Zwischenhalten in Rhodos, Ephesos, Athen, Actium und Kerkyra kam er am 24. November 50 gegen 10 Uhr morgens im Hafen von Brundisium an, wo ihn seine Gattin Terentia erwartete, wie Cicero es von ihr gewünscht hatte. Es waren 19 Monate vergangen, seit er italischen Boden verlassen hatte. Seine Statthalterschaft sah er als gelungen an, aber sie war auch der Zeit seines Lebens ähnlich gewesen, die er am meisten verabscheute: seiner Verbannung. Damit glich seine Rückkehr – wie damals – »einer Wiedergeburt«.

14

DEN BÜRGERKRIEG ÜBERLEBEN
(49–47 v. Chr.)

Ciceros Briefwechsel auf dem Rückweg von Kilikien vermittelt viel von der Stimmung in Rom, der Gewissheit, dass ein Bürgerkrieg nicht mehr zu abzuwenden sei. Die Gerüchte über einen bevorstehenden Krieg ließen ihn immer besorgter werden, nicht nur wegen des erwarteten Zusammenbruchs der Gemeinschaft, sondern auch seinetwegen – er würde schwierige und riskante Entscheidungen zu treffen haben. Sollte er sich in den Konflikt einmischen oder sich lieber am Rande halten? Wenn er eingriff, auf welcher Seite? Der von Caesar oder von Pompeius? Wie schon bei anderen Gelegenheiten schien er außerstande, selbst Verantwortung zu übernehmen, und neigte dazu, Atticus – von dem er emotional sehr abhängig war – zu beschuldigen, er habe ihn in eine praktisch unlösbare Situation hineinmanövriert, weswegen er es nun vorzog, sich unsichtbar zu machen, um nicht Stellung beziehen zu müssen:

Ich meine einen Kampf kommen zu sehen [...], wie wir ihn noch nicht erlebt haben. Zugegeben, dies Unglück trifft mich zusammen mit allen andern; nicht daran sollst du denken: Befasse dich bitte mit dem Problem, das mir ganz persönlich gestellt ist. Bist du es doch, der mir geraten hat, mich mit beiden zu stellen! [...] So habe ich es denn getan und es mit meiner Willfährigkeit erreicht, dass einer wie der andere mich schätze wie keinen zweiten. Dachte ich doch, als Pompeius' Freund niemals mit den Belangen des Vaterlandes in Konflikt zu geraten, oder als Anhänger Caesars mit Pompeius kämpfen zu müssen: So eng verbunden waren die beiden. Jetzt droht ein schwerer Streit zwischen ihnen, wie du es offen aussprichst und ich es auch kommen sehe. Und beide zählen auf mich, falls nicht der eine [Caesar] nur so tut [...]. Von beiden habe ich gleichzeitig mit dem deinigen Briefe erhalten, aus denen hervorgeht, dass beide auf mich offensichtlich den größten Wert legen. Was soll ich nun machen? Ich habe nicht den äußersten Fall im Auge – wenn es zu einem Waffengang kommt, ist es wahrscheinlich besser, mit dem einen zu unterliegen [Pompeius] als mit dem anderen zu siegen –; ich meine die Fragen, die nach meiner Heimkehr auf der Tagesordnung stehen werden: […] Was soll ich dann sagen? ›Warte bitte, bis ich mit Atticus gesprochen habe?‹ […] wie wünschte ich, jetzt noch in der Provinz zu weilen! (Atticus-Briefe 7,1,2–5)

Cicero sah sich als Gefangenen seiner Beziehungen zu Caesar wie zu Pompeius, und obwohl er sich Pompeius näher fühlte – »für mich wird das einzige Schiff das sein, das Pompeius zum Steuermann hat« –, war ihm die Vorstellung zuwider, zu offenen Fragen wie dem Oberbefehl Caesars in Gallien und dessen eventueller Kandidatur für den Konsulat (52 war auf die gemeinsame Initiative aller Volkstribunen hin ein Gesetz angenommen worden, das ausdrücklich Caesars Kandidatur für den Konsulat während seiner Abwesenheit erlaubte) Stellung beziehen zu müssen, wenn er nach Rom kam. Aber er würde sich gegen Caesar aussprechen, den er bei anderen Anlässen mit Vehemenz verteidigt hatte: Cicero vertrat die Ansicht, dass man Caesar zu viel Macht eingeräumt hatte und »die Hoffnung auf Widerstand« allein bei Pompeius lag; daher wusste er, dass die Antwort, wenn man ihn um seine Meinung bitten sollte, nur lauten konnte: »Ich stehe zu Pompeius!« (Atticus-Briefe 7,3,5) Er war sich, so betont er, in jeder Hinsicht bewusst, dass die Republik im Fall eines Krieges »eine enorme Gefahr« einging, und ermunterte Pompeius keineswegs, diesen Weg einzuschlagen, sondern die Eintracht zu suchen. Gleichzeitig setzten ihn sowohl Caesar als auch dessen enger Mitarbeiter Balbus unter Druck, damit er sich zum Lager Caesars bekenne. Erschwerend kam hinzu, dass Cicero Caesar bereits seit einigen Jahren eine nicht geringe Menge Geld schuldete; nun fürchtete er, dieser könnte es sofort zurückverlangen, falls er sich seinem Gläubiger gegenüber allzu feindselig zeigte:

Aber du weißt ja, wie viel er noch zu fordern hat. Glaubst du also, dass mir das wahrscheinlich jemand vorhält, wenn ich zu lau bin, oder, bin ich zu forsch, er sein Geld fordert? Was ist da zu tun? »Zahlen wir!« sagst du. Also gut, dann wollen wir bei Caelius borgen! Überleg' dir doch bitte die Sache; ich fürchte, wenn ich einmal im Senat unverblümt für den Staat eintrete [und damit gegen Caesar], sagt dein Freund aus Tartessus [er bezieht sich auf Balbus, der aus Gades stammte, einer Stadt phönizischen Ursprungs, die in der Nähe des mythischen Tartessos lag] beim Nachhausegehen zu mir: »Sei doch so gut und lass das Geld überweisen!« (Atticus-Briefe 7,3,11 – 9. Dezember 50)

In seiner schon als Normalfall zu bezeichnenden Unfähigkeit, in persönlich kompromittierenden Situationen Entscheidungen zu treffen, gab anscheinend das von Anfang an sehr negative Urteil über Caesars Gefolgsleute den Ausschlag:

> [...] so viel sehe aber auch ich, wir haben es mit einem kühnen, wohlgerüsteten Manne zu tun; alle Verurteilten, alle durch Schande Gebrandmarkten, alle, die Verurteilung und Brandmarkung verdienen, stehen auf seiner Seite, fast die gesamte Jugend, der ganze verkommene Großstadtpöbel, die Tribunen, stark, da Cassius dabei ist, alle Verschuldeten [...]. Einzig die Parole fehlt seiner Sache, alles andere hat er im Überfluss. (Atticus-Briefe 7,3,5)

Er erkannte das enorme militärische, aber auch politische Potential, auf das Caesar bauen konnte; das betraf sowohl Truppen der Infanterie und Kavallerie, aber auch die Unterstützung von Seiten der Bevölkerung Italiens und der stadtrömischen Plebs. Das ließ ihn zu einem Gegner werden, den man zu fürchten hatte, dem man »Widerstand hätte leisten müssen, als er schwach war und das noch einfach gewesen wäre«; nun aber drohte jede bewaffnete Auseinandersetzung die Republik ins Unheil zu stürzen:

> Jetzt hat er elf Legionen, Reiterei, so viel er will, die Transpadaner, den Stadtpöbel, eine Reihe von Volkstribunen, die verkommene Jugend, er selbst eine hoch angesehene, tollkühne Führerpersönlichkeit: Mit der müssen wir kämpfen auf Leben und Tod oder seine legitimen Ansprüche [auf den Konsulat] gelten lassen. (Atticus-Briefe 7,7,6 – geschrieben in seinem Landgut bei Formiae, kurz nach dem 18. Dezember 50)

Nach Reisen durch ganz Italien im Dezember mit Aufenthalten auf seinen Anwesen in Pompeji und Formiae stand der Mann aus Arpinum am 4. Januar 49 vor den Toren Roms: einen Tag, nachdem er 57 Jahre alt geworden war, und kaum eine Woche vor Ausbruch des Bürgerkriegs. Da er beantragt hatte, man möge ihm einen Triumphzug für die Siege in Kilikien gewähren, war es ihm nicht erlaubt, die Stadt zu betreten, bis man den Antrag im Senat verhandelt hatte. Ein Militär durfte nämlich das Pomerium nicht übertreten, die heilige Grenze der Stadt Rom, in der allein die zivile Autorität galt. Wenn ein Prokonsul das Pomerium überschritt, gab er seine militärische Amtsgewalt automatisch ab; das machte es nach dem Gesetz unmöglich, noch mit einem Triumph ausgezeichnet zu werden. Wer glaubte, hinreichende Verdienste erworben zu haben, um derart ausgezeichnet zu werden, sollte außerhalb der Stadt warten. Das also tat Cicero. Bezeichnenderweise nahm seine Sorge, ob man ihm den Triumph zugestehen würde, nun beinahe den gleichen Raum ein wie die Angst vor einem Bürgerkrieg. Ein Triumph Ciceros stand jedoch auf der Liste der politischen Fragen, die Rom in diesem Moment zu bewältigen hatte, an letzter Stelle. Sie wurde inmitten der Ereignisse, die schließlich zum Bürgerkrieg führten, von den Senatoren nicht einmal diskutiert.

Seit es Pompeius gelungen war, im Alleinkonsulat die Normalität in dem bewegten Jahr 52 in Rom wiederherzustellen, suchte man – mit Cato an der Spitze – mit allen zur Verfügung stehenden Mitteln Caesar die Macht zu entreißen. Caesars Gegner hatten drei Ziele: ihn als Prokonsul von Gallien abzusetzen; zu vermeiden, dass er, wie das Gesetz es vorsah, erneut den Konsulat erlangte, zehn Jahre nachdem er dieses Amt bekleidet hatte; ihn schließlich vor Gericht zu bringen und verurteilt zu sehen.

Zu den aktivsten Gegnern Caesars gehörte einer der Konsuln des Jahres 51, Marcus Claudius Marcellus. Er schlug vor, Caesar noch vor Ende des Jahres abzusetzen und das in Gallien stationierte Heer abzuziehen, weil der große gallische Aufstand unter Führung von Vercingetorix niedergeschlagen worden sei und damit der Krieg in dieser Provinz für beendet erklärt werden könne. Marcellus wollte zudem ein Dekret, das es Caesar verbot, sich während seiner Abwesenheit *(in absentia)* als Konsul zur Wahl zu stellen. Das sollte die vorausgegangene Ermächtigung aufheben und Caesar ohne gesetzlichen Schutz für den Fall lassen, dass irgendjemand Anklage gegen ihn erhob. Zweifellos gab es Personen, die bereit waren, genau das zu tun. Er hatte nämlich sein Amt aufzugeben und wieder zu einem einfachen Bürger zu werden, wenn er sich zur Wahl stellen wollte. Die Vorschläge wurden angesichts der Opposition des anderen Konsuls, des bekannten Juristen Sulpicius Rufus, und einiger Volkstribune, die angekündigt hatten, von ihrem Vetorecht Gebrauch zu machen, vom Senat nicht angenommen. Aber die Frage der möglichen Suspendierung des Mandats für Caesar als Prokonsul in Gallien und die seiner Kandidatur in Abwesenheit wurden in dem politischen Konflikt, der schließlich in den Krieg führte, weiterhin diskutiert. Pompeius, der seit dem Bündnis mit dem Senat während des Jahres 52 wieder der starke Mann in Rom war, hatte sich nicht offen gegen Caesar gewandt, sondern verhielt sich wie gewöhnlich ambivalent. Es gab jedoch ausreichend Anzeichen dafür, dass er ruhigen Gemütes zusehen würde, wenn man den Rivalen seiner Amtsgewalten enthob.

Mit dem Ziel, seine Interessen zu schützen, solange er sich in Gallien aufhielt, suchte Caesar die Unterstützung einiger der Magistrate, die 50 gewählt worden waren. Unter ihnen befand sich der Volkstribun Gaius Scribonius Curio, für Cicero ein Hoffnungsträger, weil er ihm selbst ideologisch nahe zu stehen schien. Es lässt sich nicht beweisen, aber doch vermuten, dass Curio von Caesar bestochen worden war, denn dieser hatte die hohen Schulden seines neuen jungen Verbündeten beglichen. Die Unterstützung durch Curio war wichtig, denn über das Vetorecht der Volkstribunen *(intercessio)* ließen sich unbequeme Gesetzesvorhaben bremsen. In den Folgemonaten betrieb Curio eine Verzögerungspolitik. So legte er im März 50 sein Veto ein, als man erneut über eine mögliche Amtsenthebung Caesars debattierte. Am 1. Dezember kam in einer Senatssitzung erneut die Frage der prokonsularischen Amtsgewalt von Caesar offen zur Sprache. Curio unterbreitete einen Kompromissvorschlag: Sowohl Caesar als auch Pompeius, der nach wie vor als Prokonsul der beiden hispanischen Provinzen im Amt war, sollten auf ihre Militärkommanden verzichten und ihre Heere auflösen. Diese Initiative wurde von einer überwältigenden Mehrheit der Senatoren unterstützt: 370 stimmten dafür und nur 22 dagegen.

Das Ergebnis der Abstimmung zeigt, dass sich der radikalste Flügel der Gegner Caesars in der Minderheit befand und für die überwiegende Mehrheit der Senatoren und schließlich auch der Ritter und italischen Aristokraten das Wichtigste die Verhinderung eines Bürgerkriegs war. Das war auch der Wille der stadtrömischen Plebs, die unter jedem kriegerischen Konflikt auf italischem Boden am meisten zu leiden hatte, daher das Abstimmungsergebnis mit Begeisterung aufnahm und in den folgenden Tagen klar hinter Curio stand. Ein Bürgerkrieg würde die Wirtschaft Roms und Italiens schwerwiegend schädigen; zudem waren Grausamkeiten und Repressalien zu befürchten. Dennoch zeigten sich weder Caesar noch Pompeius bereit, von den Kommanden zurückzutreten, auf die ihre Vorrangstellung in der römischen Gesellschaft gründete. Der Krieg, der nun bald beginnen sollte, hatte in letzter Konsequenz die Auflösung des republikanischen Systems zur Folge; aus der persönlichen Perspektive der beiden Politiker und Feldherrn handelte es sich bei der Auseinandersetzung zwischen ihnen vor allem um eine Frage der persönlichen Würde *(dignitas)*. Vor seinen Soldaten führte Caesar diesen Grund an, um wenig später die Invasion in Italien zu beginnen.

In den Wochen darauf überstürzten sich die Ereignisse. Ohne die Abstimmung des Senats vom 1. Dezember zu beachten und ohne eine Legitimation durch ein Senatsdekret beauftragte der Konsul Gaius Marcellus allein Pompeius – wegen der vermeintlichen Gefahr, die von Caesar ausging – mit dem Schutz der Republik. Er verlieh ihm das Kommando über die in Italien stehenden Truppen und erteilte ihm die Vollmacht, neue Soldaten zu rekrutieren. Der Anlass waren Gerüchte, die sich als falsch erweisen sollten: Caesar marschiere mit seinem Heer auf Rom, hieß es. Pompeius, der schon 52 ohne zu zögern seine Ernennung zum alleinigen Konsul akzeptiert hatte, nahm auch jetzt den Auftrag von Marcellus an und begab sich sofort in den Süden Italiens, wo er sich an die Spitze zweier Legionen stellte. Dort, in Kampanien, traf Pompeius auf Cicero, der sich gerade auf dem Rückweg nach Rom befand. Ihr Gespräch am 10. Dezember dauerte zwei Stunden:

> Anscheinend war er über mein Kommen sehr erfreut; er redete mir zu, mich um den Triumph zu bewerben, und versprach mir, dafür zu tun, was er könne; warnte mich, in den Senat zu gehen, bevor ich meine Sache erledigt hätte, um mir nicht bei der Abstimmung einen der Tribunen zum Feinde zu machen [...]. Über die politische Lage äußerte er sich mir gegenüber so, als ob am Ausbruch des Krieges nicht mehr zu zweifeln wäre: kein Gedanke an gütliche Einigung [...]. Mich tröstet nur das eine, dass ich ihn [Caesar], dem sogar seine persönlichen Feinde ein zweites Konsulat und das Glück eine solche Machtstellung gewährt haben, nicht für so verrückt halte, dass er all das aufs Spiel setzt. Kommt der Stein erst einmal ins Rollen, ja, dann befürchte ich Dinge, die ich nicht zu Papier zu bringen wage. (Atticus-Briefe 7,4,2)

An eben diesem 10. Dezember des Jahres 50 traten – wie es Brauch war – die Volkstribunen von 49 ihr Amt an. Unter ihnen waren zwei entschlossene Parteigänger Caesars, bereit, seine Interessen durchzusetzen: Quintus Cassius Longinus und Marcus Antonius, der zukünftige Triumvir und die rechte Hand Caesars. Letzterer startete in verschiedenen Volksversammlungen eine Kampagne gegen Pompeius, die einer militärischen Besetzung der Stadt mit dem vordergründigen Ziel diente, Störungen der öffentlichen Ordnung vorzubeugen.

Im letzten Brief an Atticus vor Beginn des Bürgerkriegs, in den letzten Dezembertagen, legte Cicero, der es vorzog, noch einige Tage auf dem Gut in Formiae zu verbringen, statt sich zu beeilen, nach Rom zu kommen, mit Weitsicht alle möglichen Alternativen dar, die die politische Situation bot – auch die, die wenige Tage später tatsächlich eintreten sollte. Cicero schien zu diesem Zeitpunkt bereits jede Hoffnung auf eine Einigung aufgegeben zu haben. Er hatte sich am

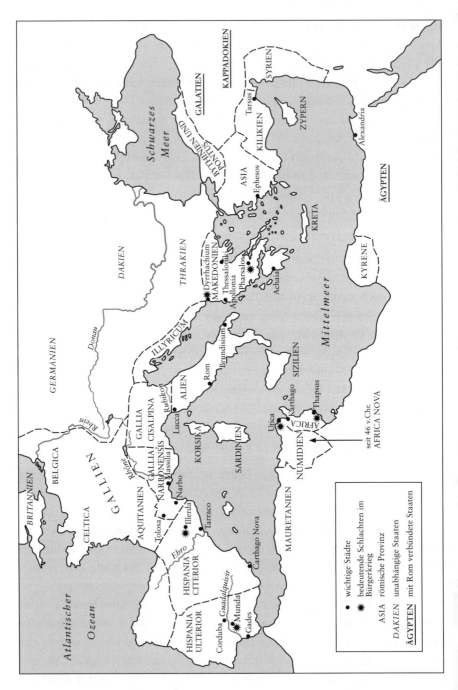

Karte 5: Das Römische Reich zur Zeit Caesars

25. Dezember noch einmal mit Pompeius besprochen, der jedoch »nicht einmal mehr den Wunsch« nach Frieden erkennen ließ und sich seiner Kräfte für den Fall einer kriegerischen Auseinandersetzung sehr gewiss war.

Wir können Caesars Forderung bewilligen, während er sein Heer behält: Das hängt vom Senat oder den Volkstribunen ab. Wir können ihn zu überreden suchen, Provinz und Heer abzugeben und so Konsul zu werden. Lässt er sich darauf nicht ein, so können die Wahlen vorgenommen werden ohne Rücksicht auf seine Forderungen, und er lässt es, im Besitz seiner Provinz, geschehen. Verhindert er das durch Einspruch der Volkstribunen, bleibt aber sonst ruhig, so kommt es zum Interregnum. Führt er seine Armee heran, weil wir auf seine Forderungen nicht eingehen, so kommt es zum Krieg. Dann wird er mit den Feindseligkeiten beginnen und zwar entweder, solange wir noch nicht ganz fertig sind, oder, sobald seine Anhänger mit ihrer Forderung nach Berücksichtigung seines ihm durch Gesetz zuerkannten Rechtes in der Volksversammlung nicht durchdringen. Ferner kann er zu den Waffen greifen einzig aus diesem Grunde, dass ihm sein Recht verweigert wird; es kann aber auch ein weiterer Anlass hinzutreten, falls etwa ein Volkstribun wegen Interzession im Senat oder Aufputschung des Volkes gerügt, durch Senatsbeschluss in der Ausübung seines Amtes eingeschränkt, seines Amtes enthoben oder vertrieben wird bzw. vertrieben zu sein vorgibt und sich zu ihm flüchtet [wie die Volkstribunen Antonius und Cassius Longinus das tatsächlich taten]. [...] Eins dieser Übel müssen wir auf jeden Fall über uns ergehen lassen; es fragt sich eben nur, welches das geringste ist. (Atticus-Briefe 7,9,2)

Eine Senatssitzung am 1. Januar 49 war der Auftakt für den Konflikt. Ungeachtet versöhnlicherer Vorschläge beschlossen die Senatoren, dass Caesar sein Heer zu entlassen habe, sahen sie sich doch gezwungen, entweder für Pompeius – der damit drohte, seinen Schutz abzuziehen, wenn man keinen Entschluss gegen Caesar fasse – oder für den abwesenden Prokonsul Partei zu ergreifen. Falls er sich weigere, werde man das als Handeln gegen die Interessen des Staates auffassen. Die Volkstribunen Antonius und Cassius Longinus legten gegen diese Entscheidung ihr Veto ein. Caesar machte daraufhin ein Gegenangebot: Er werde sein Heer mit Ausnahme einer Legion auflösen, diese habe bis Ende 49 unter seinem Kommando zu bleiben. Im Gegenzug solle man ihm gestatten, sich im Sommer des Jahres bei den Wahlen zum Konsul zu stellen.

Die Bedingungen zeigten, dass Caesar kaum eine militärische Gefahr bedeuten konnte, legte er doch klar dar, dass sein Hauptziel darin bestand, wieder als

Konsul tätig sein zu können. Aber das war für seine Erzfeinde in Rom keinesfalls zu akzeptieren, die alles taten, damit der Senat am 7. Januar den Ausnahmezustand *(senatus consultum ultimum)* verkündete und Caesar als Prokonsul von Gallien absetzte. Um zu verhindern, dass Antonius und Cassius Longinus erneut ihr Veto einlegten, schloss man beide Volkstribune aus der Curia aus. Sie begaben sich sofort in Caesars Feldlager und lieferten ihm – wie Cicero vorhergesagt hatte – mit ihrer Anwesenheit Argumente, um die Situation in Rom als einen wahrhaftigen Staatsstreich darzustellen: Eine oligarchische Parteiung putschte gegen die Freiheit des römischen Volkes und gegen die Republik selbst. Am 10. Januar 49 überschritt Caesar mit seinem Heer den Fluss Rubikon, der die Grenze seiner Provinz nach Süden bildete, und marschierte in Italien ein. Wie er selbst lakonisch konstatierte, waren die Würfel gefallen *(alea iacta est)*. Damit hatte der Bürgerkrieg begonnen, in dem Caesar und Pompeius um die Macht in der Republik kämpften, tatsächlich jedoch der römischen Republik für immer ein Ende setzten.

Cicero erlebte diese Ereignisse voller Angst und Beklemmung, aber auch mit einer gewissen Passivität. Er hatte kaum etwas dafür getan, um den Krieg zu vermeiden, sondern sich im Gegenteil nach und nach selbst von der Unvermeidbarkeit des Unglücks überzeugt und davon, dass Pompeius' Seite für ihn die einzig mögliche war – »wie der Ochse seiner Herde, so folge ich den guten Männern«. Dass er verpflichtet war, außerhalb von Rom auf die mögliche Bewilligung eines Triumphes zu warten, kam ihm nun zupass: Er nahm nicht an den Senatssitzungen teil und äußerte sich also auch nicht über die entscheidenden Fragen, die man dort diskutierte.

Wenn seine Sympathie für Pompeius auch offensichtlich war, so war er in seinem Innersten doch überzeugt, dass am Ende in jedem Fall die Tyrannis stehen würde: »Wir müssen Frieden behalten. Der Sieg gebiert unter anderen Übeln zweifellos den Tyrannen« (Atticus-Briefe 7,5,4). Seine pessimistische Prognose schloss auch Pompeius ein, aber Caesar war eindeutig die schlechtere Wahl: Bei seinem Sieg hätte man die gleichen Verbrechen zu fürchten, die Cinna begangen, und die gleichen Proskriptionen, die Sulla angeordnet hatte, also den Tod, das Exil und den wirtschaftlichen Ruin für viele Familien. Die Verantwortlichkeit für den Ausbruch des Konflikts war für ihn klar: Der Bürgerkrieg hatte »nicht in der Zwietracht der Bürger seine Wurzel, sondern in der Verwegenheit eines einzelnen Bürgers« (Atticus-Briefe 7,13,1), Caesars, dessen maßlosem Ehrgeiz er die Schuld gab und den er mit Hannibal verglich, einem der großen Gegner Roms:

Reden wir hier eigentlich von einem Imperator des römischen Volkes oder von Hannibal? Dieser elende, wahnsinnige Kerl, der niemals auch nur einen Hauch des Edlen verspürt hat! Und da sagt er noch, er tue dies alles, um seine Ehre zu wahren. Aber was heißt Ehre ohne Anstand? Ist es etwa anständig, ein Heer in der Hand zu haben, das einem nicht der Staat gegeben hat? Bürgerstädte zu besetzen, um leichter an die Vaterstadt heranzukommen? Schuldenerlass, Rückführung von Verbannten und tausenderlei andere Verbrechen [...]? (Atticus-Briefe 7,11,1 – geschrieben um den 20. Januar 49)

Entscheidend war nun die Kriegsstrategie des Pompeius: »Soll man die *Urbs* halten oder sie eher aufgeben und Caesar und den Rest seiner Truppen von der Versorgung abschneiden?«, hatte Cicero am 27. Dezember geschrieben. Pompeius hatte in Italien nur zwei Legionen zur Verfügung; die militärische Hauptmacht konzentrierte sich in Hispanien, wo seine Legaten über sieben Legionen verfügten, denen er vertrauen konnte. Aber die Entfernung war zu groß, als dass sie ins Geschehen eingreifen konnten. Pompeius entschied sich für eine längerfristige Strategie: Er gab Italien verloren, um den Krieg in den östlichen Mittelmeerraum zu verlagern und Rom dann von dort aus zurückzuerobern, während das Heer in Hispanien Caesar von Westen aus angriff. Voraussetzung für diesen Plan war die Kontrolle des Mittelmeers mit Hilfe einer mächtigen Flotte. Angesichts des schnellen Vorrückens von Caesar aus dem Norden Italiens, der damit drohte, Rom einzukreisen sei eine Frage weniger Tage, fasste Pompeius den Entschluss, die *Urbs* am 17. Januar zu verlassen und sich mit den Konsuln des Jahres 49 sowie einer großen Anzahl von Senatoren in den Süden von Italien zu begeben. Cicero nahm, wie er das in Briefen angekündigt hatte, mit Bedenken und Zweifeln, aber diszipliniert Pompeius' Entscheidung hin und folgte dem Feldherrn einen Tag später. Nun war also der Krieg ausgebrochen und er hatte Partei ergreifen müssen, aber die Vorstellung, Rom und gar Italien verlassen zu müssen, gefiel ihm überhaupt nicht: »Hals über Kopf habe ich mich entschlossen, noch vor Tagesanbruch abzureisen, damit kein Aufsehen oder Gerede entsteht, wo ich die lorbeergeschmückten Liktoren bei mir habe.« Da er immer noch auf die Entscheidung über seinen Triumph wartete, begleiteten ihn die Liktoren, die sein militärisches Mandat als Prokonsul symbolisierten; lorbeerbekränzt waren sie aufgrund der Dankesfeier, die der Senat im Jahr 50 zu Ehren der Siege in Kilikien beschlossen hatte.

Im übrigen weiß ich wahrhaftig nicht, was ich jetzt und weiterhin tun soll, so kopflos bin ich infolge der Übereilung unseres unsinnigen Entschlusses [die *Urbs* zu verlassen]. [...] Wozu unser Gnaeus sich entschlossen hat oder sich entschließt, weiß ich nicht; zur Zeit sitzt er in den Landstädten herum und kann sich nicht rühren, unfähig, einen Gedanken zu fassen. Bleibt er in Italien, so gehen wir alle zu ihm; weicht er, so muss ich mir überlegen, was ich tue. Bisher jedenfalls bin entweder ich verrückt oder alles wird dumm und unüberlegt angepackt. (Atticus-Briefe 7,10 – geschrieben nahe Rom am 18. Januar 49)

Einige Tage später bringt er seine Überzeugung zum Ausdruck, dass Pompeius' Rückzugsplan ein Fehler war; das wiederholt er dann in beinahe jedem Brief aus den ersten Kriegswochen. Trotz allem begab er sich in den Süden. Pompeius hatte ihn in seiner Eigenschaft als Prokonsul damit beauftragt, die Stadt Capua in Kampanien zu kontrollieren. Er hatte dieses Amt offiziell nicht aufgegeben, und aufgrund des *senatus consultum ultimum*, das sich an alle amtierenden Magistrate richtete, stand es ihm zu. Seine Aufgabe in Kampanien war die Aushebung möglichst vieler Soldaten, die die Reihen des Pompeius vergrößern sollten. In dieser Region hatte man in den 50er-Jahren Veteranen, die unter dem Kommando des Pompeius im Osten gekämpft hatten, angesiedelt – mit Hilfe der gesetzlichen Verfügungen, die Caesar während des Konsulats 59 getroffen hatte. Cicero hatte jedoch entweder mangels eigener Entschlusskraft oder mangels Interesses der Einwohner dieser Region kaum Erfolg bei der Rekrutierung von Soldaten:

Was hältst du von Pompeius' Entschluss – ich meine, dass er die Hauptstadt verlassen hat? Ich weiß mir keinen Vers darauf zu machen. In diesem Augenblick doch der größte Blödsinn! Die Hauptstadt willst du aufgeben? Also auch wohl, wenn die Gallier kämen? [Er bezieht sich auf die Plünderung Roms durch die Gallier 390 v. Chr., die sich im kollektiven Gedächtnis der Römer für immer eingegraben hatte] »Häuser bedeuten nicht den Staat!« heißt es darauf. Aber Altäre und Herdstätten! [...] dass die Hauptstadt ohne Magistrate, ohne Senat ist [...]. Meine Aufgabe ist wenig aufregend. Auf Pompeius' Wunsch bin ich Kommissar im Bereich Kampaniens und des gesamten Küstendistrikts hier, dem die Aushebung und die Leitung des gesamten Geschäfts obliegt. So denke ich, bald hier, bald dort zu sein. (Atticus-Briefe 7,11,3–5)

KAPITEL 14

Unser Protagonist wusste, dass sich die Parteigänger des Pompeius durch dessen Schuld militärisch und materiell klar im Nachteil befanden: »[...] wir sind schandbar schlecht gerüstet, was die Mannschaft angeht und vor allem die Finanzen; alles Geld, nicht nur die Privatvermögen in der Hauptstadt, auch den Staatsschatz im Aerar haben wir ihm überlassen« (Briefe an Atticus 7,15,3). Wie viele andere Senatoren (»sogar Cato zieht die Sklaverei dem Krieg vor«) war er einer Politik der Zugeständnisse nicht abgeneigt. Aber der Krieg war nicht zu verhindern, und Caesar rückte unaufhaltsam gen Süden vor: Er verfolgte Pompeius, ohne auf großen Widerstand zu treffen, viele Städte öffneten ihm sogar freiwillig ihre Tore. Ciceros Bedenken waren die immer gleichen: Was tun? Wie weit sollte er sich mit Pompeius' Interessen identifizieren?

> Zum Bleiben rät mir die Jahreszeit, meine Liktoren und die fahrlässige Unbe-
> kümmertheit unserer Führer, zur Flucht meine freundschaftlichen Gefühle
> für Gnaeus, die gute Sache [der *boni*], die Schande, sich mit einem Tyrannen
> einzulassen [...]. (Atticus-Briefe 7,21,1–2 – Capua, 5. Februar 49)

Cicero war über Caesars rasches Vorrücken erstaunt – »Was für eine unglaubliche Geschwindigkeit!« – und verzweifelte an der Lethargie, die er bei Pompeius beobachtete: Dem fehlte es an Truppen und einer erkennbaren Strategie. Sollte er Pompeius trotzdem folgen, gleichgültig, wohin – sicherlich der ehrenvollere Weg? Oder sollte er sich Caesar ausliefern und auf dessen Großzügigkeit vertrauen? Das war zwar weitaus weniger ehrenvoll, aber vielleicht wesentlich pragmatischer?

> Und ich, was soll ich tun? Wie soll ich, sei's zu Wasser oder zu Lande, den er-
> reichen, dessen Aufenthaltsort ich nicht kenne [Pompeius]? Und wollte ich's
> zu Lande versuchen – unmöglich! Und übers Meer – welches? Also soll ich
> mich dem andern ausliefern [Caesar]? Angenommen, das ginge ohne persön-
> liche Gefährdung – viele raten mir ja dazu: ob auch in Ehren? Auf keinen Fall.
> (Atticus-Briefe 7,23,2 – Formiae, 9. Februar 49)

Pompeius' Verhalten hielt er für »unwürdig« und »beschämend«, unterstrich aber seine Bereitschaft, aktiv am Krieg teilzunehmen: »Gibt es aber Krieg, und das wird wohl nicht ausbleiben, soll es an mir nicht fehlen. [...] so schließe ich mich Pompeius an« (Atticus-Briefe 7,27,2–3 – 13. Februar); und den Willen, sein Schicksal lieber an die zu binden, »die man die Guten heißt, als den Anschein erwecken, ich wäre mit ihnen nicht einverstanden« (Atticus-Briefe 8,1,3 – 15. Februar). Zwei Tage darauf zeigte sich jedoch, wie sein Wille, Caesar Widerstand zu leisten, bereits schwand und dass er sich immer häufiger fragte, ob Pompeius tatsächlich in der Lage wäre, dem römischen Staat seine Stabilität wiederzugeben:

> Elend treiben wir uns mit Weib und Kind herum, und auf das Leben dieses einen Mannes, der alljährlich gefährlich erkrankt, setzen wir all unsere Hoffnung [...]. Mit Freuden könnte ich für Pompeius sterben; ich liebe ihn wie keinen andern. Dass aber das Heil des Vaterlandes von ihm allein abhängt, wie du meinst, glaube ich nicht recht. (Atticus-Briefe 8,2,3–4 – 17. Februar 49)

Derart mit sich ringend, überzeugte Cicero sich schließlich selbst, dass eigentlich Pompeius der einzig Schuldige an der gesamten Situation sei: erstens, weil er den Aufstieg Caesars toleriert und sogar befördert hatte, als man ihn noch hätte verhindern können; zweitens wegen seiner »äußerst beschämenden« Flucht aus Rom; dann hatte er auch noch das gesamte Staatsvermögen den Händen des Feindes überlassen, und schließlich verfügte er weder über »einen Grund, noch Kräfte oder irgendeine Basis«, um die Republik zu verteidigen. Unter diesen Bedingungen, »ohne militärische Unterstützung und Geld«, trat Cicero von seinem Kommando in Capua zurück und begab sich nicht nach Luceria in Apulien, um dort Pompeius zu treffen, der ihn dringend darum gebeten hatte.

In den Briefen an Atticus gewannen Argumente die Oberhand, die eher ihn selbst als seinen Freund überzeugen sollten, Italien nicht zu verlassen, ohne »eine Vorstellung davon zu haben, von wo es wohin gehen solle«. Zudem war das mit der Gefahr verbunden, im Winter segeln zu müssen, denn nach dem astronomischen Jahr war es erst Anfang Januar. Überzeugt von Pompeius' Führungsschwäche, dessen einziges Ziel die Flucht zu sein schien – dieses Mal aus Italien, wie zuvor schon aus Rom –, zog Cicero sich nach Formiae zurück. Dort kam er am 20. Februar an und verzichtete im Abwarten der Geschehnisse auf eine aktive Rolle in der Krise. Seine seelische Verfassung fasste er in einem Satz zusammen, den Plutarch überliefern und der in der Antike Berühmtheit erlangen sollte: »Ich weiß, vor wem ich zu fliehen habe, aber nicht, wem ich folgen soll« (Atticus-Briefe 8,7,2). Caesar misstraute er nach wie vor ganz, aber auch Pompeius traute er nicht mehr:

> Oder meinst du, ein Abkommen zwischen ihnen sei unmöglich gewesen, sie hätten sich nicht einigen können? Noch heute ist es möglich. Aber beide streben nur nach der Alleinherrschaft, unser Glück ist ihnen gleichgültig. (Atticus-Briefe 8,11,2 – Formiae, 27. Februar 49)

Wie Cicero befürchtet hatte, verließ Pompeius schließlich Italien und schiffte sich mit seinen Soldaten nach Dyrrhachium ein, das an der griechischen Küste von Epirus lag, bevor Caesars Armee ihn erreichen konnte. Ihn begleiteten neben den meisten Senatoren, die ihm auf der Flucht aus Rom gefolgt waren, auch einige Volkstribunen und die beiden Konsuln. Cicero blieb in Italien, unschlüssig, ob er nicht doch nach Griechenland segeln, was »ehrenvoller«, statt bleiben sollte, was »zweifelsohne klüger« gewesen wäre. Ihn quälten Gewissensbisse:

> Bisher war ich ängstlich beklommen und musste es wohl sein, wo die Sache so stand und alle meine Überlegungen zu nichts führten; jetzt, wo Pompeius und die Konsuln Italien verlassen haben, bin ich nicht länger beklommen, sondern brenne vor Schmerz: »Fort ist der feste Mut und alle Besinnung dahin« [Zitat aus der Ilias] – glaub' mir, es ist, wie ich sage, ich verliere den Verstand vor all der Schande, die ich auf mich geladen zu haben meine. Hätte ich mich nicht vor allem Pompeius anschließen müssen, mochte er planen, was er wollte, dann aber auch den Optimaten, obwohl sie die Sache ohne Sinn und Verstand angefasst haben? Zumal gerade die, um deretwillen ich mich zu ängstlich vom Schicksal treiben ließ, meine Frau, mein Tochter, die beiden jungen Ciceros, dies Verhalten für schimpflich und meiner unwürdig erachteten und wünschten, dass ich das andere täte! [...] So lese ich denn jetzt deine Briefe noch einmal, vom ersten angefangen; das lässt mich ein wenig zu mir kommen. Die ersten warnen und bitten, mich nicht nutzlos in Gefahr zu begeben; die folgenden geben deiner Freude darüber Ausdruck, dass ich geblieben sei. Lese ich die, so erscheine ich mir nicht ganz so schändlich, aber doch eben nur, solange ich sie lese; dann übermannt mich wieder der Schmerz, und die Schande steht mir vor der Seele. (Atticus-Briefe 9,6,4–5 – Formiae, 11. März 49)

Statt Pompeius sofort nach Griechenland zu folgen, wandte Caesar sich nach Rom, der Stadt, in der er die letzten neun Jahre nicht mehr gewesen war. Dort nutzte er das Machtvakuum und bemächtigte sich des Staatsschatzes, der sich im Tempel des Saturn auf dem Forum befand und den die Konsuln auf ihrer übereilten Flucht dort zurückgelassen hatten. Er verschaffte ihm enorme Mittel, um den Krieg zu finanzieren und die Initiative zu ergreifen. Die Geschehnisse schufen völlige Klarheit darüber, dass Cicero recht behalten hatte: Die Strategie des Pompeius, die politische und wirtschaftliche Kontrolle über Rom seinem Rivalen zu überlassen, war von Anfang an falsch gewesen.

Nun fragte sich Cicero voller Unruhe, wie Caesar sich wohl gegenüber jenen verhalten würde, die – wenn auch nur anfänglich – zu Pompeius gehalten hatten. Caesar zeigte sich vom ersten Augenblick an bestrebt, seinen Rivalen mit einer Politik der Milde und Eintracht zu begegnen, um das Bild der Grausamkeit von sich zu weisen, das der letzte Sieger eines Bürgerkriegs, Sulla, mit den Proskriptionen geboten hatte. Er schonte gewissenhaft das Leben und die Besitztümer der Gegner, die ihm in die Hände fielen.

Doch trotz der beruhigenden Signale, die ihn auf dem Landgut erreichten – versöhnliche Briefe des Caesar-Anhängers Balbus eingeschlossen –, fürchtete Cicero weiter um seine Sicherheit, während ihn die Vorwürfe der Pompeianer wegen seiner ständigen Unentschlossenheit quälten. Er vermutete, dass Caesar ihn aufsuchen würde, war aber entschlossen, diesen Besuch nicht zu empfangen, verließ sogar den eingeschlagenen Weg und begab sich in seine Heimatstadt Arpinum. Aber ganz allmählich gewöhnte er sich an den Gedanken und die Vorteile eines solchen Gesprächs, um das Caesar ihn in einem Brief ersuchte – »um in den Genuss deiner Ratschläge, deines Einflusses, deiner Autorität und deiner Unterstützung in allen Angelegenheiten zu kommen« –, und bereitete sogar schon eine Strategie vor, um sein Gesicht vor Pompeius zu wahren und sich der Nachsicht seines Rivalen zu vergewissern: Caesar sollte erstens akzeptieren, dass er nicht am Krieg teilnehmen werde, und zweitens, »dass er nicht anwesend gewesen sei, als man im Senat eine Entscheidung gegen Gnaeus traf«.

Caesar behandelte Cicero immer mit Geduld und Entgegenkommen; er nahm jedoch keinen Einfluss auf den Druck, den sein Umfeld auf ihn ausübte. Für Caesar und seine Ziele hatte der Erfolg, Cicero von Pompeius »abzuwerben« und darauf zählen zu können, ihn auf seiner Seite zu wissen, offensichtlich einen symbolischen Wert. Unter seinen Anhängern befanden sich viele junge Aristokraten, die kaum politisches Ansehen hatten; Cicero dagegen war ein Konsular mit Prestige, langjähriger Senator und Mitglied eines Priester-Kollegiums. Wenn dieser große Beschützer der Tradition und der republikanischen Regierung sich zu ihm bekannte, stellte dies Caesars Rechtmäßigkeit zur Schau und trug gleichzeitig zur Glaubwürdigkeit seiner offen erklärten Politik der Großmut bei.

Cicero ließ sich hofieren, ohne das Risiko einzugehen, die Rache der anderen zu provozieren. In einem Brief an Caesar vom 19. oder 20. März, kurz bevor das Gespräch zwischen beiden stattfand, zeigte sich Cicero nicht unzugänglich für die Gründe, die Caesars Ansicht nach den Griff zur Waffe nötig gemacht hatten. Gleichzeitig bat er ihn, ihm nahe stehen zu können, ohne seine Freundschaft zu Pompeius aufgeben zu müssen – versuchte also, sich im gleichen Abstand zu beiden Feldherren zu verorten. Er scheint sich damit als möglicher Schiedsrichter angeboten zu haben, um Eintracht zwischen den Gegnern zu stiften:

Sollte es sich wirklich so verhalten, solltest du mit dem Gedanken umgehen, dich meines Pompeius anzunehmen und ihn mit dir und dem Vaterlande zu versöhnen, so findest du niemanden, der für diese Aufgabe geeigneter wäre als ich. Stets bin ich bei ihm und beim Senat für den Frieden eingetreten, sooft ich die Möglichkeit dazu hatte; seit die Waffen sprechen, habe ich mich in keiner Weise am Kriege beteiligt und der Überzeugung Ausdruck gegeben, dass du persönlich durch diesen Krieg verletzt würdest, gegen dessen von der Gunst des römischen Volkes verliehenes Ehrenrecht [in Abwesenheit an den Wahlen zum Konsulat teilzunehmen] deine persönlichen Widersacher und Neider sich auflehnten. Aber wie ich mich damals nicht nur selbst schützend vor deine Ehre gestellt, sondern auch die andern aufgerufen habe, dir zur Seite zu stehen, so liegt mir jetzt Pompeius' Ehre außerordentlich am Herzen. Denn euch beide vornehmlich habe ich mir vor einer Reihe von Jahren ausersehen, um euch zu dienen und Freund zu sein, wie ich es heute noch bin. (Atticus-Briefe 9,12A,2–3)

Zum Treffen zwischen Cicero und Caesar kam es schließlich am 28. März 49. Cicero weigerte sich klugerweise, ihn nach Rom zu begleiten. Auch wenn der nicht minder kluge Feldherr diesen Entschluss nicht vorwurfsvoll kommentiert hatte, fürchtete Cicero, ihn mit dieser Absage beleidigt zu haben – »ich glaube, ich habe ihm nicht gefallen«, berichtet er Atticus noch am gleichen Tag. Um »eine Runde über meine kleinen Güter zu drehen, denn ich habe nicht die Hoffnung, sie wiederzusehen«, zog er sich nach Arpinum zurück. Dort feierte sein Sohn Marcus das traditionelle Ritual des Anlegens der Männertoga, während Cicero beobachtete, wie in der Region im Namen Caesars Truppen ausgehoben wurden. Von dort kehrte er nach Süditalien zurück, diesmal auf sein Anwesen nach Cumae. Aus Angst und Misstrauen gegenüber Caesar und weil seine Zweifel und Gewissensbisse wiederkehrten, dachte Cicero wieder darüber nach, Italien zu verlassen. Denn einen Sieg Caesars – der Kriegsschauplatz hatte sich jetzt nach Hispanien verlagert – sah er mit allen nur denkbaren Übeln für Rom verbunden, unter denen das schlimmste eine Tyrannis war:

Denn siegt er, dann sehe ich schon, was die Stunde geschlagen hat: Mord, Eingriffe in das Privatvermögen, Rückberufung der Verbannten, Schuldenerlass, Beförderung der größten Lumpen in die Ämter und eine Tyrannei, die nicht einmal ein Perser ertragen könnte, geschweige denn ein Römer. (Atticus-Briefe 10,9,2 – Cumae, 2. Mai 49)

Eine der ersten Maßnahmen, die Caesar ergriff, war tatsächlich die Rehabilitierung all jener, die wegen der gewalttätigen Aufstände des Jahres 52 in die Verbannung geschickt worden waren; es gab nur eine besondere Ausnahme: Milo erlaubte er die Rückkehr nach Rom nicht. Als sich das Frühjahr näherte und die Bedingungen für die Schifffahrt verbesserten, nahmen Ciceros Abfahrtspläne weiter Gestalt an, wenn er auch noch immer nicht wusste, ob er nach Griechenland segeln sollte, wo Pompeius sich aufhielt, oder sich der Situation vollkommen entziehen und sich an einen neutralen Ort zurückziehen sollte, zum Beispiel nach Malta. Über Letzteres dachte er vor allem nach, weil er zwei Briefe erhalten hatte: einen von Marcus Antonius und einen von Caesar selbst, in denen diese ihm nahe legten, Italien nicht jetzt noch zu verlassen, um sich Pompeius anzuschließen, wo er es doch zu Beginn des Konflikts nicht getan habe. Einmal mehr verband sich seine Unentschlossenheit mit den schon bekannten Klagen: »Wer ist nicht nur noch mehr vom Schicksal gebeutelt, sondern auch noch mehr von Schande bedeckt als ich? [...] Was soll ich jetzt nur machen, wenn mir nichts gelingen will«; »Was für ein unglückliches Leben! So lange Zeit voller Angst zu sein ist ein schlimmeres Übel als jenes, das man eigentlich fürchtet!« Dazu kamen die Sorgen um den Sohn und um den Neffen, weil er nicht wusste, ob er sie mit sich nehmen sollte, vor allem aber um die Tochter Tullia, die eine Frühgeburt hatte. Das Kind starb nach wenigen Tagen.

Schließlich schiffte Cicero sich am 7. Juni nach Griechenland ein, wie wir aus einem leidenschaftlichen Abschiedsbrief an seine Gattin wissen, in dem er großspurig verkündete, er ginge, um das Vaterland zu befreien. Der Brief war voller praktischer Hinweise für den häuslichen Bereich, und er bat Terentia und Tullia, sich – wenn irgend möglich – aus Sicherheitsgründen auf einem der ländlichen Anwesen der Familie aufzuhalten, am ehesten auf dem von Arpinum. In Griechenland angekommen, schloss er sich den Truppen an, die sich unter dem Kommando des Pompeius im Feldlager aufhielten. Sein Sohn, sein Neffe und auch seine treuen Liktoren begleiteten ihn als Zeichen seiner noch bestehenden Amtsgewalt eines Prokonsuls. Schließlich hatte er sich dafür entschieden, dem, was er als seine persönliche Verpflichtung gegenüber Pompeius ansah, nachzugeben. Außerdem entsprachen dessen politische Vorstellungen wesentlich eher als die Caesars den Ideen Ciceros: »Ich habe es vorgezogen, Ehre und Reputation zu wählen, anstatt mich um meine Sicherheit zu kümmern«, betonte er später.

Dem Bericht Plutarchs ist jedoch zu entnehmen – Briefe sind uns aus dieser Zeit kaum überliefert –, dass Cicero diese Monate bei Pompeius eher untätig verbrachte und unzufrieden war. Zudem sorgte er sich beständig um seine materielle Lage, die Schulden und die Kredite, um sie zu tilgen. Trotzdem unterstützte er Pompeius mit einer hohen Geldsumme, die er nie zurückerhielt. Einerseits gefiel ihm die Welt des Krieges generell nicht; daran hatten auch seine Erfolge in Kilikien nichts ändern können. Und ihm schien, dass insbesondere dieser Krieg nur katastrophale Konsequenzen für Rom haben konnte, weshalb er keinen Gefallen daran fand, sich zu beteiligen. Andererseits hatte er zu Pompeius als Feldherrn kein Vertrauen – wie dieser auch Ciceros Loyalität wegen seiner Zögerlichkeit misstraute und ihm daher keine wichtige Aufgabe übertrug. Cicero hatte sich Pompeius und den Seinen weniger aus Überzeugung als aus Verpflichtung angeschlossen, um Pompeius gegenüber nicht undankbar zu erscheinen und seinen guten Ruf unter denen, die er »die Männer des Guten« nannte, nicht zu verlieren. Zwei Jahre später schilderte er seinem Freund Marcus Marius die sowohl in militärischer als auch in moralischer Hinsicht enttäuschende Erfahrung im Feldlager des Pompeius:

> Diesen Schritt bereue ich jetzt, nicht so sehr wegen meiner persönlichen Gefährdung als vielmehr wegen der zahlreichen Übelstände, die ich dort antraf, wohin ich kam: Erstens keine ausreichenden noch kampffreudigen Truppen; sodann außer dem Führer und wenigen andern neben ihm – ich rede von den führenden Persönlichkeiten – die Übrigen einmal schon während des Krieges raffgierig und zum andern in ihren Reden so blutrünstig, dass mir vor einem Siege graute; vor allem aber: die angesehensten Männer tief verschuldet. Mit einem Worte: nichts Anständiges außer der Sache selbst. Als ich das sah, verzweifelte ich an dem Siege und begann, zunächst zum Frieden zu raten, für den ich immer eingetreten war; dann, als Pompeius das weit von sich wies, suchte ich ihn zu bereden, den Krieg hinzuziehen. Das leuchtete ihm zu Zeiten ein, und er schien sich diesen Vorschlag zu eigen machen zu wollen, hätte es vielleicht getan, hätte er nicht infolge einer bestimmten Schlacht Vertrauen zu seinen Soldaten gefasst. Seitdem war der große Mann kein Feldherr mehr. Mit seinem notdürftig zusammengerafften Rekrutenheer ließ er sich auf einen Kampf gegen kernfeste Legionen ein, wurde besiegt [in Pharsalos] und ergriff nach schimpflichem Verlust sogar seines Lagers ohne Heer die Flucht. (An seine Freunde 7,3,2)

Während Pompeius in Griechenland die Geschehnisse abwartete, hatte Caesar seine Position in Rom wie auch im westlichen Mittelmeerraum zu stärken verstanden. Caesar, der während seines kurzen Aufenthalts in der *Urbs* von dem

Prätor Lepidus zum Diktator ernannt worden war, hatte sich nach Hispanien begeben, wo sich die meisten Soldaten des Pompeius befanden. Im Sommer 49 erreichte er, dass sich die beiden Legaten des Pompeius in der Hispania Citerior – Lucius Afranius und Marcus Petreius – ergaben, nachdem sie in der Nähe von Ilerda (Lérida) geschlagen worden waren, wo sie sich mit fünf Legionen aufgehalten hatten. Wenig später kapitulierte Marcus Terentius Varro, Legat des Pompeius in der Hispania Ulterior. Durch diese Erfolge und die Einnahme von Massilia, dem entscheidenden Hafen für die Kontrolle über das westliche Mittelmeer, befand sich der Westen des Imperium in der Hand Caesars, der nun die Hände frei hatte, um sich nach Griechenland zu wenden.

Zuvor hielt er sich elf Tage mit dem Ziel in Rom auf, seine politische Position durch unter seiner strikten Kontrolle abgehaltene Wahlen zu legitimieren. Diese Wahlen wurden von seinen Gegnern nicht anerkannt, aber er wollte damit ein Gefühl von institutioneller Normalität vermitteln. In seiner Funktion als Diktator leitete er den Wahlprozess, in dem er zum Konsul für das Jahr 48 und seine Parteigänger für die übrigen Magistraturen gewählt wurden. Er ergriff Maßnahmen gegen das dringende Problem der Schulden, und leitete die Vergabe des römischen Bürgerrechts für die Bewohner der Gallia Cisalpina in die Wege. Damit versicherte er sich der bedingungslosen Unterstützung aller Bewohner der Poebene, aus der viele seiner Soldaten stammten, und setzte erneut ein Zeichen seiner Großzügigkeit.

Die Beschlüsse wurden angenommen, er trat Ende 49 von seinem Amt zurück und übernahm als Konsul in Brundisium das Kommando über seine Truppen, mit denen er im Januar 48 in Epirus, wo Pompeius sich aufhielt, von Bord ging. Caesar unterbreitete ein Friedensangebot, das die Auflösung beider Heere und einen Schiedsspruch des Senats und des Volkes hinsichtlich der strittigen politischen Fragen vorsah: ohne Erfolg. Die Gegner hielten monatelang an ihren jeweiligen Positionen fest, ohne sich zu rühren – bis Pompeius einen kleinen Sieg errang, der Caesar nötigte, sich Richtung Nordgriechenland zurückzuziehen. Er hatte sein Lager in der Ebene Thessaliens aufgeschlagen; und dorthin begab Pompeius sich nun mit einer wesentlich höheren Zahl von Männern, darauf vertrauend, seinem Rivalen erneut einen Schlag versetzen zu können. Die entscheidende Schlacht fand am 9. August 48 in Pharsalos statt. Caesar errang einen durchschlagenden Sieg. Der Auseinandersetzung folgte die Flucht von Pompeius nach Ägypten, wo er auf die Unterstützung des Monarchen Ptolemaios XIII. zählte. Dieser wollte sich jedoch nicht dadurch in den römischen Bürgerkrieg verwickelt sehen, dass er Pompeius am Hof willkommen hieß, und ermordete ihn bei seiner Ankunft in Alexandria. Kaum drei Tage später kam Caesar in dieser Stadt an, wo man ihm den Tod seines Gegenspielers mitteilte. Plutarch zufolge hatte der ernüchterte Cicero nicht an der Schlacht von Pharsalos teilgenommen, weil er krank war. Sofort nach der Niederlage und der Flucht des Pompeius war es notwendig, einen neuen Kommandanten zu wählen. Cato, der einst nur die Prätur bekleidet hatte, bot Cicero in Dyrrhachium das Kommando über die verbliebenen Truppen an, weil er ihn als ältesten anwesenden Konsular und aufgrund seines Status als Prokonsul für berufen hielt. Cicero weigerte sich nicht nur, sondern erklärte zudem offen seine Abneigung, den Krieg fortzuführen. Plutarch berichtet – Cicero bezieht sich in keiner seiner Schriften auf diese Episode –, dass der älteste Sohn des Pompeius und weitere Anhänger ihn des Verrats bezichtigten und ihn beinahe ermordet hätten. Cato konnte diesen Racheakt gerade noch verhindern, indem er ihn schnellstens aus dem Lager brachte. In dem bereits erwähnten Brief an Marcus Marius erklärte er:

> Damit war für mich der Krieg zu Ende; ich hielt es für unmöglich, dass wir, wo wir ungeschwächt dem Gegner nicht gewachsen gewesen waren, ihm nach der Niederlage überlegen sein würden. Ich habe mich aus dem Krieg zurückgezogen, in dem man entweder auf dem Schlachtfeld hätte sterben oder in eine Falle geraten, dem Sieger in die Hände fallen oder zu Juba fliehen [in das in Nordafrika gelegene Königreich von Numidien], sich einen Platz gleichsam zur Verbannung oder den Freitod hätte wählen müssen. Andere Möglichkeiten gab es jedenfalls nicht, wenn man es vermeiden wollte oder nicht wagte, sich dem Sieger anzuschließen. (An seine Freunde 7,3,3)

Er wollte so schnell wie möglich nach Italien zurück, musste sich deshalb aber erneut der Milde Caesars versichern. Zu dieser Zeit hatte er, wie er selbst erzählt, eine hitzige Diskussion mit Quintus, der mit seinem Sohn in die griechische Stadt Patras auf der Peloponnes geflohen war. Möglicherweise lag der Grund für die Auseinandersetzung darin, dass der Bruder eine Verbindung zu Caesars Leuten verteidigte, zu der Marcus nicht bereit war; es können aber auch persönliche Gründe gewesen sein. Wie auch immer – mit aller Wahrscheinlichkeit hielt Cicero noch von Griechenland aus die Fäden in der Hand, damit Caesar ihm ausdrücklich verzieh. Das Pardon traf schließlich in Form eines Briefes von Publius Cornelius Dolabella bei ihm ein, in dem er ermächtigt wurde, nach Italien zurückzukehren. Dolabella war der dritte Ehemann seiner Tochter Tullia und ein glühender Parteigänger Caesars. Dieser widersprüchliche Umstand erfüllte Cicero zwar mit Unbehagen, hielt ihn aber nicht davon ab, seinen Schwiegersohn als Vermittler zu nutzen.

Im Oktober 48 landete Cicero einmal mehr in Brundisium an, wo er aber weder von Terentia noch von Tullia willkommen geheißen wurde. Die persönliche Entfremdung von seiner Frau, die wohl finanzielle Gründe hatte und zur Scheidung führen sollte, war bereits offensichtlich, und Tullia sollte wenig später erkranken. Er hielt sich noch bis Ende des Jahres abwartend in der Hafenstadt auf (»es ist nicht besonders angenehm, tatenlos in Brundisium zu sitzen«). Zum einen fürchtete er nach wie vor, in die Hände der Anhänger Caesars zu fallen und von ihnen bestraft zu werden, obwohl sie ihn ermunterten, nach Rom zu kommen. Zum andern war er beunruhigt wegen seiner unzureichenden Einbindung in das Lager von Pompeius, wenn auch fest entschlossen, nicht wieder am Krieg teilzunehmen – »ich habe es nie bereut, die Waffen nicht ergriffen zu haben«, sagte er schon in Brundisium:

> [...] schon damit minderst du meine Erbitterung, dass du dich redlich bemühst, sie zu mindern. [...] am nächsten aber kommst du der Erfüllung deines Wunsches, wenn du mich dazu bringst zu glauben, dass ich die gute Meinung der Optimaten nicht gänzlich verscherzt habe. [...] es hieß immer, ich hätte mit Pompeius abreisen sollen; das Ende, das er genommen hat, lässt die Unterlassung dieser Freundespflicht weniger tadelnswert erscheinen. Aber vor allem andern stößt man sich doch besonders daran, dass ich nicht nach Afrika gegangen bin. Für mich war dabei der Gedanke maßgebend, dass das Vaterland nicht mit Hilfe eines hinterhältigen Barbarenstamms verteidigt werden dürfe, zumal gegen eine sieggewohnte Armee. Vielleicht lassen sie das nicht gelten, denn dem Vernehmen nach sind viele achtbare Männer nach Afrika gegangen und, wie mir bekannt ist, schon vorher dort gewesen. Dieser Punkt lässt mir keine Ruhe. (Atticus-Briefe 11,8,3 – Brundisium, 17. Dezember 48)

Als er vom Tod des Pompeius erfuhr, beklagte er ihn. Er bezeichnete Pompeius als »ehrenwerten Mann, integer und ernsthaft«, war aber persönlich vom Leiden seiner Tochter mehr betroffen: »Die Krankheit meiner Tullia und ihre körperliche Schwäche rauben mir den Atem.« Das größte Leid fügten ihm jedoch die öffentlichen Attacken seines Neffen und seines Bruders gegen ihn zu, denn der Familie maß er große Bedeutung bei: Immer hatten sie auf bemerkenswerte Weise übereingestimmt, nun aber hatte er harte Kritik zu ertragen. Einzelheiten sind nicht bekannt, aber die Angriffe führten zu Feindseligkeiten von einflussreichen Anhängern Caesars gegen ihn. Der Bruch mit dem Bruder ließ Marcus aus-

rufen: »Heute ist mein Geburtstag! O hätte meine Mutter mich doch nie empfangen oder nicht nachher noch einen zweiten geboren! Mehr kann ich vor Tränen nicht schreiben« (Atticus-Briefe 11,10,3 – 3. Januar 47).

Das neue Dilemma, vor das Cicero sich nun gestellt sah, war die Frage, ob er
nach Rom gehen sollte oder nicht. Marcus Antonius, der in Abwesenheit Caesars die höchste Magistratur in Rom in seiner Funktion als *magister equitum*
des Diktators versah, gab Ende 48 in dessen Namen bekannt, dass es jedem Anhänger des Pompeius verboten sei, nach Italien oder Rom zurückzukehren. Es
sollte nämlich der Aufruhr in der Bevölkerung verhindert werden. Antonius
ergänzte dieses Verbot jedoch durch ein namentlich gezeichnetes Edikt, in dem
Cicero und ein anderer Senator ausdrücklich davon ausgenommen wurden.
Wenn auch dieses Edikt Cicero hätte beruhigen müssen, so schrieb er doch an
Atticus, dass er es besser gefunden hätte, wenn die Verfügung des Antonius nicht
ausdrücklich seinen Namen genannt hätte. Er zog es vor, weiter in der zweiten
Reihe zu stehen, und traute sich nicht, nach Rom zu reisen. Aber er entschied
sich auch nicht dafür, sich von neuem den Pompeianern anzuschließen, sondern
blieb bis September 47 in Brundisium.

Der Krieg war für Cicero definitiv beendet, nicht aber für die Gefährten des
Pompeius, die in Nordafrika standhaft blieben. Sie nutzten die Tatsache, dass
Caesar nach dem Sieg von Pharsalos zunächst in Ägypten und später im Osten
und in Rom zurückgehalten wurde: in Ägypten durch Streitigkeiten um die
Thronfolge, in denen sich schließlich Kleopatra durchsetzte und die zum Brand
und zur Zerstörung der großen Bibliothek von Alexandria führten. Caesar erlangte trotz seiner zahlenmäßigen Unterlegenheit mit Unterstützung des Königs
Bocchus von Mauretanien im April 46 einen großen Sieg nahe der nordafrika-
nischen Küstenstadt Thapsus (im heutigen Tunesien). In dieser Schlacht fielen
viele seiner Gegner, deren Befehlshaber, Marcus Cato, sich selbst in Utica den
Tod gab, um nicht zum Gefangenen seines Feindes zu werden. Unter dem Beinamen Uticensis ging er in die Geschichte ein. Von den Anführern der Pompeianer gelang es allein seinen beiden Söhnen Gnaeus und Sextus zu überleben. Mit
einem kleinen Heer begaben sie sich in einem letzten, verzweifelten Versuch,
einen schon unmöglichen Sieg zu erlangen, in den Süden Hispaniens. Caesar gelang der endgültige Sieg in Munda am 17. März 45. Nach etwas mehr als vier
Jahren kriegerischer Auseinandersetzungen an unterschiedlichen Orten im gesamten Mittelmeerraum war der Bürgerkrieg beendet. Erst jetzt konnte Caesar
sich endlich in Rom einrichten und einige Monate lang die absolute Macht ausüben, die seinem Siegerrang zustand.

In den Monaten des Jahres 47, die Cicero voller Ungewissheit in Brundisium verbrachte, bedeutete der Besuch der Tochter Tullia einen seltenen Moment der Freude. Sie kränkelte und um ihre dritte Ehe mit Dolabella stand es nicht zum Besten. Cicero brachte zärtlich seine Liebe für die Tochter zum Ausdruck und klagte über ihr widriges Schicksal:

> Meine Tullia ist am 12. Juni hier eingetroffen und hat mir eingehend berichtet von deiner Aufmerksamkeit und Güte ihr gegenüber und mir drei Briefe mitgebracht. Aber ihr freundliches Wesen, ihre Tugend und kindliche Liebe hat mich nicht nur nicht aufgeheitert, wie es bei dieser unvergleichlichen Tochter eigentlich hätte geschehen müssen, vielmehr hat es mich mit unendlichem Schmerz erfüllt, dass solch ein Prachtmensch sich in so jammervoller Lage befindet, und das ohne eigenes Vergehen, nur infolge meines schweren Verschuldens. (Atticus-Briefe 11,18)

In diesem Sommer zeigte Cicero wachsenden Überdruss an dem langen Ausharren in Brundisium (»jede Folter ist erträglicher als der Aufenthalt an diesem Ort«) und bat Atticus, ihn dort abzuholen. Er gab zu, den einflussreichsten Anhängern von Caesar in Rom, Antonius, Balbus und Oppius, zweifelsohne mit dem Ziel geschrieben zu haben, eine verbindliche Aussage zu erhalten, die ihm seine persönliche Sicherheit garantierte. Cicero dachte sogar daran, als Zeichen der Versöhnung seinen Sohn Marcus zu einem Treffen mit Caesar in Alexandria zu schicken, änderte aber dann seine Meinung. Die Nachrichten, die er erhielt, waren jedenfalls beruhigend, denn Caesar hatte schon vielen Anhängern des Pompeius verziehen (»man sagt, dass er niemandem ein Pardon verweigert«), darunter Quintus und dessen Sohn. Der Diktator hatte ihm bereits einen liebenswürdigen Brief geschrieben, in dem er ihm Hoffnungen auf seine Milde machte. Deshalb begab Cicero sich Ende September, als Caesar in Tarent an Land ging, von Brundisium aus ungeduldig zu seinem Treffen. Als er ihn sah, beeilte Caesar sich, vom Pferd zu steigen, um ihn herzlich zu begrüßen, und führte ein langes privates Gespräch mit Cicero, in dem er ihm und seinem Sohn vergab.

Cicero war dankbar, dass er sich nicht vor dem Sieger hatte demütigen müssen, fühlte sich endlich von seinen Ängsten befreit und beschloss, die lästige Zuflucht in Apulien zu verlassen, um nach Rom zu reisen. Vorher wollte er noch in Tusculum vorbeischauen. Dort entließ er die Liktoren, die ihn jahrelang begleitet hatten, indem er damit formal das Amt des Prokonsuls aufgab, verzichtete er endgültig auf seinen Triumphzug. Am 1. Oktober 47 schrieb er Terentia einen letzten Brief, der erhalten ist – ein paar knappe, kühle Zeilen:

Tullius grüßt seine Terentia. Wahrscheinlich treffe ich am 7. oder tags darauf in Tusculum ein. Dass dort dann alles bereit ist! Vielleicht kommen nämlich ein paar Leute mit, und wahrscheinlich bleibe ich länger dort. Wenn im Bad keine Wanne ist, lass eine beschaffen, ebenso alles andere, was zum Leben und Wohlbefinden erforderlich ist! Leb' wohl! (An seine Freunde 14,24)

Der Bürgerkrieg war zu diesem Zeitpunkt noch nicht endgültig entschieden, aber das Resultat zeichnete sich mit einer gewissen Klarheit ab. Gewiss rechnete Cicero bereits mit einem Triumph Caesars, und die Frage, die ihn am meisten umtrieb, lautete, wie der Sieger seinen Sieg zu gestalten und welche Art von politischem Regime er zu etablieren gedachte. Aus seiner persönlichen Perspektive stellte sich die Frage, welche Rolle ein altgedienter Politiker, wie er es mit seinen 59 Jahren nun war, unter den neuen Umständen und in einem Rom würde einnehmen können, in dem viele der großen Protagonisten der letzten Jahre und Jahrzehnte fort oder gestorben waren. Das galt nämlich beileibe nicht nur für Pompeius und Cato. Gleichzeitig gelangten andere, die den Schutz des Siegers genossen, in die erste Reihe des öffentlichen Lebens. Die Ämter waren fest in Händen der Caesarianer, während der Senat, der auf sein Betreiben hin nun 900 statt 600 Mitglieder zählte, seine Zusammensetzung deutlich geändert hatte: Caesar selbst hatte viele Emporkömmlinge zu Senatoren designiert, Offiziere aus seinem Heer, italische Ritter und Aristokraten, sogar einige Provinzialen – letztlich treue Gefolgsleute, die der neue Herrscher von Rom für ihre geleisteten Dienste entlohnte.

In diesem Rom, das sich in vielen Aspekten von dem unterschied, das er zurückgelassen hatte, als er vor viereinhalb Jahren nach Kilikien aufgebrochen war, und das von dem, das er sich wünschte, doch sehr verschieden war, sollte Cicero nun die letzten Jahre seines Lebens verbringen: geprägt durch eine vollkommene Frustration, was die Entwicklung des politischen Lebens anbelangt, und den Schmerz, den das Verschwinden zweier Personen aus seinem Leben auslöste, die für ihn wichtig gewesen waren – seiner Tochter Tullia, die 45 starb, und seiner Gattin Terentia, von der er sich scheiden ließ. Gleichzeitig waren diese Jahre aber auch von einer enormen geistigen Aktivität geprägt: Cicero verfasste das Gros seines philosophischen Werks, seine neuen Abhandlungen über Rhetorik, und versuchte beständig, auf den Verlauf der römischen Politik Einfluss zu nehmen, im Schatten stehend oder ganz offen. Diese Versuche sollten schließlich in seinen letzten Kampf gegen Antonius und für »seine« Republik münden, der zu Ciceros tragischem Tod führte.

15

DER PERFEKTE REDNER

Einer seiner zahlreichen Beiträge zur Kultur Roms war die Redekunst: Cicero nahm in mehreren Abhandlungen zu den Grundlagen der lateinischen Rhetorik Stellung, die das griechische Vorbild adaptiert hatte, aber vor allem zu den Eigenschaften, die den perfekten Redner auszeichneten. Seine Tugenden lagen nicht allein in der ästhetischen Gestaltung der Rede: Er sollte sie in der Politik und der Ausübung von Ämtern in den praktischen Dienst des Staates stellen. Seinen ersten Text über Rhetorik schrieb er als noch unerfahrener junger Mann. Später urteilte er darüber, er sei »einfaches Gestammel und einige Grundbegriffe gewesen, die ein Junge voreilig auf der Basis seiner Mitschriften zur Kenntnis gegeben hat«. Am Anfang legte er dar, was sich später zu seinem Grundsatz entwickelte – ein Redner sollte den korrekten Gebrauch des Wortes mit einer breiten Kenntnis verschiedener Bereiche, vor allem der Philosophie, verbinden:

> [...] dass viele Städte gegründet, sehr viele Kriege beendet, die festesten Bündnisse und heiligsten Freundschaften geschlossen wurden wohl auch durch vernünftige Überlegung, leichter aber noch mit Hilfe der Beredsamkeit. [...] Ich bin der Meinung, dass Weisheit ohne Beredsamkeit den Bürgerschaften zu wenig nützen kann, Beredsamkeit ohne Weisheit aber in den meisten Fällen allzu sehr schadet und niemals nützt. Wenn deshalb jemand die zweckmäßigsten und ehrenhaftesten Bemühungen um geistige und sittliche Bildung vernachlässigt und alle Mühe nur auf Redeübung verwendet, so zieht er sich als einen für sich nutzlosen, für das Vaterland aber verderblichen Bürger heran; wer sich mit den Waffen der Beredsamkeit in einer Weise bewehrt, dass er nicht gegen den Nutzen der Heimat, sondern für diesen kämpfen kann, der wird, so scheint mir, ein seinem eigenen und dem öffentlichen Wohle sehr nützlicher Mann und ein sehr freundlich gesinnter Bürger sein. (Über die Auffindung des Redestoffes 1)

Seine großen Arbeiten über Redegewandtheit und Rhetorik, die sich weniger als sein Jugendwerk auf technische, sondern auf politische Aspekte konzentrierten, verfasste Cicero zwischen 55 und 46 in Form einer Trilogie. Er veröffentlichte nach der Rückkehr aus der Verbannung zunächst sein Werk »Über den Redner« *(De oratore)*, das aus drei Büchern besteht, im Jahr 46, also bereits unter der Diktatur Caesars, folgten »Brutus« und »Der Redner«.

»Über den Redner« war dem Bruder Quintus gewidmet und »nach Art des Aristoteles« konzipiert, das heißt in der Form eines fiktiven Gesprächs, das auf einem Landhaus in Tusculum im Jahr 91 einige berühmte Redner und Politiker miteinander führten: die Konsulare Lucius Licinius Crassus, Marcus Antonius, der Großvater des Vertrauten Caesars und späteren Triumvirn, der bekannte Jurist und Augur Quintus Mucius Scaevola und die jungen Männer Publius Sulpicius Rufus und Gaius Aurelius Cotta. Das Werk sollte kein Handbuch der Rhetorik für Anfänger sein, aber es bot eine solide theoretische Einführung. Eigentlich handelte es sich um eine Abhandlung über die ganzheitliche Bildung eines in der Politik tätigen Mannes, aber es war vor allem ein Lobpreis auf die Redegewandtheit als Teil der kulturellen Menschheitsgeschichte, auf den souveränen Nutzen des Wortes als fundamentales Element, wenn es darum ging, den Grad der Freiheit zu bestimmen, den eine Gemeinschaft sich im Zusammenleben ihrer Bürger leistete:

> [...] so gibt es dennoch nichts Herrlicheres als den vollkommenen Redner. Denn um den Nutzen der Rede zu übergehen, der in jeder friedlichen und freien Bürgerschaft eine beherrschende Stellung einnimmt: Ein solcher Genuss liegt in der Redegabe selbst, dass man sich nichts vorstellen kann, was angenehmer für die Ohren oder das Gemüt der Menschen ist. Welchen Gesang nämlich kann man finden, der lieblicher ist als der Vortrag einer harmonisch ausgewogenen Rede? [...] Was aber ist scharfsinniger als häufige geistreiche Aussprüche? [...] Was vollständiger als eine durch jede Art von Gesichtspunkten auf den Gipfel der Vollendung gebrachte Rede? Denn nichts gehört zum ureigenen Gebiet des Redners, das nicht mit reichem Redeschmuck und nachdrucksvoll gesagt werden müsse. [...] Wer kann feuriger zur Tugend auffordern, wer energischer von Lastern abhalten, wer Schurken schärfer tadeln, wer die Guten schöner loben, wer die Leidenschaft nachdrücklicher niederzwingen, indem er sie anklagt, wer die Trauer sanfter lindern, indem er tröstet? (Über den Redner 2,34–35)

Cicero, der dem Sinn für Humor ebenfalls rhetorische Bedeutung beimaß, fand jedoch auch Raum, um die Person des Redners zu ironisieren, indem er Antonius die Rhetorik als eine Kunst darstellen ließ, mit deren Hilfe Menschen, die nicht allzu viel von dem wissen, worüber sie reden, versuchen, andere von Dingen zu überzeugen, die ihnen unbekannt sind:

> [...] des Redners gesamtes Tun gründet aber auf Vorurteilen, nicht auf Wissen. Denn wir reden vor Leuten, die unwissend sind, und reden über Dinge, die wir selbst nicht wissen. Deshalb denken und urteilen jene über dieselben Dinge einmal so und einmal anders und wir vertreten oft gegensätzliche Standpunkte [...], sondern jeder von uns beiden bringt zur Verteidigung eines gleichen Falls einmal dieses Argument und dann wieder ein anderes vor, obwohl nicht mehr als eines davon wahr sein kann. Also werde ich so wie über eine Sache, die sich auf die Unwahrheit stützt, die nicht oft bis zum Wissen gelangt und die auf Vorurteile und Missverständnisse der Leute abzielt, reden, wenn ihr glaubt, es gebe einen Grund, warum ihr zuhören wollt. (Über den Redner 2,30)

Dieser Auszug zeigt einen Cicero, der fähig ist, Ironie als sprachliches Mittel brillant einzusetzen, in scharfem Kontrast zu dem Ernst, mit dem sich sein Alter ego Crassus, Wortführer seiner Ideen in diesem Dialog, über die Person des Redners äußert. Cicero war in der Antike für seinen Humor so bekannt, dass Tiro in mehreren Büchern Wortspiele und Witze seines verstorbenen Patrons zusammenstellte. Aus diesem Grund nahm der Gebrauch des Humors als rhetorische Waffe auch einen großen Teil des zweiten Buches »Über den Redner« ein. Cicero präsentierte Gewitztheit als vorzügliches Mittel für den Erfolg eines Redners, zur Entspannung wie auch zur Fesselung der Hörer. Und man muss anerkennen, dass er trotz seiner sattsam bekannten Eitelkeit über sich selbst lachen konnte. Man denke nur an die Episode in der Verteidigung des Plancius, in der er dem Publikum von seiner naiven Enttäuschung darüber berichtete, dass er nach der Quästur kein bekannter Mann in Rom war.

Cicero sprach sich wie schon im Jugendwerk für einen Rednertypus aus, der »fähig war, über jedwede Angelegenheit mit Gewandtheit und Unterhaltsamkeit zu sprechen«. Dafür waren neben der souveränen Handhabung des Wortes natürliche Voraussetzungen wie »die Gewandtheit der Zunge, das Timbre der Stimme, die Lungen, die physische Ausstattung« und die Aneignung eines breiten Allgemeinwissens und einer breit gefächerten Kultur notwendig. Cicero hob die Kenntnis des öffentlichen und des privaten Rechts hervor sowie gewisse Methoden, die wir heute unter dem Begriff der »Massenpsychologie« zusammenfassen würden:

> Denn wenn man die Meinung vertritt, nur wer in der Vorverhandlung vor
> dem Prätor, vor den Richterkollegien, vor dem Volk oder im Senat wort- und
> gedankenreich sprechen kann, sei ein Redner, dann muss man doch schon
> diesem viel einräumen und zugestehen. Denn ohne gründliche Beschäftigung
> mit allen öffentlichen Angelegenheiten, ohne Kenntnis der Gesetze, der Sitte,
> des Rechts, ohne Wissen um die Natur der Menschen und ihre Sitten kann er
> schon in diesen Dingen nicht schlau berechnend vorgehen. (Über den Redner
> 1,48)

Cicero bekräftigt, über die Redekunst geschrieben zu haben, »wie sie Aristoteles
und Isokrates vertreten hatten«; dieser rhetorischen Theorie folgend und der
römischen Realität angepasst, sollte eine Rede aus fünf wesentlichen Elementen
bestehen: Auffinden der angemessensten Argumente *(inventio)*; Anordnung auf
die effektivste Weise *(dispositio)*; Darbietung mittels einer der Situation und dem
Publikum adäquaten Sprache *(elocutio)*; Vergegenwärtigung des Inhalts der
Sprache, so dass die Rede natürlich und keinesfalls gezwungen erscheint *(memoria)*; und schließlich Vortrag mit der angemessenen Gestik, Blicken und Modulationen der Stimme *(actio)*, also Techniken, die denen eines Schauspielers
ähnlich waren. Es handelte sich also letztlich darum, »drei Dinge zu beachten:
was er vortragen will, in welcher Reihenfolge und auf welche Weise« (Der Redner 43).

Die Rede hatte sich ihrerseits im Aufbau nach einer vorgezeichneten narrativen Folge zu richten: Im Proömium *(exordium)* bot der Redner eine Einführung
in das Thema und Ziel seiner Einlassung und versuchte, die Aufmerksamkeit
und Sympathie der Zuhörer zu gewinnen; die Erzählung *(narratio)* bildete den
ausführlichsten Teil der Rede – mit der Darlegung der eigenen Argumente und
der Widerlegung der Gegenseite *(argumentatio, refutatio)*; und schließlich das
Resümee oder die *peroratio*, für die die wichtigsten Argumente zusammenzufassen waren und in der man auch an die Gefühle der Zuhörer appellieren sollte,
um sie zu bewegen und ihre Meinung in die gewünschte Richtung zu lenken.
Cicero nahm – wie es nicht anders sein konnte – diese grundlegenden Regeln der
rhetorischen Lehre, die der griechischen Welt entstammten, wo er in seiner Jugend die Gelegenheit gehabt hatte, sie kennen zu lernen, ohne Diskussion an. In
der Abhandlung ging er jedoch nicht ausführlich auf sie ein – er benutzte die entsprechenden Fachbegriffe nicht einmal, wohl um zu vermeiden, dass man den

Dialog als ein einfaches Handbuch auffasste –, sondern beschränkte sich darauf, sie so gelungen zusammenzufassen, wie es sich für einen perfekten Kenner der Redepraxis gehörte:

> Die ganze Kraft und Fähigkeit des Redners sei auf fünf Bereiche verteilt: Erstens müsse er finden, was er sagen wolle; zweitens das Aufgefundene nicht nur nach der äußeren Reihenfolge, sondern auch nach dem inneren Gewicht und nach seinem Urteil ausgewogen verteilen und zu einem Ganzen formen; drittens durch die Wortwahl einkleiden und ausschmücken; viertens im Gedächtnis bewahren; zuletzt mit Würde und Anmut vortragen. Auch das Folgende hatte ich kennen gelernt und vernommen: Bevor wir über den Sachverhalt sprächen, müssten wir am Anfang die Herzen der Zuhörer gewinnen; darauf sei der Sachverhalt darzulegen; anschließend die Streitfrage festzulegen; darauf müssten wir das, auf das wir hinauswollten, bekräftigen; dann die Gegenargumente zurückweisen; am Schluss der Rede aber das, was für uns spreche, stärker und besonders hervorheben und was für die Prozessgegner spreche, entkräften und schwächen. (Über den Redner 1,142–143)

»Über den Redner« war vor allem ein Manifest, wie die Ausbildung des idealen Redners aussehen und welche Funktion dem Redner und der Redekunst im Rom des 1. Jahrhunderts v. Chr. zukommen sollte. Dem Werk lagen zum einen philosophische Prinzipien zugrunde, Cicero selbst zählte es daher zu seinen Büchern über die Philosophie; zum andern war es mit dem Anspruch geschrieben worden, in der Praxis der Politik seiner Zeit Anwendung zu finden. Das war logisch gedacht von jemandem, der die Rhetorik nicht als eine einfache Technik, sondern als ein Mittel sah, Politik für die Gemeinschaft zu betreiben – als ein Mittel für den höchsten Zweck. Der Redner hatte weise und gelehrt zu sein sowie die Theorie der Kommunikation zu kennen, aber tatsächlich von Bedeutung war die Praxis.

Ein Jahrzehnt später schrieb Cicero in seinem letzten Werk über Rhetorik, das er Marcus Iunius Brutus widmete, noch einmal über den idealen Redner. Wiederum lautete seine Forderung, dass ein Redner nicht nur ein in der rhetorischen Technik beflissener Mensch, sondern eine umfassend gebildete Persönlichkeit zu sein habe, mit Kenntnissen auf möglichst vielen Gebieten – sogar der Physik –, vor allem aber der Philosophie, des Rechts und der Geschichte. Die Kenntnis des Inhalts habe den Worten voranzugehen und nicht umgekehrt: »Ich erwarte nämlich, dass der vollkommene Redner sich sein Thema zunächst so ausfindig macht, dass es würdig einer kultivierten Zuhörerschaft ist, bevor er überhaupt an die Sprache und den Ausdruck denkt« (Der Redner 119).

Beim »Brutus«, der im Frühjahr 46 publiziert wurde, handelt es sich um eine Geschichte der Redegewandtheit in Rom, die daher eine kurze Zusammenfassung der Biographie von Cicero als Redner enthält. Sie ist in der Form eines Dialogs gehalten, den Atticus, Brutus – dem das Werk gewidmet ist – und Cicero in seinem Haus auf dem Palatin führen. Cicero ist in einer Autoritätsstellung gegenüber den Gesprächspartnern. Erwähnt werden über 200 römische Redner in chronologischer Reihenfolge – der Abfassung muss eine lange Forschungstätigkeit vorausgegangen sein, aller Wahrscheinlichkeit nach wird Atticus ihm dabei geholfen haben, der über die Geschichte Roms arbeitete. Cicero begann seinen Bericht über die Redner Roms mit Lucius Iunius Brutus, der der Überlieferung zufolge die Familie der Tarquinier aus Rom vertrieben und damit der Monarchie im Jahr 509 ein Ende gesetzt hatte. Cicero macht deutlich, dass dieser »alles das nicht ohne die überzeugende Macht der Redegewandtheit hätte erreichen können«, und verbindet so die Einrichtung der Republik, die für die Römer mit der Institutionalisierung der Freiheit *(institutio libertatis)* gegenüber der Tyrannis *(regnum)* von Tarquinius Superbus gleichzusetzen war, mit der freien Meinungsäußerung. Wie schon in »Über den Redner« ist der Inhalt des Dialogs eng mit der Thematik der Kultur verknüpft: Redekunst, Freiheit und Politik waren drei Schlüsselkonzepte, um das Wesen des römischen Staates zu verstehen.

Von da an reifte die Redekunst in Rom, von ihrer unsicheren Kindheit zu Beginn der Republik bis zu ihrer Brillanz zur Zeit Ciceros, wenn auch gerade jetzt die Diktatur Caesars das öffentliche Leben der Freiheit beraubt und dafür gesorgt hatte, dass das Forum des römischen Volkes, »gleichsam die Schaustätte seines Talentes«, »beraubt und verwaist der gebildeten Rede, würdig der Ohren römischer und griechischer Hörer, zu sehen war« (Brutus 6).

Marcus Porcius Cato, der Zensor, war in der ersten Hälfte des 2. Jahrhunderts v. Chr. der erste große Redner in der Geschichte Roms gewesen, fähig, »in Form und Inhalt« brillante Reden zu halten, nur fehlte seiner archaischen Sprache noch an Vollendung. Der nächste der Erwähnung werte Redner war Marcus Aemilius Lepidus Porcina, bei dem es sich nicht nur um einen guten Redner, sondern auch um einen hervorragenden Schriftsteller gehandelt hatte. Für Cicero gehörte beides zueinander, sollte ein Redner doch auch fähig sein, korrekt zu schreiben. Lepidus Porcina verfügte als erster römischer Redner über einen flüssigen Stil, der in künstlerischer Hinsicht den Griechen vergleichbar war. Im Weiteren führt Cicero als hervorragende Redner die beiden Brüder Sempronius Gracchus an, vor allem Gaius, »einen Mann von herausragendem Talent«, »ernsthafter Worte, weiser Meinungen, gehobenen Stils«, aber – leider – Unterstützer revolutionärer Ideen, die dem römischen Staat geschadet hatten. Der Beginn der reifen Redekunst in Rom war mit Crassus und Antonius zu Beginn des 1. Jahrhunderts anzusetzen – den Protagonisten in »Über den Redner«. Dank ihnen konnte sich die römische Redegewandtheit nun definitiv mit der griechischen messen. An sich selbst denkend, stellt Cicero klar, dass mit Crassus und Antonius noch nicht die Perfektion erreicht war, dafür bedurfte es eines Redners, »der in Philosophie, bürgerlichem Recht und Geschichte besser bewandert wäre« (Brutus 161).

Damit ist Cicero in seiner eigenen Zeit angelangt, in der er unter anderen Marius, Sulla, Clodius und Catilina unterschlägt, während er Caesar durch Atticus rühmt und Crassus, »mit seiner mittelmäßigen kulturellen Bildung und noch beschränkteren natürlichen Gaben« ebenso kritisiert wie den »großsprecherischen« Pompeius, der zu sehr mit militärischen Fragen beschäftigt war, als dass er seine Redekunst hätte verbessern können. Unter den Politikern seiner Generation schenkt er insbesondere Quintus Hortensius Hortalus seine Aufmerksamkeit, dem er zu Beginn einen Nekrolog widmet. Darin bedenkt er Hortensius mit allem nur vorstellbaren Lob (er sei brillant, elegant, harmonisch, verfüge über ein exzellentes Gedächtnis et cetera) und nennt ihn den besten Redner der Jahre, die auf die Diktatur Sullas folgten, als Cicero selbst sich noch in der Ausbildung befand. Ciceros Huldigung an Hortensius war gewiss ernst gemeint, aber auch ein Kniff, um seine eigene Rednergabe in den Vordergrund zu rücken. Beide Politiker standen sich in den ersten Jahren der Karriere Ciceros bei verschiedenen Gelegenheiten gegenüber: in dem Verfahren gegen Verres, den Hortensius verteidigte, aber auch in dem von Quinctius oder Cornelius, bis sie nach und nach ihre rednerischen Fähigkeiten um des einen politischen Ziels oder der Gerechtigkeit willen zusammentaten. Es wurde jedoch in der römischen Gesellschaft die Meinung vertreten – und Cicero bemühte sich, sie im Dialog aufscheinen zu lassen –, dass er Hortensius als besten Redner der Zeit abgelöst habe:

Das erste, das zweite, das dritte Jahr nahmen ihm – gleichsam wie die Farbe eines alten Gemäldes vergeht – nur soviel, wie nicht ein Irgendwer aus dem Volke, sondern allein ein geschulter, sachkundiger Beobachter wahrnehmen konnte. Doch während die Zeit weiter verging, zeigte sich, wie in allen anderen Bereichen der Redekunst, so auch vor allem in der raschen, wohlgefügten

Wortfolge ein Stocken: Hortensius wurde sich selbst von Tag zu Tag unähnlicher. Ich hingegen ließ nicht nach [...] Denn durch meinen unermüdlichen Eifer als Rechtsanwalt, vor allem aber durch meine gewählte, keineswegs allgemein übliche Redeweise hatte ich mit der Neuartigkeit meines Stils die allgemeine Aufmerksamkeit für mich eingenommen. (Brutus 320–321)

Indem er die Verdienste des Hortensius hervorhob, tat er nichts anderes, als seine eigenen zu vergrößern. Denn er allein verkörperte den absoluten Höhepunkt der Redekunst in Rom; den Parametern zufolge, die er in seinen Abhandlungen über Rhetorik darlegte, war er der perfekte Redner – ausgestattet mit einem enzyklopädischen Wissen, einer außergewöhnlich sauberen Technik; fähig, Lachen oder Weinen auszulösen, das Publikum zu rühren und letztlich dahin zu bringen, wo er es haben wollte. Wenn er das Modell des idealen Redners ex negativo skizziert, wird vollends offensichtlich, dass er sich selbst beschreibt:

Ich will hier nicht von mir reden. Von den anderen aber will ich sprechen: Keiner war unter ihnen, bei dem es den Anschein gehabt hätte, er habe sich intensiver als der Menschen Menge mit der Literatur beschäftigt, in der doch die Quelle der vollkommenen Beredsamkeit ruht; keiner, der sich mit der Philosophie, der Mutter aller guten Taten und guten Reden, gründlich vertraut gemacht hätte; keiner, der das Bürgerliche Recht erlernt hätte als das Haupterfordernis für Privatprozesse und überhaupt für die Einsicht des Redners; keiner, der die römische Geschichte vor Augen hatte, aus der er nötigenfalls die gewichtigsten Zeugen aus der Unterwelt heraufrufen könnte; keiner, der kurz und treffend seinen Gegner verspotten, die Stimmung unter den Richtern auflockern, sie vom Ernst ein Weilchen zur Heiterkeit, ja zum Lachen bringen konnte; keiner, der den Fall überhöhen, ihn von der bestimmten, durch Person und Zeit festgelegten Thematik zur Behandlung des allgemein zugrunde liegenden Problems hinüberführen konnte; keiner, der es verstand, zur Auflockerung auf kurze Zeit vom Thema abzuschweifen; keiner, der den Richter zu höchstem Zorn, keiner, der ihn zum Weinen hätte bringen können; keiner, der des Richters Sinn – was die wesentlichste Eigenschaft des Redners ist – in jede beliebige Richtung zu lenken vermocht hätte, wohin auch immer der Fall es erforderte. (Brutus 322)

Es ist dieser Typus des »Politiker-Redners«, in dem Cicero sich selbst porträtierte, den er als idealen Herrscher für das republikanische Rom ansah und der über dem »Politiker-Feldherrn« stand, der sich im 1. Jahrhundert mit Marius,

Sulla, Pompeius, Caesar verstetigt hatte: Cicero sollte nie davon ablassen, die Vorrangstellung der Redegewandtheit gegenüber der Kriegskunst zu postulieren – da mochten die militärischen Triumphe für die Geschichte Roms und die Schaffung des Imperium noch so prägend gewesen sein:

> [...] wer in dieser unserer Stadt die rednerische Fülle vor Augen geführt, wer sie überhaupt erst eingeführt hat, der hat mehr zum Ansehen des römischen Volkes beigetragen als jene Eroberer von ligurischen Kastellen, die sich dort gar manchen Triumph geholt haben, wie ihr wohl wisst. Und wenn wir einmal die Wahrheit hören wollen: Lassen wir jene übernatürlichen Inspirationen beiseite, wo manches Mal durch die Einsicht der Führer das Bestehen des Staates im Kriege oder auch im Frieden gerettet worden ist, so überragt ein großer Redner die kleinen Feldherren bei weitem. (Brutus 255–256)

Von daher ist es wenig erstaunlich, dass er zu Beginn des Bürgerkriegs an Atticus schrieb, er halte seine Verdienste für größer als jene und sein Verhalten in jedem Fall für patriotischer:

> Was diese beiden glänzenden Feldherren [Caesar und Pompeius] geleistet haben, stelle ich keineswegs über meine eigenen Leistungen, ja beneide sie nicht einmal um das Glück, das sie auf die Höhen des Lebens geführt zu haben scheint, während es sich mir offensichtlich weniger hold gezeigt hat. Denn wie könnte jemand sich glücklich fühlen, der sich bewusst ist, das Vaterland im Stiche gelassen oder geknebelt zu haben? Und wenn ich, woran du mich erinnerst, in dem bewussten Werke [Über den Staat] Recht habe mit meiner Behauptung, nur was ehrenhaft sei, sei auch sittlich gut, und unmoralisch nur, was schimpflich sei, dann sind diese beiden ganz erbärmliche Subjekte, einer wie der andere, denn stets haben beiden ihre eigene Gewaltherrschaft und ihre persönlichen Interessen mehr gegolten als das Wohlergehen und die Ehrwürdigkeit des Vaterlandes. (Atticus-Briefe 10,5,4)

Zu Beginn des Dialogs »Über den Redner« stellt Cicero sich die rhetorische Frage, ob es nicht logisch wäre, den Feldherrn *(imperator)* über den Redner *(orator)* zu stellen, schließlich seien die militärischen Erfolge ja wegbereitend für das imperiale Rom gewesen:

> Wer nämlich wird, wenn er das Wissen berühmter Männer an dem Nutzen oder der Größe ihrer Taten messen wollte, nicht dem Feldherrn vor dem Redner den Vorzug geben? Wer aber könnte bezweifeln, dass wir in der Lage wä-

ren, allein aus unserem Staat unzählige vortreffliche Heerführer anzuführen, in der Redekunst dagegen kaum ein paar wenige Männer von Rang? (Über den Redner 1,7)

Die drei Bücher, die auf diese Frage folgen, geben eine Antwort, die letztendlich wie selbstverständlich die Überlegenheit des Redners Ciceros über den Feldherrn anzeigt: Er ist die Autorität und führt den Staat (Cicero bezieht sich auf ihn als *dux*, *rector* oder *princeps*) dank seiner wichtigsten Waffe, seiner Fähigkeit zur Überzeugung, also des Wortes. Wenn die Feldherren auch für die Geschichte Roms von Bedeutung gewesen seien – Cicero leugnet ihren Stellenwert nicht –, so hatten sie sich doch stets der Zivilgesetzgebung unterzuordnen, die den römischen Staat erst eigentlich groß gemacht habe. Für Cicero, der in einer Zeit lebte, in der das Feldlager und das Schlachtfeld kontinuierlich an Gewicht gewannen, während die Curia und das Forum ihres verloren, durfte das Heer auf keinen Fall ein zulässiges Sprungbrett sein, mit dem man sich an die Macht katapultierte. Es war vielmehr unentbehrlich, um dem römischen Staat durch Aufrechterhaltung der Ordnung in Rom wie im gesamten Imperium Stabilität zu geben. Der Politiker sollte dem Militär stets überlegen sein.

Ebenso gingen die Verdienste des Redners immer über die des Juristen, wenngleich er Kenntnisse in der Rechtswissenschaft aufweisen musste:

Man sagt, unter den griechischen Künstlern seien diejenigen Flötisten, die nicht Zitherspieler werden konnten; ebenso sehen wir, dass diejenigen, die es nicht zum Redner gebracht haben, an die Rechtswissenschaft geraten. Sehr mühsam ist die Beredsamkeit, sehr wichtig, sehr angesehen, doch vor allem von größtem Einfluss. Denn von euch wird eine Art Heilmittel, von den Rednern aber das Heil selbst erbeten. Außerdem werden eure Auskünfte und Bescheide oft durch ein Plädoyer über den Haufen geworfen, und sie können ohne das Bollwerk einer Rede gar keinen Bestand haben. (Für Murena 29)

Drei Bereiche gab es im öffentlichen Leben, in denen ein Redner seine Gewandtheit beweisen konnte: im Senat, in den Gerichten und vor dem Volk. Die politischen Debatten waren konstitutiv für die Senatssitzungen in der Curia. Die Senatoren intervenierten gemäß der Hierarchie, es begannen die ehemaligen Konsuln, denen die anderen ehemaligen Magistrate in der Reihenfolge des *cursus honorum* folgten, bis es an den ehemaligen Quästoren war, die wohl beinahe nie Stellung bezogen. Der Senat war deshalb das Zentrum von Ciceros politischer Redekunst, der Ort, an dem er am häufigsten als Redner in Erscheinung trat, wenn auch nur ein kleiner Teil seiner Stellungnahmen schriftlich erhalten oder in antiken Quellen erwähnt ist.

Nach dem Konsulatsjahr hätten seine Wortmeldungen theoretisch zahlreicher werden müssen, wie ihm das als Konsular zustand. Die politischen Umstände und seine in vielen Phasen schwache Position führten jedoch dazu, dass man Cicero gelegentlich zurückstellte, worüber er sich beschwerte. Im Januar 61 erzählt er Atticus betroffen, dass man ihm in der Senatssitzung nicht als Erstem das Wort erteilt habe, sondern dass er erst nach Gaius Calpurnius Piso, Konsul des Jahres 67, aber immerhin noch vor anderen berühmten Persönlichkeiten wie Quintus Lutatius Catulus, Konsul des Jahres 78 und 65 Zensor, und Hortensius sprechen konnte. Immerhin hatte er den übertroffen, der sein großer Gegner in der Redekunst war:

> Zunächst lass mich dir denn also sagen, dass ich im Senat nicht als Erster zur Meinungsäußerung aufgerufen worden bin und man mir den Vermittler des Friedens mit den Allobrogern [Piso] vorgezogen hat, und zwar unter abfälligem Murren der Senatoren; mich ließ das kalt, bin ich so doch frei von der Verpflichtung, einem widerhaarigen Menschen meine Ehrerbietung zu bezeigen, und kann ohne Rücksicht auf ihn unbeschwert meine Stellung im Staate wahren; außerdem hat doch die zweite Stelle in der Meinungsäußerung fast das gleiche Gewicht wie die erste, ohne dass man in seiner Bewegungsfreiheit durch das Entgegenkommen des Konsuls übermäßig behindert ist. Der dritte ist Catulus, der vierte, wenn du auch das wissen willst, Hortensius. (Atticus-Briefe 1,13,2)

In den ständigen Gerichtshöfen sprach Cicero für gewöhnlich als Verteidiger und nur ausnahmsweise als Ankläger. Das tat er zumindest seit dem Jahr 81, in dem er Quinctius verteidigt hatte, kontinuierlich und regelmäßig. Mehr als 50 Redebeiträge in Prozessen sind bekannt, wenn auch nur ein Teil erhalten ist. Cicero sah sich vor allem als Gerichtsredner. Er maß dieser Aufgabe sehr viel Bedeutung bei: zum einen wegen des Schwierigkeitsgrades, den sie mit sich brachte, denn sie setzte die Beherrschung des öffentlichen und des Privatrechts voraus. Diesem Aspekt räumte er im ersten Buch von »Über den Redner« viel Platz ein, denn er war gründlich darin ausgebildet worden. Andererseits sah er das Engagement in den Gerichten stets als moralische Pflicht gegenüber Freunden und ihm nahe stehenden Personen, und es war das eigentliche Sprungbrett für seinen politischen und sozialen Aufstieg gewesen: Vor Gericht hatte der *homo novus* aus Arpinum Berühmtheit erlangt.

Drittens erprobte ein römischer Redner seine Fähigkeiten vor dem Volk, das sich in der *contio* zusammengefunden hatte. In ihr war es im Unterschied zu den Comitien möglich, das Wort zu gebrauchen und Debatten auszutragen, aber es gab keine Abstimmung. Es handelte sich also um eine Versammlung mit rein beratender Funktion. Zwar bezog Cicero sich auf die *contio* einmal als »die wichtigste Bühne eines Redners« *(maxima oratoris scaena)*, aber er sprach vor dem Volk nur sporadisch und zog die Reden vor Gericht und in der Curia stets vor. Seine erste Rede in einer Volksversammlung hielt er im Jahr 66, als er Prätor und bereits 40 Jahre alt war. Er hielt sie zugunsten eines Gesetzes, das der Volkstribun Manilius eingebracht hatte, der Pompeius den Oberbefehl im Osten gegen Mithridates zuerkennen wollte. So geschah es auch. In diesem Fall schwamm Cicero mit dem Strom: Er sprach sich in dem Wissen für die Gesetzesinitiative aus, dass sie von großen Teilen der Gesellschaft unterstützt wurde. Die Rede begann er mit einer *captatio benevolentiae*, um seine bisherige Abwesenheit auf der Rednertribüne zu entschuldigen und den Anwesenden zu schmeicheln:

> Wiewohl mir seit jeher der Anblick eurer zahlreichen Versammlung als der weitaus erfreulichste, diese Stätte [Volksversammlung] aber als die bedeutendste für Verhandlungen, als die ehrenvollste für Reden gegolten hat, Quiriten, hat mich doch bislang von dieser Pforte des Ruhmes, die gerade dem Tüchtigen stets offen stand, zwar nicht mein Wille, wohl aber der Lebensplan ferngehalten, den ich seit meinem Eintritt in das Mannesalter verfolgte. Denn da ich es vordem nicht wagte, mich dieser gewichtigen Stätte zu nähern, und glaubte, dass man hier nur die Frucht geistiger Reife und sorgsamer Feile darbieten dürfe, meinte ich, alle meine Zeit den Notzeiten der Freunde widmen zu sollen [vor Gericht]. (Über den Oberbefehl des Gnaeus Pompeius 1)

Anders, als diese Worte vermuten lassen, hielt Cicero von den Teilnehmern der *contiones* nicht viel, handelte es sich doch um Plebejer, unkultiviert und leicht zu manipulieren, deren Meinung in keinerlei Hinsicht der gleiche Wert wie der Elite beizumessen war. So nannte er sie privat bisweilen »Blutsauger am Staatssäckel, [...] dies hungrige Lumpenpack« (Atticus-Briefe 1,16,11). Er assoziierte derlei Versammlungen mit Aufruhr und Unordnung; sie waren ein Sammelbecken intriganten Geredes, und er wertete sie nur dann positiv, wenn er oder diejenigen, die wie er dachten, sie einberiefen oder an ihnen teilnahmen. Bei den Versammlungen, in denen Cicero sich äußerte, betonte er für gewöhnlich die Anwesenheit eines außergewöhnlich großen Publikums, des »gesamten römischen Volkes«, ja, von »ganz Italien« – mit diesen Worten beginnt die vierte seiner Philippischen Reden: »Euer unglaublicher Andrang, Bürger, euer zahlreiches Erscheinen in dieser Versammlung, wie ich es bei keiner anderen erinnere, entfacht in mir den größten Eifer, die Republik zu verteidigen.« An den Versammlungen seiner Rivalen nahmen dagegen vermutlich Personen teil, die man bestochen oder dafür angestellt hatte; die Teilnehmer verhielten sich häufig gewalttätig und zeichneten sich durch ihre Torheit aus (»eine Volksversammlung, die sich aus ganz unerfahrenen Leuten zusammensetzt«; Laelius über die Freundschaft 95).

Cicero wusste durchaus, dass die direkte Weitergabe seiner Version von Geschehnissen oder einer konkreten Information an das Volk zu verschiedenen Gelegenheiten durchaus hilfreich sein konnte für die Meinungsbildung. So ging er während seines Konsulats vor, sowohl bei der Diskussion des Agrargesetzes, das der Volkstribun Rullus eingebracht hatte, wie auch in seinem Kampf gegen Catilina. Damals hielt er vor dem Volk zwei Reden gegen ihn mit dem Ziel, es von den Gefahren zu überzeugen, die ein Erfolg der Verschwörer gerade für sie, die Plebs, mit sich bringen würde. Was seine politische Karriere anbelangte, waren Reden vor dem Volk aber die Ausnahme: Aus den beiden Jahrzehnten nach seinem Konsulat sind kaum Interventionen in Volksversammlungen bekannt – unter anderem die Rede, die er unmittelbar nach dem Exil hielt, und zwei seiner Philippischen Reden; die übrigen zwölf hielt er im Senat. Daran war sicher eine gewisse Abneigung, sich dem Volk als Redner zu stellen, nicht ganz unschuldig. Hinzu trat aber auch eine praktische Schwierigkeit, denn da er seit 63 kein Amt mehr geführt hatte, konnte er als Privatmann in einer Volksversammlung nur dann reden, wenn ihn der Magistrat, der sie einberufen hatte, dazu einlud oder ermächtigte.

Den drei Bühnen der Redekunst in Rom entsprach ein jeweils spezielles Publikum, vor dem der Redner sich auslieβ: In der senatorischen Curia war die Crème de la crème der Aristokratie zugegen, in den Gerichten mussten Ankläger und Verteidiger ihre Argumente vor Rittern und Senatoren in die Waagschale werfen – wobei das Verfahren öffentlich war und meistens auf dem Forum stattfand, so dass jeder, der wollte, zuhören konnte; und in den Volksversammlungen entstammte der Großteil der Zuhörer der stadtrömischen Plebs. Diese Versammlungen konnten an verschiedenen Orten der Stadt stattfinden: auf dem Forum oder im Comitium, aber auch im Circus Flaminius und gelegentlich an anderen Orten, die über genügend Raum verfügten, die Zuhörer aufzunehmen.

Die Unterschiedlichkeit der Arenen, in denen sich ein Redner im Verlauf seiner Karriere zu messen hatte, und die Heterogenität eines Publikums, das sich aus gebildeten Personen wie aus Analphabeten zusammensetzen konnte, führten dazu, dass einer, der Erfolg haben wollte, sich diverser Register bedienen musste, um sich den Umständen anzupassen: »damit denen, die deine Rede verstehen können, diese brillant erscheint, dem Pöbel aber wahrhaftig«. Er musste in der Lage sein, abwechselnd die Vernunft und das Gefühl einzusetzen, um sein Publikum zu überzeugen. Cicero achtete stets auf die Zusammensetzung der Zuhörerschaft, wenn er Reden schrieb. Er gebrauchte eher technische und politische Argumente, wenn er vor Gericht und im Senat sprach; vor dem Volk hielt er dagegen kurze und einfache Reden, in denen Gefühl und Leidenschaft vorherrschten, er Vergleiche und Bilder einsetzte, um verständlich zu machen, worauf es ihm ankam:

> Im Senat nun soll man diese Reden mit geringerem Prunk vortragen; er ist nämlich eine kluge Ratsversammlung und man muss noch vielen anderen Männern Gelegenheit zum Reden geben; meiden soll man auch den Verdacht, man wolle sein Talent zur Schau stellen. Die Volksversammlung *(contio)* dagegen lässt die ganze Kraft der Rede zu und erfordert Nachdruck und Abwechslung [...]. Um aber einen Rat in Staatsangelegenheiten zu geben, ist es das Wichtigste, den Staat, und um überzeugend zu sprechen, den Charakter der Bürger zu kennen; weil Letzterer sich häufig ändert, muss man auch die Art der Rede oft ändern [...] aber weil [...] die Gemütsbewegungen der Menschen am heftigsten sind, muss man, wie es scheint, auch einen in gewisser Weise erhabeneren und glänzenderen Stil pflegen; und den größten Teil der Rede muss man darauf abstimmen, die Gemüter bisweilen durch irgendeine Ermahnung oder Erinnerung zu Hoffnung, Begierde oder Ruhmsucht anzustacheln und sie auch oft von Unbesonnenheit, Jähzorn, Hoffnung, Unrecht, Missgunst und Grausamkeit abzuhalten. (Über den Redner 2,333 und 337)

Die Rhetorik in Rom kannte in der Praxis unterschiedliche Stilrichtungen. Zur Zeit Ciceros gab es vom ästhetischen Standpunkt aus einen Konflikt zwischen den neoattizistischen Rednern und den Asianisten. Erstere zeichneten sich durch einen nüchternen und prägnanten Stil aus; die Emotionen wurden unter Kontrolle gehalten, um der Rationalität der Rede Raum zu geben. Die Asianisten zogen dagegen einen großsprecherischen und pompösen Stil vor, indem sie auf Pathos und Dramatik zurückgriffen, um unter ihren Zuhörern Empfindungen zu wecken. Cicero wiederum sprach sich für den Typus eines ganzheitlichen Redners aus, der beide Stile beherrschte und in der Lage war, je nach Publikum eine Rede zu halten. Auch in »Der Redner«, worin er die latinischen Neoattiker offen kritisiert, spricht Cicero sich für einen gewissen ästhetischen Eklektizismus aus:

> Es gibt insgesamt drei Stilarten. In einzelnen von diesen haben sich manche hervorgetan; gleichmäßig aber in allen, so wie wir es wünschten, nur sehr wenige. Denn es gab sozusagen »Hochtönende« [die Asianisten], erhaben mit dem wuchtigen Bau ihrer Sätze und der Würde ihrer Worte, eindringlich nuancenreich, ausdrucksstark [...] Andererseits gab es jene [die Attizisten] im Ausdruck schlichten und genauen Redner, die nur allseitig informieren und nicht so sehr großartig als vielmehr einleuchtend darstellen; ausgefeilt erscheinen sie in ihrer einfachen, knappen Redeweise. [...] Es gibt aber noch eine in der Mitte zwischen diesen eingeschobene, gewissermaßen ausgeglichene Stilart. Sie besitzt nicht die Klarheit der Letzteren und nicht den Glanz der Ersteren [...] Sehen wir doch, dass es Redner gegeben hat, die einerseits schmuckreich und eindringlich, andererseits zugleich auch gewandt und genau gesprochen haben. Könnten wir doch unter den Lateinern das Musterbild eines solchen Redners finden! (Der Redner 20–22)

Cicero fühlte sich nicht strikt einem bestimmten Stil verpflichtet – für ihn war der auf die Situation passende perfekt: »Gibt es doch keinen oratorischen Vorzug in irgendeiner Stilart, von dem nicht in meinen Reden, wenn auch nicht die vollkommene Verwirklichung, so doch wenigstens ein Versuch, eine Skizze sich fände« (Der Redner 103). Mit seinem leidenschaftlichen Temperament stand er den Asianisten aber wesentlich näher. Sein Stil zeichnete sich durch einen üppigen verbalen Reichtum aus, der den Attizisten in seiner Redundanz übertrieben erschien, durch eine sorgfältige rhythmische Gestaltung und eine großartige emotionale Ausdrucksfähigkeit vor allem in den Reden vor dem Volk, die das Publikum schwerlich gleichgültig ließ. Man darf eben nicht vergessen, dass es für Cicero eine enge Verbindung zwischen der mündlichen Äußerung und ihrer Verschriftlichung gab: Er sah eine Rede vor allem als ein literarisches Kunstwerk, was sein Interesse an deren Veröffentlichung erklärt – auch jener, die nie öffentlich gehalten wurden, wie der größte Teil der Reden gegen Verres oder die zweite Philippische Rede. Mangel an Lebhaftigkeit war der Hauptvorwurf, den Cicero gegen den Stil des Gaius Licinius Calvus erhob, des großen Vertreters des Neoattizismus unter seinen Zeitgenossen. Nach Ciceros Meinung verfügte er über eine große Kenntnis der Literatur und befleißigte sich einer »gepflegten und ausgeklügelten Redekunst«, also eines korrekten Stils, der aber übermäßig gehaltvoll war:

Daher erschien seine Rede, durch übergroße Gewissenhaftigkeit verdünnt, den Kennern, den aufmerksamen Zuhörern einleuchtend, vor der Menge aber und auf dem Forum, wo ja die Redekunst zu Hause ist, da ging sie verloren. (Brutus 283)

An dem Kontrast zur Art des Licinius Calvus macht Cicero sein Modell eines Redners in Aktion fest, der mit seinen Worten und seiner Leidenschaft die vollkommene Empathie mit den Zuhörern herstellte:

[...] wenn aber diese unsere Attizisten sprechen, dann werden sie nicht nur von der Runde der Hörer allein gelassen, was schon schlimm genug ist, sondern sogar von ihren eigens bestellten Freunden [...] Das aber ist es, was ich meinem Redner wünsche: Wenn man hört, er werde sprechen, dann wird der Platz auf den Bänken im Voraus besetzt, das Tribunal füllt sich, die Schreiber zeigen sich gefällig, Plätze zuzuweisen oder abzutreten, der Kreis der Interessierten ist bunt und vielfältig, der Richter gespannt. Wenn jener sich erhebt und zu sprechen ansetzt, gibt man sich im Kreis Zeichen zur Stille. Alsbald folgen dicht aufeinander zahlreiche Bekundungen der Zustimmung und der Bewunderung; Lachen, wenn er will – wenn er es will, Weinen. Wer das von ferne sieht, der merkt, auch wenn er nicht weiß, was wirklich vor sich geht, dass hier jemand Anklang findet, dass ein Roscius auf der Bühne steht [Quintus Roscius Gallus war ein berühmter Schauspieler der Zeit, den Cicero auch in seiner Schrift »Über den Redner« als Vorbild nennt]. (Brutus 289–290)

In den erhaltenen Reden Ciceros gibt es vielfältige Beispiele von Dramatik, Schwülstigkeit und Appellen an die Gefühle der Zuhörer. So enden auch die Reden zur Verteidigung von Flaccus und von Milo:

Ihm, dem unglücklichen Knaben [dem Sohn von Lucius Valerius Flaccus] hier, der euch und eure Kinder anfleht, ihr Richter, werdet ihr durch euer Urteil bedeuten, nach welchen Grundsätzen er sein Leben einrichten soll. [...] er bittet euch, nicht seinen Schmerz durch die Tränen des Vaters, nicht das Leid des Vaters durch sein Weinen zu vermehren. [...] Habt Mitleid mit der Familie, ihr Richter, Mitleid mit dem wackeren Vater, Mitleid mit dem Sohn; steht nicht an, den Namen des Hauses [Flaccus trug den Namen der berühmten *gens* Valeria], ein Sinnbild des Ruhmes und der Tapferkeit, um seines hohen Alters oder um dieses Mannes willen für den Staat zu bewahren. (Für Lucius Valerius Flaccus 106)

Glücklich das ferne Land, das ihn aufnehmen wird; doch undankbar unser Land, wenn es ihn vertreibt, und unselig, wenn es ihn verliert! Doch genug; meine Tränen hindern mich weiterzusprechen, und Milo wünscht nicht, dass Tränen ihn verteidigen. Euch aber bitte ich flehentlich, ihr Richter: Wagt so abzustimmen, wie ihr denkt. (Rede für T. Annius Milo 105)

Die Debatte über den besten Redestil wurde nach dem Tod Ciceros weitergeführt, wenn auch die Rhetorik in Rom das Niveau, das sie im 1. Jahrhundert v. Chr. erreicht hatte, nicht halten konnte. Das hing mit dem Ende der Republik und mit dem neuen politischen Regime zusammen, das für die Entwicklung einer Redekunst in Freiheit keine geeigneten Bedingungen mehr bot. Es lässt einen jedenfalls aufmerksam werden, dass wir trotz der Reputation, die Cicero genoss, nicht von jungen Schülern hören, die – wie es in Rom üblich war und wie er selbst es während seiner Kindheit und Jugend getan hatte – bei ihm in die Schule gingen, ihn auf das Forum begleiteten und mit ihm Fragen der Rhetorik diskutierten.

Er sah sich als Römer, der seinem eigenen Modell als perfekter Redner am besten entsprach – er hielt sich für den Höhepunkt der Geschichte in der republikanischen Redekunst in Rom. So stellte er sich vor allem in seinem »Brutus« dar, indirekt auch in »Über den Redner«, einem Werk, mit dem er nicht zuletzt seinen Anspruch auf eine herausragende Stellung untermauern wollte, war doch der vollendete Redner würdig, den Staat als idealer Herrscher zu beschützen. Ob es sich bei ihm um den besten Redner seiner Zeit gehandelt hat, ist eine diskussionswürdige Frage, über die seine Zeitgenossen sicher ebenfalls stritten. Für einen Historiker ist sie schon deshalb schwierig zu beantworten, weil wir von keinem anderen Politiker und Anwalt dieser Ära genügend Reden überliefert haben, dass ein Vergleich überhaupt möglich wäre: Von Ciceros großem Konkurrenten Hortensius zum Beispiel sind genau zwei Wörter erhalten, die wir einem späten Grammatiker verdanken. Cicero war ohne Zweifel ein großer Sprecher, ein Meister des Wortes, des gesprochenen wie des geschriebenen, und das wurde sowohl in seiner Zeit als auch von der Nachwelt anerkannt, wie dem Hispanier Quintilian, der sich dem Studium der Rhetorik und der Redekunst in der Antike widmete. Und Cicero blieb dem Wort als maßgeblichem Mittel der Kommunikation, aber auch als Instrument im politischen Kampf treu, und das in einer Zeit, in der die Waffen, die allmählich in den zivilen Bereich eindrangen, dem Typus des »Politiker-Redners«, den der Mann aus Arpinum repräsentierte, ein Ende setzten:

KAPITEL 15

Das [die Redekunst] ist es, was in jedem freien Volk und vor allem in friedlichen und ruhigen Staaten immer in besonders hohem Ansehen stand und eine führende Rolle hatte. [...] Oder was ist für Geist und Ohr so angenehm wie eine mit weisen Gedanken und gewichtigen Worten geschmückte und ausgefeilte Rede? Oder was so mächtig und großartig, wie wenn die Emotionen des Volkes, die Bedenken der Richter und die Strenge des Senats durch die Rede eines Einzigen umgestimmt werden können? [...] Und weiter, um nicht immer an das Forum an Richterbänke, Rednerbühne und Curia zu denken, was kann [...] dem Menschen mehr entsprechen als ein geistreiches und in keiner Weise ungebildetes Gespräch? In diesem einen Punkt nämlich übertreffen wir die Tiere am allermeisten, dass wir miteinander reden und dass wir unsere Empfindungen durch Sprache ausdrücken können. (Über den Redner 1,30–32)

Cicero ging es sehr darum, die Weisheit der Philosophie in das öffentliche Leben zu bringen, aber er wollte keinen Philosophen als Herrscher, sondern einen Mann der Tat, der über eine sehr gute Allgemeinbildung verfügte und ethische Prinzipien hatte. Möglicherweise hatte er recht, als er sich als *den* formvollendeten und perfekten Redner in der Geschichte Roms sah; die Fortdauer und Vervollkommnung des Modells, für das er stand, hätte jedenfalls der Redefreiheit und des Wettbewerbs bedurft – beide verschwanden mit der Errichtung des augusteischen Prinzipats. So starb der vielseitige Redner, der über ein reiches Wissen verfügte, der Staatsmann, der eine Gemeinschaft hätte führen können, mit der Republik.

16

DAS LEBEN UNTER DER DIKTATUR
CAESARS (46–44 v. Chr.)

Das Jahr 46 war das längste in der Geschichte Roms. Mit Unterstützung des Astronomen Sosigenes führte Caesar eine Kalenderreform durch, die für einen Großteil der Menschheit von Bedeutung war: Seiner Messung der Zeit nach sollte das römische Jahr statt der bisherigen 355 von nun an 365 und ¼ Tage zählen. Bis dahin war es von Zeit zu Zeit nötig gewesen, zwischen Februar und März einen zusätzlichen Monat einzufügen, ihn – wie man sagte – zu interkalieren. Während der permanenten politischen Konflikte in den letzten Jahren hatte man nur die Hälfte aller notwendigen Monate interkaliert. So war der 1. Januar 46, den die Kalender anzeigten, dem astronomischen Jahr zufolge der 14. Oktober 47. Zur Anpassung interkalierte Caesar insgesamt drei Monate: von 27, 29 und 38 Tagen – das erklärt die außergewöhnliche Länge des Jahres 46.

Dieses nicht enden wollende Jahr begann für Cicero mit einem privaten Einschnitt: Nach 30 Ehejahren ließ er sich von Terentia scheiden. Was zum Bruch mit ihr führte, ist kaum bekannt; Cicero war selbst in Briefen an Atticus diesbezüglich sehr diskret. Nur sein Ärger über einige Entscheidungen, die Terentia zusammen mit dem Freigelassenen ihres Vertrauens, Philotimus, hinsichtlich des Familienvermögens getroffen hatte, scheint auf. Wahrscheinlich trug zur Entfremdung zwischen den Eheleuten auch Tullias dritte Ehe bei. Sie hatte im Jahr 50 Publius Cornelius Dolabella geheiratet. Cicero billigte die Verbindung wegen des schlechten Rufs von Dolabella nicht; dagegen hatte Terentia sich für sie ausgesprochen, als Cicero sich in Kilikien aufhielt.

In einem Brief an Gnaeus Plancius von Ende 46, als bereits einige Monate seit der Scheidung vergangen waren, machte Cicero seinem Groll gegenüber Terentia Luft:

[…] doch hätte ich in diesen elenden Zeiten keinen so einschneidenden Entschluss gefasst, wenn ich nicht bei meiner Heimkehr meine häuslichen Verhältnisse um nichts besser als die öffentlichen angetroffen hätte. Weil ich infolge der Tücken derer, denen wegen meiner unvergänglichen Wohltaten mein Leben und mein Hab und Gut besonders lieb und wert sein musste, kein Fleckchen in meinen vier Wänden sicher sah und überall eine Falle vermuten musste, glaubte ich mich durch die Zuverlässigkeit neuer Bindungen gegen die Unredlichkeit der alten sichern zu sollen. (An seine Freunde 4,14,3)

Einmal geschieden, suchte Cicero mit Hilfe einiger Freunde unverzüglich eine neue Frau. Er erhielt verschiedene Angebote und es ergaben sich diverse Möglichkeiten, die er aus unterschiedlichen Gründen zurückwies:

Und damit ich es nicht vergesse: Caesonius hat mir geschrieben, Postumia, Sulpicius' Frau, habe ihm einen Besuch gemacht [Postumia war die Frau von Servius Sulpicius Rufus, einem berühmten Juristen, der zu diesem Zeitpunkt Statthalter von Achaia war]. Pompeius Magnus' Tochter kommt [Pompeia war die Witwe von Faustus Sulla, einem Anhänger des Pompeius, der vor kurzem im Bürgerkrieg gefallen war], wie ich dich schon habe wissen lassen, unter den gegenwärtigen Umständen nicht für mich in Frage; die andere, von der du sprichst, kennst du ja wohl; ich habe so etwas Abscheuliches noch nicht gesehen. (Atticus-Briefe 12,11)

Bevor sich das Jahr 46 dem Ende zuneigte, ging Cicero eine neue Ehe ein: mit Publilia, einer jungen Frau aus einer wohlsituierten Familie, die wirtschaftlich Erleichterung und auch in politischer Hinsicht einen Aufschwung brachte, denn ihre Familie verfügte über sehr gute Beziehungen zu Caesar. Die Ehe eines Mannes von 60 Jahren mit einer Heranwachsenden gab in Rom zu einigem Gerede Anlass. Davon zeugt noch Jahrzehnte später eine Anekdote, die der Rhetor Quintilian überliefert: Als man Cicero wegen seiner Heirat angriff, rechtfertigte er das Alter seiner Braut, indem er entgegnete: »Morgen wird sie eine Frau sein« (Ausbildung des Redners 6,3,75). Er trennte sich indes bereits im Sommer 45 von Publilia, beinahe ohne mit ihr zusammengelebt zu haben.

In der ersten Hälfte des Jahres 46 widmete Cicero all seine Kräfte dem literarischen Schaffen. »Brutus«, seine Geschichte der Rhetorik und Eloquenz in Rom, entstand. Er strebte eine freundschaftliche und politische Beziehung, zu der sich eine Art intellektueller Vormundschaft gesellte, mit Brutus an, den er eine Zeit lang offensichtlich als seinen geistigen Erben ansah. Brutus, um die 40, hoffte auf die höchsten Magistraturen im Staat, nachdem er für Pompeius gekämpft hatte, ihm dann aber von Caesar vergeben worden war. Auf den »Brutus« folgten noch zwei Texte über Rhetorik: »Über die beste Gattung von Rednern« *(De optimo genere oratorum)* und »Der Redner«, den er ebenfalls Brutus widmete, sowie »Stoische Paradoxien«, die erste aus einer Reihe von Schriften über Themen der Philosophie, mit der Cicero sich in der letzten Phase seines Lebens auseinander setzte.

Es war in dieser Zeit, dass Brutus Cicero bat, eine Leichenrede zu Ehren seines Onkels Marcus Cato zu verfassen, der sich nach der Niederlage der Pompeianer das Leben genommen hatte. Cicero kam der Bitte nach und schrieb die Rede im Lauf des Sommers, aber er kämpfte mit der Schwierigkeit, den geeigneten Ton für die Würdigung einer Persönlichkeit wie Cato zu finden, der bis zum letzten Atemzug gegen die Anhänger Caesars gekämpft hatte. Man kann sich fragen, welche Gefühle Cicero wohl gehegt haben mag, als er Worte für das Lob eines Mannes suchte, dessen Handlungen von einer Geradlinigkeit geprägt waren, die ihm selbst so fremd war.

> Mit dem Cato ist es die Quadratur des Zirkels! Ich finde keine Fassung, die deine Kumpanen [Caesar-Anhänger, zu denen Atticus ein gutes Verhältnis hatte] mit Wohlgefallen oder auch nur ohne Ärger lesen könnten. Selbst wenn ich seine Aussprüche, seine ganze Tendenz und politische Tätigkeit beiseite lassen und einfach nur seinen sittlichen Ernst, seine Beharrlichkeit rühmen wollte, so dürfte selbst das für diese Leute ein unerwünschter Ohrenschmaus sein. Aber an seinem Lobe fehlt das Beste, wenn man nicht herausstellt, dass er die heutigen Zustände vorausgesehen und abzuwenden versucht hat und schließlich, um sie nicht erleben zu müssen, aus dem Leben gegangen ist. (Atticus-Briefe 12,4,2)

Cicero hatte recht mit seiner Vorahnung, dass die Leichenrede, die nicht erhalten ist, weder die einen noch die anderen gleichmütig lassen würde. Zum einen zeigte Brutus sich nicht zufrieden mit seinem Text, so dass er selbst noch einen eigenen »Cato« schrieb, und zwar in einem gehaltvolleren Stil; dieser stieß wiederum bei Cicero nicht auf Zustimmung, der den seinigen qualitätvoller fand. Und zum andern gefiel Caesar weder der Inhalt der Rede von Cicero, deren Stil er jedoch lobte, noch der des Textes von Brutus, und so verfasste er als Antwort den »Anti-Cato«, eine Schmähschrift.

Während all dieser Monate hielt Cicero sich vom politischen Leben fern – ja, sogar von Rom selbst – und verbrachte den Sommer zurückgezogen in Tusculum. In seinen Briefen zeigt er sich von Mal zu Mal überzeugter, dass für seine eigene Sicherheit keine Gefahr mehr bestünde. Er hatte seine freundschaftlichen Kontakte zu bekannten Caesar-Anhängern wie Hirtius und seinem Schwiegersohn Dolabella intensiviert, die, wie er sagte, zu seinen »Schülern in der Redekunst« – wenn sie auch dadurch nicht bekannt geworden zu sein scheinen – und »Gastgebern für Abendessen« geworden waren. Auch zeigte er sich dem gelehrten Marcus Terentius Varro gegenüber relativ zufrieden mit seinem Entschluss, Zuflucht zur Literatur genommen zu haben. Mit ihm wechselte er in dieser Zeit häufig Briefe, weil er sich ihm aufgrund seiner persönlichen Umstände nahe fühlte, hatte sich doch auch Varro, nachdem er sich in seiner Funktion als Legat des Pompeius in der Hispania Ulterior Caesar ergeben hatte, in die Literatur geflüchtet. Er beschäftigte sich nur noch mit der Abfassung von Büchern über Geschichte, Literatur und Landwirtschaft, die in der Welt der römischen Kultur großen Anklang erfahren sollten:

> »Aber wir leben in einem aus den Fugen geratenen Staate!« Wer leugnet das? Sollen doch die zusehen, die sich nicht für alle Lebensumstände gesichert haben! […] ich suche besonders gern bei unsern Studien Ruhe zu finden. Wer will es uns denn verwehren, wo das Vaterland unsre Dienste nicht in Anspruch nehmen kann oder will, dass wir zu der Lebensweise zurückkehren, die viele weise Männer, vielleicht zu Unrecht, aber doch in großer Zahl sogar der Beteiligung am Staatsleben vorziehen zu müssen glaubten? (An seine Freunde 9,7,4–5)

Ein Brief vom Juli an Lucius Papirius Paetus zeigt, wie sehr es ihm – fern von allem Idealismus – nur noch um sein Überleben ging:

> Ich muss schon sagen, auch ich bereue meinen Entschluss nicht [die Annäherung an die Caesar-Anhänger]; erreiche ich doch manches damit. Zunächst – und das ist augenblicklich die Hauptsache – sichere ich mich gegen die gegenwärtigen Zeitläufte; ob mit Erfolg, weiß ich nicht; nur so viel ist klar, dass mir bisher dieser Entschluss besser als jedes andern Rat erscheint, sofern es nicht besser gewesen wäre zu sterben. Im Bette, wie ich gestehe, aber es hat nicht sollen sein; in der Schlacht bin ich nicht gewesen. Die andern, Pompeius, dein Lentulus, Scipio, Afranius sind elendiglich ums Leben gekommen. »Aber Cato in allen Ehren!« Das steht mir auch noch frei, wenn ich will; nur möchte ich, dass es für mich nicht der einzige Ausweg wäre wie für ihn, und das will ich ja gerade vermeiden. Das wäre also das Erste. (An seine Freunde 9,17,2–3)

Am Ende des Sommers kehrte Caesar von seinem Sieg in Nordafrika nach Italien zurück. Cicero berichtet, dass er Hirtius und Dolabella zu dem Empfang geschickt habe, »damit sie mir die Gunst ihres Freundes auf jede nur mögliche Art und Weise näher bringen«. Aber Cicero nutzte nicht nur Vermittler, um Caesars Vertrauen zu gewinnen, sondern zeigte dem allmächtigen Herrscher Roms auch selbst bei der ersten günstigen Gelegenheit seine Zuneigung. In einer Senatssitzung im September oder Oktober drängte die Mehrheit der Senatoren den Diktator, Marcus Marcellus, Konsul des Jahres 51 und einem seiner großen politischen Gegner, der in der Stadt Mytilene auf der Insel Lesbos im Exil lebte, zu vergeben. Caesar gab einen neuen Beweis für seine Großherzigkeit und begnadigte Marcellus, der jedoch auf seiner Rückkehr in Piraeus unter ungeklärten Umständen ums Leben kam. Cicero, der in der Sitzung anwesend war, beschreibt Servius Sulpicius Rufus voller Optimismus diesen Augenblick, denn dieser war der Kollege des Marcellus im Konsulat des Jahres 51 gewesen:

> [...] als er plötzlich ganz unerwartet erklärte, wenn der Senat sich für Marcellus einsetze, wolle er, selbst wenn daraus vielleicht nichts Gutes erwachse, nicht nein sagen. Was aber hatte der Senat getan? Als L. Piso [Marcellus' Schwiegervater] die Sache zur Sprache brachte und C. Marcellus [Marcellus' Neffe] sich Caesar zu Füßen warf, hatte der Senat sich in seiner Gesamtheit erhoben und war mit inständigen Bitten an Caesar herangetreten. Frag nicht weiter! Mir ist dieser Tag so herrlich erschienen, dass ich gleichsam einen Schein der wiedererstehenden Republik aufsteigen zu sehen glaubte. (An seine Freunde 4,3,3)

Cicero, der schon lange nicht mehr in der Curia gesprochen hatte, hielt in dieser Senatssitzung eine knappe, aber brillante Rede: Er dankte Caesar für die Entscheidung. Die Ansprache, die veröffentlicht werden sollte, ist als »Für Marcellus« *(Pro Marcello)* bekannt, wenngleich es sich eher um eine Lobrede auf Caesar handelte, weil er die Rückkehr seines Gegners ermöglicht hatte. Sie kann als Vorläufer der Gattung der späteren Panegyrik zu Ehren der Kaiser gelten.

Er verkündete, warum er nun nicht länger schweigen konnte: Diese Geste des gütigen, weisen und nachsichtigen Caesar, die man gerade im Senat habe beobachten können, sei für ihn ein Wendepunkt, ein wahres »Hoffnungszeichen für die Republik«. In Wahrheit aber zeigte die Begnadigung durch den Diktator, welche Machtfülle er sich unrechtmäßig angeeignet hatte und wie praktisch alles in Rom von ihm abhing, der noch über den Gesetzen der Republik stand:

[...] und so möchte ich zum ersten Male wieder in meiner früheren Weise aussprechen, was ich wünsche und denke. Denn so viel Milde, eine so ungewohnte und unerhörte Bereitschaft zu verzeihen, eine solche Mäßigung bei der Ausübung höchster, schrankenloser Gewalt, kurz, eine so beispiellose und geradezu göttliche Besonnenheit kann ich unmöglich mit Stillschweigen übergehen. (Für Marcus Marcellus 1)

Caesar habe an diesem Tag alle vorherigen Sieger in Bürgerkriegen übertroffen und sich selbst in seiner unendlichen Milde – nach dem Tod des Diktators war diese Politik der Großmut und Versöhnung für Cicero nur noch »Täuschung«. Caesars Geste gegenüber Marcellus werde der Nachwelt noch vor seinem militärischen Ruhm in Erinnerung bleiben; man solle ihn nicht nur »unter uns, sondern in den Sprachen und Literaturen beinahe aller Völker« feiern, denn Caesar sei der brillanteste General in der Geschichte:

Ich stelle mir immer wieder vor Augen [...], dass sich alle Erfolge, die von unseren bisherigen Feldherren, die von fremden Völkern, mächtigen Staaten und weitberühmten Königen errungen worden sind, nicht mit den deinigen vergleichen lassen [...]. Wenn ich nun bestreiten wollte, dass die Größe dieser Leistungen so ziemlich jedermanns Denkkraft und Vorstellungsvermögen übersteigt, dann wäre ich ein Narr [...]. (Für Marcus Marcellus 5–6)

Der Redner vermengte seine Schmeicheleien mit einer öffentlichen Rechtfertigung seines eigenen Handelns in den vergangenen Jahren. Dass er sich Pompeius angeschlossen hatte, war nicht aus eigenem Willen geschehen, sondern aufgrund der Verpflichtung, die aus Freundschaft und Dankbarkeit resultierte, da dieser ihm doch zur Rückkehr aus dem Exil verholfen hatte:

Ich habe mich ja keiner Bürgerkriegspartei angeschlossen, weder jetzt noch je zuvor, und stets waren meine Vorschläge auf Frieden und Gewaltlosigkeit, nicht auf Krieg und Waffengebrauch bedacht. Ich habe mich einem Manne angeschlossen [er zieht es vor, Pompeius nicht namentlich zu erwähnen], dem ich persönlich, nicht von Staats wegen verbunden war, und die mit dankbarem Herzen treu bewahrte Erinnerung vermochte bei mir so viel, dass ich mich ohne auf Vorteile aus zu sein, ja, ohne Hoffnung mit vollem Wissen gleichsam freiwillig in den Untergang stürzte. (Für Marcus Marcellus 14)

Cicero stellte die Milde Caesars – »dich trifft keine Schuld, wenn einige Angst vor dir haben« – sogar dem unverhüllten Rachewunsch entgegen, der einst das Feldlager des Pompeius beherrscht hatte. Er nutzte seine Ansprache dazu, das Glück Roms an die Herrschaft Caesars (»von deinem Leben hängen alle anderen ab«) zu binden: Caesars Aufgabe war noch nicht erfüllt, seine wichtigste Mission, seine größte Ruhmestat stand noch aus – »der Aufbau der Republik«. Die Zukunft Roms lag in seinen Händen, Eintracht war notwendig, und Cicero, der sich die Funktion eines Wortführers des Senats anmaßte, erklärte sich bereit, in jeder Gefahr und unter Einsatz seines Lebens das des Diktators zu verteidigen. Das mutet in Anbetracht der unendlichen Freude, die unser Protagonist wenige Monate später bei dessen Ermordung verspürte, schon einigermaßen sarkastisch an.

Die heftige Kritik, die Cicero vertraulich an Caesar und seinem politischen Lager geübt hatte, wie auch seine Ablehnung der Diktatur lassen einen zweifeln, ob er in Caesar einen Ausweg aus der schwer wiegenden Staatskrise sah. Er dürfte jedoch sehr wohl die Hoffnung gehegt haben, dass das Ende des Bürgerkriegs eine Zeit der Stabilität und Versöhnung brachte. Insofern war der Lobgesang auf Caesars Milde vermutlich ernst gemeint, nicht nur weil er ihm selbst erlaubt hatte, Gut und Leben zu retten, sondern auch weil er in der Handlungsweise des Siegers eine unabdingbare Voraussetzung für Eintracht sah. Seine Korrespondenz zeigt, dass er sich selbst engagierte, für weitere Gefährten des Pompeius, die sich im Exil befanden, Caesars Vergebung zu erwirken. Er suchte sie zu überzeugen, nach Rom zurückzukehren; Marcellus schrieb er in dieser Angelegenheit mehrere Briefe. Damit wurde er zu einem aktiven Mitarbeiter in Caesars Versöhnungspolitik. Dagegen konnten die politischen Maßnahmen und die Gesetzesvorlagen, die der Diktator einbrachte oder umzusetzen beabsichtigte, mit Ausnahme ganz weniger Fälle kaum auf Ciceros Zustimmung treffen: Verteilung von Land an seine Veteranen, Gründung von *coloniae* in den Provinzen, Begrenzung des Einsatzes von Sklaven in der Landwirtschaft, Erhöhung der Anzahl von Magistraten und Senatoren, Schuldengesetzgebung, Veränderungen in der Zusammensetzung der Gerichte et cetera.

Über Ciceros Meinung dazu lässt sich nur mutmaßen, brieflich nimmt er kaum konkret auf die Aktivitäten Caesars Bezug; er scheint sie absichtlich zu ignorieren. Er verfolgte zwar die politische Situation in Rom mit Sorge und größtem Interesse, wie seine Korrespondenz mit sehr unterschiedlichen Persönlichkeiten zeigt, von denen einige verantwortungsvolle Ämter im Regime Caesars bekleideten, doch war sein persönliches Engagement eher gering. Außer der Dankesrede ist nur noch eine weitere Intervention zugunsten der Begnadigung eines anderen Gefolgsmanns des Pompeius vom Ende des Jahres 46 bekannt: Quintus Ligarius hatte in Afrika gegen Caesar gekämpft, bis er gefangen genommen wurde. Cicero sprach anlässlich zweier Gelegenheiten zu seiner Verteidigung; zunächst im Haus Caesars, dann auf dem Forum in Anwesenheit des Diktators, der dem Gericht vorsaß. Ligarius wurde verziehen und er konnte nach Rom zurückkehren, wo er wenig später an der Verschwörung teilnehmen sollte, die zur Ermordung Caesars führte. Cicero appellierte in seiner Rede an die schon sprichwörtliche Großmut Caesars und endete mit den scharfsinnigen Worten:

> Denn durch nichts kommen Menschen den Göttern näher als dadurch, dass sie Menschen das Heil schenken. Nichts Herrlicheres enthält deine Machtstellung, als dass du imstande, nichts Schöneres dein Charakter, als dass du bereit bist, so viele wie möglich zu retten. [...] wenn du dem Rettung schenkst, der abwesend ist, dann schenkst du sie zugleich all denen, die hier anwesend sind. (Für Quintus Ligarius 38)

Während seines kurzen Aufenthalts in Rom hatte Caesar große Ehrungen empfangen. Er hatte seine allseits bejubelten vier Triumphe gefeiert, die aufeinander folgenden Siege in Gallien, Ägypten, Pontus und Afrika, Spiele organisiert und sein großartigstes Bauwerk eingeweiht, das neue Forum Iulium. Aber noch erwartete ihn die letzte Episode des Bürgerkriegs in Hispanien, wohin er sich im November 46 begab. Cicero, der schon vor einiger Zeit angesichts der Siege Caesars resigniert hatte, sah keine Hoffnung im Widerstand der Söhne von Pompeius, für die er offensichtlich keinerlei Sympathie verspürte. Ihre Niederlange bei Munda, die den Bürgerkrieg endgültig beendete, überraschte oder rührte ihn nicht.

Er sorgte sich in diesem Moment mehr um sein Familienleben. Im Herbst ließ sich Tullia, obwohl sie ein Kind von Dolabella erwartete, von ihm scheiden. Cicero selbst suchte eine neue Frau und fand für kurze Zeit Publilia. Es kam zu einer Annäherung an den Bruder Quintus, wenn ihr Verhältnis auch nie wieder so natürlich und eng wurde, wie es einst gewesen war. Dagegen blieb Atticus seine Zuflucht und sein Ratgeber. In fast allen Briefen aus diesen Monaten sorgt Cicero sich zärtlich um Attica, die kleine Tochter seines Freundes – die Jahre später Agrippa, die rechte Hand und den Stellvertreter des Augustus, heiraten sollte –; ihre schwache Gesundheit ließ sie unter Fieberanfällen leiden. »Es schmerzt mich, dass die Krankheit von Attica sich so lange hinzieht; aber wenn der Schüttelfrost erst vorbei ist, dann gibt es Hoffnung, dass es ihr bald wieder besser geht.« »Ach, könnte ich doch gleich meine Tullia in meine Arme schließen und Attica küssen!« »Ich höre mit Freuden von der guten Verfassung von Attica; ich leide mit ihr, wenn sie leidet.«

Auch um seinen Sohn Marcus sorgte er sich, wobei auffällt, dass Cicero in den Briefen aus dieser Zeit kaum Bezug auf ihn nimmt. Marcus wollte sich den Truppen Caesars in Hispanien anschließen – das suchte sein Vater zu verhindern: »Ist es denn nicht genug damit, dass ihr der andern Partei den Rücken gekehrt habt? Jetzt geht ihr gar zum Gegner über?«, klagt er (Atticus-Briefe 12,8,1). Cicero verbot dem Sohn nicht direkt, nach Hispanien zu reisen, aber aus uns nicht bekannten Gründen setzte dieser seinen Plan nicht um. Stattdessen begab er sich 45 zu Studien nach Athen. Sein Neffe Quintus war dagegen sehr wohl bei Caesar in Hispanien und brachte dort eine regelrechte Verleumdungskampagne gegen seinen Onkel zuwege, die dieser mit Schrecken, vor allem aber mit großem Kummer angesichts der familiären Illoyalität verfolgte. Diese Nachrichten sind uns aus der Korrespondenz bekannt, die Cicero von wechselnden Orten aus unterhielt. Er unternahm zu der Zeit eine Art Rundreise auf seine Güter.

Zu Beginn des Jahres 45 stand Tullia erneut im Mittelpunkt seiner Sorgen. Sie gebar im väterlichen Haus in Rom ein Kind, das wie schon das erste nur wenige Monate lebte. Aber es sollte noch schlimmer kommen: Im Februar starb Tullia im Alter von 33 Jahren in Tusculum. Ihr Leben war unglücklich gewesen. Sie hatte drei Ehen von kurzer Dauer geführt und zwei Söhnen das Leben geschenkt, die frühzeitig verstorben waren. Der Tod seiner innig geliebten Tochter erfüllte Cicero mit untröstlicher Trauer. Unfähig, in Tusculum oder im Haus auf dem Palatin zu bleiben, wo Tullia die letzten Wochen ihres Lebens verbracht hatte, zog er sich zunächst in das Haus des Atticus in Rom zurück und suchte sich durch die Lektüre von philosophischen Schriften abzulenken: »Was nur je geschrieben worden ist über ›Linderung des Grams‹, das habe ich bei dir zu Hause gelesen; doch der Schmerz ist stärker als alle Trostgründe« (Atticus-Briefe 12,13,3). Ab März zog er dann die Einsamkeit seines Hauses in Astura vor, ohne Publilia, was bereits auf die anstehende Scheidung hindeutete:

> Die Einsamkeit hier bewahrt mich vor allem Verkehr mit Menschen; frühmorgens verkrieche ich mich im dunklen, unwegsamen Walde, um vor Abend nicht wieder zum Vorschein zu kommen. Nächst dir ist mir nichts so lieb wie die Einsamkeit. In ihr rede ich einzig mit meinen Büchern, aber auch darin unterbricht mich oft ein Tränenstrom; ich kämpfe dagegen an, so gut ich kann, aber vorläufig bin ich ihrer noch nicht Herr. (Atticus-Briefe 12,14 – 9. März 45)

KAPITEL 16

Er war nun unablässig mit der Idee beschäftigt, Tullia zu Ehren ein Heiligtum *(fanum)* zu bauen; ein Monument, das für immer an sie erinnern und ihr die Unsterblichkeit des Gedenkens verschaffen sollte. Der Entwurf des Heiligtums, den ein gewisser Cluatius angefertigt hatte, gefiel ihm durchaus, aber er konnte sich nicht entscheiden, an welcher Stelle es zu errichten sei: Er zog seinen Besitz in Astura, Arpinum oder Tusculum in Betracht oder sogar einen wesentlich frequentierteren Ort am rechten Tiberufer in Rom, wo er extra ein Stück Land zu erwerben gedachte. Obwohl die Pläne bereits sehr weit vorangeschritten waren – hatte er doch Atticus schon damit beauftragt, sich um die Anschaffung von Säulen zu kümmern –, kam es am Ende nicht zum Bau des Heiligtums.

Cicero suchte in Astura Trost im täglichen Briefwechsel mit Atticus und in der Philosophie. Unter dem Titel »Hortensius« beendete er eine Einführung in die Philosophie, die in der Antike weite Verbreitung erfuhr, aber deren Text verloren ist. Tief getroffen vom Tod der Tochter, verfasste er eine Trostschrift, die ebenfalls nicht überliefert ist, sich aber wahrscheinlich an den Vorgaben der Gattung ausrichtete und insofern originär war, als der Autor sie sich selbst gewidmet hatte:

Ja, ich habe sogar versucht, was sicher noch nie jemand vor mir getan hat, mich selbst durch eine literarische Arbeit zu trösten; ich schicke dir das Buch, wenn die Kopisten es abgeschrieben haben. Ich kann dir versichern, es gibt keinen wirksameren Trost. Ganze Tage schreibe ich; nicht als ob ich damit etwas Wesentliches erreichte, aber ich lenke mich wenigstens so lange ab. Freilich nicht genug, dazu ist der Schmerz zu groß; aber immerhin, ich erhole mich dabei und setze alles daran, wenn nicht das Gemüt, so doch jedenfalls das Gesicht, so gut es geht, ins Gleichgewicht zu bringen. (Atticus-Briefe 12,13,3)

Bis Ende August 45 verbrachte Cicero längere Zeiträume auf seinen Anwesen in Astura, Arpinum und auch in Tusculum. Er wagte es im Mai, dorthin zurückzukehren, als sein Schmerz über Tullias Tod an diesem Ort etwas nachgelassen hatte. Nach Rom kehrte er vorerst nicht zurück. Auf Atticus' Bitten hin schrieb er einen »Brief mit Ratschlägen« für Caesar. Dieser war als offener Brief mit Empfehlungen gedacht, wie der Diktator den römischen Staat verwalten und reorganisieren sollte, gehalten in dem Stil – so Cicero selbst – der Briefe von Aristoteles und Theopomp an ihren Schüler Alexander den Großen oder derjenigen, die seinerzeit der Caesar-Anhänger und spätere Historiker Sallust an Caesar schickte. Seine Korrespondenz mit Atticus vom Mai zeigt, wie er sich diesem

Projekt zwar widmete, aber auch seine Schwierigkeiten, es in geeigneter Weise umzusetzen, denn eigentlich glaubte er weder an dessen Opportunität noch an dessen Nutzen. Als er schließlich eine erste Fassung fertiggestellt hatte, schickte er sie an Atticus, damit dieser sie den Caesar-Vertrauten Oppius und Balbus zukommen ließ. Er fürchtete nämlich, dass der Inhalt ihnen unpassend erschien. Die Antwort »von denen da«, wie Cicero die Anhänger Caesars in Rom nannte, fiel sehr kritisch aus und empfahl dem Autor, den Text fast vollständig neu zu schreiben. Cicero, der möglicherweise mit einer derartigen Reaktion gerechnet hatte, beschwerte sich bei Atticus, dass dies nun das Ergebnis seiner Mühen war, obwohl sein Brief doch versöhnlich, wenn nicht sogar offen anbiedernd gewesen sei. Er gab das Projekt schließlich auf.

Ja, ich bin immer der Ansicht gewesen, dass die beiden meine Denkschrift an Caesar erst lesen müssten, und ganz mit Recht; andernfalls hätte ich rücksichtslos gegen sie gehandelt und mich selbst beinahe in Gefahr gebracht, wenn ich es hätte darauf ankommen lassen, ihn vor den Kopf zu stoßen. Im Übrigen haben sich die beiden hochanständig benommen, und ich bin ihnen dankbar, dass sie mit ihrer Meinung nicht hinter dem Berge gehalten haben. Das Beste daran aber ist, dass sie so viel geändert wissen wollen, dass es mir zwecklos erscheint, das Ganze umzuarbeiten. [...] Denn die ganze Denkschrift ist doch von A bis Z nichts als ein Kotau. Oder meinst du, mir hätten die rechten Worte gefehlt, wenn ich hätte vorschlagen wollen, was ich wirklich für das Beste hielt? Also die ganze Schreiberei ist überflüssig. [...] Kurz, ich würde nur Verdruss davon haben, und nichts hätte in dieser Angelegenheit besser meinen Wünschen entsprechen können als die Tatsache, dass mein Eifer keine Anerkennung gefunden hat. (Atticus-Briefe 13,3,1 – Tusculum, 25. Mai 45)

Nachdem er den Brief an Caesar zur Seite gelegt hatte, konzentrierte sich die intellektuelle Tätigkeit Ciceros in den Sommermonaten – neben der Übersetzung des platonischen Dialogs »Timaios« ins Lateinische – auf einige seiner wichtigsten philosophischen Schriften: die »Akademischen Bücher«, die Abhandlung »Über das höchste Gut und das größte Übel« *(De finibus bonorum et malorum)* und die »Gespräche in Tusculum« *(Disputationes Tusculanae)*. Die beiden letzten Werke widmete er Brutus. Dazu kamen zwei Werke religiösen Inhalts, die er Ende 45 und Anfang 44 verfasste: »Vom Wesen der Götter« und »Über die Wahrsagung«. Die Philosophie wurde ihm während der Alleinherrschaft Caesars zu »einem Ersatz der Sorge um den Staat« (Über die Wahrsagung 2,7), nach Tul-

lias Tod auch zu »einem Heilmittel für die Seele« (Gespräche in Tusculum 3,1).
In den »Gesprächen in Tusculum« beanspruchte Cicero für sich die Ehrenstellung, der erste römische Philosoph zu sein:

Die Philosophie ist bis zu unserer Zeit vernachlässigt worden und in lateinischer Sprache überhaupt noch nicht hervorgetreten. Es ist also unsere Aufgabe, ihr Ansehen und Leben zu geben, um unsern Mitbürgern, denen wir in unserer staatlichen Tätigkeit vielleicht etwas genützt haben, auch in der Muße zu dienen, so weit wir können. (Gespräche in Tusculum 1,5)

Seine subjektive Wertschätzung verleugnet die Realität nicht, überzeichnet sie jedoch merklich. Cicero reklamiert als Philosoph keine Originalität für sich, ja, er versucht es nicht einmal. In seinen Werken finden sich kaum persönliche Beiträge; sie bewegen sich auf einer Linie mit der eklektischen Skepsis, wie Philon und die Neue Akademie sie vertraten. Sein hauptsächliches Verdienst liegt darin, das philosophische Gedankengut der wichtigsten griechischen Schulen zu den großen Themen der menschlichen Existenz zum ersten Mal in lateinischer Sprache zugänglich gemacht zu haben. Das hat er nicht nur durch eine getreue Übersetzung, sondern vor allem durch eine vernünftige und kompetente Adaptation erreicht. Die griechische Sprache war jahrhundertelang das wichtigste Ausdrucksmittel philosophischer Ideen im Mittelmeerraum gewesen. Cicero bereicherte mit den Werken, die er in den letzten drei Jahren seines Lebens verfasste, das Lateinische um einen geeigneten Wortschatz, auch in dieser Sprache philosophische Konzepte auszudrücken.

Sein Ziel sei es letztlich, wie er zu Beginn seiner »Akademischen Bücher« formuliert, »die antike Philosophie auf Latein auszudrücken« (1,3), wenn er auch in einem Brief an Atticus stolz unter Bezugnahme auf dieses Werk betont, »dass es in dieser Gattung nicht einmal unter den Griechen etwas Ähnliches gibt«. Schon die gewählte Form für die Gestaltung eines großen Teils dieser Texte, der Dialog, war eine griechische Anleihe, die auf Platon zurückging. Die Tatsache, dass Cicero dazu beitrug, die Grundlagen der griechischen Philosophie in lateinischer Sprache zu verbreiten, darf keinesfalls mit ihrer Popularisierung verwechselt werden. Das konnte Ciceros Absicht nicht sein, der schließlich nur für eine kultivierte elitäre Minderheit und zu dem Zweck schrieb, der Jugend eine Reihe von ethischen Prinzipien zugänglich zu machen, die seiner Meinung nach die notwendige moralische Erneuerung der römischen Gesellschaft ermöglichen konnten:

Denn welchen größeren oder besseren Dienst können wir dem Staat erweisen, als wenn wir die Jugend unterrichten und bilden, zumal bei dem sittlichen Zustand unserer Zeit [...]? Freilich bilde ich mir nicht ein, es könne erreicht werden (ja, man soll es nicht einmal fordern), dass alle jungen Leute sich solchen geistigen Bemühungen zuwenden. Wenn doch zumindest ein paar wenige! Denn deren ernstes Streben immerhin wird im Staat ein weites Betätigungsfeld finden können. (Über die Wahrsagung 2,4–5)

Schon seit Beginn des Bürgerkriegs hielt er sich vom öffentlichen Leben weitgehend fern. Am 1. September wohnte er einer Senatssitzung bei, da Marcus Aemilius Lepidus, der Stellvertreter des Diktators *(magister equitum)*, ihn darum gebeten hatte: »Immerhin will ich lieber vergebens kommen als vermisst werden, wenn meine Anwesenheit doch nötig sein sollte, und mich hinterher ärgern« (Atticus-Briefe 13,44,1). Im November hielt er vor Caesar eine Rede zur Verteidigung von Deiotaros, König von Galatien, der angeklagt war, einen Anschlag auf das Leben Caesars im Orient verübt zu haben. Cicero hatte in Kilikien ein gutes Verhältnis zu ihm gehabt – er fand nun gute Worte für Caesar und verband sie mit der Kritik an den offensichtlichen Unregelmäßigkeiten, unter denen das Verfahren stattfand: im Haus des Diktators und unter seinem Vorsitz, aber in Abwesenheit des Angeklagten.

Seine Beziehung zu Caesars Parteigängern war herzlich, auch zu Caesar selbst, der ihm aus Hispanien nach Tullias Tod einen Beileidsbrief gesandt hatte. Er befürchtete keine Repressalien mehr, obwohl sein Neffe Quintus, nun einer der radikalsten Anhänger des Diktators, weiter schlecht gegen ihn redete:

Ganz und gar nichts Neues, nur dass Hirtius Quintus gegenüber ganz energisch für mich Partei ergriffen hat: Überall treibe er sein Wesen, besonders bei Gastereien, ziehe bald über mich her, dann wieder über seinen Vater, wobei sein Haupttrumpf sei, dass wir beide Caesars ärgste Feinde seien, man dürfe uns nicht trauen; vor mir müsse man sich vollends in Acht nehmen – furchtbar, wenn ich nicht überzeugt wäre, dass der Monarch [hier bezieht er sich zum ersten Mal mit dieser abwertenden Bezeichnung auf Caesar] weiß, wie wenig mir der Sinn nach Kampf steht –; und schließlich: Meinen Cicero [seinen Sohn] behandelte ich schlecht. Nun, lass ihn reden, was er will. (Atticus-Briefe 13,46,2)

Cicero ließ die Gelegenheit, Caesar, dessen Rückkehr aus Hispanien bevorstand, von neuem zu schmeicheln, nicht ungenutzt verstreichen. Da sein erzwungenes Lob des Diktatoren-Regimes – wie der fehlgeschlagene Versuch des Briefes zeigte – künstlich gewirkt hatte, zog Cicero es vor, sich auf die Literatur zu konzentrieren. Schließlich war das ein weniger verfängliches Feld, in dem die beiden Protagonisten bereits eine gewisse Affinität bewiesen hatten. Also schickte er Caesar einen Brief, worin er ihm mit Enthusiasmus zu der literarischen Qualität seines »Anti-Cato« gratulierte. Natürlich hatte sein Text zuvor die schon routinemäßige Zensur von Oppius, Balbus und Dolabella passiert, die ihm antworteten, »sie hätten niemals etwas Besseres gelesen«. In einer verdächtigen Klarstellung teilte Cicero Atticus mit, der Inhalt seines Briefs sei mitnichten bloße Lobhudelei, er halte das Werk Caesars für von hohem Wert. Einige Monate später, als der Diktator ermordet worden war, zeigte er jedoch uneingeschränkte Verachtung für den »Anti-Cato«, dessen Inhalt er als »schamlos« bezeichnete.

> Ich habe es neulich nur vergessen, dir eine Abschrift meines Schreibens an Caesar zuzustellen. Deine Vermutung, ich schämte mich vor dir, weil ich fürchtete, als alberner Wicht zu erscheinen, trifft also nicht zu, und ich habe ihm wirklich nicht anders geschrieben als wenn ich à mon égal schriebe. Denn wie ich dir schon mündlich sagte: Ich habe tatsächlich eine hohe Meinung von diesem Werk. So habe ich mich denn von jeder Speichelleckerei ferngehalten, mich aber doch so gefasst, dass ich annehmen darf, er wird es mit größtem Interesse lesen. (Atticus-Briefe 13,56,1)

Als Caesar nach Rom zurückkehrte, um dort die Monate zu verbringen, bei denen es sich um die letzten seines Lebens handeln sollte, dachte Cicero sogar daran, zu dem anberaumten Empfang zu gehen, um ihn zu beglückwünschen. Offensichtlich setzte er diese Absicht aber nicht um. Beide Männer sahen sich schließlich in Kampanien auf dem Landgut, das Cicero in Puteoli besaß, am 19. Dezember 45; der Diktator kam mit großem zivilen und militärischen Gefolge. Cicero berichtete sehr lebendig und detailliert von dieser Begegnung, die durch die Mehrdeutigkeit und bemerkenswerte Scheinheiligkeit bestimmt war, zwischen denen sich die Beziehung der beiden Persönlichkeiten bewegte:

> Was für ein unsympathischer Gast! Und doch ist es mir nicht leid; es war nämlich äußerst nett. [...] er traf abends ein, und gleich war dessen Haus derartig von den Soldaten mit Beschlag belegt, dass sich in dem Speisezimmer, wo Caesar selbst speisen sollte, kaum noch ein Platz fand; es waren nämlich 2000 Mann. [...] Biwak auf freiem Felde, mein Anwesen wurde abgesperrt. [...] Den Weg von dort zu mir machte er zu Fuß am Strande entlang. Nach 2 Uhr ins Bad [...]. Dann ließ er sich salben und kam zu Tisch. Er hatte vor,

ein Vomitiv zu nehmen; so aß und trank er denn auch unbekümmert und mit Appetit, und es war auch ein ganz glänzendes, prachtvolles Mahl [...]. Außerdem wurde sein Gefolge an drei Tafeln sehr anständig aufgenommen. Schon den weniger vornehmen Freigelassenen und Sklaven fehlte es an nichts; die Angeseheneren wurden geradezu exquisit bewirtet. Kurz und gut: Ich glaube, in Ehren bestanden zu haben. Freilich, der Gast nicht so, dass man ihm hätte sagen mögen: »Komm doch bitte wieder herein, wenn du vorbeikommst!« Einmal genügt mir gerade. In der Unterhaltung kein ernsthaftes Wort, viel Literatur. Genug! Er hatte sein Vergnügen und fühlte sich behaglich. [...] Da hast du den Verlauf des Besuches bzw. der Einquartierung, mir, wie gesagt, zuwider, aber nicht unwillkommen. (Atticus-Briefe 13,57)

Einige Tage später bat Lepidus Cicero, nach Rom zu kommen, um in seiner Funktion als Augur dort der Weihung eines neuen Heiligtums beizuwohnen. Cicero kehrte in die Stadt zurück und blieb während der folgenden Monate.

Seit dem Bürgerkrieg hatte Caesar allmählich die gesamte politische Macht in seinen Händen gebündelt, indem er die Ämter eines Diktators und Konsuls als legale Stütze seines Regimes mit bestimmten außergewöhnlichen Amtsgewalten kombinierte. Im Jahr 49 hatte er sich zum Diktator ernennen lassen, und als solcher setzte er seine ersten Beschlüsse um und führte erste militärische Operationen durch. In der entscheidenden Schlacht gegen Pompeius in Griechenland agierte er als Konsul des Jahres 48, um nach dem Sieg bei Pharsalos wiederum zum Diktator designiert zu werden. Während seiner Abwesenheit 47 war seine rechte Hand Marcus Antonius mit der Verwaltung der *Urbs* betraut. Aus dem Orient nach Rom zurückgekehrt, wurde er zum neuen Konsul für 46 gewählt; danach trat er als Diktator zurück. Nach seinem Triumph in Thapsus ließ er sich im gleichen Jahr erneut zum Diktator ernennen, diesmal für einen Zeitraum von zehn Jahren. Dieses Amt wurde mit dem des Konsuls gleichgeschaltet, das er 45 und 44 eher als Ehren- denn als reales Amt innehatte; 45 war er zudem alleiniger Konsul gewesen. Bis zur Schlacht von Thapsus hatte Caesar die Diktatur vor allem militärisch ausgeübt. Anschließend verlieh er ihr einen politischen Charakter und stützte sich auf sie, um seine wichtigsten Reformen in Angriff zu nehmen.

Nach und nach fügte Caesar seinen militärischen und politischen Amtsgewalten weitere Funktionen hinzu: den Oberbefehl über sämtliche im Imperium stationierten Truppen; die persönliche Kontrolle der Staatsfinanzen sowie der Münzprägung – auf den Münzen erschien immer häufiger sein Bildnis; aufgrund des Amtes eines »Sittenwächters«, das es ihm erlaubte, Funktionen des Zensors auszuüben, Überwachung der Moral; im Bereich der Religion nahm er das Amt eines Auguren an und fügte es sozusagen dem des Oberpriesters *(pontifex maximus)* hinzu, das er bereits innehatte. Caesar vereinte schließlich die gesamte wirtschaftliche, politische, militärische und religiöse Macht auf sich, während die althergebrachten Einrichtungen der Republik – der Senat, die Magistraturen und die Volksversammlungen – scheinbar normal weiterbestanden. Sie hatten allerdings immer weniger Entscheidungsgewalt.

Der letzte Schritt seiner Machtergreifung, der die Ereignisse, die zu seiner Ermordung führten, beschleunigen sollte, folgte im Februar 44, als er zum Diktator auf Lebenszeit *(dictator perpetuus)* ernannt wurde. Dieser Schritt schien vielen in Rom und unter ihnen auch einigen, die auf seiner Seite gekämpft hatten, als der endgültige in der Konsolidierung eines autokratischen Regimes, bei dem es sich – ob man es so nannte oder nicht – um eine Monarchie handelte. Die Ernennung schrieb seine Alleinherrschaft fest und bedeutete die endgültige Demontage der Republik.

Die unumschränkte Macht des Diktators, der von treuen Magistraten und ihm persönlich verbundenen Senatoren umgeben war, führte automatisch zu Regelwidrigkeiten und Willkürmaßnahmen, die vor allem viele Mitglieder der römischen Aristokratie immer schwerer ertrugen. In einem Brief an Curio berichtet Cicero mit dem für ihn typischen Sarkasmus, aber auch mit Bitterkeit von einem ungewöhnlichen Ereignis: Nach dem Tod eines der Konsuln am letzten Tag des Jahres 45 veranlasste Caesar die Wahl von Gaius Caninius Rebilus für einen einzigen Tag zum Konsul, bevor die neuen Konsuln des Jahres 44 ihr Amt antreten sollten – es handelte sich dabei um Marcus Antonius und Caesar selbst. Die Wahl von Caninius war verfassungsrechtlich illegitim und politisch gesehen absurd; sie diente Caesar lediglich dazu, dem kurz amtierenden Konsul für seine Dienste als Prokonsul in Nordafrika zu danken.

Ich bin es wirklich nicht, der dich mahnte und bäte, nach Hause zu kommen; ja, ich möchte selbst von hier verschwinden und irgendwohin gehen, ›wo ich von der Pelopiden Namen und Taten nichts höre‹. Kaum zu glauben, wie schändlich ich mir vorkomme, dass ich die Wirtschaft hier mit ansehe. [...] Gewiss, von den Vorgängen hier auch nur zu hören, ist bitter; immerhin ist hören erträglicher als sehen. Jedenfalls bist du nicht auf dem Marsfeld gewesen, als um die zweite Stunde bei Beginn der Quästorwahlen der Amtssessel des Q. Fabius Maximus, den die Kerle als Konsul zu bezeichnen beliebten, hingestellt wurde. Als sein Tod gemeldet wurde, stellte man den Stuhl wieder beiseite. *Er aber, der doch nur für die Tributkomitien die Auspizien vorgenommen hatte, hielt trotzdem Zenturiatkomitien ab und ließ um die siebente Stunde einen Konsul wählen, der bis zum 1. Januar im Amte sein sollte, das heißt bis zum folgenden Tage morgens. Wisse also, dass unter dem Konsulat von Caninius niemand gefrühstückt hat! Doch ist unter seinem Konsulat nichts Schlimmes passiert; er bewies nämlich eine ans Wunderbare grenzende Wachsamkeit, da er in seinem ganzen Konsulat keinen Schlaf sah. (An seine Freunde 7,30,1)

In den ersten Wochen des Jahres 44 ließen weitere Geschehnisse die Unzufriedenheit gegenüber Caesar anwachsen. Ein tribunizisches Gesetz ermächtigte ihn, persönlich die Hälfte der jährlichen Magistrate zu ernennen, ohne – wie es üblich war – den Volkswillen zu befragen. Außerdem sammelte der Diktator auch weiterhin für einen Römer außergewöhnliche Ehrungen. Nachdem er zum »Vater des Vaterlandes« ernannt worden war, veranlasste der Konsul Marcus Antonius eine Umbenennung des fünften Monats, der dem traditionellen Kalender zufolge, welcher im März einsetzte, Quinctilis geheißen hatte und nun zu Ehren Caesars Iulius hieß. Man gestand ihm das besondere Vorrecht zu, allzeit die Kleidung und den Lorbeerkranz eines Triumphators zu tragen. Ergänzend wurde der Beiname *imperator* zu einem bleibenden Bestandteil seines offiziellen Namens: Er lautete nun *imperator* Iulius Caesar. Damit setzte eine Tradition ein, die sich unter der Herrschaft seines Adoptivsohns Augustus festigte. Die Errichtung von Statuen des Diktators – neben den Gottheiten des römischen Pantheons – in verschiedenen Tempeln rückte ihn auf eine höhere Ebene als die Sterblichen und in die Nähe der Götter. Nach seinem Tod errichtete man dem nun vollends vergöttlichten Iulius *(Divus Iulius)* einen Tempel im östlichen Teil des Forums.

Wenn Caesar auch das Diadem demonstrativ ablehnte, das Marcus Antonius ihm als Symbol der Monarchie während der Feier der Luperkalien im Februar 44 anbot, so war es für die Römer bereits eine offenkundige Tatsache, dass der Diktator wie ein Monarch – für einige von ihnen wie ein Tyrann – auftrat. Von diesem Moment an wurde dessen Beseitigung für eine immer größer werdende Zahl seiner Gegner zu einer Bürgerpflicht. Unter ihnen befand sich mit Sicherheit auch Cicero, der bereits seit dem Sommer 45 wiederholt auf die Pflicht zum Tyrannenmord angespielt und voll des Lobes an die attischen Tyrannenmörder Harmodios und Aristogeiton sowie bezeichnenderweise an Lucius Iunius Brutus, den ersten Konsul Roms und Verantwortlichen der Vertreibung des Tyrannen Tarquinius Superbus, erinnert hatte: So gab Cicero seinem Freund Marcus Brutus den Weg vor. Schon in den 50er-Jahren hatte er sich ähnlich geäußert:

> [...] da hat ein Mann, der in Anlage und männlicher Vollkommenheit überragend war, Lucius Brutus, von seinen Mitbürgern jenes ungerechte Joch der harten Knechtschaft herabgeworfen. Obwohl er Privatmann war, hat er doch das ganze Gemeinwesen vertreten und hat als Erster in diesem Staate gelehrt, dass in der Erhaltung der Freiheit der Bürger niemand Privatmann ist. (Über den Staat 2,46)

Eine Gruppe von Verschwörern, unter denen sich ebenso Anhänger von Pompeius wie ehemalige Parteigänger Caesars befanden, die von der autokratischen Wende, die das Regime des Diktators genommen hatte, enttäuscht waren, bereitete heimlich einen Plan vor, um Caesar zu ermorden und die alte Verfassung wieder in Kraft zu setzen. Der Plan musste sofort umgesetzt werden, denn Caesar war mit den letzten Vorbereitungen für einen Feldzug gegen die Parther beschäftigt. Der Tag, der ausgewählt worden war, um den Mord zu begehen, waren laut Kalender die Iden des März, also der 15. März 44, drei Tage vor der Abfahrt Richtung Orient. Für diesen Tag war eine Senatssitzung anberaumt worden, in dem Nebengebäude des Theaters, das Pompeius erbaut hatte. Noch vor Beginn der Sitzung umrundeten die Verschwörer den Diktator und stachen mehrere Male mit dem Dolch zu, bis er vor der Statue seines Rivalen Pompeius tot zusammenbrach. Cicero beschrieb die Szene folgendermaßen:

> Caesar vollends: Wenn er prophetisch geahnt hätte, dass er in dem Senat, den er zum größeren Teil selbst ergänzt und ernannt hatte, dass er in der Curia Pompeia, vor dem Standbild eben des Pompeius, unter den Blicken so vieler seiner Offiziere, unter den Händen der hervorragendsten Bürger – die teilweise sogar alles, was sie hatten, ihm verdankten – fallen und dann so daliegen werde, dass niemand zu seinem Leichnam trete – keiner von den Freunden, ja, nicht einmal von den Sklaven –: unter welcher Seelenqual – stellen wir uns vor – hätte er da sein Leben geführt? (Über die Wahrsagung 2,23)

Zwei der Protagonisten waren die amtierenden Prätoren Gaius Cassius Longinus und Marcus Iunius Brutus. Brutus hatte sich in den vergangenen Monaten Cicero sehr verbunden gezeigt, der nun Bewunderung für dessen Heldentat empfand:

M. Brutus habe ich, du weißt es, immer geliebt wegen seiner hohen Begabung, seines angenehmen Charakters, seiner einzigartigen Rechtschaffenheit und Beständigkeit; trotzdem ist durch die Iden des März meine Liebe zu ihm noch größer geworden, so dass ich nur staunte, wie das noch eine Steigerung erfahren konnte, was mir schon längst in reichstem Maße vorhanden zu sein schien. (Atticus-Briefe 14,17A,5)

Brutus hatte offenbar den Namen Ciceros ausgerufen, während er dem Diktator die Dolchstöße versetzte – als Symbolfigur der alten Republik, die die Verschwörer wieder instand setzen wollten. Die Tatsache, dass Cicero zu keinem Moment widersprach, sollte Marcus Antonius später als Argument dienen, ihn der Beteiligung an der Ermordung anzuklagen:

Doch beachtet die Dummheit dieses Menschen oder richtiger dieses Schafkopfs. – Er sagte ja: »Brutus, den ich hier nenne, um ihm Ehre zu erweisen, hob den blutigen Dolch in die Höhe und rief nach Cicero; hieraus muss man schließen, dass er Mitwisser war.« Also gelte ich dir als Verbrecher, weil du argwöhnst, ich hätte etwas geargwöhnt; doch den Mann, der den vom Blute tropfenden Dolch vor sich hertrug, den nennst du, um ihm Ehre zu erweisen? Geschenkt, dass deine Worte diesen Blödsinn enthalten: Deine Gedanken und Urteile enthalten davon noch weit mehr! (Philippische Rede 2,30)

Es gibt keine Beweise, dass Cicero an der Vorbereitung der Ermordung Caesars beteiligt gewesen wäre; an der Tat selbst war er nicht beteiligt, wenn er auch in der Senatssitzung anwesend war, die an diesem Tag stattfinden sollte. Offensichtlich hatte man ihn nicht einmal informiert, dass eine Verschwörung im Gange war. Aber er hatte dazu beigetragen, in bestimmten Kreisen eine Stimmung zu erzeugen – indem er den Hass gegen den Diktator schürte –, die einer Verschwörung nicht ablehnend gegenüberstand, welche er herbeisehnte. Jedenfalls begrüßte er diesen Tod und rechtfertigte ihn als einen Tyrannenmord, der ein neues und besseres Zeitalter einleitete; die Mörder bezeichnete er als »Verteidiger der Freiheit«. Doch erst nachdem Caesar tot war, traute Cicero sich, dem ganzen Hass, der sich gegen den Diktator und sein Regime angestaut hatte, freien Lauf zu lassen, wie der folgende Auszug aus seinem Werk »Vom rechten Handeln« zeigt, das er im Herbst und Winter des Jahres 44 verfasste und in dem er hart mit dem »Tyrannen« ins Gericht ging, ohne ihn zu nennen, und jeden verurteilte, der es wagen sollte, ihn zu verteidigen:

Da ist ja schon der, der König des römischen Volkes und Herr aller Völker zu sein begehrt und es durchsetzt! Wenn einer sagt, diese Begierde sei ehrenvoll, ist er wahnsinnig; billigt er doch den Untergang der Gesetze und der Freiheit und hält ihre schmähliche und verabscheuungswürdige Unterdrückung für ruhmvoll. (Vom rechten Handeln 3,83)

In einer Passage aus der zweiten Philippischen Rede bietet Cicero ein Porträt von Caesar. Er skizziert den Diktator in scharfem Gegensatz zu Antonius, dessen Ungeschliffenheit und Gewöhnlichkeit er sich in seiner Rede herauszustellen bemüht, als eine Art aufgeklärten Despoten, mithin voller guter Eigenschaften, aber aufgrund seines maßlosen Ehrgeizes als schädlich für die Gemeinschaft:

Er besaß Genie, Scharfsinn, Erinnerungsvermögen, Bildung, Fürsorglichkeit, Gedankenzucht und Umsicht; er hatte kriegerische Leistungen vollbracht, die zwar verderblich für den Staat und doch bedeutend waren, hatte, viele Jahre von der Absicht, Alleinherrscher zu sein, durchdrungen, nach großer Mühe und großen Gefahren sein Ziel erreicht, hatte durch Spiele, Bauten, Geschenkverteilungen und öffentliche Festschmäuse die unwissende Menge kirre gemacht und seine Freunde durch Belohnungen, seine Feinde durch den Schein der Milde an sich gefesselt – kurz und gut, er hatte unserem freien Volk die Knechtschaft teils durch Furcht, teils durch Abstumpfung bereits zur Gewohnheit gemacht. (Philippische Rede 2,116)

Caesars Tod brachte Rom erneut eine Zeit der Unsicherheit, des Bürgerkriegs, von Gewalt und Rache. Für Cicero, der tief in diesen Krieg verstrickt war, bedeuteten die Iden des März den Beginn des letzten Kampfes – um sein Überleben und das der Republik.

17

CICEROS TOD (44–43 v. Chr.)

Nach der Ermordung des Diktators zeigten die Verschwörer eine bemerkenswerte Unfähigkeit, die politische Initiative zu ergreifen, was sich für ihre Ziele als fatal herausstellen sollte. Offensichtlich hatten sie angenommen, dass das Problem, das seine Existenz ihnen verursachte, mit ihm verschwinden würde – ohne zu berücksichtigen, dass der Diktator zum einen bei der Plebs sehr beliebt war, die in einer Wiederherstellung der Freiheit der Republik, wie die Verschwörer sie proklamierten, kaum einen Vorteil sehen konnte. Zum andern hatte Caesar es während seiner Herrschaft verstanden, um seine Person ein komplexes Netz von Interessen zu spinnen. Weite Teile der Bevölkerung verdankten der Politik Caesars ihren sozialen Aufstieg oder eine Verbesserung ihrer Lebensbedingungen; andere – man muss nur an die vielen Veteranen aus seinem Heer denken – vertrauten auf die Umsetzung bereits beschlossener Maßnahmen wie beispielsweise die weit gefassten Pläne zur Anlage von *coloniae* in den Provinzen.

Die selbst ernannten »Befreier« sahen sich einer feindseligen stadtrömischen Plebs gegenüber, als sie sich unmittelbar nach der Ermordung in einer Versammlung ihrer Unterstützung versichern wollten: Sie mussten sich vor dem Volkszorn auf das Kapitol retten. Ebenso wenig verstanden sie das anfängliche Durcheinander zu nutzen, um sich der Unterstützung einer Mehrheit des Senats zu vergewissern. Cicero hatte Brutus und Cassius geraten, in ihrer Funktion als Prätoren eine Senatssitzung auf dem Kapitol einzuberufen. Diese Sitzung wäre gesetzeskonform gewesen, weil amtierende Magistrate sie einberufen und geleitet hätten. Inmitten des Chaos, das in Rom herrschte, hätten sie vielleicht erreichen können, dass der Senat eine Erklärung abgab, die ihre Tat legitimierte, damit sie hätten beginnen können, jenes von dem Diktator geschaffene Netzwerk zu entflechten. Mit seinem Vorschlag zeigte der erfahrene Senator Cicero einen politischen Weitblick, der dem der Verschwörer überlegen war.

Aber sie beachteten ihn nicht und nahmen zu Marcus Antonius, dem nun einzigen Konsul, Kontakt auf, um mit ihm über die weitere Zukunft zu verhandeln. Antonius, der seine Gründe hatte zu vermuten, dass er Gefahr lief, dasselbe Schicksal wie der Diktator zu erleiden, ließ die Gelegenheit nicht ungenutzt und wurde schnell Herr der Lage. Der *magister equitum* Lepidus besetzte das Forum mit Truppen, die sich dem Konsul Antonius gegenüber loyal erklärten, während dieser eine Senatssitzung einberief. Antonius schlug einen Kompromiss vor: Die Gesetze und Verfügungen *(acta)* Caesars, die schon bewilligten wie auch solche, die der Diktator geplant hatte oder die zur Bewilligung anstanden, sollten respektiert werden. Das schloss Maßnahmen ein, die die Plebs und die Veteranen begünstigten. Im Gegenzug vergab man den Verschwörern die Ermordung des Diktators.

Die »Befreier«, die sich noch immer auf dem Kapitol befanden, hatten faktisch die Kontrolle über die Situation verloren. Marcus Antonius verstand es, sich vor dem Volk als treuer Gefolgsmann Caesars zu präsentieren, indem er für eine große öffentliche Trauerfeier sorgte, auf der er selbst die Leichenrede hielt. Eine große Ehre, die ihm erlaubte, sich als politischer Nachfolger des Diktators aufzuführen. Antonius bemächtigte sich der Unterlagen, die Caesar in seinem Haus aufbewahrte, und wurde aus purem Egoismus zum einzigen Bürgen für ihre Authentizität sowie zum politischen Testamentsvollstrecker des Diktators. Seine Kontrolle über die *acta* Caesars und die Mittel, die für den nun nicht mehr stattfindenden Feldzug gegen die Parther gedacht gewesen waren, statteten ihn außerdem mit der Macht aus, sich wie ein neuer Caesar darzustellen: großzügig und großherzig, wie jemand, der beabsichtigte, den Bewohnern von Sizilien das römische Bürgerrecht zu verleihen, oder der die Gründung von *coloniae* für die Veteranen förderte.

Cicero klagte noch oft über die mangelnde Entscheidungsfreude der Verschwörer – insbesondere die der Prätoren Brutus und Cassius – und darüber, dass es keinen Plan für die entscheidenden Stunden nach Caesars Ermordung gegeben hatte. Zwei entmutigende Monate später schrieb er:

Indessen besteht für mich kein Zweifel, dass wir dem Kriege zutreiben. Denn jene Tat ist zwar mit Mannesmut, aber mit Kinderverstand vollbracht worden. Das war doch jedem klar, dass man den Thronerben [Marcus Antonius] vergessen hatte. (Atticus-Briefe 14,21,3)

Cicero sprach sogar offen aus, dass es besser gewesen wäre, auch Antonius umzubringen; der Versuch, sich mit ihm zu einigen, sei ein großer Fehler gewesen, ein Zeichen von Schwäche, wodurch Antonius seine anfängliche Furcht überwunden habe. »Solange du Angst hast, wirst du alles versprechen, sobald du dich aber nicht mehr zu fürchten brauchst, wirst du wieder ganz der Alte sein«, schleudert Cicero Antonius in seiner zweiten Philippischen Rede entgegen:

> Nur darauf soll mein und dein Brutus es angelegt haben, dass [...] alle Maßnahmen, mündlichen und schriftlichen Äußerungen, Versprechungen und Gedanken Caesars mehr gelten sollen, als wenn er selbst noch am Leben wäre? [...] Entsinnst du dich noch, wie du ausriefst, alles sei verloren, wenn *er* in feierlichem Leichenbegängnis zu Grabe getragen werde? Und was geschah? Er wurde sogar auf dem Forum verbrannt, sein Tod in preisenden Reden beklagt, Sklaven und elendes Gesindel mit Feuerbränden auf unsere Behausungen losgelassen. (Atticus-Briefe 14,10,1 – geschrieben in Cumae, am 19. April 44)

Wie es schon während der Diktatur Caesars seine Art gewesen war, zog Cicero, einmal mehr enttäuscht (»ich finde keine Form mehr, mich politisch zu betätigen«), es vor, den Geschehnissen in Rom aus der Ferne zu folgen. Die Unruhen, zu denen es bei der Trauerfeier von Caesar gekommen war, hatten gezeigt, dass die »Tyrannenmörder« und ihre Unterstützer ihres Lebens in der Stadt nicht sicher sein konnten. Und so zog er sich auf die Landgüter zurück, vielmehr reiste in den Frühlings- und Sommermonaten vom einen zum nächsten. Cicero verließ die *Urbs* am 6. April, kaum drei Wochen nach der Ermordung Caesars. Seine einzigen öffentlichen Beiträge waren zwei Reden gewesen. Eine hielt er in der Senatssitzung, die Antonius im Tempel der Göttin Tellus einberufen hatte. Zu diesem Zeitpunkt hatte man Caesar noch nicht bestattet, so dass der Wahl des Heiligtums vielleicht ein symbolischer Charakter zukam, entsprach es doch der Tradition, dieser Göttin ein Opfer zu bringen, um das Haus, in dem jemand gestorben war, zu reinigen. Die andere Rede hielt er in einer Volksversammlung, am 17. oder 18. März. Er sprach sich für die Amnestie aller am Mord Beteiligten aus, die einzige Chance auf Frieden: Es komme jetzt darauf an, »jede Erinnerung an die Wirren in ewigem Vergessen zu begraben« (Philippische Rede 1,1).

Dass der Senat diese Amnestie aussprach und gleichzeitig der Bewilligung aller Verfügungen Caesars zustimmte, war ein offensichtlicher Widerspruch, wie Cicero selbst später anerkennen musste: »Was für ein Nonsens! Die Mörder des Tyrannen hebt man in den Himmel, die Maßnahmen des Tyrannen heißt man gut!« (Atticus-Briefe 14,6,2 – 12. April 44) Aber es steht fest, dass Cicero, entweder weil er sich dazu gezwungen sah oder aber weil er zu diesem Zeitpunkt nicht einzuschätzen wusste, was ein derartiger Kompromiss bedeutete, eine der treibenden Kräfte bei dieser Entscheidung im Senat war. Da äußerte er bereits wiederholt die Auffassung, und zwar mit jedem Mal pessimistischer, die Tyrannis habe den Tyrannen überlebt: »Gütige Götter, es lebe die Tyrannis, der Tyrann ist tot!« Die Freude an den Iden des März habe nur sehr kurz gewährt und eigentlich habe sich nichts geändert: »Zwar ist der König ermordet worden, aber deshalb sind wir nicht frei.«

Von seinen verschiedenen Landhäusern aus, auf denen Cicero die schicksalhaften Monate des Jahres 44 in ständiger Unruhe verbrachte, denn er blieb überall nur wenige Tage, unterhielt er eine ausführliche Korrespondenz mit Atticus wie mit anderen bedeutenden Persönlichkeiten, darunter auch Marcus Antonius, der sich – ebenso wie Caesar das getan hatte – Cicero anfangs höflich, aber auch mit Misstrauen näherte. Dieser hielt den neuen starken Staatsmann für vulgär und für ein ebenso, wenn nicht noch gefährlicheres Individuum als Caesar.

M. Antonius hat mir geschrieben [...] wie ehrerbietig, was meine Person angeht, magst du unmittelbar aus seinem Briefe entnehmen – ich lege dir eine Abschrift bei –, wie leichtfertig, schamlos und bedrohlich in einem Grade, dass man bisweilen Caesar wieder herbeiwünschen möchte, wirst du bald merken. Dinge, die Caesar nie getan und nie geduldet hätte, die behauptet man jetzt in seinen gefälschten Papieren zu finden. Indessen habe ich Antonius entgegenkommend geantwortet. Denn wo er sich nun einmal einbildet, er könne sich alles erlauben, hätte er es trotzdem getan, auch wenn ich dagegen gewesen wäre. (Atticus-Briefe 14,13,6 – Puteoli, 26. April 44)

Die Antwort Ciceros an Antonius, die in der Korrespondenz mit Atticus erhalten ist, kann als Exempel für Diplomatie, aber auch für Scheinheiligkeit gelten:

Aus einem Grunde wäre es mir lieber gewesen, du hättest dein mir brieflich übermitteltes Anliegen mündlich mit mir besprochen: Nicht nur aus meinen Worten, auch aus Mienenspiel, Augen und Stirn, wie man zu sagen pflegt, hättest du entnehmen können, wie sehr ich dich schätze. Ich habe ja immer viel von dir gehalten, veranlasst zunächst durch deine Zuneigung, später dann durch deine Freundesdienste, und jüngst hat die Politik dich mir so nahe gebracht, dass ich niemanden habe, der mir lieber wäre. Und nun vollends dein überaus liebenswürdiger, ehrenvoller Brief hat es mir angetan: Fast sieht es so aus, als sollte nicht ich dir eine Gefälligkeit erweisen, sondern sie von dir erfahren [...] Und damit genug! Zum Schluss nur noch eins: Für deine Wünsche und deine Interessen werde ich stets ohne Wanken mit größter Tatkraft eintreten, davon darfst du fest überzeugt sein! (Atticus-Briefe 14,13B,1–2 und 5)

Cicero setzte angesichts von Antonius sein Vertrauen weiterhin in Brutus, aber in seinen Briefen tritt eine wachsende Frustration über den Mangel an Charakter und Persönlichkeit seines Freundes hervor:

> Du meinst, ich sei im Irrtum, wenn ich glaubte, der Bestand des Staates hänge an Brutus' Person. Ich bleibe dabei: Entweder glückt es ihm und seinesgleichen, den Staat zu erhalten, oder wir haben keinen mehr. [...] Hoffentlich kommt er zu Worte in der Volksversammlung; darf er sich wirklich ungefährdet in der Hauptstadt aufhalten, dann haben wir gewonnenes Spiel. Denn wer einen neuen Bürgerkrieg herbeiführt [er bezieht sich auf Antonius], wird bei niemand Gefolgschaft finden oder höchstens bei denen, die mit Leichtigkeit zu besiegen sind. (Atticus-Briefe 14,20,3 – 11. Mai 44)

Es sollte in dieser Krise jedoch ein Jüngling von kaum achtzehn Jahren auf der politischen Bühne erscheinen: im ersten Akt als ein einfacher geladener Schauspieler, der offensichtlich nur eine Nebenrolle spielte, aber am Ende der Vorstellung als Hauptdarsteller und absoluter Herrscher in Rom und im gesamten Imperium – Gaius Octavius, den Caesar in seinem Testament an Sohnes Statt annahm und als seinen einzigen Erben einsetzte. Er nannte sich von Gesetzes wegen wie sein Adoptivvater Gaius Iulius Caesar, wenn auch viele es vorzogen, sich auf ihn als Octavian zu beziehen. Beim Tod des Diktators bildete sein Status als Adoptivsohn dessen, der schon sehr bald zum vergöttlichten Iulius werden sollte, sein einziges politisches Kapital. Er war jung, verfügte über keine politische oder militärische Erfahrung, war von einer schwachen, aber in dieser Hinsicht täuschenden Gesundheit – sollte er doch ein Alter von 77 Jahren erreichen – und bis zu diesem Zeitpunkt noch nicht öffentlich in Erscheinung getreten. Als das Testament Caesars bekannt wurde, kehrte Octavian sofort aus Apollonia in Dalmatien zurück, wo er sich gerade zwecks der unter jungen Aristokraten üblichen Erweiterung seiner Kenntnisse aufhielt. Auf intelligente Art stellte er sich dem Volk und den Veteranen als der tatsächliche Erbe Caesars – auch in politischer Hinsicht – vor. Er begann als Unbekannter, wurde aber schnell zu einem echten Konkurrenten für Antonius und zu einer Bedrohung oder aber – für die »Befreier« – zu einer Hoffnung.

Auch Cicero verstand rasch, dass Octavian wie gerufen schien, eine wichtige

Rolle in der Entwicklung der Geschehnisse einzunehmen, und hegte schon bald die Hoffnung, auf seine Haltung und sein Denken Einfluss nehmen zu können. Er bezog sich zum ersten Mal in einem Brief auf ihn, den er im April in Puteoli schrieb, wo Octavian ihm einen Besuch abgestattet hatte. Das war möglicherweise ihre erste persönliche Begegnung gewesen. In dem Brief nennt er den jungen Caesar herablassend »den Jungen« und erwähnt den Erben des Diktators eigentlich nur en passant, ohne ihm große Bedeutung beizumessen, aber mit den Bedenken, die er allem entgegenbrachte, was irgendwie mit der Figur des ermordeten »Tyrannen« zusammenhing:

Octavius verkehrt hier freundschaftlich und höchst ehrerbietig mit mir. Seine Leute reden ihn Caesar an; Philippus nicht [Lucius Marcus Philippus war der Stiefvater Octavians], und so tue auch ich es nicht. Ein guter Staatsbürger kann der nicht werden, dafür umschwärmen ihn zu viele, die unsere Freunde mit Verderben bedrohen und behaupten, so gehe es nicht weiter. Was meinst du, wenn der Junge nach Rom käme, wo unsere Befreier sich nicht sicher fühlen können? Deren Ruhm wird ewig dauern, und das Bewusstsein ihrer herrlichen Tat wird ihnen gar ein Gefühl des Glückes verleihen; aber wir werden höchstwahrscheinlich nichts mehr zu melden haben. (Atticus-Briefe 14,12,2)

Und noch eine andere Person, die Cicero nahe gestanden hatte, spielte in diesen Wochen der Unsicherheit eine wichtige Rolle. Den Caesar-Anhänger Dolabella, der sein Schwiegersohn gewesen war, hatte man nach dem Tod Caesars als Kollegen von Antonius zum Konsul designiert. In Puteoli erfuhr Cicero, dass Dolabella in Abwesenheit des Antonius veranlasst hatte, eine Säule, die auf dem Forum zu Ehren des Diktators errichtet worden war und sich zu einem Mittelpunkt des religiösen Kultes um seine Person entwickelt hatte, niederzureißen und die Unruhestifter, Parteianhänger Caesars, zu bestrafen. Cicero zeigte sich hoch erfreut über diese Taten Dolabellas, aber da er wie immer finanziell in Verlegenheit war, ging er davon aus, dass sein Ruhm »größer wäre, wenn er mir zahlt, was er mir schuldet«:

Er ist ein Prachtkerl, mein Dolabella – so darf ich ihn jetzt nennen; bisher war ich mir wirklich nicht ganz sicher. Die Sache macht gewaltiges Aufsehen: vom Felsen gestürzt [der Tarpejische Felsen, im Südwesten des Kapitol, wurde traditionell genutzt, um gewisser Delikte Beschuldigte herabzustürzen, und einige der Anstifter der Unruhen hatten diesen Weg bereits genommen], ans Kreuz geschlagen [Sklaven waren gekreuzigt worden], die Bildsäule beseitigt, den

Platz zur Pflasterung verdungen [um zu vermeiden, dass er zu einem Kultplatz für Caesar würde]. Das genügt! Eine heroische Tat! Wahrscheinlich hat er damit diesem Getue von schmerzlichem Vermissen des Toten ein Ende gemacht, das bisher wie eine schleichende Seuche von Tag zu Tag mehr um sich griff und, einmal festgewurzelt, unseren Tyrannenmördern vielleicht gefährlich geworden wäre. [...] Jedenfalls beginnt die Sache besser zu gehen, als ich erwartet hatte. Und ich werde nicht fortgehen, ehe du nicht überzeugt bist, dass ich es in Ehren tun kann. Meinen Brutus jedenfalls werde ich nie und nimmer im Stiche lassen, täte es auch dann nicht, wenn mich bisher nichts weiter mit ihm verbunden hätte, weil er ein so außerordentlicher, einmaliger Mann ist. (Atticus-Briefe 14,15,1–2 – Cumae, 1. Mai 44)

Auf einmal machte Cicero sich Hoffnungen, in Dolabella einen gefestigten Führer gefunden zu haben, der Rom auf einen richtigen Weg zurück zur Republik bringen konnte, und sofort behauptete er für sich, der Lehrer Dolabellas gewesen zu sein: Er wollte sich als sein Ratgeber präsentieren, wie ein Nestor für seinen Agamemnon. Sein Optimismus sollte ihm aber bald wieder vergehen.

Wenn es mir auch vollauf genügt, mein Dolabella, dass du dir Ruhm erworben hast, und ich mich recht daran zu freuen und zu ergötzen vermag, so kann ich doch nicht umhin, dir zu gestehen, dass ich geradezu in einem Meer von Freude zu schwimmen meine, weil die Leute allgemein der Ansicht sind, ich sei von deinem Ruhm mitbetroffen. [...] Sie meinen nämlich, zweifellos seien es meine Lehren und Ratschläge, durch deren Befolgung du dich als trefflichen Staatsbürger und hervorragenden Konsul erwiesest. [...] und schließlich setzt es dich doch nicht in deiner Würde herab, was selbst Agamemnon, der König der Könige, sich zur Ehre anrechnete: bei seinen Entschließungen einen Nestor zur Seite zu haben; mir aber erscheint es überaus ruhmvoll, dass du als Konsul in so jungen Jahren gleichsam als Zögling meiner Schule reichen Ruhm erntest. (Atticus-Briefe 14,17A,1–3 – Pompeji, 3. Mai 44)

Es war eines der vordringlichen Anliegen Ciceros, dass Cassius, vor allem aber Brutus sicher nach Rom zurückkehren konnten. Sie hatten wegen fehlender Unterstützung nach der Ermordung des Diktators fliehen müssen. Aber zu einer Rückkehr der »Befreier« in die Stadt kam es nicht. Anfang Juni sorgte Antonius für die Annahme einer Reihe von Gesetzen, die auch zwei Gesandtschaften beinhalteten: Brutus und Cassius sollten sich in Asia bzw. auf Sizilien um die Getreideversorgung kümmern. Beide sahen ihre Ernennung zunächst als Beleidigung, akzeptierten sie aber schließlich – auch auf Anraten Ciceros hin – angesichts des Risikos, das eine Rückkehr nach Rom bedeutet hätte.

Cicero selbst bat darum, dass Dolabella, den man gerade zum künftigen Statthalter von Syrien ernannt hatte, ihn zu seinem Legaten machte. Er erreichte sein Ziel. Es handelte sich um eine freie Gesandtschaft, die an keinen festen Ort gebunden war und die es ihm erlaubt hätte, bis zu fünf Jahre außerhalb von Italien zu bleiben. Er dachte jedoch an einen wesentlich kürzeren Zeitraum, bis Anfang 43, wenn die neuen Konsuln, die moderaten Caesar-Anhänger Aulus Hirtius und Gaius Vibius, anstelle von Dolabella und von Antonius ihr Amt antraten. Während der Monate Juni und Juli war Cicero intensiv mit den Reisevorbereitungen beschäftigt und überlegte, ob er sie allein oder besser gemeinsam mit Brutus unternehmen sollte, der sich allerdings nicht besonders begeistert zeigte. Für Cicero handelte es sich vor allem um eine Frage der Sicherheit, denn dieser verfügte über gute Schiffe, die die Überfahrt erleichtern würden, der er seit der Erfahrung seiner Reise nach Kilikien mit gewissen Bedenken entgegensah. Er wollte unterwegs seinen Sohn besuchen, der zu Studien in Athen war, aber auch den großartigen religiösen Mysterien von Eleusis und den Olympischen Spielen beiwohnen:

> Über meine Reise höre ich die verschiedensten Ansichten; es kehren ja alle möglichen Leute bei mir ein. [...] Ich möchte auch wissen, an welchem Tage damals das Sühneopfer stattfand, ich meine die Mysterien. Der Zufall wird über meinen Reiseplan entscheiden. Also lassen wir die Frage unentschieden. Die Seefahrt im Winter ist ja nicht angenehm, und darum habe ich dich auch nach dem Tage der Mysterien gefragt [sie fanden im Oktober statt]. (Atticus-Briefe 15,27 – geschrieben in Tusculum, am 29. Juni 44)

Schließlich schiffte er sich am 17. Juli in Pompeji ein. Aber er tat das fast ohne den Wunsch, Italien zu verlassen, wie sein Brief an Atticus zeigt, den er noch am gleichen Tag schreibt:

> Mancherlei macht mir den Abschied schwer, vor allem, dass ich mich von dir trennen muss, aber auch die Mühsal der Seereise, die weder zu meinem Alter noch zu meiner Würde passt, dazu der ziemlich dumm gewählte Zeitpunkt der Abreise. Lasse ich doch den Frieden hinter mir, um zum Kriege wiederzukommen, und verbringe die Zeit, die ich auf meinen hübsch angelegten, anmutigen Besitzungen hätte verbringen können, in der Fremde. (Atticus-Briefe 16,5,4)

Er kam bis Syrakus im Osten von Sizilien, aber ungünstige Winde ließen ihn in Leukopetra, dem heutigen Santa Maria di Leuca im Süden von Sizilien, Zuflucht nehmen. Am 8. August nahm er endgültig von einer Fahrt nach Griechenland Abstand und wandte sich wieder gen Norden. Seinen Worten zufolge waren es die Umstände, die ihn bewogen, seine Pläne, die ihn nie überzeugt hatten – »ich reise aus Verzweiflung ab, nicht in offizieller Mission« –, aufzugeben: die vermeintliche Besserung des politischen Klimas in Rom. Während er in Leukopetra auf besseres Wetter wartete, erfuhr er von Reisenden, die gerade aus der *Urbs* kamen, dass Cassius und Brutus eine Senatssitzung für den 1. August einberufen hatten. Sie hatten alle Konsulare und ehemaligen Prätoren um ihre Teilnahme gebeten und Cicero war wegen seiner Abwesenheit kritisiert worden. Die Reisenden fügten hinzu, dass es möglich schien, mit Antonius eine Art von Ausgleich auszuhandeln, der unerwünschte bewaffnete Auseinandersetzungen vermeiden half. Angesichts dieser positiven Nachrichten eilte Cicero geradenwegs nach Rom, wo er am 31. August ankam. Trotzdem hielt er die Möglichkeit einer Verbesserung der politischen Situation weiterhin für unmöglich, wie sein letzter Brief an Atticus zeigt, den er vor Erreichen der *Urbs* schrieb. Seine Worte schienen prophetisch, was seinen Tod, nicht aber was sein politisches Engagement anbelangte:

> Ich gehe jetzt auch nicht nach Rom und greife in den politischen Kampf ein, wie Brutus es sich denkt, denn was könnte ich augenblicklich schon ausrichten? [...] Doch sie meinen, mein Alter habe es nicht nötig, sich weit vom Grabe zu entfernen. (Atticus-Briefe 16,7,7 – geschrieben während der Seereise nach Pompeji, am 19. August 44)

Wegen des Zorns von Antonius blieb Cicero der Senatssitzung am 1. September fern; er führte die Mühsal der Reise als Entschuldigung an. Antonius schlug in dieser Sitzung Ehrungen in Erinnerung an Caesar vor. Cicero wollte diesen Vorschlag nicht unterstützen, aber er wollte sich bei der Mehrheit der Caesarianer auch nicht in Misskredit bringen. Sie vertraten zwar verschiedene Ansichten, aber die Person des ermordeten Diktators einte sie. Gegen Antonius hielt er am folgenden Tag in einer Senatssitzung, die Dolabella leitete, die erste seiner »Philippischen Reden«. Diesen bedeutungsvollen, an den Athener Demosthenes erinnernden Namen für die Reden hatte Cicero in einem Brief an Marcus Brutus vorgeschlagen und brachte damit sehr gut zum Ausdruck, wie er sich sah: als immerwährenden Retter des Vaterlandes.

In seiner harschen Kritik beschuldigte er Antonius, aus der Illegalität heraus zu agieren und die Absichten Caesars zu verfälschen. Antonius reagierte ungestüm auf Ciceros Angriff und von diesem Augenblick an wurden beide zu unversöhnlichen Feinden. Wenige Tage später hielt Antonius im Senat eine aufwiegelnde Rede gegen Cicero, in der er ihn persönlich für die großen Probleme haftbar machte, mit denen der römische Staat in den letzten Jahrzehnten zu kämpfen hatte. Unter anderem klagte er den alten Konsular an, die Catilinarier unrechtmäßig zum Tod verurteilt zu haben; er erklärte ihn für verantwortlich, die Ermordung zunächst von Clodius und dann von Caesar angestiftet zu haben; er beschuldigte ihn, den Konflikt zwischen Pompeius und Caesar, der in den Bürgerkrieg mündete, provoziert sowie sich sowohl mit den Anhängern von Pompeius als auch denen von Caesar überworfen zu haben. Antonius erreichte sein Ziel aber nicht.

Cicero war in dieser Senatssitzung nicht zugegen und antwortete Antonius nicht. Aber er arbeitete hart an einer langen Replik, die nie gehalten, aber vielleicht publiziert wurde – wahrscheinlich im November – und als die zweite Philippische Rede bekannt ist. Ihr zweiter Teil enthielt, im Gegensatz zu seinem stets korrekten Verhalten, eine bösartige Polemik gegen Antonius, den er aller möglichen Laster in seiner Jugend (homosexuell, ein Ehebrecher und ein Dieb gewesen zu sein) und aller Verbrechen während der Zeit beschuldigte, in der er Magistraturen innegehabt hatte: So habe er Caesar einen Vorwand für den Bürgerkrieg geliefert, als er Rom in seiner Funktion als Volkstribun verlassen habe, und vermeintliche Schriftstücke des Diktators nach dessen Tod gefälscht.

Du nahmst das Männerkleid, du machtest sofort ein Frauenkleid daraus. Zuerst warst du ein Allerweltshürlein, mit festem Preis für den schändlichen Akt, und keinem geringen. Doch bald kam Curio [Gaius Escribonius Curio] dazwischen, der dich aus dem Dirnengewerbe abzog und dir, als hätte er dir das Matronengewand verliehen, eine beständige und unverbrüchliche Ehe verschaffte. Nie war ein gekaufter Lustknabe so seinem Herrn versklavt wie du dem Curio. (Philippische Rede 2,44–45)

Der manichäische Ton der Rede, bei der es sich vielmehr um ein verleumderisches Pamphlet handelt, ist von einer beachtlichen Aggressivität, Zugeständnisse werden nicht gemacht; er droht Antonius, das gleiche tragische Schicksal wie sein Mentor Iulius Caesar zu erleiden und durch die Hände derer zu sterben, die man nach der Bewältigung dieser Aufgabe nur Tyrannenmörder würde nennen können. Die Schmähung endete mit dem üblichen Pathos, das den Reden Ciceros so eigen ist, und mit einer Erklärung seiner patriotischen Prinzipien, die auch das Angebot umfasste, zur Verteidigung der Republik sein Leben zu opfern. Er sollte es Monate später gegen seinen Willen einlösen müssen:

[...] verfahre mit mir, wie du willst, aber mach mit dem Staate Frieden! [...] Ich habe den Staat verteidigt, als ich jung war – ich werde ihn nicht preisgeben, wo ich alt bin; ich habe Catilinas Waffen verachtet – ich werde die deinen nicht fürchten. Ich will sogar freudig mein Leben opfern, wenn mein Tod die Freiheit der Bürgerschaft wiederherstellen kann [...] Für mich – wahrhaftig, versammelte Väter – ist der Tod jetzt sogar wünschenswert: nach allem, was ich erreicht und was ich vollbracht habe. Ich wünsche mir nur noch zweierlei: zum einen, dass ich sterbend das römische Volk in Freiheit zurücklasse – eine größere Gunst können mir die unsterblichen Götter gar nicht gewähren –, zum anderen, dass jedem der Lohn zuteil wird, den seine Einstellung zum Staate verdient. (Philippische Rede 2,118–119)

Cicero rekonstruierte Monate später in einem Brief an Brutus die Ereignisse zwischen dem Mord an Caesar und dem Beginn seiner Auseinandersetzungen mit Antonius. Er tat das wie immer, indem er sich die Realität nach Wunsch zurechtbog und sich selbst rühmte, Zweifel und Unschlüssigkeiten beiseite lassend. Seine Standhaftigkeit und sein heroischer Patriotismus waren richtungsweisend, nicht aber die scheinbare Feigheit des Brutus, den er beschuldigte, nach dem Mord an Caesar aus Rom geflohen zu sein:

Brutus! Wie ich nach Caesars Tode und euren denkwürdigen Iden des März darauf hingewiesen habe, was ihr unterlassen hättet und welche Gefahren dem Staat drohten, hast du gewiss nicht vergessen. Ein großes Unheil war durch euch beseitigt, ein schwerer Makel des römischen Volkes getilgt; ihr hattet unsterblichen Ruhm gewonnen, aber das Rüstzeug der Gewaltherrschaft war Lepidus und Antonius zugefallen, der eine mehr ein charakterloser Geselle, der andere ein gemeiner Schurke, beide in Angst vor dem Frieden und Feinde von Ruhe und Ordnung. [...] ich legte mich damals allzu leidenschaftlich ins Geschirr, ihr, vielleicht klüger als ich, wichet aus der Stadt, die ihr befreit hattet, machtet keinen Gebrauch von der Begeisterung, die Italien euch entgegenbrachte. (Briefe an Marcus Iunius Brutus 16,4–6)

Weil Cicero aber davon ausging, dass in Rom nicht einmal ansatzweise Bedingungen gegeben waren, sich politisch frei zu betätigen, blieb er dort nicht lange und kehrte bald in die Stille seiner Landsitze zurück. Er verbrachte beinahe den gesamten Herbst in Tusculum, Puteoli und Arpinum und beschäftigte sich von Neuem – während er entschied, was zu machen sei – mit der Abfassung philosophischer Werke:

KAPITEL 17

Denn von der öffentlichen Tätigkeit und den Rechtsgeschäften durch gottlose Waffen und Gewalt ferngehalten, gehen wir der Muße nach, und darum durchreisen wir nach Verlassen der Stadt das Land und sind häufig allein. […] Denn nach Auslöschen des Senates und Zerstörung der Gerichte, was gibt es da noch, was wir unserer Würdiges in der Kurie oder auf dem Forum tun könnten? […] Indes, weil wir es so von gelehrten Männern vernommen haben, dass man nicht nur unter den Übeln die kleinsten auswählen müsse, sondern aus diesen selber noch Gutes ziehen, wofern etwas in ihnen sei, darum genieße ich die Muße […] und lasse die Einsamkeit nicht schlaff darniederliegen […]. Wir aber […] haben allen Eifer und alle Sorge auf diese Schreibarbeit gewendet. Daher haben wir mehr in der kurzen Zeit nach der Zerstörung als in den vielen Jahren während des Bestehens des Gemeinwesens geschrieben. (Vom rechten Handeln 3,1–4)

Er schrieb »Über die Tugenden« *(De virtutibus)*, wovon nur ein Fragment erhalten ist, »Vom rechten Handeln« *(De officiis)* und »Laelius über die Freundschaft« *(De amicitia)*; diese Werke sind vollständig erhalten. »Vom rechten Handeln« ist zwar ein philosophisches Werk – vor allem ein Kodex der bürgerlichen Ethik –, hat aber einen enormen politischen Gehalt und kann als Ergänzung zweier seiner vorherigen großen Abhandlungen, »Über den Staat« und »Über die Gesetze«, verstanden werden. In gewisser Weise handelt es sich um sein politisches Testament, ohne Zweifel eine seiner bekanntesten und meistgelesenen Abhandlungen, die sich zwischen der Renaissance und dem 18. Jahrhundert einer enormen Popularität erfreute. Es war das erste Werk eines klassischen Autors, das von der revolutionären Erfindung des Buchdrucks profitierte: Im Jahr 1465 wurde es in Mainz gedruckt. Cicero beschrieb darin, welches die wichtigsten Pflichten eines römischen Bürgers gegenüber seiner Familie, den Göttern seines Gemeinwesens, vor allem aber gegenüber dem Staat waren. Niemand dürfe sein persönliches Wohlergehen zum Schaden des Gemeinwesens suchen:

Überhaupt sollen die, welche an der Spitze der Gemeinschaft stehen werden, zwei Lehren Platos festhalten: die eine, dass sie den Nutzen der Bürger so schützen sollen, […] ihrer eigenen Vorteile vergessend, die andere, dass sie den ganzen Körper des Gemeinwesens betreuen sollen, damit sie nicht, während sie einen Teil schützen, die übrigen im Stich lassen. Wie nämlich eine Vormundschaft, so muss die Betreuung des Gemeinwesens zum Nutzen derjenigen, die ihr übertragen sind, nicht derer, denen sie übertragen ist, ausgeübt werden. Die aber, die nur für einen Teil der Bürger sorgen, einen Teil unberücksichtigt lassen, führen die verderblichste Sache in den Staat ein, Aufruhr und Zwietracht. [...] sich bedacht zeigen nur wenige auf alle. (Vom rechten Handeln 1,85)

Unter die Pflichten eines Bürgers fasste Cicero den Gebrauch von Gewalt, wenn er sich als notwendig herausstellte, und er argumentierte zudem für den Tyrannenmord. Damit schuf er im Nachhinein ein ideologisches Fundament für die Mörder Caesars, aber auch für ähnliche Taten in der Zukunft, wenn die »tyrannische« Verhaltensweise von Antonius keine andere Alternative zuließ. Er widmete die Abhandlung seinem Sohn Marcus in Athen und mit ihm den kommenden Generationen, denen es in naher Zukunft oblag, Rom zu beherrschen; ihnen war es möglich, die römische Politik in der Form neu zu gestalten, die sich Cicero wünschte. Aber vor allem handelte es sich um sein abschließendes politisches Glaubensbekenntnis. Wie schon in »Über den Staat« setzte sich Cicero auch mit dem »besten Bürger« auseinander: dem Individuum, das als Mitglied einer Gemeinschaft mit selbstloser Anstrengung zu einem rechtschaffenen sozialen Zusammenleben beitrug. Und auch jetzt schrieb er keine Theorie oder idealisierte, sondern er dachte stets an das Rom seiner Zeit.

Seinen Dialog *De amicitia*, dessen Protagonist Laelius der Nachwelt vor allem als treuer Freund des großen Scipio Aemilianus bekannt ist, widmet er bedeutsamerweise Atticus. Die Freundschaft, wie er sie hier in einem seiner letzten literarischen Texte thematisiert, hatte Cicero immer viel gegolten: »Wer die Freundschaft aus dem Leben nimmt, das beste und erfreulichste Geschenk, das wir von den Unsterblichen haben, der nimmt doch gleichsam die Sonne aus der Welt!« (Laelius über die Freundschaft 47)

Für Cicero gehörte Loyalität gegenüber Freunden zu seinen Prinzipien, und er hat seine Treue bewiesen: Sestius zum Beispiel oder aber Milo, dessen Verfahren unter schwierigen Bedingungen stattfand. Als er sich auf die Pflichten der Freundschaft bezog, um sein Bekenntnis zur Partei des Pompeius während des Bürgerkriegs noch jenseits der politischen Übereinstimmung mit ihm zu begründen, da wollte er sich nicht einfach vor den Siegern entschuldigen, sondern sprach mit Sicherheit die Wahrheit. Andererseits kann die Widmung einer Abhandlung Ciceros über die Freundschaft an Atticus auch als Akt der Gerechtigkeit verstanden werden, denn von allen Freunden stand er ihm stets am nächsten. Er war der Treueste gewesen, eher ein Bruder als ein Freund. An ihre enge Beziehung wird er in seinen Betrachtungen darüber, wie man wahre Freundschaft zu verstehen habe, gedacht haben:

Das also soll als oberstes Gesetz der Freundschaft gelten: Nur sittlich Gutes von Freunden zu verlangen, nur sittlich Gutes Freunden zuliebe tun, ja, damit gar nicht erst zu warten, bis man darum angegangen wird; bereitwilliger Eifer sei stets vorhanden, ein Zögern soll es da nie geben; offen heraus aber unseren Rat zu erteilen wollen wir uns nicht scheuen! Größtes Gewicht in der Freundschaft soll der Einfluss wohlmeinender Freunde haben, und dieser Einfluss soll eingesetzt werden, nicht nur zu deutlichem Mahnen, sondern auch, wenn es sein muss, zu scharfer Warnung: Und wenn Freunde ihren Einfluss geltend gemacht haben, dann soll man auf sie auch hören. (Laelius über die Freundschaft 44)

Anfang November bekam Cicero Post von Octavian. Er habe vor, mit der Unterstützung von Veteranen Caesars auf Rom zu marschieren. Daher bat er Cicero, sich selbst in die *Urbs* zu begeben und ihn dort im Senat zu unterstützen. Cicero nahm diese Neuigkeiten zur Kenntnis. Einerseits hoffte er, dass Octavian auf die politische Situation würde einwirken können, obwohl er weder in die Absichten des »Jungen« noch in sein Alter Vertrauen hatte, schließlich war er der Adoptivsohn Caesars: »Schau dir seinen Namen, sein Alter an«; »ich habe kein Vertrauen in sein Alter, ich kenne seine Absichten nicht«. Andererseits fürchtete er, dass der Plan, den Octavian ausführen wollte, einen neuen Bürgerkrieg auslösen würde: »Das sieht ganz danach aus, als ob unter seinem Kommando Antonius der Krieg erklärt werden soll, also werden wir wohl in ein paar Tagen unter Waffen stehen«; »ich sehe den Krieg kommen«. Wie immer stand sein theoretischer Scharfsinn in einer deutlichen Diskrepanz zu seiner Passivität; und wie gewöhnlich hing er von Atticus ab:

Jetzt verlange ich deinen Rat. Gehe ich nach Rom oder bleibe ich hier? Oder fliehe ich nach Arpinum, wo ich einigermaßen sicher bin? Ich muss wohl nach Rom, damit man mich nicht zu suchen braucht, wenn wichtige Entscheidungen gefallen sind. Also rate mir; so ratlos bin ich noch nie gewesen. (Atticus-Briefe 16,9,2 – geschrieben in Puteoli, am 2. oder 3. November 44)

Einige Tage später machte er sich nach Rom auf, fühlte aber mitten auf dem Weg Panik angesichts der Möglichkeit in sich aufsteigen, dass Antonius ihn auf der sehr belebten Via Appia, die er nehmen musste, um in die *Urbs* zu kommen, gefangen nehmen könnte. Also änderte er seine Meinung und lenkte seine Schritte nach Arpinum, wo er mehrere Wochen – mit den gewöhnlichen Zweifeln und Gewissensbissen – wartend verbrachte. Octavians Schritte in Rom erfüllten ihn mit Argwohn über seine wahren Absichten, insbesondere als er von einer Rede vor dem Volk erfuhr, in der er sich als Nachfolger und Nachahmer Caesars vorgestellt hatte. Cicero kamen Bedenken, ob es sich im Fall von Octavian tatsächlich um eine bessere Option als Antonius handelte:

> [...] wenn Octavian wirklich etwas kann, dann werden die Regierungsakten des Tyrannen [Caesar] noch viel eindringlicher bestätigt werden, als es im Tellustempel geschehen ist, und das richtet sich dann gegen Brutus. Unterliegt er aber, so wird es wahrscheinlich mit Antonius nicht mehr auszuhalten sein. Man weiß also nicht, wem man den Sieg gönnen soll. (Atticus-Briefe 16,17,1)

Am 9. Dezember entschied Cicero sich endlich, nach Rom zu gehen. Wenn wir in Betracht ziehen, was er selbst vor ein paar Wochen von Arpinum aus an Atticus geschrieben hatte, in dem letzten erhaltenen Brief an ihn, dann war es weniger die politische als seine eigene finanzielle Situation, die ihn dazu veranlasste. Er befand sich wegen Schulden in Bedrängnis – Terentias Mitgift war auszuzahlen, die von Tullia einzufordern:

> Aber, mein Atticus, mich interessiert im Augenblick der Staat nicht übermäßig – natürlich ist und bleibt er mir das Liebste, was es gibt; aber in hoffnungslosen Fällen verbietet auch Hippocrates, eine Medizin zu reichen; darum lassen wir das. Mir macht mein Vermögen Sorge. Mein Vermögen? Mein ganzes Renommee! Bei all diesen Außenständen ist noch nicht einmal die Summe flüssig, die ich an Terentia zu zahlen habe. [...] Was Terentias Forderung angeht, so schreibt mir ja Tiro, du habest ihm gesagt, sie werde durch Dolabellas Zahlung gedeckt werden. Wahrscheinlich hat er dich gründlich missverstanden, oder vielmehr überhaupt nicht verstanden, um was es sich handelt. (Atticus-Briefe 16,18,5)

Währenddessen entgleiste die politische Situation; eine erneute militärische Auseinandersetzung wurde immer wahrscheinlicher. Octavian war entgegen allen Prognosen zu einem einflussreichen politischen Faktor geworden. Als Adoptivsohn und Erbe des Diktators besaß er die Unterstützung großer Teile der stadtrömischen Plebs und vieler Veteranen Caesars, die sich jedoch weigerten, gegen die anderen ehemaligen Soldaten von Caesar zu kämpfen, die unter dem Befehl von Antonius standen; dieser hatte das gleiche Problem. Außerdem weilte in Norditalien, in der Gallia Cisalpina, als Statthalter der Provinz Decimus Brutus, einer der Honorationen, die an der Ermordung Caesars teilgenommen hatten. Er zeigte sich entschlossen, seine Truppen dem Senat zur Verfügung zu stellen – gegen Antonius. Dieser verließ Ende November Rom, um das Kommando ausgerechnet in der Gallia Cisalpina zu übernehmen, die ihm als Provinz nach seinem Konsulat zustand. Decimus Brutus weigerte sich, sie ihm zu übergeben – und entsprach damit Ciceros Bitte. Und dann gab es ja auch noch Cassius und Brutus, die sich mit ihren Truppen im östlichen Mittelmeer aufhielten.

Unter diesen explosiven Umständen tat Cicero einen entscheidenden Schritt, indem er eine zornige Kampagne einleitete, um den Krieg gegen Antonius, den er als öffentlichen Feind des Staates ansah, voranzutreiben. Er tat ihn am 20. Dezember, in einer Senatssitzung, die die Antonius feindlich gesinnten Volkstribune einberufen hatten, und ohne beide Konsuln, denn auch Dolabella hatte Rom in Richtung Syrien verlassen. In dieser Sitzung hielt Cicero seine dritte Philippische Rede. Er war sehr stolz auf seinen Vorstoß im Senat, mit dem er »die Fundamente der Republik« gelegt zu haben glaubte:

> Als nämlich am 20. Dezember die Volkstribunen den Senat beriefen und ganz etwas anderes zur Debatte stellten, habe ich mich über die Gesamtlage des Staates verbreitet, mich energisch ins Zeug gelegt und den Senat, der nachgerade matt und müde war, zu seiner alten tatkräftigen Haltung aufgerüttelt, mehr mit der Macht des Herzens als des Wortes. Dieser Tag mit meiner leidenschaftlichen Rede hat zuerst im römischen Volke die Hoffnung auf Wiedererlangung der Freiheit aufkeimen lassen. (An seine Freunde 10,27,2)

Auf das Gesuch Ciceros hin nahm der Senat die Verteilung der Provinzen des Imperium für das Jahr 43 zurück. Decimus Brutus wurde gesetzlich ermächtigt, seinen Aufenthalt in der Gallia Cisalpina als Kommandant seines Heeres zu verlängern. Andererseits gewährte der Senat Octavian gesetzlichen Schutz, indem er sein Kommando über ein Heer anerkannte, obwohl er es, da er kein öffentliches Amt innehatte, als Privatmann, nicht aber als Repräsentant des Staates rekrutiert hatte. Außerdem dankte man ihm seine Anstrengungen für die Verteidigung des Vaterlandes. Mit diesem wahrhaften Handstreich hatte Cicero es geschafft, Decimus Brutus und Octavian sowie ihre jeweiligen Armeen zu legalisieren – und den Weg für eine militärische Auseinandersetzung mit Antonius frei zu machen. Tatsächlich versuchte er die eigenmächtigen Vorkehrungen, die Decimus Brutus und vor allem Octavian getroffen hatten, zu rechtfertigen:

> Denn wie lange will man noch einen so furchtbaren, so grausamen, so scheußlichen Krieg durch private Initiativen abzuwehren suchen? Warum schließen sich nicht so bald wie möglich Maßnahmen des Staates an? C. Caesar [der

offizielle Name von Octavian], ein junger Mann, vielmehr fast noch ein Knabe, bekundete eine unfassbare und geradezu göttliche Einsicht und Tatkraft [...] er hat [...] aus dem unbesiegbaren Schlage altgedienter Leute ein äußerst zuverlässiges Heer zusammengestellt und hierbei sein Vermögen drangegeben – doch nein, ich habe nicht den Ausdruck getroffen, der angemessen wäre: Er hat sein Geld nicht drangegeben, sondern für das Wohl des Staates eingesetzt. [...] wir müssen ihm hinlängliche Vollmachten erteilen, damit er den Staat nicht nur, weil er sich selbst dazu bereit gefunden, sondern auch, weil er von uns den Auftrag erhalten hat, verteidigen kann.« (Philippische Rede 3,3 und 5)

Als der schon betagte Herrscher Augustus mehr als 50 Jahre später in seinem politischen Testament, einer der großen propagandistischen Waffen für die Nachwelt, an sein Erscheinen auf der politischen Bühne erinnerte, benutzte er dieselben Argumente und beinahe genau die gleichen Worte wie Cicero: »Im Alter von 19 Jahren habe ich als Privatmann aus eigenem Entschluss und aus eigenen Mitteln ein Heer aufgestellt, mit dessen Hilfe ich den der Willkürherrschaft einer bestimmten Gruppe ausgelieferten Staat befreite« (*Res Gestae* 1).

Der zweite Teil der Rede war als schonungslose Invektive gegen Antonius konzipiert; er umfasste einen neuen Katalog seiner Verbrechen und die Anklage, dass er ein Tyrann sei, der sterben müsse, damit Rom wieder frei sein könne. Cicero drängte die Senatoren, zu den Waffen zu greifen, um Sklaverei und Tyrannis zu verhindern:

Ich brauche nicht weiter zu drängen – niemand ist so töricht, nicht zu begreifen: wenn wir diese Gelegenheit verschlafen, dann müssen wir uns mit einer Tyrannei abfinden, die nicht nur grausam und anmaßend, sondern auch schimpflich und erniedrigend ist. [...] was tapfere Gladiatoren tun, indem sie würdig unterliegen, das wollen auch wir tun, die Herren aller Länder und Völker – wir wollen lieber in Ehren fallen als in Schande Knechte sein. (Philippische Rede 3,34–35)

Am Nachmittag des gleichen Tages, des 20. Dezember, hielt Cicero vor der Volksversammlung die vierte Philippische Rede, eine wesentlich kürzere. In der Hauptsache war sie eine Aufforderung zum Krieg gegen »einen Mörder, einen Dieb, einen Spartacus« (ein Appellativ, der die ominöse, Unheil verkündende Identifikation mit einem Sklaven einschloss), einem notwendigen Krieg um die Freiheit, ohne die es keinen wirklichen Frieden geben konnte. Diese Verknüpfung von *pax* und *libertas* findet sich in den Philippischen Reden häufig. Der kriegerische Ton lässt einen hellhörig werden, passte er doch eigentlich eher zur Ansprache eines Generals vor der Schlacht:

> Ich will daher tun, was Feldherren vor der Schlachtreihe zu tun pflegen: Obwohl sie ihre Männer in höchstem Maße kampfbereit sehen, richten sie nichtsdestoweniger ein anfeuerndes Wort an sie – so will auch ich an euch, die ihr bereits entflammt und entschlossen seid, die Mahnung richten, die Freiheit wiederzuerringen. Euch steht ein Kampf mit einem Feinde bevor, Quiriten, mit dem ihr unter keiner Bedingung Frieden schließen könnt. Er verlangt ja nicht mehr, wie bisher, nach eurer Knechtschaft, sondern – in seinem Zorne – nach eurem Blut. (Philippische Rede 4,11)

Wenn man die Geschehnisse des 20. Dezember aus der Kenntnis der späteren Ereignisse betrachtet, so ist klar, dass Cicero an diesem Tag eher die Weichen für seinen eigenen Tod als für den römischen Staat stellte, wie er glauben wollte. Er trug entscheidend dazu bei, den Bürgerkrieg erneut zu entfesseln, eine Zeit militärischer Konflikte und blutiger Rachefeldzüge, die ihn schließlich selbst ereilen sollten. Das konkrete Resultat der Senatssitzung war für Cicero ohne Zweifel ein Erfolg. Er erreichte zwar nicht, dass man Antonius formal zum Staatsfeind *(hostis)* erklärte, aber man nahm seine wichtigsten Vorschläge an, die ihrerseits von mehr als zweifelhafter Rechtmäßigkeit waren. Aber das war nicht von entscheidender Bedeutung: Das Vaterland war in Gefahr, und es war notwendig, es zu retten, selbst wenn man dazu die Gesetze ignorieren musste, die es sich selbst gegeben hatte: »das Wohl des Volkes als oberstes Gesetz«. Er setzte einmal mehr sich und diejenigen, die wie er dachten, mit der Republik in eins, so dass der Konflikt sich vom politischen in den moralischen Bereich des Naturrechtes verlagerte: »Männer des Guten« gegen »Böse«, *boni contra improbi.*

> Denn Brutus und ebenso Cassius sind sich schon bei vielen Gelegenheiten selber Senat gewesen. Man muss sich nämlich inmitten eines solchen Durcheinanders und einer so allgemeinen Verwirrung mehr nach dem Gebot der Stunde richten als nach dem Herkommen. Und es ist ja jetzt nicht das erste Mal, dass Brutus oder Cassius das Heil und die Freiheit des Vaterlandes für das unverbrüchlichste Gesetz und das beste Herkommen halten. (Philippische Rede 11,27)

Die Beschlüsse, die der Senat auf Anregung Ciceros am Morgen des 20. Dezember 44 vereinbarte, bedeuteten einen Wendepunkt in der Krise nach Caesars Ermordung. Ein neuer Bürgerkrieg war nicht zu vermeiden, und so stellte sich die Frage, wer genau es sein werde, der einander bekämpfte, und zu welchen Bündnissen es kommen werde. Die erste Episode des Bürgerkriegs ereignete sich in der Nähe von Mutina. Diese Stadt lag an der Via Aemilia und galt strategisch gesehen als Eingangstor in die Gallia Cisalpina. Decimus Brutus war, nachdem er die Unterstützung des Senats erhalten hatte, erstarkt und wurde sofort von den Truppen des Antonius angegriffen, der sein Recht einforderte, das Kommando in der Provinz zu übernehmen. Damit begann ein Krieg, der erst im April enden sollte, mit einer vorläufigen Niederlage des Antonius.

Da die berühmtesten Feldherren, von denen die Zukunft der Republik nun abhing, sich nicht in Rom aufhielten, wurde Cicero zu seiner eigenen Zufriedenheit für einige Monate zum wichtigsten starken Mann der *Urbs*, obwohl er keine Magistratur bekleidete und also nur ein einfacher Privatmann war, aber die nötige *auctoritas* besaß. Man hörte nicht nur seine Reden im Senat, sondern schätzte und akzeptierte seine Vorschläge. Laut seinen Berichten kam zu den Volksversammlungen, an denen er teilnahm, eine große Anzahl von Bürgern, begierig, ihn zu hören. 20 Jahre nach seinem ruhmreichen Konsulat, nach zwei Jahrzehnten voller Frustration und Verdruss, fühlte Cicero sich endlich wie ein einflussreicher Konsular, wie der Mittelpunkt römischer Politik, der er nach 63 hatte sein wollen. Nun wurden ihm seine Dienste am Vaterland gerecht vergolten. Er sah sich mit der *auctoritas* ausgestattet, die ihn zu einem der »Wichtigsten der Gemeinschaft« *(princeps civitatis)* machte, zu einem *rector rei publicae*, den er im politischen Essay »Über den Staat« zehn Jahr zuvor als Herrscher von Rom beschrieben hatte. Seinen Wunsch, eine Entwicklung voranzutreiben, die den römischen Bürgern die Freiheit der Republik wiedergäbe, hatte er klar in den Worten zum Ausdruck gebracht, mit denen er seine Rede vor dem Volk abschloss:

> Was ich meinerseits durch Sorgfalt, Mühe, Wachsamkeit, Einfluss und guten Rat bewirken und erreichen kann, will ich keinesfalls unversucht lassen, sofern ich mir irgendeinen Vorteil für die Sache eurer Freiheit davon verspreche [...]. Am heutigen Tage sind wir [...] nach meinem Vorgang und Beispiel zum ersten Mal nach langer Zeit in Hoffnung auf Freiheit entbrannt. (Philippische Rede 4,16)

Anfang 43 entwickelte Cicero einen unwiderstehlichen Drang, sein politisches Programm zu verwirklichen: »das Ansehen des Senats, die Freiheit des römischen Volkes und das Wohl des Staatsganzen« (Philippische Rede 13,47). Sein Schwung und seine Entschlusskraft werden in Dutzenden von Briefen voller Ratschläge, Empfehlungen und Vorschlägen an alle Beteiligten deutlich, vorzugsweise an Marcus Brutus, Octavian, Decimus Brutus und einige der »Befreier«. Er empfing ebenfalls zahlreiche Briefe. Der alte Konsular war in diesem kurzen Zeitraum tatsächlich der sichtbare Kopf des Senats, das Zentrum der Politik in Rom.

Am 1. Januar 43, als die neuen Konsuln Hirtius und Pansa ihr Amt bereits angetreten hatten, bot sich für Cicero erneut die Gelegenheit, seine Führungsposition auf die Probe zu stellen. In einer Senatssitzung, die im Tempel des Iuppiter Capitolinus und damit in einem besonders feierlichen Rahmen stattfand, schlug Quintus Fufius Calenus, der unter der Diktatur Caesars Konsul gewesen und mit Antonius befreundet war, vor, mit diesem in Verhandlungen zu treten. Es sollte ein Kompromiss gesucht werden, der den Krieg verhinderte – Cicero antwortete in der fünften Philippischen Rede, einer Zusammenfassung seiner Aktivitäten zwischen dem 1. und 4. Januar, als die Debatten im Senat stattfanden. Cicero stellte Antonius erneut als einen Kriminellen und Lüstling hin. Seine Handlungen waren alle gesetzeswidrig und sollten daher annulliert werden. Ihm Gesandte zu schicken und in Verhandlungen einzutreten war nicht vonnöten, stattdessen hatte man ihm unverzüglich mit Waffen gegenüberzutreten: »Mit so jemandem, Senatoren, ich wiederhole es, sollte man einen Krieg anfangen, und zwar schnell.« Es sei angebracht, allen Soldaten, die sich bereit zeigten, seine Reihen zu verlassen, eine Amnestie anzubieten, um ihn zu schwächen.

Cicero sprach sich dafür aus, den Verteidigern der Republik, also all jenen, die bereit waren, sich Antonius entgegenzustellen, alle Ehrungen und Belohnungen anzubieten. Unter ihnen fiel Octavian durch die Bedeutung auf, die ihm nach und nach zukam. Er sprach von ihm in den höchsten Tönen, nannte ihn »einen göttlichen Jungen« und schlug vor, ihm ein Militärkommando zu übertragen und ihn zum Proprätor zu ernennen – »eine lebenswichtige Ehrung angesichts des Krieges, der zu führen sein wird« –, obwohl er weder das Mindestalter noch die notwendigen gesetzlichen Bedingungen erfüllte. Den Senatoren versicherte er, die Absichten des Sohnes von Caesar seien keine anderen als die Republik zu retten. Sein Vertrauen in die Fähigkeiten des zukünftigen Augustus zeugte von politischer Weitsicht, aber entgegen seinen Erwartungen sollte er ganz sicher nicht derjenige sein, der die traditionelle Republik rettete, sondern der sie für immer zu Grabe trug.

Ich habe volle Kenntnis von den Überzeugungen des jungen Mannes: Nichts ist ihm teurer als unser Staatswesen, nichts wichtiger als euer Ansehen, nichts erwünschter als das günstige Urteil rechtschaffener Männer [...]. Deswegen braucht ihr von seiner Seite nichts zu fürchten, ja, ihr dürft Größeres und Besseres von ihm erwarten [...]. Ich getraue mich sogar, mein Wort zu verpfänden, versammelte Väter: euch und dem römischen Volk und dem Staate. [...] Ich verspreche, versichere und gelobe euch, dass C. Caesar stets der Bürger bleiben wird, der er heute ist, und ganz so, wie wir ihn uns wünschen und erhoffen müssen. (Philippische Rede 5,50–51)

Cicero triumphierte nur halb. Problemlos erreichte er, dass man den »Republikanern« Ehrungen erwies, und sowohl Octavian, der bereits zum Proprätor gemacht worden war, als auch der Konsul Hirtius marschierten nach Mutina, um Decimus Brutus zu unterstützen. Aber es gelang ihm nicht, eine offizielle Kriegserklärung gegen Antonius verabschieden zu lassen. Im Gegenteil entschied der Senat, weil die Mehrheit der Mitglieder einen Krieg fürchtete, der ihr Leben und ihre Güter bedrohte, drei Konsulare als Gesandte zu ihm schicken, um zu verhandeln. Cicero gab seine Bemühungen, gegen Antonius Stimmung zu machen, nicht auf. In einer Volksversammlung, die der Volkstribun Publius Apuleius für ihn einberufen hatte, da er selbst dazu nicht ermächtigt war, hielt er am 4. Januar die sechste Philippische Rede, worin er die in den letzten Tagen im Senat gefassten Beschlüsse rekapitulierte. Die wichtigste Botschaft, die er überbringen wollte, mit der er die Rede schloss und die sich auch in den anderen Philippischen Reden findet, lautete, dass »die Freiheit auf dem Spiel steht«. Das sollte für jeden Römer ausschlaggebend sein, denn »während die anderen Völker die Sklaverei ertragen können, entspricht die Freiheit der Natur des römischen Volkes«.

Die Gesandtschaft kehrte nach Rom zurück, ohne erreicht zu haben, dass Antonius die Waffen niederlegte: Er hatte vielmehr nun seinerseits eine Reihe von Ansprüchen erhoben. Cicero wiederholte seine Forderung nach einer offiziellen Kriegserklärung und scheiterte erneut. Aber er erreichte, dass der Senat den Ausnahmezustand verkündete, den Cicero aus eigenem Interesse als eine Kriegserklärung interpretierte.

Im Februar kamen aus dem Osten beunruhigende Nachrichten, der unvermeidliche Bürgerkrieg drohe sich auf den ganzen Mittelmeerraum auszuweiten. Zum einen hatte Marcus Brutus nach ein paar Herbstmonaten in Athen, in denen er sich mit Philosophie befasste – zur Verzweiflung Ciceros, der von ihm entschlossene Taten erwartete –, nun verschiedene Legionen unter seinem Kommando vereint, mit denen er die Kontrolle über Griechenland, Makedonien und Illyrien erlangt hatte. Er stellte sie dem Senat zur Verfügung. Zu ihm hatte sich der Sohn Ciceros als Offizier seines Heeres gesellt. Weiter im Osten war die Situation noch wesentlich brenzliger. Cassius hatte sich Syriens bemächtigt und zahlreiche Truppen unter sich. Aber der ehemalige Konsul Dolabella hatte auf dem Weg nach Syrien, in Smyrna, den Statthalter der Provinz von Asia und einen der »Befreier«, Gaius Trebonius, ermordet. Dolabella wurde deshalb zum Staatsfeind erklärt, was die Frage aufwarf, wer nun die Provinz Syrien verwalten und sich Dolabella entgegenstellen sollte.

Cicero verteidigte in der zehnten Philippischen Rede erhitzt deren militärische Verdienste und seine Loyalität: »Wie schnell hat Brutus gehandelt! Was für ein Eifer! Was für ein Mut!« Er schlug vor, seine Herrschaft über die griechischen Territorien offiziell anzuerkennen, die er bereits unter Kontrolle hatte, denn »Brutus ist unser Mann und wird immer unser Mann sein; er ist für den Dienst an unserer Republik nicht nur wegen seiner außerordentlichen Tapferkeit geboren, sondern vom Schicksal durch seine Familien – sowohl väterlicher- wie mütterlicherseits – dazu vorherbestimmt«. Der Senat nahm den Antrag Ciceros an und Brutus wurde offiziell kommandierender Feldherr der römischen Truppen in Griechenland.

Cicero suchte in seiner elften Philippischen Rede, die er wahrscheinlich in der ersten Märzwoche des Jahres 43 im Senat hielt, auch Cassius in Syrien zu begünstigen. Er solle sich als Prokonsul der gemeinsamen Verwaltung der Provinzen von Asia und Syrien und des Kommandos in dem Krieg annehmen, der unbedingt gegen Dolabella zu führen sei, den Feind des Vaterlandes und Freund des Antonius, beide »die erbärmlichsten Schurken, die auf der Welt sind«. Damit scheiterte er – der Senat entschied vielmehr, per Losverfahren unter den amtierenden Konsuln zu entscheiden, wer den Oberbefehl in Syrien erhalten sollte, sobald der Krieg von Mutina beendet sei. Aber in einer so verworrenen Situation, wie man sie in Rom und im ganzen Imperium erlebte, war durch nichts gesichert, dass die Entscheidungen des Senats auch umgesetzt wurden, und so traf einen Monat später in der *Urbs* die Nachricht ein, dass Cassius sich des Kommandos über die zwölf Legionen bemächtigt hatte, die in Asia und Syrien standen.

Die Parteigänger des Antonius nutzten jedoch die momentane Niederlage Ciceros und setzten durch, dass eine neue Gesandtschaft nach Mutina geschickt wurde. Eines der fünf Mitglieder sollte Cicero selbst sein. Zunächst scheint er den Auftrag akzeptiert zu haben, aber dann änderte er seine Meinung. Abgesehen von der Aussichtslosigkeit des Versuchs einer Versöhnung war dieses Unternehmen mit großer Gefahr für sein Leben verbunden, denn Antonius und seine Anhänger, aber auch viele Veteranen Caesars empfanden Hass gegen ihn. Sie fühlten sich nach der Annullierung vieler von Antonius im Jahr 44 eingebrachter Gesetze geschädigt, in erster Linie des Agrargesetzes, das ihnen Ländereien zusagte. Er durfte Rom nicht verlassen, geschweige denn in die Nähe von Antonius' Truppen kommen.

Um die Entsendung zu verhindern, erwirkte er eine neue Versammlung des Senats, in der er die zwölfte Philippische Rede hielt: Antonius hege keinerlei Absicht, irgendeinen Kompromiss zu erzielen, wie schon die erste Gesandtschaft gezeigt habe – »ein Frieden, geschlossen mit derartigen Männern, wird kein Frieden sein, sondern ein Pakt für die Sklaverei«; die Vorbereitungen für den Krieg müssten beschleunigt werden. Dann verteidigte er seine Weigerung, sich einer Gesandtschaft anzuschließen – zum einen wäre seine Präsenz beleidigend für Antonius und trüge nicht dazu bei, ein Klima der Eintracht zu schaffen: »Ich habe Antonius immer einen Feind des Vaterlandes genannt [...] und ich habe immer nicht nur Antonius selbst angegriffen, sondern auch die an seinen Verbrechen Beteiligten und seine Parteigänger.« Zum andern war sein Leben nicht nur wegen Antonius in Gefahr, sondern auch wegen der Soldaten, die treu zur Republik standen, denn diese konnten glauben, dass er einem Frieden im Weg stünde, weil er sich dessen Vorschlägen widersetzte. Also blieb Cicero in der *Urbs*, weil das, wie er betonte, »hier mein Platz war, hier muss ich meinen Dienst tun, als Wächter und Beschützer tätig sein«.

> Niemand ist weniger furchtsam als ich, niemand ist andrerseits mehr auf der Hut. [...] Ist's demnach möglich, dass man glaubt, ich sei vorsichtig, sei behutsam genug, wenn ich mich zu einer so unsicheren und gefährlichen Reise bereit finde? [...] Denn keinerlei Strafe braucht der zu befürchten, der mir Gewalt antut, ja, er kann hoffen, bei den Räuberbanden Ruhm zu ernten und noch Belohnungen dazu. [...] Jedenfalls wird, auch wenn man mir nicht nachstellt (was doch sehr leicht möglich ist), mein Geist beunruhigt sein, so dass er außerstande ist, die Gesandtschaftspflichten wahrzunehmen. (Philippische Rede 12,24–26)

Verhandlungen konnte man definitiv vergessen: Der Augenblick der offenen militärischen Konfrontation war gekommen. Der Konsul Pansa verließ Rom, um sich seinem Kollegen Hirtius und Octavian mit dem Ziel anzuschließen, Decimus Brutus aus dem schon seit drei Monaten belagerten Mutina zu befreien. Zu den entscheidenden Schlachten kam es Mitte April. Zunächst gelangten Gerüchte nach Rom, dass Antonius einen großen Sieg errungen habe. Diese Nachricht bewirkte ein Chaos in der *Urbs* und viele Caesar-Gegner dachten daran, die Stadt zu verlassen. Dann kam ein weiteres Gerücht auf: Cicero bereite einen Staatsstreich vor, um die Macht zu ergreifen und sich zum Diktator ernennen zu lassen. Die Gerüchte verbreiteten sich wie ein Lauffeuer, so dass Cicero den Verdacht vor dem Volk zerstreuen musste, wozu Apuleius erneut eine Versammlung einberief.

Unmittelbar darauf wurde die Nachricht des ersten Sieges von Hirtius über Antonius in Forum Gallorum bekannt, einer Stadt, die in der Nähe von Mutina lag und ebenso wie diese an der Via Aemilia. Zu diesem Anlass berief der städtische Prätor eine Senatssitzung ein, in der Cicero seine vierzehnte Philippische Rede hielt, die letzte, die in Gänze erhalten ist: Der Krieg war bis zur Befreiung des Decimus Brutus fortzuführen; sowohl Antonius als auch seine Parteigänger sollten zu Feinden des Vaterlandes erklärt werden, was schließlich auch geschah; den beiden Konsuln und Octavian war als siegreichen Feldherren jeweils der Titel eines *imperator* zu verleihen, und der Senat sollte ein 50-tägiges Fest aus Dankbarkeit gegenüber den Göttern veranstalten. Er rühmte allen voran die Legion Martia und regte an, ihr zu Ehren ein Monument zu errichten, da »sie innerhalb der Grenzen, die die Sterblichkeit dem menschlichen Leben setzt, die Unsterblichkeit errungen hatte«.

Am gleichen Tag wurde Antonius schließlich besiegt und zog sich mit seinem Heer auf der Suche nach Unterstützung in Richtung Gallia Narbonensis zurück. Aber die Schlachten hatten auch für seine Gegner einschneidende Konsequenzen, denn beide Konsuln, Pansa und Hirtius, starben. Bei ihnen handelte es sich zwar nicht um Persönlichkeiten von großem politischem Gewicht, aber ihr Tod hatte katastrophale Folgen: Er lähmte die Regierung in der Stadt, die auf Wahlen wartete, und er erleichterte Antonius die Flucht. Man stellte Decimus Brutus an die Spitze der Truppen der beiden gefallenen Konsuln und gab Cassius den Oberbefehl über die Armee im Orient, den er de facto schon hatte, um sich Dolabella entgegenzustellen. Der einzige noch lebende Sohn des Pompeius, Sextus, erhielt den Oberbefehl über die Flotte im Mittelmeerraum.

Cicero erlebte Momente des Ruhms, er fühlte sich als Führer des Senats und der römischen Politik – und er war es auch tatsächlich. Das brachte er in einem Brief an Brutus vom 21. April zum Ausdruck:

An diesem Tage [20. April] habe ich für meine gewaltigen Anstrengungen und manche durchwachte Nacht reichen Lohn empfangen, wenn anders echter, wahrer Ruhm überhaupt etwas einbringt. Eine Volksmenge, wie unsre Stadt sie nur fassen kann, strömte bei mir zusammen, geleitete mich bis zum Kapitol und stellte mich dann unter lauten Beifallsrufen auf die Rostra. In mir ist nichts Selbstgefälliges – und darf es ja auch nicht sein –, aber die Einstimmigkeit aller Stände, das Danken und Beglückwünschen macht doch Eindruck auf mich, weil es ein herrliches Gefühl ist, angesichts der Wohlfahrt des Volkes populär zu sein. (Briefe an Marcus Iunius Brutus 6,2)

Die »republikanischen« Caesar-Gegner erlebten einen Moment der Euphorie, aber ihre Reihen verloren durch den Tod beider Konsuln ihren ohnehin geringen Zusammenhalt. Octavian, dessen Anteil an der Niederlage von Antonius bescheiden gewesen war, erhielt vom Senat die Aufforderung, sich unter das Kommando des Decimus Brutus zu stellen. Er weigerte sich, da es sich um einen der Mörder seines Adoptivvaters handelte, und verharrte mit seinen Truppen in der Nähe von Bononia (Bologna). Die Uneinigkeit unter den »Republikanern« erleichterte es Antonius, seine Reihen in der Gallia Narbonensis wieder zu schließen: Er vereinigte seine Truppen mit denen von Lepidus, der auch zum Staatsfeind erklärt werden sollte, und bildete so im westlichen Teil des Imperium ein machtvolles Heer, mit dem er in Rom für große Beunruhigung sorgte. Decimus Brutus bat Cicero inständig, ihm Truppen und Geld zu schicken und Marcus Brutus und Cassius aus dem Orient zurückkehren zu lassen. Weder das eine noch das andere war möglich.

Marcus Brutus war gen Osten aufgebrochen, um Dolabella zu folgen, der sich nach seiner Niederlage das Leben nehmen sollte. Brutus' Verhältnis zu Cicero hatte sich, wie ihre Korrespondenz zeigt, verschlechtert, wenn es auch nicht zu einem Bruch kam. Während Cicero Brutus seine Trägheit und mangelnde Initiative vorwarf, klagte dieser den alten Konsular an, nicht gerade glückliche Entscheidungen zu treffen. Brutus sprach sich, obwohl er ein Heer unter sich hatte und einer der wichtigsten Beteiligten an den Iden des März gewesen war, für eine Politik der Aussöhnung und der Milde aus, was Cicero als Geste der Schwäche zurückwies:

Freilich, deine Unterscheidung kann ich ganz und gar nicht billigen; du sagst nämlich, man müsse energischer jeden Bürgerkrieg zu verhindern suchen als an den Unterlegenen seinen Jähzorn auslassen. Da bin ich doch ganz andrer

Meinung, Brutus, und kann deiner Milde nicht beipflichten; nein, heilsame Strenge taugt mehr als der eitle Schein der Milde. Wenn wir milde sein wollen, wird es immer wieder Bürgerkriege geben. [...] Glaub mir, Brutus. Ihr werdet unterliegen, wenn ihr euch nicht vorseht! Denn ihr werdet es nicht immer mit demselben Volke, demselben Senat und denselben Führern des Senats zu tun haben. Nimm dies als ein Orakel des pythischen Apoll; es ist die unabdingbare Wahrheit! (Briefe an Marcus Iunius Brutus 5,2–3 – 17. April 43)

Besonders Brutus verübelte Cicero dessen Annäherung an Octavian – »dein Caesar« nannte er ihn ironisch in seinen Briefen –, weil er ihm zutiefst misstraute. Er setzte ihm wegen der »demütigenden« Weise zu, in der er Octavian für seine Dienste gegenüber der Republik dankte: wie einem König, als ob ein neuer Tyrann seinen Vorgänger ersetzt habe. Brutus warf ihm vor, er habe entscheidend dazu beigetragen, Octavians Position in Rom zu festigen, die nun immer stärker wurde. Der Sohn Caesars hoffte auf seinen Aufstieg, indem er bei den nächsten Wahlen zum Konsul gewählt würde. Mitte Juni versuchte Cicero Brutus in dieser Hinsicht zu beruhigen und verwies darauf, dass er den jungen Caesar sicher unter Kontrolle habe, was sich sehr bald als Hirngespinst erweisen sollte:

[...] aber Caesar, der sich bislang durch meine Ratschläge lenken ließ, an sich gutartig veranlagt und von erstaunlicher Charakterfestigkeit, haben gewisse Leute durch niederträchtige Zuschriften und intrigante Zwischenträgereien dazu verführt, sich sichere Hoffnungen auf das Konsulat zu machen. Sobald ich das merkte, habe ich ihn in der Ferne fortgesetzt brieflich gewarnt und seinen Anhängern hier daheim, die sein Begehren offensichtlich unterstützten, Vorhaltungen gemacht und mich nicht gescheut, die Quellen dieser verbrecherischen Machenschaften bloßzulegen. [...] Steht dieser zu seinem Wort und folgt mir auch weiterhin, dann haben wir, glaube ich, genügend Rückhalt; hört er aber mehr auf die Einflüsterungen der Schurken als auf meinen Rat, oder ist sein jugendliches Alter zu schwach, um sich dem Ernst der Lage gewachsen zu zeigen, dann ruht alle Hoffnung auf dir. (Briefe an Marcus Iunius Brutus 12,3–4)

Obwohl die Vorwürfe zwischen den beiden Freunden schwer wogen, setzte Cicero weiterhin in Marcus Brutus und sein Heer – zusammen mit dem von Cassius – eher als in Octavian seine Hoffnungen. In allen Briefen bis hin zu dem letzten, der aus der gesamten Korrespondenz von Cicero erhalten ist – er datiert vom 27. Juli –, forderte er ihn vergeblich auf, er möge so schnell wie irgend möglich nach Italien zurückkehren:

> Darum flieg herbei, ich beschwöre dich, und bewahre den Staat, den du heldenhaft und hochgesinnt, aber ohne den gewünschten Erfolg befreit hast, vor dem Untergang; alle Welt wird dir zuströmen. Mahne auch Cassius brieflich! Nirgends sonst ist Hoffnung auf Freiheit als bei euren Armeen. (Briefe an Marcus Iunius Brutus 12,4–5)

Brutus kehrte jedoch nicht mehr nach Italien zurück. Nachdem der anfängliche Optimismus sich verflüchtigt hatte, wurde Cicero immer klarer, dass die Lösung der Krise, wie auch immer sie aussehen würde, nicht von der zivilen Amtsgewalt abhing, sondern von den Feldherren und ihren vielen tausend Soldaten: »Die Macht besteht jetzt in der Kraft der Waffen«, stellte er verzweifelnd fest. Der Senat hatte keine Kontrolle über sie – und er auch nicht; er hatte selbst dazu beigetragen, dieses vielköpfige Ungeheuer – Cassius, Marcus Brutus, Decimus Brutus, Lepidus, Antonius, Octavian und andere – wachsen zu lassen, in das sich das römische Heer verwandelt hatte, das im gesamten Imperium stationiert war:

> Denn man treibt sein Spiel mit uns, Brutus, die Soldaten mit ihrer Zügellosigkeit, die Feldherrn mit ihrer Anmaßung; jeder beansprucht so viel Einfluss im Staate, wie seine Stärke ihm verschaffen kann; weder Vernunft, Maß, Gesetz, Herkommen, Pflicht gilt etwas, noch gesundes Urteil, Ansehen bei den Mitbürgern oder Scheu vor der Nachwelt. (Briefe an Marcus Iunius Brutus 12,3)

Dass die reale Entscheidungsgewalt in Rom beim Militär lag, zeigte sich in aller brutalen Deutlichkeit, als Octavian 400 Soldaten in die *Urbs* schickte, um seine Forderungen zu übermitteln. Der junge und unerfahrene Caesar war dank seiner Allianz mit den Republikanern zu einer unabhängigen Kraft geworden, und diese Position war nicht zuletzt Resultat von Ciceros Vermittlung, der glaubte, ihn in der Hand zu haben. Octavian forderte den Konsulat, Geld für seine Truppen und die Aufhebung des Dekrets, das Antonius zum Staatsfeind erklärte. Der Senat weigerte sich, ihm entgegenzukommen, und daraufhin folgte Octavian dem Beispiel seines Adoptivvaters: Er überschritt den Rubikon mit acht Legionen und marschierte auf Rom.

Die nun folgenden Ereignisse sind alles andere als klar, aber es scheint, dass Cicero erfolglos versuchte, Widerstand zu organisieren und sich schließlich aus der Stadt nach Tusculum flüchtete. Er tat das nicht, ohne Octavian untertänig zu danken, dass er ihm erlaubt habe, sein Leben zu retten: »Ich bin dir zweifach zu Dank verpflichtet, mir und Philippus erlaubt zu haben, uns zu entfernen: Du hast die Vergangenheit verziehen und wirst dich der Zukunft gegenüber nachsichtig zeigen.« Am 18. des Monats, den man seinerzeit als Sextilis kannte und der später zu Ehren des Augustus den Namen August *(Augustus)* erhalten sollte, wurde Octavian im Alter von erst 19 Jahren zum Konsul designiert. Unmittelbar danach wurde ein Sondergericht geschaffen, um die Mörder Caesars zu verurteilen, und wenig später die Dekrete annulliert, die sowohl Dolabella als auch Antonius und Lepidus zu Staatsfeinden erklärten. Diese Handlungen nahmen die Machtergreifung durch den Triumvirat Wochen später voraus. Weitere Feldherren wie Lucius Munatius Plancus und Gaius Asinius Pollio schlossen sich Antonius an, während Decimus Brutus ermordet wurde.

Ende Oktober trafen sich die drei großen Caesarianer, Antonius, Lepidus und Octavian, in der Nähe von Bononia. Da die drei vor allem an die Macht gelangen und ihre Truppen nicht gegeneinander kämpfen wollten, entschieden sie sich, ihre Kräfte zu bündeln, um den »Befreiern« ein Ende zu setzen. Gemäß der am 27. November verabschiedeten Lex Titia wurden sie für fünf Jahre zu »Triumvirn für die Wiederherstellung der Republik« *(triumviri rei publicae constituendae)* ernannt. Als solche teilten sie die Verwaltung der westlichen Provinzen des Imperium unter sich auf und wurden zu den Mächtigsten von Rom.

Außerdem sahen sie es als notwendig an zu wiederholen, was Sulla beinahe 40 Jahre zuvor zu Beginn seiner konstituierenden Diktatur getan hatte: eine »Säuberung« unter der römischen Aristokratie, um Feinde zu eliminieren, da sich – wie sie anführten – Caesars Politik der Milde als unwirksam erwiesen hatte. Sie erstellten eine Liste mit 300 Proskribierten und setzten Prämien auf ihre Köpfe aus. Darunter waren trotz des anfänglichen Widerstands von Octavian an herausragender Stelle Cicero und seine Familie. Ciceros monatelange Anstrengungen und Bemühungen waren umsonst gewesen, und die Republik, für die er gekämpft hatte, war nun endgültig Vergangenheit.

Es scheint, dass er die folgenden Wochen zurückgezogen auf dem Landgut in Tusculum und zumindest die letzten Tage dort gemeinsam mit dem Bruder verbrachte. Von dem Zeitpunkt an, da er Rom verließ, haben wir keinen Brief mehr und wissen nichts über seine Verfassung oder seine Absichten. Die Geschehnisse, die zu seiner Ermordung führten, sind aber gut bekannt, denn verschiedene antike Autoren haben sich damit auseinandergesetzt. Ihre Versionen stimmen grundsätzlich überein, unterscheiden sich aber in einigen Details. Der ausführlichste und lebendigste – wenn auch sehr wahrscheinlich ausgeschmückte – Bericht ist der von Plutarch in seiner Biographie. Vielleicht ist er der vertrauenswürdigste, diese Frage ist kontrovers diskutiert worden. Seine Beschreibung ist eventuell der Lebensbeschreibung entnommen, die der Freigelassene Tiro über seinen Patron verfasst hat. Es ist spekuliert worden, ob Tiro Cicero in seinen letzten Minuten nahe war; sehr wahrscheinlich werden ihm die Geschehnisse gut bekannt gewesen sein, selbst wenn er kein Augenzeuge war.

Plutarch zufolge flohen Marcus und Quintus Cicero, als sie von den Proskriptionen und der Gefahr erfuhren, überstürzt aus Tusculum. Zuerst wollten sie sich auf das Anwesen nach Astura, das am Meer lag, begeben und von dort aus nach Griechenland auslaufen, um sich Brutus anzuschließen. Bereits auf dem Weg, beschloss Quintus umzukehren, um doch das Notwendigste von zu Hause mitzunehmen, denn sie reisten quasi ohne alles. Marcus setzte seinen Weg fort. Die Brüder nahmen unter Schluchzen und Klagen für immer Abschied. Wenige Tage später wurde Quintus gemeinsam mit seinem Sohn ermordet, nachdem ihn seine eigenen Sklaven denunziert hatten. Marcus kam bis Astura, wo er sich nach Cap Circeo in Richtung Süden einschiffte. Aber wie schon bei so vielen anderen Gelegenheiten in seinem Leben kamen ihm Zweifel, was nun wohl die richtige Entscheidung sei: zu fliehen oder nach Rom zurückzukehren und auf Octavian zu vertrauen. Laut Plutarch begab er sich auf dem Landweg in Richtung *Urbs*, um sich wenig später wieder dem Meer zuzuwenden, zu seinem Besitz in Formiae, das in der Nähe des Hafens Cajeta lag und von wo aus man problemlos das Meer erreichte. Als ihn seine Sklaven, die ihm bis zum letzten Moment die Treue hielten, in der Sänfte zum Meer brachten, wurde er von seinen Mördern überrumpelt:

> Indessen kamen die Mörder schon heran, der Centurio Herennius und der Kriegstribun Popilius, dem Cicero einst, als er wegen Vatermordes unter Anklage stand, als Verteidiger beigestanden hatte [...]. Da sie die Türen verschlossen fanden, schlugen sie sie ein, und da kein Cicero zu sehen war und die Leute drinnen sagten, sie wüssten nichts, da soll ein junger Mensch, der von Cicero in den höheren Wissenschaften ausgebildet worden war, ein Freigelassener seines Bruders Quintus mit Namen Philologos, dem Kriegstribunen verraten haben, dass die Sänfte durch die dicht bewachsenen, schattigen Laubengänge zum Meer hinuntergetragen werde. Der Kriegstribun nahm einige Leute mit und rannte herum zum Ausgang, während Herennius im Lauf durch die Laubengänge eilte. Cicero bemerkte sein Kommen, befahl den Trägern, die Sänfte an Ort und Stelle niederzusetzen, und schaute selbst,

indem er nach seiner Gewohnheit die linke Hand ans Kinn legte, mit starrem Blick auf die Mörder, von Staub bedeckt, mit ungeschorenem Haar und Bart und das Gesicht von Kummer verzehrt, so dass die meisten sich verhüllten, als Herennius ihn abschlachtete. Er erhielt den tödlichen Hieb in den Hals, den er aus der Sänfte vorstreckte, im 64. Lebensjahr. Dann schlugen sie ihm, gemäß Antonius' Befehl, den Kopf und die Hände ab, mit denen er die Philippischen Reden geschrieben hatte [...]. Als die abgeschnittenen Teile nach Rom gebracht wurden, war Antonius gerade dabei, Wahlen zu leiten. [...] Kopf und Hände ließ er über den Schiffsschnäbeln auf der Rednertribüne aufstecken, ein scheußlicher Anblick für die Römer [...]. (Plutarch, Cicero 48–49)

Einige antike Autoren – wie Appian – verfahren weniger edelmütig als Plutarch und Titus Livius mit Cicero und stellen ihn nicht als jemanden dar, der seinen Mördern mit einer letzten würdigen Geste den Kopf hinhält, sondern den die Mörder mit aller Kraft aus seiner Sänfte zerren mussten, um ihm den Kopf abschlagen zu können.

Dieser dramaturgische Kunstgriff, die Zurschaustellung von Ciceros Kopf und seinen Händen auf dem stadtrömischen Forum, hätte dem Redner wahrscheinlich sehr gefallen. Cicero selbst hatte nämlich über den tragischen Tod von Marcus Antonius geschrieben, also ausgerechnet über den Großvater des Triumvirn, der für seine Ermordung verantwortlich zeichnete, einen großen Redner aus dem frühen 1. Jahrhundert. Dieser wurde auf Befehl des Marius im Jahr 87 ähnlich wie er ermordet, so dass seine Worte ihm selbst als Epitaph hätten dienen können:

Ferner wurde der Kopf des Marcus Antonius, von dem das Leben vieler Bürger gerettet worden war, gerade auf der Rednertribüne, auf der er als Konsul den Staat so standhaft verteidigt und die er als Zensor mit dem ihm als Feldherrn zustehenden Anteil der Kriegsbeute [aus dem Krieg gegen die Piraten] ausgeschmückt hat, zur Schau gestellt. (Über den Redner 3,10)

Die Rednertribüne auf dem Forum Romanum war ein Schauplatz der rhetorischen Gewandtheit unseres Protagonisten gewesen. Aber sie war auch von alters her der Ort, an dem der Leichenzug *(pompa funebris)* eines verstorbenen Aristokraten endete, der bei dessen Wohnsitz seinen Anfang nahm und durch das Zentrum der *Urbs* führte. Es war auf den Rostra, wo ein junger Verwandter die Leichenrede *(laudatio funebris)* für den Toten hielt, vor der Bürgerschaft, die sich dazu hier versammelte, in Anwesenheit von Schauspielern, die Masken und Kleidung trugen, um jene Ahnen von Ansehen darzustellen, die öffentliche Magistraturen bekleidet und aufgrund ihrer militärischen Erfolge Triumphe gefeiert hatten; sie hatten den Verstorbenen auch zuvor auf der Prozession begleitet.

Cicero hätte sich bei seinem Tod nicht eines derartigen Leichenzugs erfreuen können, denn er war ein *homo novus*. Unter seinen Vorfahren befanden sich keine Senatoren und Triumphatoren. Aber unter anderen Bedingungen hätte man ihm eine Leichenrede gehalten, wahrscheinlich hätte sein Sohn Marcus gesprochen. Auf grausame Weise wurde diese feierliche und würdevolle Zeremonie, die sich jeder römische Politiker wünschte und von der ein Emporkömmling wie Cicero geträumt hatte, durch die Zurschaustellung und Schändung seines Körpers ersetzt. Es gibt Hinweise, dass ein guter Freund Ciceros, Aelius Lamia, sich nachher seines verunstalteten Körpers annahm und ihn bestattete. Lamia war Ritter und hatte Verbindungen zur Stadt Formiae; vielleicht besaß er dort sogar ein Gut. Seine Tat kann als letzter Tribut an treue Freundschaft, eines der Leitmotive in Ciceros Leben, verstanden werden.

Die Welt, die Cicero umgeben hatte, lebte ohne ihn weiter. Nachdem sein Sohn Marcus in den Reihen des Heeres von Brutus und in der Flotte von Sextus Pompeius gegen die Triumvirn gekämpft hatte, wurde ihm vergeben, im Jahr 30 erreichte er mit Erlaubnis von Octavian sogar den Konsulat. Es ist nicht bekannt, ob er Nachkommen hatte. Von Terentia erzählt man, dass sie 103 Jahre alt wurde und nach ihrer Scheidung von Cicero noch zweimal heiratete; bei einem ihrer Ehemänner handelte es sich vielleicht um den Historiker Sallust. Sein bester Freund Atticus überlebte ihn um zehn Jahre. Als großer Experte im Segeln durch die stürmischen Wasser der römischen Gesellschaft seiner Zeit wusste er wie immer gute Beziehungen zu den beiden zerstrittenen Parteiungen zu pflegen und hielt sich am Rande politischer Auseinandersetzungen. Er bewahrte seine großen Besitzungen, verkehrte regelmäßig mit Octavian und mit Antonius, und als er erfuhr, dass er unter einer unheilbaren Krankheit litt, nahm er sich das Leben. Auch sein treuer Sekretär, der Freigelassene Tiro, scheint Cicero noch lange überlebt zu haben. Zu unserem Glück widmete er einen großen Teil seiner Zeit der Zusammenstellung und Publikation von Ciceros Schriften und verfasste eine Lebensbeschreibung, die verlorengegangen ist. Ciceros geliebte Landgüter wurden beschlagnahmt und versteigert. Einige gingen in die Hände von Anhängern von Antonius und Octavian über, zum Beispiel das Haus auf dem Palatin, das nun Lucius Marcius Censorinus gehörte, einem Gefolgsmann des Antonius.

Cicero, der letzte große Redner der Republik, wurde am 7. Dezember des Jahres 43 v. Chr. ermordet. Von diesem Augenblick an begann man das schillernde und widersprüchliche Bild eines Menschen zu zeichnen, der zu Lebzeiten mit gleicher Intensität geliebt und gehasst worden war – dieser Prozess ist noch nicht zu Ende. Für die einen mag er ein Feigling, ein inkonsequenter und intoleranter Politiker gewesen sein, ein unerträglicher Egozentriker; für die anderen ein unermüdlicher Kämpfer für die Freiheit, für ein Gesellschaftsmodell und eine Art, Politik zu machen, die im Verschwinden begriffen war. Allen aber gilt er als ein Redner von außergewöhnlichem Talent und ein lesenswerter Philosoph, ein Intellektueller von umfassender Gelehrsamkeit – als Schlüsselfigur nicht nur für das Verständnis der römischen Kultur der späten Republik, sondern auch für ihr Fortbestehen über Mittelalter und Renaissance bis in unsere Tage, handelt es sich doch um den meistgelesenen lateinischen Autor aller Zeiten.

Marcus Tullius Cicero war eine komplexe und umstrittene Persönlichkeit, mit Ecken und Kanten, und voller Tugenden und Defizite, die weder seine Zeitgenossen noch diejenigen gleichgültig ließen, die sich später mit ihm auseinandergesetzt haben. Gerade deshalb ist es sehr schwierig, seine historische Persönlichkeit in ein paar Begrifflichkeiten zusammenzufassen. Plutarch hat seine Biographie mit einer Anekdote beendet, die uns das möglicherweise erleichtert: Seinem Bericht zufolge traf Augustus einmal einen seiner Enkel mit einem Buch von Cicero an. Da er den Tadel seines Großvaters fürchtete, wollte der Junge das Buch verstecken, aber Augustus nahm es ihm aus der Hand. Lange Zeit las er darin, und als er es ihm zurückgab, sagte er: »Ein redegewandter Mann, mein Kind, ein redegewandter Mann und einer, der sein Vaterland liebte.« Cicero hätte es gefallen, von der Nachwelt so gesehen zu werden – als Redner und als Patriot.

ANHANG

ZEITTAFELN

1. DIE GESCHICHTE ROMS ZUR ZEIT CICEROS

112	Beginn des Krieges gegen Jugurtha in Numidien (Nordafrika).
107	Der *homo novus* Gaius Marius wird zum Konsul gewählt und bis zum Jahr 100 fünfmal wiedergewählt. Das Volk überträgt ihm das Kommando für den Krieg in Afrika.
105	Sieg des Marius gegen Jugurtha. Niederlage Roms in Arausio (Orange) gegen Kimbern und Teutonen.
104–101	Zweiter Sklavenaufstand auf Sizilien.
103	Volkstribunat des L. Appuleius Saturninus.
102–101	Sieg des Marius gegen Kimbern und Teutonen.
100	Zweites Volkstribunat des Saturninus. Gesetzesreformen. *Senatus consultum ultimum*: Ermordung des Saturninus.
91	Volkstribunat des M. Livius Drusus. Scheitern seines Vorhabens, allen italischen Verbündeten das römische Bürgerrecht zu verleihen. Ermordung des Drusus.
91–88	Bundesgenossenkrieg *(Bellum Sociale)*. Sieg Roms, aber die Italiker erhalten das römische Bürgerrecht.
88	Volkstribunat des P. Sulpicius Rufus. Gesetz zwecks Aufteilung der neuen Bürger und der Freigelassenen auf sämtliche *tribus*. Staatsstreich des L. Cornelius Sulla. Ermordung des Sulpicius.
88–85	Krieg gegen Mithridates, König von Pontos. Sulla trifft mit ihm in Dardanos zusammen, um einen Friedensvertrag zu unterzeichnen (85).
87–83	Regime des L. Cornelius Cinna in Rom.
83	Sulla landet mit seinen Truppen in Brundisium und löst damit den Bürgerkrieg aus.
82	Einnahme Roms durch Sulla. Proskriptionen seiner politischen Gegner.
81–80	Konstituierende Diktatur Sullas.
78	Tod Sullas. Rebellion des Konsuls M. Aemilius Lepidus.

50	Der Senat debattiert über die Amtsbefugnisse Caesars.
49	Beginn des Bürgerkriegs zwischen Caesar und Pompeius. Pompeius verlässt Italien. Sieg Caesars in Hispanien. Caesar wird zum Diktator ernannt.
48	Sieg Caesars in Pharsalos. Ermordung des Pompeius. Aufenthalt Caesars in Ägypten, er kämpft auf der Seite von Kleopatra.
47	Rückkehr Caesars nach Rom.
46	Sieg Caesars in Thapsus (Afrika). Caesar wird in Rom für zehn Jahre zum Diktator ernannt.
45	Endgültige Niederlage der Pompeianer in Munda (Hispanien). Wichtigste Gesetzesinitiativen Caesars, der die Ämter eines Diktators und Konsuls innehat.
44	Ernennung Caesars zum Diktator auf Lebenszeit. Seine Ermordung an den Iden des März.
43	Die Caesar-Anhänger Marcus Antonius, Octavian und M. Aemilius Lepidus werden zu Triumvirn ernannt.

2. DAS LEBEN DES MARCUS TULLIUS CICERO

70	– agiert erfolgreich als Ankläger in dem Verfahren gegen Verres; reist nach Sizilien, um Beweise gegen den Angeklagten zu sammeln
	– Wahl zum Ädil
69	– Ädil in Rom; Veranstaltung öffentlicher Spiele
	– Verteidigung von Fonteius, Oppius und Caecina
68	– erwirbt ein Landgut in Tusculum
	– Beginn der (überlieferten) Korrespondenz mit seinem Freund Atticus
67	– Wahl zum Prätor für das Jahr 66
	– erwirbt ein Landgut in Formiae
	– Verlobung seiner Tochter Tullia mit C. Calpurnius Piso
	– Verteidigung des Matrinius
66	– als Prätor steht er dem Gericht für Repetundenklagen vor *(quaestio de repetundis)*
	– Rede vor dem Volk zugunsten der Lex Manilia und mithin des außerordentlichen Kommandos für Pompeius gegen den König Mithridates
	– Verteidigung von Aulus Cluentius und Gaius Fundanius
65	– Verteidiger der ehemaligen Volkstribunen Manilius und Cornelius
	– überlegt, Lucius Sergius Catilina in einem Verfahren zu verteidigen; es kommt aber nicht dazu
	– Geburt seines Sohnes Marcus
64	– Wahlkampf für den Konsulat: Quintus Cicero verfasst *Commentariolum petitionis*; Marcus hält im Senat die Rede *In toga candida*
	– Verteidigung von Gallius
	– Tod seines Vaters
	– im Sommer Wahl zum Konsul
	– Ende des Jahres tauscht er mit seinem Kollegen Gaius Antonius Hybrida die Provinz Makedonien, die ihm zugestanden hätte, gegen die Gallia Cisalpina
63	– bekleidet den Konsulat
	– die Tochter Tullia heiratet Piso
	– im Januar wendet er sich gegen den Vorschlag einer Agrarreform des Volkstribunen Rullus (Über das Siedlergesetz)
	– tritt vor dem Volk von der Statthalterschaft in der Provinz Gallia Cisalpina im Jahr 62 zurück

- widersetzt sich der Rückgabe der Bürgerrechte an die Söhne der von Sulla Proskribierten
- Verteidigung von C. Calpurnius Piso und C. Rabirius, der der Ermordung von Saturninus beschuldigt wird (Rede für C. Rabirius)
- schlägt Ende des Sommers vor, ein zehntägiges Dankesfest *(supplicatio)* für die Siege von Pompeius im Osten zu feiern
- Oktober–Dezember: Aufdeckung und Unterdrückung der Verschwörung des Catilina (Reden gegen Catilina)
- November–Dezember: verteidigt Lucius Murena vor Gericht (Rede für L. Murena)
- 5. Dezember: veranlasst die Hinrichtung der in Rom inhaftierten Catilinarier
- wird vom Senat zum »Vater des Vaterlandes« ernannt
- 29. Dezember: der Volkstribun Q. Caecilius Metellus Nepos verhindert, dass er die beim Ende der Amtszeit übliche Rede in der Volksversammlung hält, aber er schwört vor dem Volk, seine Pflichten erfüllt zu haben

62
- 1. Januar: Debatte im Senat mit Metellus Nepos, der ihn der gesetzeswidrigen Verurteilung der Catilinarier anklagt
- 7.–8. Januar: Rede vor dem Volk gegen Metellus Nepos
- er erreicht, dass ein zehntägiges Dankesfest für die Triumphe des Pompeius gefeiert wird
- er schickt Pompeius ein Memorandum über sein Konsulat, erhält aber nicht die erhoffte Anerkennung
- gegen Mitte des Jahres Verteidigung von P. Sulla und seinem Freund, dem Dichter A. Licinius Archias
- Erwerb eines Anwesens auf dem Palatin; er verschuldet sich in großem Umfang
- im Senat Intervention zugunsten seines Kollegen im Konsulat, Gaius Antonius Hybrida, dem Unregelmäßigkeiten bei der Verwaltung Makedoniens vorgeworfen werden
- Gerüchte in Rom, er habe ein Abkommen mit Antonius Hybrida geschlossen, um mit ihm dessen in Makedonien unrechtmäßig erworbene Reichtümer zu teilen

61
- er sagt im Verfahren gegen Publius Clodius wegen des Skandals der »Guten Göttin« *(Bona Dea)* gegen diesen aus, greift ihn in Reden vor dem Volk und im Senat an

60	– er kritisiert im Senat den Versuch von Clodius, aufgrund des Gesetzes von C. Herennius den Status eines Plebejers anzunehmen
	– erfolglose Verteidigung eines Vorschlags des Volkstribunen L. Flavius vor dem Volk, den Veteranen von Pompeius Land auszuhändigen
	– Verteidigung von Q. Metellus Pius Scipio Nasica
	– schickt Atticus die endgültige Fassung seiner Konsularsreden für die Veröffentlichung
	– verfasst ein Gedicht und Kommentare auf Latein und Griechisch, um für sein Konsulat »Propaganda« zu machen; den griechischen Text schickt er an Atticus und Posidonius, damit sie ihn in Griechenland verbreiten
	– wahrscheinlicher Zeitpunkt des Erwerbs seiner Landgüter in Pompeji und Antium
59	– angesichts der ungünstigen politischen Lage in Rom verbringt er den Frühling auf seinen Anwesen am Meer und widmet sich der Literatur: Er plant eine Abhandlung über Geographie und eine über Geschichte, deren Lektüre allein Atticus vorbehalten sein soll
	– April–Mai: Ablehnung des Auftrags der »Triumvirn«, als offizieller Legat den ägyptischen König Ptolemaios Auletes aufzusuchen
	– Juni–Juli: Ablehnung des Angebots von C. Iulius Caesar, ihn als Legat im Jahr 58 nach Gallien zu begleiten
	– Juli: er lehnt es ab, den verstorbenen C. Cosconius als Mitglied der Kommission zu ersetzen, die damit beauftragt ist, das Agrargesetz zu realisieren. In seinem Haus stirbt der stoische Philosoph Diodotos und hinterlässt ihm sein gesamtes Vermögen
	– im Herbst häufen sich die Drohungen des jetzt den Status eines Plebejers innehabenden und gewählten Volkstribunen Clodius
	– Verteidigung von C. Antonius, Minucius Thermus und L. Valerius Flaccus
58	– 11. März: Flucht aus Rom angesichts der Bedrohung, die der Gesetzesvorschlag des Volkstribunen Clodius bedeutet: Verbannung im Fall der Hinrichtung von römischen Bürgern ohne Gerichtsurteil
	– nach der Annahme des Gesetzes werden sein Haus auf dem Palatin

zerstört (13. März) und die Landhäuser in Tusculum und Formiae geplündert. Seine Frau Terentia muss im Haus der Vestalinnen Zuflucht suchen
- Clodius sorgt für die Annahme eines Sondergesetzes, das Cicero verurteilt, ins Exil zu gehen
- April: er reist auf der Via Appia und der Via Popilia bis Brundisium
- Mai: er gelangt auf dem Seeweg von Brundisium nach Dyrrhachium (29. April) und von dort nach Thessaloniki, wo er sich einrichtet (23. Mai)
- 23. Mai–Mitte November: Aufenthalt in Thessaloniki (wiederholte Anläufe in Rom, ihm die Rückkehr zu ermöglichen)
- gegen Mitte November verlässt er Thessaloniki und lässt sich in Dyrrhachium nieder

57
- August: Annahme des Gesetzes, das sein Exil aussetzt und die Rückkehr ermöglicht; am 4. August schifft er sich in Dyrrhachium Richtung Brundisium ein, wo er am 5. ankommt. Dort trifft er mit seiner Tochter Tullia zusammen.
- 4. September: er betritt Rom durch die Porta Capena und begibt sich zum Kapitol
- 5. September: Dankesreden vor dem Senat und vor dem Volk
- 7. September: er verteidigt das Dekret, das Pompeius mit der Getreideversorgung Roms beauftragt. Pompeius schlägt ihn als einen seiner Legaten vor
- 29. September: er erreicht, dass die *pontifices* die Weihung des Bodens auf dem Palatin, wo sein Haus stand, rückgängig machen (Über sein eigenes Haus, an das Pontifikalkollegium)
- 1.–2. Oktober: der Senat gesteht ihm einen Ausgleich für die Schäden seiner Anwesen auf dem Palatin, in Tusculum und in Formiae zu
- 3. November: Schlägertrupps im Dienst des Clodius randalieren beim Wiederaufbau des Hauses auf dem Palatin und stecken das Haus seines Bruders Quintus in Brand
- 11. November: er wird auf der Via Sacra von den Schlägertrupps des Clodius überfallen
- Dezember: er verteidigt im Senat erfolglos den Vorschlag einer Verlegung der Wahlen für Ädile für das Jahr 56, in denen Clodius

sich präsentiert, um dessen Immunität zu verhindern und zu erreichen, dass er wegen Gewalttätigkeit *(de vi)* verurteilt werden kann

56 – Januar–April: Verteidigung von Cispius, Milo, Calpurnius Bestia, Sestius, Asicius und Caelius Rufus
– aktive Teilnahme an den Debatten im Senat
– 4. April: die Tochter Tullia verlobt sich, nachdem ihr erster Ehemann Piso im Jahr zuvor gestorben war, mit Furius Crassipes; wahrscheinlich findet noch im April die Hochzeit statt
– 5. April: er äußert sich im Senat gegen die Anwendung des Agrargesetzes von Caesar in der Region Kampanien
– 9. April: er begibt sich auf seine Güter außerhalb von Rom, kehrt aufgrund der Nachricht, dass Gefolgsleute des Clodius sein Haus auf dem Palatin überfallen haben, welches sein Freund Milo zu verteidigen suchte, überstürzt zurück
– Lobesrede auf Caesar im Senat, mit der er dessen Forderungen unterstützt (Über die konsularischen Provinzen)
– er erreicht, dass der Senat ein 15-tägiges Dankesfest zu Ehren der Siege von Caesar bewilligt
– Rede im Senat »Über das Gutachten der Opferschauer«
– Juni: Aufenthalt in Antium, wo er seine Bibliothek ordnet
– er bittet Lucius Lucceius, einen historischen Bericht über die Geschehnisse von seinem Konsulat bis zur Rückkehr aus dem Exil unter besonderer Berücksichtigung seiner Person zu schreiben
– 2. Juli: Unterstützung der Kandidatur von Milo für die Prätur
– Rede im Senat gegen Clodius, in der er fordert, dass all dessen Handlungen als Volkstribun für gesetzeswidrig erklärt werden
– wahrscheinlich im September Verteidigung von Lucius Cornelius Balbus

55 – Januar: im Senat widersetzt er sich der Kandidatur von Publius Vatinius für die Prätur
– Februar: auf Vermittlung von Pompeius söhnt er sich mit Vatinius aus
– April: er macht eine Rundreise über seine Landhäuser in Kampanien
– 22.–27. April: in Cumae Gespräch mit Pompeius über die politische Situation

- Ende September: im Senat Invektive gegen Lucius Calpurnius Piso
- September–Oktober: auf Bitten von Pompeius Verteidigung von L. Caninius Gallus
- Anfang Oktober: Besuch der Spiele, die Pompeius anlässlich der Einweihung seines Theaters und des Tempels der Venus Victrix in Rom veranstaltet
- Mitte November: er schickt Atticus die endgültige Fassung seines Werkes »Über den Redner«
- November–Dezember: er söhnt sich mit M. Licinius Crassus aus, bevor dieser nach Syrien abreist, und speist mit ihm im Garten seines Schwiegersohns Crassipes an der Via Appia zu Abend

54
- Januar: im Senat unterstützt er die Interessen von Crassus
- Frühling–Sommer: Caesar beauftragt ihn mit der Leitung von Bauarbeiten in Rom
- Mai–November: er arbeitet an seinem Werk »Über den Staat«
- Sommer: Verteidigung von M. Livius Drusus, P. Vatinius, M. Aemilius Scaurus, Cn. Plancius und anderen
- 23. Oktober: er sagt in einem Verfahren gegen Aulus Gabinius aus
- November: er wird von Pompeius zum Legaten in Hispanien für das Jahr 53 ernannt, nimmt aber von diesem Amt aus Angst Abstand, sich Caesar zum Feind zu machen
- 23. November: er schreibt die Leichenrede für den Sohn von Serranus Domesticus
- Dezember: Verteidigung von Aulus Gabinius und C. Rabirius Postumus
- er beendet ein Gedicht über sein Exil und seine Rückkehr nach Rom
- er schreibt ein kurzes Epos über die Expedition Caesars nach Britannien auf der Grundlage des Berichts seines Bruders Quintus, Legat Caesars in Gallien

53
- Frühling: er entlässt seinen treuen Sklaven Tiro in die Freiheit
- Wahl zum Mitglied des Kollegiums der Auguren
- er interveniert im Senat zugunsten von Milo, nachdem Clodius den Vorschlag gemacht hatte, ihn aufgrund seiner Schulden zu einem nicht geeigneten Kandidaten erklären zu lassen

- während der Konsulwahlen leidet er unter den Angriffen der Parteigänger des Clodius und wird beinahe ermordet

52
- Januar: die Anhänger von Clodius klagen ihn an, für dessen Ermordung verantwortlich zu sein
- Verteidigung von Annius Milo, M. Saufeius, M. Aemilius Scaurus, P. Sestius und P. Cornelius Dolabella

51
- Januar: er klagt den Volkstribun von 52, T. Munacius Plancus Bursa, wegen Gewalttätigkeit *(de vi)* an
- März: Ernennung zum Statthalter der Provinz Kilikien
- Frühling: er veröffentlicht »Über den Staat«
- Mai–Juli: Reise nach Kilikien (Brundisium–Athen–Ephesos–Tralles–Laodikea) zwecks Amtsantritt. Ihn begleiten neben seinem Bruder Quintus als Legat sein Sohn Marcus und sein Neffe Quintus sowie deren Erzieher, die Ende des Sommers an den Hof des Königs Deiotaros von Galatien gehen werden
- August–Dezember: Statthalterschaft in Kilikien, militärische Unternehmungen
- Oktober: er befriedet die Ortschaften in der Region des Berges Amanus, und seine Truppen rufen ihn zum *imperator* aus
- 21. Oktober–17. Dezember: Belagerung der Stadt Pindenissus, schließlich Einnahme
- Ende Dezember: Aufenthalt in Tarsus, um sich der Verwaltung der Provinz zu widmen

50
- Januar–Juni: Verwaltung Kilikiens von Tarsus und von Laodikea aus
- Ende April–Mai: der Senat beschließt ein Dankesfest zu Ehren des Feldzugs in Kilikien im Jahr 51, gesteht ihm aber nicht den Triumph zu, auf den er hoffte
- Mai–Juni: Tullia verlobt sich nach ihrer Scheidung von Crassipes mit Dolabella
- Juni–Juli: er lagert mit seinen Truppen am Fluss Pyramus
- August: Tullia heiratet in dritter Ehe Dolabella
- August–Dezember: Rückkehr nach Italien (Tarsus–Rhodos–Ephesos–Athen–Korfu–Brundisium). Terentia erwartet ihn bei seiner Ankunft in Brundisium

49
- 4. Januar: Rückkehr nach Rom
- 8.–12. Januar: vor Beginn des Bürgerkriegs wird ihm die militä-

rische Befehlsgewalt über das Gebiet von Capua (Kampanien) zwecks Überwachung der Küste und Rekrutierung von Truppen verliehen

- 18. Januar: er verlässt Rom, um sich Pompeius, den Konsuln und dem Gros des Senats in Richtung Kampanien anzuschließen
- 19. Januar–6. Juni: Aufenthalt in Kampanien (Februar/März in Formiae, April/Mai in Cumae). Zweifel, ob er sich den Parteigängern von Caesar oder von Pompeius anschließen soll
- 7. Juni: er schifft sich mit Sohn, Bruder und Neffen nach Griechenland ein, um sich dort Pompeius anzuschließen
- Juli–Dezember: im Feldlager von Pompeius
- Mitte Dezember: er folgt den Truppen von Pompeius Richtung Epirus

48
- Januar–9. August: Aufenthalt im Feldlager des Pompeius in Epirus, aber er nimmt weder an den Schlachten in Epirus noch in Thessalien teil
- August: nach der Niederlage von Pompeius in Pharsalos verlässt er ihn und kehrt mit seinem Sohn nach Italien zurück
- Mitte August–Ende des Jahres: aus Sorge um seine persönliche Situation richtet er sich provisorisch in Brundisium ein
- November–Dezember: Krankheit seiner Tochter Tullia
- Dezember: ein Edikt von Marcus Antonius ermöglicht es ihm, sich in Italien aufzuhalten

47
- Januar–September: er hält sich weiterhin in Brundisium auf und sorgt sich um seine politische Lage, seine finanziellen Probleme, die Heirat von Tullia, seine Beziehungen zu Terentia und die politische Feindseligkeit seines Bruders und seines Neffen ihm gegenüber
- 12. Juni: Tullia besucht ihren Vater in Brundisium
- 25. September: er begibt sich zu Caesar nach Tarent; dieser vergibt ihm (im Juli hatte Caesar Quintus Cicero vergeben)
- Herbst: Aufenthalt in Tusculum
- vor Jahresende begibt er sich nach Rom

46
- zu Beginn des Jahres Scheidung von Terentia
- im Frühjahr widmet er sich der Literatur: er übersetzt Reden von Aischines und Demosthenes, schreibt eine Abhandlung über Rhetorik (»Brutus«) und die »Stoischen Paradoxien«

- Sommer: er schreibt eine Leichenrede zu Ehren von Cato Uticensis und ein weiteres Werk über Rhetorik (»Der Redner«)
- Oktober: im Senat dankt er für die Vergebung, die M. Marcellus gewährt worden ist
- November: er spricht im Hause des Diktators und auf dem Forum vor Caesar zugunsten von Q. Ligarius
- erster interkalierter Monat: Tullia trennt sich von Dolabella
- zweiter interkalierter Monat: nach der Aussöhnung der Familie trifft er sich mit seinem Bruder Quintus
- Dezember: Heirat mit Publilia

45
- Mitte Januar: Tullia bringt in ihrem Vaterhaus einen Sohn aus ihrer dritten Ehe mit Dolabella zur Welt; er erhält den Namen Lentulus und stirbt wenig später
- Februar: er beendet »Hortensius«, eine Einführung in die Philosophie
- Mitte Februar: Tullia stirbt im Landhaus in Tusculum
- Mitte Februar–5. März: Aufenthalt in Rom, im Haus des Atticus
- 6.–31. März: Aufenthalt in seinem Landhaus in Astura, wegen des Todes seiner Tochter deprimiert, schreibt er eine »Trostrede« für sich selbst und lehnt es ab, seine Frau Publilia zu sehen. Er plant ein Heiligtum zu bauen, das der Erinnerung an Tullia gewidmet sein soll
- April: Aufenthalt in der Villa Nomentana von Atticus
- Mai–August: er verbringt seine Zeit auf einigen seiner Anwesen (Astura, Tusculum und Arpinum), verfasst die Leichenrede für Porcia, die Schwester von Cato, übersetzt den »Timaios« von Platon und schreibt drei philosophische Abhandlungen: »Über das höchste Gut und das größte Übel«, »Akademische Bücher«, »Gespräche in Tusculum«
- Juli: Trennung von Publilia
- August: er erbt von dem Bankier Cluvius ein Anwesen in Puteoli
- 31. August: Reise nach Rom, Teilnahme an der Senatssitzung am 1. September und Rückkehr auf sein Anwesen in Tusculum
- September–Oktober: er schreibt »Vom Wesen der Götter«
- November: im Haus Caesars Verteidigung des Deiotaros, König von Galatien, der angeklagt ist, einen Anschlag auf Caesar verübt zu haben

- November–Dezember: er schreibt den Dialog »Über die Wahrsagung«
- 19. Dezember: er beherbergt in seinem Landhaus in Puteoli Caesar
und sein Gefolge
- 31. Dezember: in Rom Teilnahme an der Wahl von Caninius zum
Konsul für nur einen Tag

44
- Januar–März: er schreibt »Über das Alter«
- im Senat dankt er Caesar für die Wiederaufstellung der Statuen
von Pompeius
- 15. März: Teilnahme an der Senatssitzung, zu deren Beginn Caesar
ermordet wird. Nachmittags schlägt er auf dem Kapitol vor, die
Prätoren Brutus und Cassius den Senat einberufen zu lassen
- 17.–18. März: in zwei Reden, einer im Senat im Tempel der Tellus
und einer vor dem Volk, spricht er sich für eine Amnestie der
Mörder Caesars und eine generelle Aussöhnung aus
- Frühling: er begleitet seinen Neffen Quintus nach Puteoli, um sich
dort mit Brutus und Cassius zu treffen
- 6. April–17. Juli: Aufenthalt auf seinen Landgütern außerhalb von
Rom
- 3. Juni: Ernennung zum Legaten von Dolabella für Griechenland
- 8. Juni: Zusammentreffen mit Brutus in Antium
- im Sommer schreibt er drei philosophische Abhandlungen: »Über
das Schicksal«, »Laelius über die Freundschaft«, »Über den
Ruhm«
- 17. Juli–6. August: Beginn seiner Reise nach Griechenland auf
dem Seeweg (Pompeji, Vibo Valentia, Syrakus, Leukopetra), am
8. August kehrt er plötzlich um
- während der Seereise schreibt er eine weitere Abhandlung über
die Rhetorik (Topik, Beweislehre)
- 17. August: Zusammentreffen mit Brutus in Velia
- 20. August: er geht in Pompeji an Land
- 31. August: Ankunft in Rom
- 2. September: er hält im Senat eine Rede gegen den abwesenden
Marcus Antonius, die erste seiner »Philippischen Reden«
- 19. September: Antonius greift ihn im Senat an. Cicero antwortet
ihm Mitte November mit der 2. Philippischen Rede
- Mitte Oktober–Anfang Dezember: in seinen Landhäusern (Tuscu-

lum, Puteoli, Aquinum, Arpinum) schreibt er zwei weitere philosophische Abhandlungen: »Vom rechten Handeln«, »Über die Tugenden«

- 9. Dezember: nach dem Abmarsch von Antonius in die Gallia Cisalpina kehrt er nach Rom zurück und fasst den Entschluss zu einer politischen Kampagne gegen Antonius
- 20. Dezember: im Senat hält er die 3. Philippische Rede gegen Antonius und vor dem Volk die 4.

- 1. Januar: 5. Philippische Rede im Senat
- 4. Januar: 6. Philippische Rede vor dem Volk
- Ende Januar: 7. Philippische Rede im Senat
- 2. Februar: Abstimmung im Senat für den Krieg
- 3.–4. Februar: 8. und 9. Philippische Rede im Senat
- 10.–15. Februar: 10. Philippische Rede im Senat, während er sich zugunsten von Brutus ausspricht
- Ende Februar: 11. Philippische Rede, bei der es sich auch um einen Angriff auf Dolabella handelt. Wenig später verteidigt er vor dem Volk die Verleihung des Oberkommandos für den Krieg in Syrien an Cassius
- Anfang März: Mitglied einer Gesandtschaft aus ehemaligen Konsuln, die mit Antonius in Verhandlungen eintreten soll, aber das Vorhaben wird nicht umgesetzt
- 8.–10. März: 12. Philippische Rede im Senat
- 19. März: spricht im Senat zugunsten von Q. Cornificius, der als Statthalter von Afrika bestätigt wird
- 20. März: 13. Philippische Rede im Senat
- 20. April: Ansprache vor dem Volk, nachdem der Sieg von Octavian über Antonius in der Nähe von Mutina (Modena) bekannt wurde
- 21. April: 14. Philippische Rede im Senat
- Mai–Juli: in diversen Reden führt er seine Kampagne gegen Antonius fort
- November: er erhält auf seinem Anwesen in Tusculum die Nachricht, dass die Triumvirn Antonius, Octavian und Lepidus ihn auf die Liste der Proskribierten gesetzt und also beschlossen haben, ihn zu töten
- Ende November–Anfang Dezember: Entgegen dem Plan, nach

Griechenland zu fliehen, begibt er sich mit seinem Bruder und seinem Neffen auf sein Anwesen in Astura. Bruder und Neffe werden bei ihrer Rückkehr nach Rom ermordet. Cicero richtet sich in Formiae ein

– 7. Dezember: Cicero wird ermordet, während er sich zum Hafen von Cajeta (Gaeta) in der Nähe seines Landhauses von Formiae begibt. Sein Kopf und seine rechte Hand (oder beide Hände) werden Antonius gebracht, der sie während einer Volksversammlung auf der Rednertribüne zur Schau stellt

BIBLIOGRAPHIE

Die Bibliographie über Cicero ist buchstäblich endlos. Tausende von Büchern und Artikeln sind während der vergangenen Jahrhunderte mit der Intention publiziert worden, sein Leben und sein Werk, seine Ideen und seinen Stil als Redner und Literat sowie seine Philosophie eingehend zu untersuchen. Diese Bibliographie vollständig oder auch nur in Auszügen in einem Buch von der Art, wie der Leser es in Händen hält, aufzulisten wäre absurd. Deshalb werden im Folgenden die bedeutendsten Veröffentlichungen über Cicero, darunter auch der eine oder andere besondere Artikel, aufgeführt. Das geschieht in dem Wissen, dass nicht alle Titel hier zu finden sind, die von Bedeutung wären, zum Beispiel einige, die der Vertiefung konkreter Aspekte aus Ciceros Leben und Werk gelten.

BIOGRAPHIEN ÜBER CICERO

(IN CHRONOLOGISCHER REIHENFOLGE):

C. Middleton, The History of the Life of Marcus Tullius Cicero, London 1741.

G. Boissier, Cicéron et ses amis, Paris 1865.

W. Forsyth, Life of Marcus Tullius Cicero, London 1869.

J. L. Strachan-Davidson, Cicero and the Fall of the Roman Republic, New York/London 1894.

R. Heinze, Ciceros politische Anfänge, in: Abhandlungen der Philologisch-Historischen Klasse der Königlich-Sächsischen Gesellschaft der Wissenschaften Leipzig 27 (1909), 947–1010 (Wiederabdruck in ders., Vom Geist des Römertums, Stuttgart 1960, 87–140).

E. G. Sihler, Cicero of Arpinum: a Political and Literary Biography, New Haven 1914 (Nachdruck New York 1969).

H. Taylor, Cicero, a Sketch of his Life and Works, Chicago 1916.

T. Peterson, Cicero, A Biography, Berkeley/Los Angeles 1920.

E. Ciaceri, Cicerone e i suoi tempi, Mailand/Rom/Neapel 1926–1930.

W. Drumann, P. Groebe, Geschichte Roms in seinem Übergange von der republikanischen zur monarchischen Verfassung oder Pompeius, Caesar, Cicero und ihre Zeitgenossen nach Geschlechtern und mit genealogischen Tabellen. Bd. V und VI, (2. Auflage) Leipzig 1929.

J. C. Rolfe, Ciceron and his Influence, New York 1932.

H. Eulenberg, Cicero. Der Rechtsanwalt, Redner, Denker und Staatsmann, Berlin 1932.

L. Laurand, Cicéron, Paris 1933.

G. C. Richards, Cicero, a Study, London 1935 (Nachdruck Westport/Conn. 1970).

M. Gelzer, s. v. M. Tullius Cicero, in: Real-Encyclopädie der Altertumswissenschaft Pauly-Wissowa Bd. VII A 1, Stuttgart 1939, Sp. 827–1274.

H. J. Haskell, This Was Cicero, London 1942.

C. Høeg, Introduktion til Cicero, Kopenhagen 1942.

M. Maffii, Cicero und seine Zeit, Zürich 1943.

E. Schwartz, Cicero, in: ders., Charakterköpfe aus der Antike, Leipzig (2. Auflage) 1943, 95–115.

H. Frisch, Cicero's Fight for the Republic. The Historical Background of Cicero's Philippics, Kopenhagen 1946.

J. Carcopino, Les secrets de la Correspondance de Cicéron, Paris 1948.

F. R. Cowell, Cicero and the Roman Republic, London 1948.

H. Eulenberg, Cicero: Redner, Denker und Staatsmann. Sein Leben und Wesen, Wiesbaden 1949.

J. Guillén, Cicerón, su época, su vida y su obra, Madrid/Cádiz 1950.

O. Seel, Cicero: Wort. Staat, Welt, Stuttgart 1953.

C. Becker, Cicero, in: Reallexikon für Antike und Christentum 3 (1957), 86–127.

V. Paladini, Cicerone: l'uomo e il suo tempo, in: Ciceroniana 1 (1959), 77–109.

C. Nicolet, A. Michel, Cicéron, Paris 1961.

F. Klingner, Cicero, in: ders., Römische Geisteswelt, (4. Auflage) München 1961, 110–159.

L. H. Thompson, Cicero the Politician, in: E. Paratore (Ed.), Collana di Studi Ciceroniani 2, Rom 1962, 9–33.

K. Büchner, Cicero. Bestand und Wandel seiner geistigen Welt, Heidelberg 1964.

K. Büchner, s.v. Cicero, M. Tullius, in: Der Kleine Pauly Bd. 1, Stuttgart 1964, Sp. 1174–1186.

T. A. Dorey (Ed.), Cicero, New York 1965.

R. E. Smith, Cicero the Statesman, Cambridge 1966.

J. C. D. Marshall, Cicero's Interest in Eastern Affairs, Philadelphia 1967 (Diss. University of Pennsylvania).

A. N. Payne, Cicero's Proconsulate, Ithaca 1968 (Diss. Cornell University).

A. E. Douglas, Cicero, Oxford 1968.

G. Radke (Ed.), Cicero. Ein Mensch seiner Zeit. Acht Vorträge zu einem geistesgeschichtlichen Phänomen, Berlin 1968.

M. Gelzer, Cicero: Ein biographischer Versuch, Wiesbaden 1969.

D. Stockton, Cicero: A Political Biography, Oxford 1971.

K. Kumaniecki, Cicero: Mensch, Politiker, Schriftsteller, in: K. Büchner (Ed.), Das neue Cicerobild, Darmstadt 1971, 348–370.

K. Bringmann, Untersuchungen zum späten Cicero, Göttingen 1971.

K. Kumaniecki, Cicerone e la crisi della repubblica romana, Rom 1972 (Erstausgabe in polnischer Sprache, Warschau 1959).

M. Bellincioni, Cicerone politico nell'ultimo anno di vita, Brescia 1974.

E. Rawson, Cicero: A Portrait, London 1975.

S. L. Utchenko, Cicerone e il suo tempo, Rom 1975 (Erstausgabe in russischer Sprache, Moskau 1975).

M. Giebel, Cicero, Hamburg 1977.

W. K. Lacey, Cicero and the End of the Roman Republic, London/Sidney 1978.

D. R. Shackleton Bailey, Cicero, London 1979.

T. N. Mitchell, Cicero: The Ascending Years, New Haven 1979.

M. Wistrand, Cicero Imperator. Studies in Cicero's Correspondence 51–47 B.C., Göteborg 1979.

J. Guillén, Héroe de la libertad. Vida política de M. Tulio Cicerón, Salamanca 1981.

C. Meier, Cicero. Das erfolgreiche Scheitern des Neulings in der alten Republik, in: ders., Die Ohnmacht des allmächtigen Diktators Caesar, Frankfurt am Main 1980, 101–222.

P. Grimal, Cicéron, Paris 1986.

M. Fuhrmann, Cicero und die römische Republik. Eine Biographie, München/Zürich 1989.

C. Habicht, Cicero der Politiker, München 1990.

T. N. Mitchell, Cicero the Senior Statesman, New Haven/London 1991.

E. Narducci, Introduzione a Cicerone, Rom/Bari 1992.

T. Wiedemann, Cicero and the End of the Roman Republic, Melksham 1994.

J. P. V. D. Balsdon, M. T. Griffin, s. v. M. Tullius Cicero, in: Oxford Classical Dictionnary, Oxford/New York (3. Auflage) 1996, Sp. 1558–1564.

J. Muñiz Coello, Cicerón y Cilicia. Diario de un gobernador romano el siglo I a. de C., Huelva 1998.

M. Jehne, Marcus Tullius Cicero – der Neuling, der zu spät kam, in: K.-J. Hölkeskamp, E. Stein-Hölkeskamp (Eds.), Von Romulus zu Augustus. Große Gestalten der römischen Republik, München 2000, 250–267.

J. M. Baños Baños, Cicéron, Madrid 2000.

M. Griffin, Cicero and Rome, in: J. Boardman, J. Griffin, O. Murray, The Oxford Illustrated History of the Roman World, Oxford 2001, 76–100.

A. Everitt, Cicero. A Turbulent Life, London 2001.

J. M. May, Cicero: His Life and Career, in: J. M. May (Ed.), Brill's Companion to Cicero: Oratory and Rhetoric, Leiden 2002, 1–21.

E. Narducci, Introduzione a Cicerone, Rom 2005.

W. Stroh, Cicero: Redner, Staatsmann, Philosoph, München 2008.

E. Narducci, Cicerone: la parola e la politica, Rom 2009.

Für die Rekonstruktion von Ciceros Leben ist das Buch von N. Marinone, Cronologia Ciceroniana, Rom 2004, grundlegend. Für die Identifikation der zahlreichen Persönlichkeiten, die Cicero in seinen Reden, Briefen und literarischen Werken zitiert, sind die Arbeiten von D. R. Shackleton Bailey äußerst hilfreich: Onomasticon to Cicero's Speeches, Stuttgart/Leipzig 1988; Onomasticon to Cicero's Letters, Stuttgart/Leipzig 1995; Onomasticon to Cicero's Treatises, Stuttgart/Leipzig 1996. Ebenfalls von Interesse ist A. Lintott, Cicero as Evidence: a Historian's Companion, Oxford 2008.

Das politische Gedankengut Ciceros nehmen aus verschiedenen Perspektiven unter anderem folgende interessante Beiträge in den Blick: E. Lepore, Il princeps ciceroniano e gli ideali politici della tarda repubblica, Neapel 1954; H. Strasburger, Concordia Ordinum. Eine Untersuchung zur Politik Ciceros, Amsterdam 1956; N. Wood, Cicero's Social and Political Thought, Berkeley/Los Angeles/London 1988; E. Narducci, Modelli etici e società: un'idea di Cicerone, Pisa 1989; L. Perelli, Il pensiero politico di Cicerone. Tra filosofia greca e ideologia aristocratica romana, Florenz 1990; E. Lepore, Il pensiero politico romano del I secolo, in: A. Momigliano, A. Schiavone (Dir.), Storia di Roma II, 1. La repubblica imperiale, Turin 1990, 857–883; M. Bernett, Causarum cognitio. Ciceros Analysen zur politischen Krise der späten römischen Republik, Stuttgart 1995; J. G. F. Powell, J. A. North (Eds.), Cicero's Republic, London 2001; C. E. Steel, Reading Cicero: Genre and Performance in Late Republican Rome, London 2005; P. López Barja de Quiroga, Imperio legítimo. El pensamiento político en tiempos de Cicerón, Madrid 2007.

Mit Ciceros Rhetorik und Redekunst hat sich J. M. May (Ed.), Brill's Companion to Cicero: Oratory and Rhetoric, Leiden 2002, auseinandergesetzt. Weitere relevante Monographien zu diesem Thema: A. Michel, Rhétorique et philosophie chez Cicéron, Paris 1960; ders., Les rapports de la rhétorique et de la philosophie dans l'œuvre de Cicéron: recherches sur les fondements philosophiques de l'art de persuader, Louvain 2003; G. Achard, Pratique rhétorique et idéologie politique dans les discours »optimates« de Cicéron, Leiden 1981; C. J. Classen, Recht, Rhetorik, Politik: Untersuchungen zu Ciceros rhetorischer Strategie, Darmstadt 1985; J. M. May, Trials of Character. The Eloquence of Ciceronian Ethos, Chapel Hill/London 1988; J. Nicholson, Cicero's Return from Exile. The Orations Post Reditum, New York 1992; A. Vasaly, Representations. Images of the World in Ciceronian Oratory, Berkeley/Los Angeles/London 1993; P. Mackendrick, The Speeches of Cicero. Context, Law, Rhetoric, London 1995; E. Narducci, Cicerone e l'eloquenza romana. Retorica e progetto culturale, Rom/Bari 1997; M. von Albrecht, Cicero's Style: a Synopsis, Leiden/Boston 2003; J. Dugan, Making a New Man: Ciceronian Self-Fashioning Rhetorical Works, Oxford 2005; E. Fantham, The Roman World of Cicero's De Oratore, Oxford 2006; J. Booth (Ed.), Cicero on the Attack: Invective and Subversion in the Orations and Beyond, Swansea 2007.

Zu den vielen Reden, die Cicero vor Gericht hielt, äußerten sich W. Stroh, Taxis und Taktik. Ciceros Gerichtsreden, Stuttgart 1975; A. M. Riggsby, Crime and Community in Ciceronian Rome, Austin 1999; J. Powell, J. Paterson (Eds.), Cicero the Advocate, Oxford 2004. Und zu seiner Redetätigkeit vor dem Volk liegt eine Untersuchung vor von F. Pina Polo, Contra arma verbis. Der Redner vor dem Volk in der späten römischen Republik, Stuttgart 1996.

Zu den Beziehungen, die Cicero zu anderen bedeutenden Persönlichkeiten seiner Zeit einging, insbesondere zu Pompeius, Caesar, Brutus und Octavian: B. Rawson, The Politics of Friendship: Pompey and Cicero, Sidney 1978; M. Gelzer, Cicero und Caesar, Wiesbaden 1968; U. Ortmann, Cicero, Brutus und Octavian. Republikaner und Caesarianer. Ihr gegenseitiges Verhältnis im Krisenjahr 44/43 v. Chr., Bonn 1988.

Die finanziellen Aspekte hat I. Shatzman, Senatorial Wealth and Roman Politics, Brüssel 1975, 403–425 (Cicero) im Kontext des allgemeinen Reichtums des Senatorenstandes untersucht.

Zu weiteren Aspekten seiner Persönlichkeit:

Cicero über sich selbst: J. Graff, Ciceros Selbstauffassung, Heidelberg 1963.

Cicero und die römische Religion: U. M. Heibges, The Religious Beliefs of Cicero's Time as Reflected in his Speeches, Diss. Bryn Mawr 1962; R. J. Goar, Cicero and the State Religion, Amsterdam 1978; C. Bergemann, Politik und Religion im spätrepublikanischen Rom, Stuttgart 1992.

Cicero als Historiker: M. Rambaud, Cicéron et l'Histoire romaine, Paris 1952; M. Fleck, Cicero als Historiker, Stuttgart 1993.

Cicero und die Jurisprudenz: J. Harries, Cicero and the Jurists: from Citizens' Law to the Lawful State, London 2006.

Über Ciceros Verhältnis zum geschriebenen Wort: S. Butler, The Hand of Cicero, London/New York 2001.

Cicero als Philosoph: J. G. F. Powell (Ed.), Cicero the Philosopher: Twelve Papers, Oxford 1995.

Über Ciceros besonderes Verhältnis zur Stadt Rom: M.-J. Kardos, Lieux et lumière de Rome chez Cicéron, Paris/Montréal 1997.

Cicero und sein Humor: A. Haury, L'ironie et l'humour chez Cicéron, Leiden 1955.

Ciceros Beziehung zu den Rittern: J. Bleicken, Cicero und die Ritter, Göttingen 1995.

Zu den unterschiedlichen Versionen von Ciceros Tod: H. Homeyer, Die antiken Berichte über den Tod Ciceros und ihre Quellen, Baden-Baden 1964.

Für die Textpassagen aus den Werken Ciceros ist auf die im Verlag Artemis und Winkler (© Patmos Verlagsgruppe/Artemis & Winkler, Mannheim) in der Reihe »Tusculum« erschienenen Übersetzungen zurückgegriffen worden. Das heißt sämtliche Briefe – an seine Freunde, an Atticus und an den Bruder Quintus sowie an Brutus – werden in der Übersetzung von H. Kasten wiedergegeben. Sämtliche Reden hat M. Fuhrmann übersetzt, also die Reden gegen Verres und gegen Catilina, die Philippischen Reden und Für Murena; Für Lucius Valerius Flaccus; Für Aulus Cluentius Habitus; Für Marcus Caelius; Für Sextus Roscius aus Ameria; Für Publius Sestius; Rede für T. Annius Milo; Für Publius Cornelius Sulla; Für Gnaeus Plancius; Für Marcus Fonteius; Für Lucius Cornelius Balbus; Rede für C. Rabirius; Für Archias; Für Marcus Marcellus; Für Quintus Ligarius; Über den Oberbefehl des Gnaeus Pompeius; Gegen Publius Vatinius; Gegen Lucius Calpurnius Piso; Danksagung an den Senat; Danksagung an das Volk; Über das Siedlergesetz; Über das Gutachten der Opferschauer; Über sein eigenes Haus, an das Pontifikalkollegium; Über die konsularischen Provinzen. Für die Auszüge aus den folgenden Werken zeichnen jeweils die in Klammern angegebenen Übersetzer verantwortlich: Über das Schicksal (K. Bayer); Vom rechten Handeln (K. Büchner); Über den Staat (K. Büchner); Laelius über die Freundschaft (M. Faltner); Gespräche in Tusculum (O. Gigon); Vom Wesen der Götter (O. Gigon und L. Straume-Zimmermann); Der Redner (B. Kytzler); Brutus (B. Kytzler); Über die Gesetze (R. Nickel); Stoische Paradoxien (R. Nickel); Über die Auffindung des Redestoffes (T. Nüßlein); Über den Redner (T. Nüßlein); Über die Wahrsagung (C. Schäublin).

Auch Texte anderer Autoren fanden Verwendung; für deren Übersetzung wurde ebenfalls auf die Reihe »Tusculum« zurückgegriffen: Res Gestae (E. Weber); Plutarch, Cicero (K. Ziegler); Sallust, Die Verschwörung des Catilina (W. Eisenhut und J. Lindauer); Tacitus, Das Gespräch über die Redner (H. Volkmer); Vergil, Aeneis (G. Fink).

Eine Ausnahme bilden die folgenden Autoren, die daher mit vollständiger bibliographischer Angabe aufgeführt werden: Cicero, Über das höchste Gut und das größte Übel. Übers. H. Merklin, Stuttgart (Reclam) 1996; Cicero, Empfehlungen zur Bewerbung um den Konsulat. Übers. G. Laser, Darmstadt (Wissenschaftliche Buchgesellschaft) 2001; Appian, Die Bürgerkriege. Übers. O. Veh, Stuttgart (Hiersemann) 1989; Seneca, Philosophische Schriften. Übers. M. Rosenbach, Darmstadt (Wissenschaftliche Buchgesellschaft) 1999.

PERSONENREGISTER

ACCIUS, L. (Dichter) 197

Aelius LAMIA (Freund von Cicero) 346

Aemilius LEPIDUS, M. (Konsul
78 v. Chr.) 71, 116, 351, 352

Aemilius LEPIDUS, M. (*magister
equitum* 46–44, Triumvir 43–
38 v. Chr.) 115, 127, 139, 272, 308,
310, 317, 326, 340, 342 f., 353, 365

Aemilius LEPIDUS PORCINA, M.
(Konsul 137 v. Chr.) 283

Aemilius SCAURUS, M. (Konsul
115 v. Chr.) 23, 360, 361

AFRANIUS, Lucius (Konsul 60 v. Chr.,
Legat des Pompeius in der Hispania
Citerior) 272, 299

ALEXANDER der Große (König von
Makedonien) 23, 248, 305

ALEXIO (Arzt, Freigelassener Ciceros?)
59

ANEIUS, M. (Legat Ciceros in Kilikien)
242

Annaeus SENECA, L. (Philosoph) 27,
110

Annius MILO, T. (Volkstribun 57, Prätor
55 v. Chr.) 113, 119 f., 153, 176, 187 f.,
189, 203–9, 270, 294, 328, 352, 359,
360, 361

ANTIOCHOS von Ascalo (Philosoph)
40, 44

ANTONIUS, M. (Konsul 99 v. Chr.)
279, 284

ANTONIUS, M. (Konsul 44, Triumvir
43–38 v. Chr.) 14, 15, 98, 115, 120,
122 f., 125 ff., 138, 164, 173, 182, 206,
259, 261 f., 270, 275, 276, 310, 311 f.,
314, 315, 317–26, 328, 329 ff., 333–40,
342 f., 345, 346, 352, 362, 364 ff.

ANTONIUS HYBRIDA, C. (Konsul
63 v. Chr.) 61, 76, 77, 92, 99, 106,
109, 132, 355, 356

APOLLONIUS MOLO von Rhodos
(Rhetor) 38, 45, 354

APPIAN (Geschichtsschreiber) 345

Appuleius SATURNINUS, L.
(Volkstribun 103 und 100 v. Chr.)
96 ff., 103, 115, 351, 356

APULEIUS, P. (Volkstribun 43 v. Chr.)
336, 339

AQUILIUS Gallus, C. (Prätor 66 v. Chr.)
76

ARATOS (Dichter) 39

ARIOBARZANES (König von
Kappadokien) 247

ARISTOGEITON (athenischer
Tyrannenmörder) 312

ARISTOTELES (Philosoph) 11, 17, 39,
44, 219, 279, 281

ASCONIUS (Geschichtsschreiber) 207

ASINIUS POLLIO, C. (Promagistrat in
Hispanien 44–43 v. Chr.) 343

ATILIUS REGULUS, M. (Konsul
294 v. Chr.) 102

Claudius MARCELLUS, M. (Konsul
51 v. Chr.) 257, 300 ff., 363
CLAUDIUS PULCHER, Ap. (Konsul
54 v. Chr.) 86, 228, 251
CLODIA (Schwester des Clodius) 163
CLODIUS Pulcher, P. (Volkstribun
58 v. Chr.) 22, 26, 27, 52, 62, 76 f.,
112–5, 119–22, 125, 129, 133, 135 ff.,
142–8, 151, 152 ff., 157, 161, 163 f.,
166, 176, 183 f., 185, 187 ff., 194 ff.,
200, 203–8, 217, 223, 226, 228, 284,
325, 352, 356–9, 360 f.
CLUATIUS (Architekt) 305
CLUVIUS (Bankier in Puteoli) 52, 59,
363
CONSIDIUS, Q. (Senator) 61
CORNELIUS, C. (Volkstribun 67 v. Chr.)
76, 85, 284, 355
Cornelius BALBUS, L. (Konsul 40 v. Chr.)
140, 193, 239, 255 f., 268, 276, 306,
309, 359
CORNELIUS CETHEGUS (Senator
63 v. Chr.) 100, 107
Cornelius CHRYSOGONOS, L.
(Freigelassener des Diktators Sulla) 42
Cornelius CINNA, L. (Konsul 87–
84 v. Chr.) 37, 71, 115, 201, 262, 351
Cornelius DOLABELLA, P. (Prokonsul
von Syrien 44–43 v. Chr., dritter Gatte
Tullias) 273, 276, 296, 299, 300, 303,
309, 321 ff., 324, 330 f., 337, 339 f.,
343, 361, 363, 364, 365
Cornelius LENTULUS SPINTHER, P.
(Konsul 57 v. Chr.) 52, 154, 186,
201 f., 299
Cornelius LENTULUS SURA, P. (Prätor
63 v. Chr.) 100, 107 f
Cornelius SCIPIO AEMILIANUS, P.
(Konsul 147 und 134 v. Chr.) 9, 131,
188, 219, 220, 224 f., 226, 328

Cornelius SULLA, L. (Diktator 81 v. Chr.)
12, 13, 23, 36 ff., 40–4, 56, 60, 64, 67,
70 f., 75, 77, 98, 101, 115 f., 134, 161,
175, 223, 262, 268, 284, 343, 351
Cornelius SULLA, P. (Senator, Neffe des
Diktators) 60, 87, 130, 132, 356
CORNIFICIUS, Q. (Prätor H. 66 v. Chr.)
76, 365
CRASSUS → Licinius CRASSUS, L.
→ Licinius CRASSUS, M.
DARIUS (persischer König) 248
DEIOTAROS (König von Galatien) 246,
308, 361, 363
DEMETRIUS von Syrien (Rhetor) 44
DEMOSTHENES (athenischer Redner)
14, 44, 324, 362
DIAGORAS von Melos (Philosoph) 169
DIODOTOS (Philosoph) 40, 59, 354,
357
DOLABELLA → Cornelius
DOLABELLA, P.
Domitius AHENOBARBUS, L. (Konsul
54 v. Chr.) 190
DRAKON (athenischer Gesetzgeber) 231
DURONIUS, C. (Freund des Milo) 208
ENNIUS, Q. (Schriftsteller) 24
EPHOROS (Geschichtsschreiber) 20
EROS (Freigelassener Ciceros) 63
FABIUS MAXIMUS, Q. (Konsul
45 v. Chr.) 311 f.
FABIUS PICTOR, Q. (Legat 216 v. Chr.
und Geschichtsschreiber) 19
Fabius SANGA, Q. (Senator im Jahr
63 v. Chr.) 107
FADIUS GALLUS, T. (Volkstribun
57 v. Chr.) 116
FAUSTUS SULLA (Sohn des Diktators
Sulla) 297
FLAVIUS, L. (Volkstribun 60 v. Chr.) 48,
357

PAPIRIUS, Q. (Volkstribun im 2. Jh. v. Chr.) 158

PAPIRIUS PAETUS, L. (Freund Ciceros) 299

PERIKLES (athenischer Staatsmann) 9

PERSEUS (König von Makedonien) 9

PETREIUS, M. (Legat des Pompeius in Hispanien 55–49 v. Chr.) 272

PHAEDRUS (Philosoph) 39, 44, 354

PHILIPP II. (König von Makedonien) 15

PHILOLOGOS (Freigelassener von Quintus Cicero) 344

PHILON von Larisa (Philosoph) 39 f., 307, 354

PHILOTIMUS (Freigelassener Terentias) 63, 208, 296

PINARIUS NATTA, L. (*pontifex*) 147, 157 f.

PLANCIUS, Cn. (Quästor in Makedonien im Jahr 58 v. Chr.) 149, 280, 296, 360

PLATON (Philosoph) 39, 178, 220, 306 f., 327, 363

PLOTIUS, A. (Prätor 51 v. Chr.) 230

PLUTARCH (Biograph Ciceros) 15, 24, 33, 43, 45, 50, 88, 104, 135 f., 190, 207, 266, 270, 273, 344 f., 347

POMPEIA (Gattin Caesars) 135 f.

POMPEIA (Gattin des Faustus Sulla) 297

POMPEIUS, Cn. (älterer Sohn von Pompeius Magnus) 273, 275

POMPEIUS, Sextus (jüngerer Sohn des Pompeius Magnus) 275, 339, 346

POMPEIUS Magnus, Cn. (Konsul 70, 55 und 52 v. Chr.) 12 ff., 18, 23, 30, 36, 41, 48, 55, 62, 71–6, 85 f., 93–6, 105, 112 f., 116, 119, 128, 131–4, 138–44, 147, 152 ff., 173, 185 f., 190–3, 195, 197 f., 200, 202, 204–7, 209, 215, 223, 226, 243, 246, 254 f., 257, 261–75, 277, 284, 286, 289, 297 ff., 301 f., 310, 313, 325, 328, 352 f., 355–60, 362, 364

POMPEIUS RUFUS, Q. (Volkstribun 52 v. Chr.) 205 f.

POMPEIUS STRABO, Cn. (Vater von Pompeius Magnus, Konsul 89 v. Chr.) 36

POMPONIA (Schwester des Atticus, Schwägerin Ciceros) 70

Pomponius ATTICUS, T. (Freund Ciceros) 10, 17, 18, 23 f., 30, 34 f., 44 f., 56 f., 61, 62 f., 69 f., 75 f., 136 ff., 141 f., 149 f., 152, 154, 157, 158, 192 ff., 199, 200, 203, 208, 228 ff., 242 f., 253, 254 f., 259, 266, 274, 276, 283, 286, 288, 297, 298, 303–6, 314, 318 f., 321, 323, 328 f., 330, 346, 355, 357, 360, 363

POMPTINUS, C. (Prätor 63 v. Chr.) 242–5, 248, 253

POPILIUS (Mörder Ciceros) 344

Porcius CATO, M. (Zensor, Konsul 195 v. Chr.) 19, 21, 31, 52 ff., 87, 89, 283

Porcius CATO, M. (Uticensis, Volkstribun 62 v. Chr.) 106, 109, 113, 129, 134, 141, 174, 195, 249 f., 257, 265, 273, 275, 277, 298 f., 309, 363

POSEIDONIOS / POSIDONIUS (Geschichtsschreiber und Philosoph) 24, 40, 45, 354, 357

POSTUMIA (Gattin des Servius Sulpicius Rufus) 297

PTOLEMAIOS XII. AULETES (König von Ägypten) 141, 357

PTOLEMAIOS XIII. (König von Ägypten) 272

PUBLILIA (zweite Gattin Ciceros) 297, 303 f., 363